ABITUR 2014

Prüfungsaufgaben
mit Lösungen

Deutsch

Gymnasium
Baden-Württemberg

2009–2013

W0249042

STARK

ISBN 978-3-8490-0565-8

11. neu bearbeitete und ergänzte Auflage
www.stark-verlag.de

Inhalt

Vorwort
Stichwortverzeichnis

Hinweise und Tipps zur schriftlichen Abiturprüfung

1 Grundlagen I
2 Pflichtlektüren II
3 Aufgabenarten V
4 Anforderungsbereiche und Operatoren XV
5 Tipps XIX

Hinweise und Tipps zur mündlichen Abiturprüfung

1 Allgemeines XXI
2 Prüfungsteil I: eigenständiger Vortrag XXII
3 Prüfungsteil II: das Prüfungsgespräch XXIII

Übungsaufgaben zu den aktuellen Sternchenthemen und Aufgabenarten

Interpretationsaufsatz mit werkübergreifender Teilaufgabe zu anderen Pflichtlektüren (Werk im Kontext)

Aufgabe 1: Peter Stamm: Agnes (Textauszug)
Max Frisch: Homo faber;
Georg Büchner: Dantons Tod (Vergleichswerke) 1

Aufgabe 2: Peter Stamm: Agnes (Textauszug)
Max Frisch: Homo faber (Vergleichswerk) 9

Aufgabe 3: Georg Büchner: Dantons Tod (Textauszug)
Peter Stamm: Agnes (Textauszug)
Max Frisch: Homo faber (Vergleichswerke) 20

Aufgabe 4: Max Frisch: Homo faber (Textauszug)
Peter Stamm: Agnes (Vergleichswerk) 30

Aufgabe 5: Max Frisch: Homo faber (Textauszug)
Georg Büchner: Dantons Tod (Vergleichswerk) 39

Aufgabe 6: Max Frisch: Homo faber (Textauszug)
Georg Büchner: Dantons Tod (Vergleichswerk) 49

Gedichtvergleich

Aufgabe 7: Liebeslyrik: Gertrud Kolmar: Das große Feuerwerk / Sarah Kirsch: Bei den weißen Stiefmütterchen 59

Aufgabe 8: Liebeslyrik: Paul Fleming: Wie Er wolle geküsset seyn / Eduard Mörike: Nimmersatte Liebe 67

Interpretation eines literarischen Prosatextes

Aufgabe 9: Angelika Mechtel: Katrin 76

Aufgabe 10: Josef Reding: Überholte Perspektiven 83

Essay

Aufgabe 11: Kurz die Welt retten oder der Natur den Rest geben: Mensch und Natur heute 90

Aufgabe 12: „Digitale Demenz“ und „Dumm 3.0“ – Verblöden wir am Computer? 97

Aufgabe 13: Vom Umgang mit Neid 107

Auswahl prüfungsrelevanter Abituraufgaben 2009–2013

Abiturprüfungsaufgaben 2009

Aufgabe 4: Hermann Hesse: Der Liebende / Dagmar Nick: Früher Interpretationsaufsatz zu einem Gedicht oder Gedichtvergleich 2009-1

Aufgabe 5: Matthias Drobinski: Der Verlust der Zeit Analyse und Erörterung nicht fiktionaler Texte (auch mit gestalterischer Teilaufgabe) 2009-8

Abiturprüfungsaufgaben 2010

Aufgabe 4: Rainer Maria Rilke: Die Liebende / Volker Braun: Hingebung Interpretationsaufsatz zu einem Gedicht oder Gedichtvergleich 2010-1

Aufgabe 5: Detlef Esslinger: Ein rasend flüchtiges Gut Analyse und Erörterung nicht fiktionaler Texte (auch mit gestalterischer Teilaufgabe) 2010-7

Abiturprüfungsaufgaben 2011

Aufgabe 4: Else Lasker-Schüler: DIR / Hans Magnus Enzensberger: trennung Interpretationsaufsatz zu einem Gedicht oder Gedichtvergleich 2011-1

Aufgabe 5: Richard Kämmerlings: Flatrate-Mentalität – Ausweitung der Trinkzone Analyse und Erörterung nicht fiktionaler Texte (auch mit gestalterischer Teilaufgabe) 2011-7

Abiturprüfungsaufgaben 2012

Aufgabe 4: Erich Kästner: Ein Beispiel von ewiger Liebe /
Erich Fried: Nur nicht
Interpretationsaufsatz zu einem Gedicht oder Gedichtvergleich 2012-1

Aufgabe 5: Tobias Schall: Der Wettlauf gegen sich selbst
Analyse und Erörterung nicht fiktionaler Texte
(auch mit gestalterischer Teilaufgabe) 2012-7

Abiturprüfungsaufgaben 2013

Aufgabe 4: Bertolt Brecht: Sonett Nr. 19 /
Sarah Kirsch: Dreistufige Drohung
Interpretationsaufsatz zu einem Gedicht oder Gedichtvergleich 2013-1

Aufgabe 5: Burkhard Müller: In Zeichen wie diesen
Analyse und Erörterung nicht fiktionaler Texte
(auch mit gestalterischer Teilaufgabe) 2013-6

Jeweils zu Beginn des neuen Schuljahres erscheinen die
neuen Ausgaben der Abiturprüfungsaufgaben mit Lösungen.

Autorinnen und Autoren:

Florian Andelfinger: Aufgabe 5 (2013)
Christian Berg: Übungsaufgabe 13
Ulrike Blechschmidt: Übungsaufgaben 9 und 10
Dr. Martin Brück: Hinweise und Tipps zur schriftlichen und mündlichen Abiturprüfung
Dieter Gall: Übungsaufgabe 1
Dr. Dorothea Hennig: Übungsaufgabe 5
Ralf Heringhaus: Übungsaufgabe 2
Dr. Eva-Maria Knittel: Aufgabe 4 (2012), Aufgabe 4 (2013)
Dr. Stefan Metzger: Übungsaufgabe 3, Aufgabe 5 (2010), Aufgabe 5 (2011)
Claudia Mutter: Übungsaufgaben 7 und 12, Aufgaben 4 und 5 (2009), Aufgabe 4 (2010), Aufgabe 4 (2011)
Dr. Birgit Schillinger: Übungsaufgabe 8, Aufgabe 5 (2012)
Hans Robert Spielmann: Übungsaufgabe 11
Dr. Ulrich Vormbaum: Übungsaufgabe 4
Dr. Peter Wöhrle: Übungsaufgabe 6

Vorwort

Liebe Abiturientinnen und Abiturienten,

Sie werden 2014 das Abitur im Fach Deutsch ablegen. Der vorliegende Band hilft Ihnen dabei, sich optimal auf die Prüfung vorzubereiten. Das einführende Kapitel „**Hinweise und Tipps**“ informiert Sie über die offiziellen Rahmenvorgaben, macht Sie mit den Arbeitsanweisungen (Operatoren) vertraut und erläutert die verschiedenen Schwierigkeitsstufen (Anforderungsbereiche) innerhalb jeder einzelnen Aufgabe. Es schließen sich konkrete Tipps an, was Sie bei der Bearbeitung der unterschiedlichen Aufgabenarten beachten müssen. Hinweise zur mündlichen Prüfung im Fach Deutsch runden diesen Teil ab.

Ein Block mit zahlreichen **Übungsaufgaben** konzentriert sich auf die aktuellen Pflichtlektüren sowie die neuen Aufgabenformate (Interpretation von Kurzprosa, Verfassen eines Essays). Daran schließt sich eine Auswahl der **offiziellen Abiturprüfungsaufgaben** von **2009** bis **2013** an, die thematisch für die Prüfungsvorbereitung relevant sind. Zu jedem Klausurbeispiel finden Sie einen ausführlichen **Lösungsvorschlag**, mit dem Sie Ihren eigenen Aufsatz vergleichen können. Den Lösungsvorschlägen vorangestellt sind **Hinweise und Tipps**, die Ihnen bei der Erschließung der einzelnen Arbeitsanweisungen helfen. Wesentliche **Fachbegriffe** in den Lösungsvorschlägen sind durch Fettdruck hervorgehoben; **Strukturierungshinweise am Rand** sollen helfen, den Gedankengang nachzuvollziehen.

Vergegenwärtigen Sie sich bei Ihrer Vorbereitung immer wieder die genaue Fragestellung und die verwendeten Operatoren und lesen Sie die Erklärung der unterschiedlichen Aufgabenarten in den Hinweisen nach. Auf diese Weise wiederholen Sie auch die im Unterricht gelernten Inhalte und Methoden.
Ein **Stichwortverzeichnis** ermöglicht die schnelle Orientierung in dem Band.

Sollten nach Erscheinen dieses Bandes noch wichtige Änderungen in der Abiturprüfung 2014 vom Kultusministerium bekannt gegeben werden, finden Sie aktuelle Informationen dazu im Internet unter: www.stark-verlag.de/info.asp?zentrale-pruefung-aktuell

Wir wünschen Ihnen eine effektive Abiturvorbereitung und eine erfolgreiche Abiturprüfung!

Die Autoren und der Verlag

Stichwortverzeichnis

Werkregister

Agnes 1 ff., 9 ff., 20 ff., 30 ff.

Bei den weißen Stiefmütterchen 60 ff.

Dantons Tod 1 ff., 20 ff., 39 ff., 49 ff.
Das große Feuerwerk 59 ff.
Der Liebende 2009-1 ff.
Die Liebende 2010-1 ff.
DIR 2011-1 ff.
Dreistufige Drohung 2013-1 ff.

Ein Beispiel von ewiger Liebe 2012-1 ff.

Früher 2009-1 ff.

Hingebung 2010-1 ff.
Homo faber 1 ff., 9 ff., 20 ff., 30 ff., 39 ff., 49 ff.

Katrin 76 ff.

Nimmersatte Liebe 68 ff.
Nur nicht 2012-1 ff.

Sonett Nr. 19 2013-1 ff.

trennung 2011-1 ff.

Überholte Perspektiven 83 ff.

Wie Er wolle geküsset seyn 67 ff.

Personenregister

Braun, V. 2010-1 ff.
Brecht, B. 2013-1 ff.
Büchner, G. 1 ff., 20 ff., 39 ff., 49 ff.

Drobinski, M. 2009-8 ff.

Enzensberger, H. M. 2011-1 ff.
Esslinger, Th. 2010-7 ff.

Fleming, P. 67 ff.
Fried, E. 2012-1 ff.
Frisch, M. 1 ff., 9 ff., 20 ff., 30 ff., 39 ff., 49 ff.

Hesse, H. 2009-1 ff.

Kämmerlings, R. 2011-7 ff.
Kästner, E. 2012-1 ff.
Kirsch, S. 60 ff.; 2013-1 ff.
Kolmar, G. 59 ff.

Lasker-Schüler, E. 2011-1 ff.

Mechtel, A. 76 ff.
Mörike, E. 68 ff.
Müller, B. 2013-6 ff.

Nick, D. 2009-1 ff.

Reding, J. 83 ff.
Rilke, R. M. 2010-1 ff.

Schall, T. 2012-7 ff.
Stamm, P. 1 ff., 9 ff., 20 ff., 30 ff.

Hinweise und Tipps zur schriftlichen Abiturprüfung

1 Grundlagen

1.1 Vorgaben für das Zentralabitur Deutsch 2014

Die schriftlichen Abituraufgaben richten sich in Inhalt und Aufbau nach:
- dem Bildungsplan für die Kursstufe des Gymnasiums in Baden-Württemberg, veröffentlicht vom Ministerium für Kultus, Jugend und Sport Baden-Württemberg in: *Bildungsplan 2004. Allgemein bildendes Gymnasium,* S. 88 f.,
- den bundesweit verbindlichen *Bildungsstandards im Fach Deutsch für die allgemeine Hochschulreife* (Beschluss der Kultusministerkonferenz vom 18. 10. 2012),
- den in der Regel für jeweils vier Schuljahre gültigen Pflichtlektüren, die vom Kultusministerium in *Kultus und Unterricht* veröffentlicht werden.

1.2 Anzahl der Prüfungsaufgaben, Zeitrahmen und Hilfsmittel

In der Abiturprüfung im Kernkompetenzfach Deutsch werden Ihnen **fünf Aufgaben** vorgelegt. **Sie wählen eine davon** zur schriftlichen Bearbeitung **aus**. Zur Vorbereitung der Endfassung des Aufsatzes (weißes Papier) kann ein Entwurf (grünes Papier) konzipiert werden, der abgegeben werden muss, aber in der Regel nicht in die Bewertung einbezogen wird. Wenn der Aufsatz aus Zeitgründen nicht fertiggestellt werden kann, ist es nur dann möglich, Teile des Entwurfs zu berücksichtigen, wenn diese ausformuliert, gut lesbar und deutlich markiert sind. Ein geringer ‚Punktabzug' wegen Mängeln in der äußeren Form ist aber auch dann nicht ausgeschlossen.

Die **Arbeitszeit** beträgt 330 Minuten einschließlich der Vorbereitungszeit (Textauswahl, Konzeptarbeit).

Hilfsmittel in Form unkommentierter Ausgaben der drei Pflichtlektüren werden nur für die Bearbeitung der Aufgabe I zur Verfügung gestellt. Im Unterricht verwendete bzw. eigene Ausgaben der Pflichtlektüren dürfen nicht benutzt werden. Weiterhin sind im Prüfungsraum aktuelle Ausgaben des Duden oder eines anderen Rechtschreibwerks auszulegen.

2 Pflichtlektüren

Für die schriftliche Abiturprüfung sind drei Werke als Pflichtlektüren benannt worden: Der Roman „**Homo faber**" von Max Frisch, der Roman „**Agnes**" von Peter Stamm und das Drama „**Dantons Tod**" von Georg Büchner. Die Gedichtinterpretation bzw. der Gedichtvergleich beziehen sich auf das Thema „**Liebeslyrik vom Barock bis zur Gegenwart**".

Die genannten Lektüren finden sich im offiziellen Lektüreverzeichnis zum Bildungsplan 2004, der beim Landesinstitut für Schulentwicklung Baden-Württemberg erschienenen *Kommentierten Empfehlungsliste zur deutschsprachigen Literatur* (Heft H-07/47, Stuttgart 2007). Mit Frischs *Homo faber* wurde ein bewährter ‚Klassiker der Schullektüre', mit Peter Stamms *Agnes* ein wichtiger, von der Literaturkritik hoch bewerteter Roman der Gegenwartsliteratur ausgewählt und mit Büchners Drama *Dantons Tod* ein herausragendes Werk, das jedoch im Unterricht – vor allem im Vergleich zu Büchners Drama *Woyzeck* – eher selten behandelt wird. Der Schwerpunkt der Textauswahl liegt somit auf **moderner Literatur**, auch wenn zwischen *Homo faber* (1957), einem Werk der Nachkriegsliteratur, und *Agnes* (1998), einem der Gegenwartsliteratur zuzurechnenden Text, ein Zeitraum von etwa vierzig Jahren liegt. Büchners *Dantons Tod* (1835) ist von seinem Erscheinungsdatum her deutlich von den beiden Romanen abgesetzt, besticht aber bis heute durch die Modernität der Figurengestaltung wie auch der dramatischen Form.

Was ihre Behandlung im Unterricht und die Aufgabenstellung in der Abiturprüfung betrifft (vgl. 3.1), so ermöglichen die Pflichtlektüren eine **Fülle ergiebiger Vergleichsaspekte**. In der *Kommentierten Empfehlungsliste zur deutschsprachigen Literatur*, die nicht nach Epochen und Gattungen, sondern nach Themenfeldern strukturiert ist, ist *Homo faber* dem Themenfeld „Identität und Rolle", *Agnes* dem Themenfeld „Gelingen oder Scheitern: Liebesgeschichten" und *Dantons Tod* dem Themenfeld „Freiheit und Verantwortung: Der Mensch im Spannungsfeld der Geschichte" zugeordnet. Solche Themenfelder sind nicht absolut zu verstehen, denn eindeutige Zuordnungen würden der Vieldeutigkeit literarischer Texte widersprechen. Doch verschaffen sie dem interpretierenden und vergleichenden Leser eine erste Orientierung und sind Wegweiser zu zentralen Fragen, welche die Schriftsteller aufwerfen. Im vorliegenden Fall kann als der allgemeinste Nenner und die stärkste thematische Klammer zwischen den Pflichtlektüren das Themenfeld **Identität und Rolle** betrachtet werden. **Liebe** wie auch **Freiheit und Verantwortung** stehen in den drei genannten Werken in einem engen Zusammenhang mit Identitätsproblemen und einem rollenbestimmten Verhalten, mit spezifischen Rollenkonflikten usw. Ausgehend von „Identität und Rolle" können auch weitere, damit verbundene thematische Dimensionen der Texte erschlossen werden: So zum Beispiel hinsichtlich geschlechtsspezifischer Rollen, misslingender und gelingender Paarbeziehungen, im Hinblick auf Selbst- und Fremdbestimmung und auf die sich in allen Werken stellende Schuldfrage.

Eine kurze Zusammenfassung der Pflichtlektüren mag als Beleg dienen:
Die Hauptfigur von **Max Frischs Roman „Homo faber"**, der Ingenieur Walter Faber, ist Rationalist und überzeugter Vertreter eines naturwissenschaftlichen Weltbilds, das das Schicksal ausschließt und nur den Zufall gelten lässt. Die Romanhandlung beinhaltet in der Tat, beginnend mit einem Flugzeugabsturz in der mexikanischen Wüste, viele Zufälle, die allerdings in ihrem Zusammenwirken schicksalhafte Auswirkungen annehmen: Faber wird mit einer früheren Phase seines Lebens, der in den dreißiger Jahren des 20. Jahrhunderts gescheiterten Beziehung zu der Halbjüdin Hanna, konfrontiert. Seine Reisen im ersten Teil des Romans – Ausgangspunkt ist New York, Endstation Athen – erweisen sich als Reisen in die eigene Vergangenheit. Von zentraler Bedeutung ist die

Schiffsreise von New York nach Paris, bei der er die junge Sabeth kennenlernt, seine und Hannas Tochter, von deren Existenz er jedoch nichts weiß. Während einer Autoreise durch Italien und Griechenland beginnen sie ein inzestuöses Liebesverhältnis. Die Indizien, dass Faber Sabeths Vater ist, häufen sich. Er verdrängt jedoch seine Ahnungen – wie auch die Symptome seiner Krankheit – ganz entsprechend seinem Rollenkonzept als Techniker, der sein Leben ohne Widerstände planen, berechnen und konstruieren kann. Kurz vor dem Ziel der gemeinsamen Reise verunglückt Sabeth und stirbt später an den Folgen des Unfalls. In Athen begegnet Faber Hanna, wenig später erkrankt er an Magenkrebs. Alle diese Ereignisse widerlegen sein bisheriges Selbstverständnis als souveräner Techniker, bewirken zwar keine vollständige Neuorientierung, aber eine gewisse Relativierung seines Weltbildes und eine veränderte Wahrnehmung seiner Umwelt, insbesondere Hannas. – Formal ist Max Frischs Roman als Bericht Walter Fabers konzipiert, mit dem dieser sein Verhalten rechtfertigen und mögliche Schuldvorwürfe entkräften will. Bei diesem Bemühen werden an vielen Stellen sein schlechtes Gewissen und der Versuch, Belastendes zu verdrängen und zu verharmlosen, in der Art und Weise des Berichterstattens deutlich. Dieses Berichten ist vor allem gekennzeichnet durch ein nicht-chronologisches Vorgehen, durch vielfachen Wechsel zwischen Gegenwartshandlung, unmittelbarer und weit zurückliegender Vergangenheit, durch gezielte Aussparungen, Verzögerungen und Verharmlosungen. Hinzu kommen reflektierende Passagen, mit denen Faber sein Weltbild und seine Überzeugungen illustriert, die sich häufig als klischeehaft erweisen.

Peter Stamms Roman „Agnes“ erzählt von einem (vermutlich) tödlich endenden Spiel mit den Ebenen ‚Realität‘ und ‚Erfindung‘. Realität – das ist die problematische Liebesgeschichte zwischen einem älteren Sachbuchautor und der Physikstudentin Agnes, die sich in Chicago abspielt. Die Ebene der Erfindung bzw. der Fiktion setzt ein, als Agnes den namenlos bleibenden Erzähler bittet, über sie und die gemeinsame Beziehung zu schreiben. Agnes erwartet sich ein Porträt, doch was spielerisch beginnt, nimmt bald zwanghafte Züge an und führt dazu, dass die Geschichte die Realität überholt. Dies bedeutet, dass die Geschichte in die Zukunft vorausgreift und die Wirklichkeit der Geschichte angepasst wird, was nicht immer und oft nur mit Mühe möglich ist. Zu einer Krise kommt es schließlich, als Agnes ein Kind erwartet, das der Erzähler ablehnt, da es nicht in seine Lebenskonzeption passt. Daraufhin verlässt sie ihn. Nachdem Agnes eine Fehlgeburt erlitten hat, kehrt sie jedoch auf seine Bitte zu ihm zurück. Die real nicht vorhandene Familienidylle wird samt Kind in die Fiktion verlagert und im Leben so weit als möglich ‚nachgespielt‘, bis Agnes diese Geschichte als Lebenslüge entlarvt und sie sich ihr verweigert. Für den Schluss seiner Geschichte erfindet der Erzähler, der inzwischen eine oberflächliche Beziehung zu einer anderen Frau eingegangen ist, zwei Varianten, ein Happy-End und Agnes' Tod im Schnee. Agnes verschwindet, nachdem sie die zweite Version gelesen hat: „Agnes ist tot. Eine Geschichte hat sie getötet.“ So beginnt, das Ende vorwegnehmend, Stamms komplexer Roman.

Gemeinsamkeiten zwischen Walter Faber und dem Erzähler in *Agnes* liegen auf der Hand. In beiden Fällen handelt es sich um problematische Existenzen: Sie sind unsicher, was ihr Selbstverständnis und ihre Lebensweise betrifft, und unzuverlässig als Erzähler ihrer Geschichten, weil das Schreiben der Rechtfertigung dient (Faber) und die Ebenen ‚Realität‘ und ‚Fiktion‘ zunehmend ineinander übergehen (Erzähler). Diese Mängel aber versuchen sie zu überspielen, indem sie sich mit ihrer Rolle – einerseits als souveräner Techniker, andererseits als allmächtiger Autor – (über)identifizieren. Anders verhält es sich mit Danton in **Büchners Drama „Dantons Tod“**, das zeitlich in der Spätphase der Französischen Revolution (März/April 1794) angesiedelt ist und in dessen Mittelpunkt der Konflikt zwischen radikalen Jakobinern und Dantonisten steht. Auch Danton spielt Rollen: Früher die des überzeugten Revolutionärs, später dann – schon zu Beginn des Dramas – die eines Epikuräers (Genussmenschen), der sich aus der Politik zurückgezogen hat und einen luxuriösen Lebensstil pflegt. Danton unterhält jedoch ein distanziertes, oft ironisches Verhältnis zu seinen Rollen; er versucht nicht in ihnen aufzugehen, sondern spielt sie, um der alles beherrschenden Langeweile und den Gedanken an Tod und Sterben zu entfliehen. Dies wird besonders deutlich, als Danton und seine Freunde sich im Gefängnis auf den Tod vorbereiten, indem sie philosophische Gespräche führen. Dagegen ist Dantons Gegenspieler Robespierre eine in der politischen Öffentlichkeit perfekt funktionierende Rollenexistenz, die die Massen zu manipulieren weiß. Als Danton nach seiner Verhaftung und dem vergeblichen Versuch einer Rechtfertigung vor dem Revolutionstribunal der Hinrichtung entgegensieht, findet er Trost in den Gedanken an seine Frau Julie, die mit ihm in den Tod geht, indem sie sich das Leben nimmt. Das Private – auch seine Besuche bei der Prostituierten Marion – stellt für Danton eine Sphäre des Schutzes und der Geborgenheit dar. Sie ist insofern eine Gegenwelt zur Welt des Politischen, die sich für den ehemaligen Revolutionär und Justizminister Danton angesichts der vielen getöteten Opfer mit quälenden Schuldgefühlen verbindet.

Das vierte der für die schriftliche Abiturprüfung verbindlichen Themen lautet: **Liebeslyrik vom Barock bis zur Gegenwart**. Damit ist ein breiter zeitlicher Rahmen vorgegeben, der ein an literarischen Epochen orientiertes Vorgehen nahe legt. ‚Liebe' ist in der Tat – neben ‚Natur' – eines der wichtigsten Motive lyrischer Texte, das Dichter von der Antike bis zum heutigen Tag immer wieder beschäftigt und zu unterschiedlichsten Gestaltungen herausgefordert hat. Gerade die Überzeitlichkeit dieses Motivs ermöglicht es, für einzelne Epochen und Autoren typische Liebesauffassungen, aber auch charakteristische Merkmale der Sprache und Gedichtform zu erarbeiten. Die in Gedichten zum Ausdruck kommende Erfahrung von Liebe ist oft mehrdeutig, auch widersprüchlich, und stellt eine Herausforderung für den Leser und Interpreten dar. Es zeigt sich, dass bei aller Überzeitlichkeit des Themas die Erfahrung und Darstellung von Liebe an historische, soziale, weltanschauliche und andere Bedingungen gebunden ist, die sich u. a. aus der besonderen Lebenssituation oder psychischen Verfassung der Autoren ergeben können.

Eine Herausforderung stellt gewiss die relativ breite thematische Vorgabe (‚Vom Barock bis zur Gegenwart') dar, denn das Spektrum der infrage kommenden Gedichte ist kaum überschaubar. Im Unterricht wird aus der Fülle des Materials sicher eine exemplarische Auswahl getroffen. Vor allem zwei Auswahlkriterien sind dabei von Belang: Die Repräsentativität der lyrischen Texte für wichtige Epochen und die Vergleichbarkeit der Gedichte. Um Letzteres zu erreichen, kann es hilfreich sein, innerhalb des an Epochen ausgerichteten historischen Längsschnitts thematische Querschnitte (z. B. ‚Die verlassene Geliebte', ‚Nähe und Ferne des/der Geliebten', ‚Liebe als Partnerschaft') vorzunehmen und derart mit literarischen Themenfeldern zu arbeiten, die auch der Auswahl der anderen Pflichtlektüren (‚Identität und Rolle') zugrunde liegen. Ein Wissen zu Epochenmerkmalen, zu den zeit- und lebensgeschichtlichen Voraussetzungen der Autorinnen und Autoren trägt zu einem besseren und vertieften Verständnis der Gedichte bei. Kenntnisse dieser Art können auch in der Abiturprüfung von Vorteil sein, sind jedoch nicht von zentraler Bedeutung. Entscheidend ist vielmehr die Fähigkeit, Gedichte interpretieren und miteinander vergleichen zu können (vgl. dazu Abschnitt 3.4). Dabei ist in aller Regel mit weniger bekannten Texten zu rechnen: Wer sich also für dieses Thema entscheidet, muss in der Lage sein, anhand von bestimmten Gedichten erworbene Kompetenzen auf andere Gedichte übertragen zu können.

3 Aufgabenarten

Die bundesweit gültigen *Bildungsstandards im Fach Deutsch für die allgemeine Hochschulreife* unterscheiden drei wesentliche fachspezifische Erschließungsformen von Texten (Interpretation, Analyse, Erörterung) sowie materialgestütztes Schreiben, d. h. das Verfassen eines Textes auf der Basis themenspezifischer, den Schülerinnen und Schülern zusammen mit der Aufgabe vorzulegender Materialien (Texte, Schaubilder, Grafiken, Statistiken). Es ergibt sich folgendes Gesamtbild:

Textbezogenes Schreiben				**Materialgestütes Schreiben**	
Interpretation literarischer Texte	Analyse pragmatischer Texte	Erörterung literarischer Texte	Erörterung pragmatischer Texte	Informierende Texte	Argumentierende Texte
Aufgabenart I, Teilaufgabe 1 Aufgabenarten II und III	Aufgabenart V Schwerpunkt Analyse	Aufgabenart I, Teilaufgabe 2	Augabenart V Schwerpunkt Erörterung	Aufgabenart IV: Verfassen eines Essays • Materialsammlung (Dossier), auch mit informierenden Texten, wird vorgelegt • Essay: nicht-argumentierende Schreibform (ggf. argumentierende Passagen)	

In den *Bildungsstandards* wird ausgeführt, dass die Aufgabenarten „Grundmuster“ darstellen, die „miteinander kombinierbar sind“ und „Mischformen“ (vgl. Essay: 3.4) zulassen.
Das oben dargestellte Spektrum wird durch die Aufgabenarten der schriftlichen Abiturprüfung in Baden-Württemberg abgedeckt:

I. Interpretationsaufsatz mit übergreifender Teilaufgabe zu einer Pflichtlektüre
II. Interpretationsaufsatz zu einem Gedicht oder Gedichtvergleich
III. Interpretation eines literarischen Prosatextes
IV. Verfassen eines Essays
V. Analyse und Erörterung nicht fiktionaler Texte (mit Schwerpunkt *Erörterung* oder *Analyse*)

Im Folgenden werden diese fünf Aufgabenarten näher erläutert:

3.1 Interpretationsaufsatz mit übergreifender Teilaufgabe zu anderen Pflichtlektüren

Einer der drei Pflichtlektüren (Gattungen: Drama, Erzählung bzw. Novelle, Roman) wird ein **Textauszug** entnommen, der in der Regel nicht mehr als zwei Seiten umfasst, aber auch deutlich kürzer ausfallen kann. An diesen schließen sich zwei Aufgabenstellungen an. Die **erste Arbeitsanweisung** ist standardisiert, d. h. sie ist in aller Regel und von Ausnahmen (siehe weiter unten) abgesehen stets zu erwarten und lautet: *Interpretieren Sie den Textauszug im Kontext der vorangegangenen Handlung.* Verlangt wird hier sowohl eine Zusammenfassung der vorangegangenen Handlung als auch eine Interpretation der vorgelegten Textstelle. Die Formulierung zweier Aufgaben in Form *einer* Aufgaben-

stellung betont, dass die Zusammenfassung als Hinführung zum Textauszug zu konzipieren ist und die zu dessen Verständnis notwendigen Voraussetzungen herstellen muss. Eine komplette und womöglich detaillierte Inhaltsangabe wird dieser Aufgabenstellung nicht gerecht und wäre außerdem ein zeitraubendes Unternehmen. Sie sollen hier nicht nur Ihre Kenntnis des Werks unter Beweis stellen, sondern zeigen, dass Sie Wesentliches von Nebensächlichem unterscheiden und die für das Verständnis der Vorlage notwendigen Informationen vermitteln können.
Bei der möglichst kompakten, folgerichtigen und übersichtlichen Darstellung sollten Sie einen ‚fiktiven Leser' vor Augen haben, der das Gesamtwerk nicht kennt und sich im Hinblick auf die gegebene Schlüsselstelle schnell orientieren will. In den meisten Fällen wird nur eine funktionale **Hinführung zum Textauszug** verlangt; das weitere Geschehen wird dann nicht referiert, unter Umständen ist ein kurzer Ausblick auf zentrale Ereignisse im Anschluss an die Textstelle denkbar. In eher seltenen Fällen verlangt die erste Arbeitsanweisung die Einordnung der Textstelle in einen begrenzten Werkausschnitt (z. B. Akt, Szene, Kapitel). Dies könnte vor allem dann der Fall sein, wenn es sich um ein umfangreiches Werk handelt und die Textstelle z. B. einem der letzten Kapitel entnommen ist. Eine vollständige, vom Beginn der Handlung ausgehende Zusammenfassung würde in solchen Fällen zu viel Arbeitszeit in Anspruch nehmen und auch den anzustrebenden Proportionen des Aufsatzes (Umfang der einzelnen Teile) nicht entsprechen. Die Arbeitsanweisung könnte dann wie folgt aussehen: *Interpretieren Sie den Textauszug (die Textstelle) im Kontext des 20. Kapitels/der vierten Szene des fünften Aktes.*

Zusammenfassend ist festzuhalten: Anhand der ersten Arbeitsanweisung ruft sich der Aufsatzschreiber sein Wissen über Inhalt und Struktur des literarischen Werks in Erinnerung und trifft eine Auswahl, die geeignet ist, die Interpretation der Textstelle in Form einer informativen Einleitung vorzubereiten.

Für die **Interpretation** gelten die üblichen Regeln: Die Vorlage wird nach inhaltlichen, sprachlichen und formalen Aspekten ausgewertet, die in eine – diese Schwerpunkte verbindende – Deutung eingehen.

Die Berücksichtigung sprachlicher Merkmale gehört zwingend zu einer Interpretation; inwieweit formale Eigenschaften der Textgestaltung (Erzählweise, szenische Gestaltung, Satire, Parabel usw.) eine – womöglich gar zentrale – Rolle spielen, ist von der besonderen Qualität beziehungsweise Vielschichtigkeit (Komplexität) des zu behandelnden Werks abhängig.
Der Interpretationsteil des Aufsatzes erfordert eine **Konzentration auf die Textstelle**; andere Werkpassagen dürfen nur in aller Kürze herangezogen werden, wenn sie die Deutung weiterbringen und ein vertieftes Verständnis der Textstelle fördern; dagegen sind längere Abschweifungen unbedingt zu vermeiden.

Bei der Durchführung der Interpretation ist auf ein **systematisches Vorgehen** sowie auf **Anschaulichkeit** zu achten. Ein systematisches Vorgehen setzt voraus, dass sich der Verfasser des Aufsatzes über die Zielrichtung seiner Interpretation im Klaren ist und einen entsprechenden Aufbau für diesen Teil seiner Arbeit konzipiert, der für den Leser durchschaubar sein muss. Wenn er einen dramatischen Dialog vor sich hat, so kann er diesen zum Beispiel in Gesprächsphasen untergliedern, sich die Verlaufsstruktur verdeutlichen und die Interpretation anhand dieses Leitfadens anlegen; es wäre aber auch denkbar, die Gesprächsstrategie einer Figur darzustellen und das Verhalten (Reagieren) des Dialogpartners damit zu vergleichen. Neben der Inhaltsebene (Austausch von Informationen) ist die Beziehungsebene des Dialogs und der Zusammenhang zwischen Absichten und sprachlichen Strategien (Rhetorik) zu berücksichtigen. Auch die nonverbale Kommunikation (Bewegungen, Gesten, Mimik) kann aufschlussreich sein. Ebenso wenig wie eine Inhaltsangabe werden ein beliebiges, methodisch unkontrolliertes Vorgehen (‚Springen' im

Textauszug von einer Stelle zur anderen), eine Aneinanderreihung von Einzelbeobachtungen ohne argumentative Einbindung oder eine fragmentarische Textbetrachtung der Aufgabenstellung gerecht. Schließlich sollten Sie unbedingt eine getrennte Behandlung von Inhalt und Sprache bzw. Form vermeiden, da nur eine **integrative Darstellung** die Funktion und damit den Sinn sprachlicher und formaler Gestaltungsmerkmale vermitteln kann.

Anschaulichkeit wird durch gezieltes und **korrektes Zitieren** (vor allem der Kernstellen) und **Verweise** (Zeilenangaben) gewährleistet. Zitate sind funktionslos, wenn sie lediglich als ‚schmückendes Beiwerk' auftreten; sie müssen vielmehr als Belege für Interpretationsthesen beziehungsweise als auszuwertendes Material in den Gang der Untersuchung eingebaut werden. Beliebiges oder unkommentiertes Zitieren, das Zitieren ganzer Textblöcke oder ganze Zitatreihen ziehen den Aufsatz unnötig in die Länge und führen anstelle von Anschaulichkeit zu Unübersichtlichkeit.

Da der Interpretationsaufsatz eine anspruchsvolle Vergleichsaufgabe umfasst, die den Schwerpunkt des Aufsatzes bildet (Arbeitsanweisung 2, siehe unten), wird sich der Umfang des Interpretationsteils schon aufgrund des Zeitbudgets in gewissen Grenzen halten müssen. Entscheidend für die Planung ist hier eine Unterscheidung nach **Kernstellen**, wichtigeren und eher beiläufigen Passagen des Textauszugs. In jedem Falle muss der **Gesamtverlauf** eines Dialogs, eines inneren Monologs oder einer Erzählpassage erfasst, strukturiert und übersichtlich dargestellt werden. Zitate (Kernstellen) sollten exemplarische Qualität haben und der Vertiefung dienen; eine Veranschaulichung (Konkretisierung) kann weiterhin durch Textparaphrasen (knappe, pointierte Zusammenfassungen von Textpassagen in eigenen Worten) mit Verweisen (Zeilenangaben) und kurzen Belegzitaten erfolgen. Ein **exemplarisches Vorgehen** empfiehlt sich auch bei der Einbeziehung sprachlicher und formaler Texteigenschaften. Zu vermeiden ist eine bloße Auflistung verschiedener Befunde, sinnvoll dagegen eine gezielte Beschränkung auf jene Merkmale – zum Beispiel der Figurensprache, der Erzählweise –, die entscheidend zur Wirkung des Textes auf den Leser beitragen. Vollständigkeit kann nicht angestrebt werden: Es geht vielmehr darum, bei der Auswertung zentraler Zitate oder bei der Paraphrasierung von Textstellen **anhand typischer Gestaltungsmerkmale den funktionalen Zusammenhang zwischen Inhalt, Sprache und Form** zu **verdeutlichen**.

Grundsätzlich ist der Umfang der Interpretation von der Länge der vorgegebenen Textstelle abhängig. Ein kurzer Textauszug, der fünfzehn oder zwanzig Zeilen umfasst, ermöglicht ein stärker ins Detail gehendes Interpretieren als eine drei bis vier Mal so lange Passage, die ein Vorgehen nach der oben skizzierten Methode nahelegt.

Die **zweite Arbeitsanweisung** verlangt die Einbeziehung weiterer Pflichtlektüren in den Interpretationsaufsatz. Dabei kann sich der geforderte Vergleich auf *einen* oder *zwei* Texte beziehen. Zu diesen weiteren Pflichtlektüren wird kein Textauszug vorgelegt. Sie müssen entsprechend der Fragestellung Ihre **Lektürekenntnisse** in einen Vergleich **einbringen**. Direkte Belege (Zitate, Verweise auf einzelne Textstellen) können aufgrund des Umfangs der Aufgabe und der zur Verfügung stehenden Zeit nicht erwartet werden. Allerdings ist es notwendig, zum Beispiel Romankapitel oder Akte beziehungsweise Szenen eines Dramas als Belege anzuführen.

Der Bildungsplan für die Kursstufe in Baden-Württemberg sieht die Behandlung literarischer Werke und ihrer historischen Voraussetzungen vor: Im Verlauf der Kursstufe sollen Sie u. a. „die geschichtliche Bedingtheit eines Werkes und des eigenen Verstehens und Urteilens" erkennen wie auch „Zusammenhänge zwischen Texten (Intertextualität)" und in der Lage sein, „themenverwandte beziehungsweise motivähnliche Texte aus verschiedenen Epochen zu vergleichen". Die Erarbeitung solcher Kontexte führt nicht nur zu einem literarischen „Orientierungswissen", sondern dient auch dem besseren Verständnis einzelner Werke. Auf methodischer Ebene trägt die zweite Arbeitsanweisung diesen Ziel-

vorstellungen Rechnung, insofern hier ein **thematisch ausgerichteter Vergleich** von Werken aus verschiedenen Epochen vorgenommen werden muss.
Die **Aufgabenstellung knüpft an die zuvor interpretierte Textstelle an** und erlaubt es Ihnen, ausgehend von den Ergebnissen Ihrer Deutung eine vergleichende Betrachtung vorzunehmen. Es ist also in jedem Falle von Vorteil, die Untersuchung mit dem Werk zu beginnen, das durch den Textauszug repräsentiert ist. Ein Beispiel aus dem Bereich der aktuellen Pflichtlektüren mag als Illustration dienen: Die Textstelle wird Max Frischs Roman *Homo faber* entnommen (S. 98–100, Suhrkamp BasisBibliothek 3, Frankfurt a. M. 1998). Sie gehört zu jenen Passagen des Werks, bei denen der Berichterstatter innehält, um Grundsätzliches (über sein Selbstverständnis, sein Verhältnis zur Welt, über Natur und Technik usw.) zum Ausdruck zu bringen. Hier geht es um das Verhältnis zwischen Mann und Frau, so wie es sich dem überzeugten ‚Single', dem um Souveränität bemühten Planer und ‚Konstrukteur' seines eigenen Lebens darstellt. Dabei kommen zahlreiche, als geschlechtsspezifisch aufgefasste Rollenklischees zur Sprache: So bezüglich des Mannes als eines Einzelkämpfers, der ganz in seiner Arbeit aufgeht, und der auf Liebe und Ehe fixierten, sich wie Efeu (eine Anspielung auf Ivy) an ihn klammernden Frau.

Die Aufgabenstellung könnte nun lauten: *Untersuchen Sie in einer vergleichenden Betrachtung das Verhältnis zwischen Faber und Sabeth und die Beziehung zwischen dem Erzähler und Agnes in Peter Stamms Roman.* Im Falle eines Dreiervergleichs könnte *die Ehe zwischen Danton und Julie* einbezogen werden.

Ein gelungener **Werkvergleich** muss mehr leisten als eine Reproduktion von Inhalten; eine bloße Bilanzierung von Gemeinsamkeiten und Unterschieden (etwa in den Motiven und Verhaltensweisen von Figuren) wird der Aufgabe nicht gerecht. Vielmehr kommt es darauf an, die Lektürekenntnisse in eine stringente Argumentation einzubinden. Sie müssen Ihr literarisches Wissen im Hinblick auf den Vergleichsaspekt eigenständig organisieren, Schwerpunkte setzen und eine Gliederung entwickeln, die Verlauf und Zielrichtung der Argumentation klar hervorhebt und für den Leser nachvollziehbar macht. Bezogen auf die obige Aufgabenstellung bedeutet dies: Der Verfasser des Aufsatzes sollte erkennen, dass die von Faber im Textauszug geäußerten Überzeugungen durch die Beziehung zur jungen und lebenslustigen Sabeth zumindest infrage gestellt, wenn nicht gar erschüttert werden, und dies anhand entsprechender Episoden belegen und erläutern. Dabei muss jedoch zur Sprache kommen, um welchen Preis (Inzest, Tod Sabeths) sich diese Entwicklung vollzieht und inwiefern Fabers technokratisches Weltbild (rationale Lebensplanung, Verdrängung bedrohlicher Anzeichen als Störfaktoren) an der Katastrophe maßgeblich beteiligt ist. Vor diesem Hintergrund wäre dann die Beziehung zwischen dem Erzähler und Agnes zu untersuchen, die ebenfalls problematisch verläuft und (vermutlich) mit dem Tod der Frauenfigur endet. Dem wiederum dominanten Mann in Stamms Roman steht jedoch mit Agnes eine unsichere Frau gegenüber, die dem Erzähler keine Impulse für eine mögliche Veränderung vermitteln kann, zumal dieser auf *sein* literarisches Projekt ‚Agnes' und nicht auf die Beziehung zur realen Agnes konzentriert ist. Die Ehe zwischen Danton und Julie lässt sich im Vergleich zu den problematischen Paarbeziehungen in beiden Romanen als positives Gegenbild verstehen. Wie alle Frauenfiguren in Büchners Drama repräsentiert Julie mit ihrer Menschlichkeit und Emotionalität einen Gegenpol zur Welt des Politischen. Absolute Liebe, Treue und Hingabe bestimmen ihr Verhältnis zu Danton, für den sie eine verlässliche Zuflucht darstellt, wenn er es auch mit der ehelichen Treue nicht allzu ernst nimmt (Verhältnis zu Marion). Vor allem angesichts der bevorstehenden Hinrichtung gibt ihm Julies Entscheidung zum Selbstmord Halt.

3.2 Interpretationsaufsatz zu einem Gedicht oder Gedichtvergleich

Dieser Aufgabentyp ergänzt die Interpretation literarischer Texte der Gattungen Roman, Erzählung/Novelle und Drama. Insofern gelten die üblichen Kriterien für eine gelungene Deutung auch hier (vgl. Abschnitt 3.1). Im Falle von Gedichten ist die Textbasis schmaler, an das Verständnis werden jedoch aufgrund der – in besonderem Maße – poetischen Sprache und Formgestaltung höhere Anforderungen gestellt; eine **ausgeprägte Sensibilität für Lyrik** kann **als wichtigste Voraussetzung** für eine erfolgreiche Gedichtinterpretation bezeichnet werden. Außerdem ist es notwendig, das **Instrumentarium der Formanalyse** zu beherrschen, das heißt wenigstens die gängigen Fachbegriffe (zum Beispiel metrische Formen, rhetorische Figuren), präzise und trennscharf verwenden zu können. (Schulbücher und spezielle Trainingsmaterialien enthalten hilfreiche Zusammenstellungen, häufig in lexikalischer Form. Eine gute Übersicht über rhetorische Figuren findet sich beispielsweise in dem folgenden Band: Werner Winkler, *Prüfungswissen Oberstufe,* Freising: Stark Verlag 2012, Titel-Nummer: 94400).

Für die Interpretation von Gedichten ist also eine genaue Analyse der sprachlichen und formalen Gestaltung unabdingbare Voraussetzung. Oft erschließt sich der mögliche Sinn eines Gedichts erst aus der Form sowie besonderen sprachlichen Eigenschaften. **Inhaltliche, sprachliche und formale Elemente** sind so **eng miteinander verknüpft**, dass eine isolierte Betrachtung weit weniger noch als bei erzählenden oder dramatischen Texten zum Ziel führt. Dort hat man es in aller Regel mit einem logisch nachvollziehbaren Handlungsgerüst zu tun, von dem man ausgehen und auf das man sich beziehen kann. Gedichte verweigern sich dagegen häufig der Alltagslogik und erzählen – von Balladen abgesehen – keine referierbaren Geschichten.

Dennoch muss auch ihre Deutung den Anforderungen an eine Interpretation genügen: Es kommt auf **Präzision**, **Anschaulichkeit** und nicht zuletzt auf ein **systematisches Vorgehen** an. Eben dabei hilft häufig eine gründliche Form- und Sprachanalyse: So kann man etwa, ausgehend von der strophischen Gliederung, aus Entsprechungen und Unterschieden zwischen einzelnen Strophen und Strophengruppen (thematische Schwerpunkte, Haltung des lyrischen Ichs, Metrum, Endreim usw.), aber auch aus charakteristischen Abweichungen (etwa Stimmungsumbruch, Reimlosigkeit von Versen) die **Struktur des lyrischen Textes** ableiten. Damit ist eine solide Grundlage für alles Weitere gelegt: Die genaue Untersuchung der einzelnen Gedichtabschnitte nach inhaltlichen und formalen Aspekten; die Erarbeitung des Stimmungsgehalts beziehungsweise der besonderen subjektiven Färbung des Erlebten, welche zum lyrischen Ich, dem Sprecher im Gedicht, führt; schließlich die begründete Einschätzung der Wirkung des Gedichts auf den Leser. Dies alles ist nur als *ein* mögliches Vorgehen zu verstehen, denn das jeweilige Interpretationsverfahren muss sich am lyrischen Text ausrichten und lässt sich nur auf einer sehr allgemeinen Ebene standardisieren. Die **übliche Arbeitsanweisung** erlaubt Ihnen ganz bewusst große methodische Freiheit: *Interpretieren Sie dieses Gedicht* beziehungsweise *Interpretieren und vergleichen Sie die beiden Gedichte.*

Neben der Interpretation eines Gedichts kommt, wie die zweite Arbeitsanweisung deutlich macht, ein **Gedichtvergleich** infrage. Dieser stellt nicht unbedingt höhere Anforderungen an den Interpreten, sondern kann auch eine gewisse Arbeitserleichterung bedeuten: Denn eine Gegenüberstellung zweier lyrischer Texte vermag den Blick für Besonderheiten der einzelnen Gedichte zu schärfen. Auch das **methodische Vorgehen beim Gedichtvergleich** muss genau überlegt und konzipiert werden. So kann man die Texte zunächst unabhängig voneinander und nacheinander deuten und dann zu einem Vergleich übergehen oder das zweite Gedicht vor dem Hintergrund einer ausführlichen Interpretation des ersten behandeln.

Das Thema **Liebeslyrik vom Barock bis zur Gegenwart** macht aufgrund der kaum überschaubaren Vielzahl infrage kommender Gedichte ein exemplarisches Vorgehen erforderlich (vgl. Abschnitt 2: Pflichtlektüren). Im Falle eines Vergleichs können die Gedichte aus einer oder zwei historischen beziehungsweise literarischen Epochen stammen sowie von einem oder zwei Schriftstellern verfasst sein – wobei die zweite Variante die übliche ist. Liegen zwei lyrische Texte vor, so sollte man beide möglichst gleichgewichtig interpretieren. Auch in diesem Punkt sind Ausnahmen zu berücksichtigen, insofern etwa die Gedichte, was ihren Umfang und ihre Komplexität betrifft, deutliche Unterschiede aufweisen. Somit sind – je nach Textvorlage – Schwerpunktsetzungen möglich und vielleicht sogar zwingend. In den vergangenen Jahren kamen Vergleichsaufgaben weit häufiger vor als solche, die nur ein Gedicht zum Gegenstand haben.

Die Arbeitsanweisung zielt ganz bewusst nicht auf besondere Kenntnisse (zum Beispiel zur historischen und literarischen Epoche oder zur Biografie der Autoren) ab. Diese können dort, wo es sich anbietet, in die Interpretation eingebunden werden, doch sollten **textexterne Zusammenhänge nur sparsam und funktional** – das heißt stets bezogen auf die Erschließung und Deutung des lyrischen Textes – zur Geltung kommen. Informationen zum Autor und seinen Lebensumständen können aber beispielsweise in der Einleitung des Aufsatzes sinnvoll platziert werden. In jedem Fall wird eine ausführliche Behandlung solcher Kontexte der Aufgabenstellung ebenso wenig gerecht wie ein bloß stimmungsbetontes Paraphrasieren des Gedichts ohne eine gründliche Betrachtung von Inhalt, Sprache und Form. Maßgeblich für die Bewertung sind die Präzision, Anschaulichkeit und Systematik der Interpretation.

3.3 Interpretation eines literarischen Prosatextes

Die Hinweise zum Interpretationsteil bei Aufgabenart 1 (vgl. 3.1) gelten auch für die Interpretation eines literarischen Prosatextes. An die Stelle eines Textauszugs aus einer Pflichtlektüre tritt hier allerdings ein abgeschlossener, ein bis (maximal) zwei Seiten umfassender Text. Auch orientiert sich die Auswahl der Texte durch die Abiturkommission – im Unterschied zur Lyrikaufgabe (vgl. 3.2) – nicht an einem bestimmten Themenfeld oder Motiv und ist weiterhin auch nicht auf eine oder mehrere literarische Epochen eingeschränkt. In aller Regel werden die Prosatexte aber der **Literatur des 20. Jahrhunderts und der Gegenwartsliteratur** zugehören. Innerhalb dieses Rahmens wird die **Literatur von der Nachkriegszeit bis zur Gegenwart** einen Schwerpunkt bilden, wobei wiederum die **Gegenwartsliteratur** verstärkt zu berücksichtigen ist. Zum Begriff ‚Gegenwartsliteratur' liegen unterschiedliche Definitionen vor. Im Sinne einer groben Orientierung könnte man hier von Texten noch lebender Autoren ausgehen oder von solchen, die etwa ab 1990 erschienen sind, d. h. nach der deutschen Wiedervereinigung, die eine historische Zäsur mit gesellschaftlichen und kulturellen Auswirkungen darstellt. Eine solche Grenzziehung ist jedoch nicht absolut zu verstehen, sondern als mögliche Periodisierung.

Die **Aufgabenstellung** lautet stets: *Interpretieren Sie diesen Text* oder *Interpretieren Sie diese Geschichte.* Hinweise zu möglichen Schwerpunktsetzungen (*Achten Sie dabei besonders auf...*) werden nicht gegeben. Die Offenheit des Aufgabenimpulses lässt Ihnen größtmögliche Freiheit, was Inhalt und Aufbau Ihrer Deutung betrifft. Diese Freiheit ist jedoch nicht mit Beliebigkeit zu verwechseln, denn es gelten auch hier bestimmte Grundregeln des Interpretierens (vgl. 3.1) und die Ergebnisse müssen schlüssig und nachvollziehbar anhand des Textes entwickelt werden.

Unverzichtbar ist eine **knappe Einleitung**, die den Gegenstand der Interpretation (Titel, Autor, Gattung) bestimmt und über die Thematik informiert (z. B.: *Die Kurzgeschichte handelt von einem gerade aus der Haft entlassenen Mann, der mit Veränderungen in sei-*

nem privaten Umfeld konfrontiert wird). Möglich wäre aber auch die Formulierung erster Lektüreeindrücke oder einer Hypothese (z. B.: *Mit seiner Kurzgeschichte will der Autor darauf aufmerksam machen, dass...*), die den Leitfaden der Interpretation bilden bzw. durch diese überprüft werden könnte. Im Anschluss an die Einleitung sind unterschiedliche Vorgehensweisen denkbar: Eine kurze **Zusammenfassung des Inhalts** kann – als erste Orientierung – der **Interpretation** vorangestellt werden, die dann Schwerpunkte setzt und den funktionalen Zusammenhang zwischen Inhalt und Gestaltung herausarbeitet (vgl. 3.1). Alternativ hierzu können **Textwiedergabe und Interpretation** auch miteinander verbunden werden. Dies setzt eine übersichtliche Gliederung des Textes voraus, auf die dann entlang der einzelnen Phasen bzw. Abschnitte Bezug genommen wird, wobei der äußere und innere Zusammenhang der Teile, also die Kohärenz des erzählten Geschehens, nicht verloren gehen darf.

Schwerpunkte der Interpretation können nicht schematisch aufgeführt werden, sondern richten sich nach Inhalt und Gestaltung des jeweiligen Prosatextes. Neben Personen und Beziehungen (z. B. Konflikten) zwischen Personen kann dem Schauplatz (literarische Topografie) oder der Gestaltung der Zeit (Dehnung und Raffung), dem inneren Geschehen (Gedanken, Gefühle) oder sonstigen Elementen (Wettersymbolik, Farbsymbolik usw.) besondere Bedeutung zukommen. Unabhängig von inhaltlichen und gestalterischen Eigenschaften dieser Art müssen grundsätzlich **Merkmale der Sprache** – sowohl des Erzählers, gegebenenfalls auch der Figuren – und der **Erzählweise** in die Interpretation einbezogen werden. Die besondere Erzählweise ergibt sich aus der Perspektive des Erzählers, der ein auktorialer (‚allwissender'), ein personaler (‚Er'-Form, Nähe zu einer oder mehreren Figurenperspektiven) oder ein ‚Ich'-Erzähler sein kann. Zu untersuchen wäre z. B., inwieweit der Erzähler den Figuren bzw. dem Geschehen eher distanziert gegenübersteht und Wertungen abgibt (auktorial), ob sich seine Perspektive mit der Sichtweise einer oder mehrerer Personen teilweise oder ganz deckt (personal), ob die subjektive Perspektive des Erzählers glaubhaft wirkt oder Unstimmigkeiten und Widersprüche offenbart (‚Ich'-Erzähler). Aussage und Wirkung von Prosatexten werden entscheidend von der zentralen Instanz des Erzählers bestimmt, der auf das Textverständnis des Lesers und dessen Haltung zum erzählten Geschehen (z. B. Einfühlung oder kritische Distanz) Einfluss nimmt.

Neben inhaltlichen Elementen, sprachlichen und erzähltechnischen Merkmalen ist schließlich noch die **literarische Form** zu erwähnen. Ob sie für die Interpretation von Interesse ist, hängt vom jeweils vorliegenden Text ab. Literarische Kurzprosa ist eine sehr allgemeine Gattungsbezeichnung, die u. a. Kurzgeschichten, Fabeln, Parabeln, Satiren umfasst. Sollten solche spezifischen Prosaformen, die bestimmte, im Unterricht zu erarbeitende Eigenschaften aufweisen, Gegenstand der Interpretation sein, ist die Einbeziehung der literarischen Form auf alle Fälle geboten. Denn diese ist entscheidend für die Wirkung des Textes auf den Leser, dem durch gezielte Übertreibung (Satire), durch Verallgemeinerbarkeit (Parabel) oder Verfremdung (Fabel) eine bestimmte Lesart nahe gelegt oder der durch Aussparungen und eine Reduktion auf das Nötigste (Kurzgeschichte) zu einer produktiv ergänzenden Lektüre angehalten wird.

Insgesamt verlangt die Aufgabenart ‚Interpretation eines literarischen Prosatextes' eine **textimmanente Interpretation**, die auf der Basis einer möglichst genauen Analyse anhand der oben genannten Kriterien zu einer Gesamtdeutung führt. ‚Immanent' bedeutet, dass sich die Interpretation ganz im Horizont des Textes bewegt und nicht über diesen hinausgeht. Konkret heißt dies: Die Biografie des Autors, der zeitgeschichtliche Hintergrund, die literarische Epoche spielen keine Rolle. Sollten Sie (zufälligerweise) über entsprechendes Spezialwissen verfügen, kann allenfalls zur Abrundung des Aufsatzes an dessen Ende ein kurzer Kommentar stehen. Notwendig ist dies nicht.

3.4 Verfassen eines Essays

Im Unterschied zu den bisher erläuterten Aufgabenarten ist der Essay thematisch nicht auf den Gegenstandsbereich Literatur beschränkt. Infrage kommende **Themenbereiche** betreffen **fachspezifische Aufgabenstellungen** (Literatur, Sprache, Medien), aber auch solche von **gesellschaftlicher und kultureller Bedeutung**, oft mit ethischen Akzentsetzungen (z. B. beschleunigte Lebenswelt, Folgen biotechnologischen Fortschritts, Ursachen von Gewalt, Zivilcourage); schließlich **philosophische**, häufig anthropologisch ausgerichtete Themen (z. B. Grenzen der Freiheit, Möglichkeiten der Selbstverwirklichung, Glück).

Was die möglichen Themenfelder betrifft, besteht zunächst kein Unterschied im Vergleich zum Erörtern oder Analysieren pragmatischer Texte (vgl. 3.5). Entscheidend ist jedoch die Art und Weise der jeweiligen Auseinandersetzung, die **spezifische Schreibform**, für die grundsätzlich andere Kriterien gelten als für einen streng argumentativ oder analytisch ausgerichteten Aufsatz (vgl. 3.5). So ist der Essay nicht an festen Ergebnissen orientiert. Charakteristisch für ihn sind vielmehr ein Misstrauen gegenüber endgültigen Festlegungen und eine prinzipielle Offenheit des Vorgehens, das Antworten in Zweifel zieht, weitere Fragen stellt und verschiedene Sichtweisen auf ein Problem durchspielt. Nicht das Ziel steht im Mittelpunkt, sondern der Weg, d. h. der Prozess des Schreibens selbst; nicht das logische Voranschreiten entlang einer schlüssigen Verknüpfung von Thesen, Belegen und Argumenten, sondern das Experimentieren mit Gedanken und unterschiedlichen Perspektiven. Dementsprechend überlässt es der Essay dem Leser, ein mögliches Fazit zu ziehen. Dieser soll nicht überzeugt werden, vielmehr soll er die Vielschichtigkeit des Problems und die Unabschließbarkeit der Auseinandersetzung mit der jeweiligen Fragestellung erkennen. Nicht umsonst wird der Essay metaphorisch als „**Gedankenspaziergang**“ bezeichnet: Die Gedankenführung kann assoziativ sein; erlaubt sind Abschweifungen wie auch einseitige, höchst subjektive Standpunkte, die nicht korrigiert werden, sondern den Leser provozieren und ihm Denkanstöße vermitteln sollen. Auch satirische Überspitzungen oder Ironie können Stilmerkmale des Essays sein, der insofern im Verhältnis zu ‚rein‘ literarischen und ‚rein‘ pragmatischen Texten als **Mischform** gilt.

Die Offenheit der **Aufgabenstellung** sorgt für ein großes Maß an Gestaltungsfreiheit. Sie könnte z. B. lauten: *Verfassen Sie einen Essay zum Thema „Glück“.* Möglich ist auch eine Kombination mit einer These oder einem kurzen Zitat: *Rollen geben uns Halt – Rollen schränken uns ein. Verfassen Sie einen Essay zum Thema „Mensch und Rolle“.* Zur Aufgabenstellung erhalten Sie eine **Materialsammlung (Dossier)**. Die Materialien unterscheiden sich hinsichtlich des Schwierigkeitsgrades, der Sichtweise auf das jeweilige Thema und der Textsorte: Es kann sich um Sachtexte (philosophisch, wissenschaftlich, journalistisch), um literarische Texte, aber auch um Schaubilder, Statistiken oder Grafiken handeln. So kann man die Themen „Glück“ bzw. „Rolle“ u. a. aus soziologischer und psychologischer Perspektive in den Blick nehmen, man kann Ergebnisse aus Umfragen zum Verständnis von „Glück“ in Form von Statistiken oder Grafiken darstellen und auf literarische Texte (ein Gedicht, ein Auszug aus einer Erzählung) zurückgreifen, in denen es um die Rollengebundenheit menschlichen Denkens und Handelns geht (z. B. Max Frisch, *Homo faber*). Das Dossier versteht sich als **Anregung**, nicht als Vorgabe. Die Materialien *können* – ohne direkten Verweis, aber auch in Form von Zitaten, vollständig oder in Auswahl – verwendet werden. Doch ist dies weder zwingend noch ausschlaggebend für die Bewertung des Essays. Auch ein Essay, der ganz ohne Materialbezug auskommt, kann überzeugend gelingen. Es ist aber zu erwarten, dass Schülerinnen und Schüler in aller Regel von den Vorteilen, die ein anregendes Dossier bietet, Gebrauch machen werden.

3.5 Erörterung und Analyse nicht fiktionaler Texte (mit Schwerpunkt Erörterung oder Analyse)

Bei diesem Aufgabentyp wird ein nicht fiktionaler Text beziehungsweise ein Textauszug aus einem größeren (essayistischen, philosophischen, wissenschaftlichen) Werk vorgegeben. Die – weit häufiger vorkommenden – eigenständigen **Textvorlagen**, die unter Umständen gekürzt sein können, sind zumeist Zeitungen, Zeitschriften oder sonstigen periodisch erscheinenden Publikationen entnommen.

Das **breite Themenspektrum** hat zur Folge, dass Sie sich auf der Inhaltsebene nicht gezielt vorbereiten, sondern allein die für die Aufsatzformen des Erörterns und Analysierens notwendigen Methoden einüben können. Überblickt man die Aufgaben der letzten Jahre, so lässt sich allerdings eine gewisse Eingrenzung des Erwartbaren vornehmen. In der Regel behandeln die ausgewählten Texte **aktuelle gesellschaftliche Probleme, die in übergreifende** (historische, kulturelle, philosophische) **Perspektiven gerückt werden**. Dem Anspruch der Abiturprüfung würde es nicht genügen, zu schnell veraltenden Tagesaktualitäten – wie etwa zu einer Umfrage – Stellung zu nehmen. Im engeren Sinne politische, geschichtliche und wissenschaftliche Themen, die Spezialkenntnisse aus anderen Fächern voraussetzen, scheiden ebenfalls aus. **Häufig vorkommende Themenbereiche** sind zum Beispiel: Chancen und Risiken der (neuen) Medien; die gesellschaftliche beziehungsweise kulturelle Bedeutung von Literatur, Theater und Kunst allgemein; gesellschaftliche Institutionen und persönliche Verantwortung; Generationenkonflikte und Erziehungsfragen; Probleme der Informationsgesellschaft; Konsequenzen neuerer medizinischer und biologischer Forschung für das Bild vom Menschen.

Die **Unterscheidung von Erörtern und Analysieren** lässt sich im Hinblick auf Texte und Kompetenzen begründen. So gibt es Texte, deren Wirkung sich in erster Linie argumentativ und nicht sprachlich-rhetorisch entfaltet: In diesem Fall kommt die Erörterung als geeignete Aufsatzform in Betracht. Andererseits bedienen sich nicht nur Reden, sondern auch Leitartikel und sonstige nicht fiktionale Texte gezielt sprachlicher, stilistischer, rhetorischer Mittel, um den Leser zu überzeugen. Solche Vorlagen eignen sich in besonderem Maße für eine Textanalyse.

Der Erörterung ist eine **zweigliedrige Aufgabenstellung** zugeordnet. Die **erste Arbeitsanweisung** verlangt eine – sprachlich möglichst eigenständige – **Textwiedergabe**, in welcher die zentralen Thesen und der Gang der Argumentation in den entscheidenden Zügen herausarbeitet werden. Was die Beschränkung auf das Wesentliche und die Vermeidung ausgiebigen Zitierens betrifft, so gelten hier dieselben Kriterien wie für die erste Arbeitsanweisung des Interpretationsaufsatzes (vgl. Abschnitt 3.1). Bei der sprachlichen Formulierung ist insbesondere darauf zu achten, dass hier nicht die eigene Meinung, sondern die **Position des Autors** referiert wird – dies betrifft vor allem die Verwendung des Distanz ausdrückenden Konjunktivs. Der Textwiedergabe kommt in der Konzeption des gesamten Aufsatzes die **Funktion einer Einleitung** zu. Sie dient der Absicherung eines lückenlosen Textverständnisses – nur auf dieser Basis kann eine Erörterung geführt werden. Die **Aufgabenstellung** könnte lauten: *Arbeiten Sie die Kerngedanken des Verfassers heraus* oder *Arbeiten Sie die Position heraus, die der Autor hier vertritt.*

Die **zweite Arbeitsanweisung** fordert zur **Erörterung der Textvorlage** auf. Diese macht den **Hauptteil des Aufsatzes** aus. Auf der Grundlage eigener Erfahrungen und Überlegungen sollen Sie sich hier mit der Position und den Argumenten des Autors hinsichtlich ihrer Sachbezogenheit, Folgerichtigkeit und Stichhaltigkeit auseinandersetzen. Da dieses Verfahren einem indirekten **Dialog** zwischen Aufsatzschreiber und Autor gleicht, sind Zitatbelege (Kernstellen) und Textverweise unerlässlich. Darüber hinaus wird eine Vertiefung beziehungsweise Ausweitung der vorgegebenen Argumentation erwartet, die in eine möglichst genau **begründete Darlegung des eigenen Standpunktes** münden sollte.

Die Texterörterung verfährt dialogisch, da ihr anstelle einer These eine argumentative Vorlage zugrunde liegt, die für den Aufbau der eigenen Argumentation Orientierungen vermitteln kann. Eine gelungene Erörterung darf sich jedoch nicht allzu eng an den Text anlehnen, was zu einer bloßen Paraphrasierung (Umschreibung) führen kann. Sie muss sich vielmehr – im Rahmen des vorgegebenen Themas – von der Textvorlage lösen, Eigenständigkeit zeigen und zu begründeten persönlichen Schlussfolgerungen kommen. Folgende **Aufgabenstellung** wäre denkbar: *Erörtern Sie die hier vorgetragene Auffassung von Disziplin.*

Auch die Textanalyse umfasst zwei Aufgabenstellungen. Der **Schwerpunkt** liegt **hier** aber **auf der ersten Arbeitsanweisung**, deren Bearbeitung also den **Hauptteil** des Aufsatzes bildet. Eine solche Arbeitsanweisung könnte lauten: *Arbeiten Sie die Kerngedanken des Textes heraus und analysieren Sie seine Struktur und sprachliche Gestaltung.* Somit steht die **untersuchende Erschließung** des Textes im Vordergrund. Deren Qualität resultiert – wie bei der Interpretation eines literarischen Textes (vgl. Abschnitt 3.1) – aus der Ergiebigkeit, Anschaulichkeit und Systematik des Vorgehens. Sie müssen – entsprechend den Regeln der Textwiedergabe (siehe oben) – die Position des Autors und den Gang der Argumentation herausarbeiten, jedoch im Zusammenhang damit die Funktion der Textgestaltung (Aufbau, Sprachniveau, stilistische Besonderheiten, rhetorische Figuren usw.) ausführlich berücksichtigen. Für die Bewertung ist die Frage entscheidend, ob und inwieweit das **Zusammenwirken von Inhalt und Form** erfasst und angemessen dargestellt wird.

Die **zweite Arbeitsanweisung** verlangt eine **kurze Erörterung** in Form einer **begründeten Stellungnahme** zu einer (der) zentralen These der Textvorlage. Handelt es sich beispielsweise um einen Text zum Thema ‚Beschleunigung des Lebens als Fortschritt?', so könnte die **Aufgabe** lauten: *„Immer mehr gleichzeitig zu tun, daran machen wir heute unser Fortschrittsideal fest.": Nehmen Sie zu dieser These des Autors Stellung.* Im Anschluss an die eingehende Analyse des Textes sollen Sie hier die Fähigkeit unter Beweis stellen, sich anhand einer Kernaussage auch gedanklich mit der Auffassung des Autors auseinanderzusetzen.

Insbesondere auf eine Texterörterung, aber auch auf eine Analyse eines nicht fiktionalen Textes sollten Sie sich nur dann einlassen, wenn sie **mit der Thematik** schon **grundsätzlich vertraut** sind. Eigenständiges Erörtern sowie die intensive analytische Beschäftigung mit einem pragmatischen (so der in den Bildungsstandards verwendete Begriff) Text werden in aller Regel nur dann zu guten Ergebnissen führen, wenn man auf ein bereits vorhandenes Wissen bezüglich des jeweiligen Themenbereichs zurückgreifen kann. Spezielle Vorkenntnisse stellen in jedem Fall eine günstige Voraussetzung für eine fundierte Auseinandersetzung mit der Position des Autors dar und sind gewiss auch hilfreich, wenn es um die Analyse der Strategien geht, mit denen eine bestimmte Auffassung geltend gemacht wird.

4 Anforderungsbereiche und Operatoren

4.1 Anforderungsbereiche (AFB)

In den *Bildungsstandards im Fach Deutsch für die allgemeine Hochschulreife* werden **drei Anforderungsbereiche** definiert, die sich in jeder Aufgabe – in jeweils leicht variierenden Anteilen – wiederfinden. Die einzelnen Bereiche bauen aufeinander auf und verlangen von Ihnen einen zunehmenden Grad an Abstraktionsfähigkeit und Problemlösungsvermögen. In jedem Bereich gilt es, eine Verstehensleistung, eine Argumentationsleistung und eine Darstellungsleistung zu erbringen.

- **Anforderungsbereich I** betrifft die **Reproduktion:** die Wiedergabe von gelernten Sachverhalten sowie die wiederholende Zusammenfassung. Der im Unterricht erarbeitete Hintergrund an Lektüre- und Faktenwissen, fachspezifische Arbeitstechniken, Methoden der Texterschließung sowie Darstellungstechniken sollen zum Einsatz gebracht werden.
- **Anforderungsbereich II** zielt auf die Anwendung erworbener Arbeitsweisen, auf **Reorganisation von Bekanntem und Transferleistungen**. Solche Anforderungen verlangen ein selbstständiges Auswählen, Ordnen, Erläutern, Interpretieren oder Vergleichen. Erwartet wird von Ihnen eine eigenständige, argumentativ begründete Darstellung (Interpretation, Erörterung, Werkvergleich) oder ein den Regeln der Textsorte Essay entsprechender Aufsatz. Sie zeigen dadurch, dass Sie in der Lage sind, Gelerntes auch auf unbekannte Zusammenhänge anzuwenden. Auf dem AFB II liegt in der Abiturprüfung das Hauptgewicht.
- **Anforderungsbereich III** betrifft die gedankliche Selbstständigkeit der Leistung. Hier müssen Sachverhalte und Zusammenhänge eigenständig ausgewertet, durchdacht und begründet beurteilt oder sprachlich gestaltet werden. Sie sollen zu einer differenzierten und kritischen Wertung von Texten und Sachverhalten gelangen und Ihre Fähigkeit zur **Reflexion und Problemlösung** beweisen.

Die Aufgabenstellung kann zwei Teilaufgaben umfassen (vgl. Aufgabenart I und V) oder aus nur einem umfassenden Operator (Arbeitsanweisung) bestehen (vgl. Aufgabenart II, III und IV) wie „interpretieren" oder „einen Essay schreiben". Auch im letzteren Fall sind Leistungen in allen drei Anforderungsbereichen verlangt. Wird die Aufgabe nicht weiter differenziert, entfällt freilich auch eine erste Strukturierungshilfe, die die einzelnen Teilaufträge ansonsten bieten. Folglich haben Sie weniger Orientierungspunkte, aber auch mehr Freiraum beim Gliedern Ihres Aufsatzes.

4.2 Operatoren

Operatoren sind Arbeitsanweisungen. Sie machen deutlich, welche Art von Aufgabenstellung gemeint ist, lassen sich den einzelnen Anforderungsbereichen zuordnen und geben einen Hinweis auf das Gewicht der entsprechenden Aufgabe. Durch ihre konkreten Vorgaben dienen Operatoren sowohl dazu, Arbeitsaufträge eindeutig zu formulieren und voneinander abzugrenzen, als auch einheitliche Bewertungs- und Korrekturmaßstäbe zu setzen. Die folgende Operatorenliste entspricht den als Anhang zu den *Bildungsstandards im Fach Deutsch für die gymnasiale Oberstufe* veröffentlichten Musteraufgaben für die schriftliche Abiturprüfung.

Anforderungsbereich I (Reproduktion)

beschreiben	Hier sollen Sie eine genaue und sachliche, auf Erklärung und Wertung verzichtende Darstellung von Personen, Situationen, Vorgängen, Formmerkmalen usw. geben.	*Beschreiben Sie den Verlauf* des Dialogs
bestimmen	Wichtige Sachverhalte wie Ursachen, Motive und Ziele (z. B. einer Figur) werden anhand von Kriterien prägnant festgestellt.	*Bestimmen Sie die Situation der Figur* im vorliegenden Romanauszug.
darstellen / darlegen	Sie haben die Aufgabe, einen Zusammenhang, eine Entwicklung, eine methodische Entscheidung (des Autors) sachbezogen und objektiv zu formulieren.	*Stellen Sie die Wirkungsabsicht dar,* die der Autor mit seinem Text verfolgt.
skizzieren	Es kommt darauf an, ein Persönlichkeitsbild, einen Entwicklungsprozess, eine Situation usw. auf das Wesentliche begrenzt, also in groben Zügen zu vermitteln.	*Skizzieren Sie Situation und Verhalten* der Figur anhand des vorliegenden Textauszugs.
wiedergeben	Sie sollen Informationen aus dem vorliegenden Text zusammenfassend in eigenen Worten präsentieren.	*Geben Sie* die Hauptgedanken der Rede *wieder.*
zusammenfassen	Es wird von Ihnen erwartet, dass Sie Inhalte, Aussagen, Zusammenhänge strukturiert und komprimiert wiedergeben.	*Fassen Sie den Gang der Argumentation* im vorliegenden Zeitungsartikel *zusammen.*

Anforderungsbereich II (Reorganisation und Transfer)

untersuchen, erschließen	Hier müssen Sie einen Text in Einzelheiten des Inhalts und der Form zerlegen sowie einzelne Textaspekte und Textelemente für sich und in ihrer Wechselbeziehung systematisch betrachten.	*Untersuchen Sie,* inwiefern *die rhetorischen Mittel* die Aussageabsicht verstärken. *Erschließen Sie die Motive der Figur* anhand ihres Gesprächsverhaltens.
einordnen	Einzelne Textelemente – in der Regel der vorgegebene Textauszug – werden unter Berücksichtigung ihrer Bedeutung und Funktion in einen Gesamtzusammenhang (z. B. Akt, Kapitel, Werk) gestellt.	*Ordnen Sie die vorliegende Szene in den Handlungszusammenhang* des ersten Aktes *ein.*
charakterisieren	Es wird von Ihnen erwartet, dass Sie Figuren, Vorgänge, Sachverhalte usw. in ihren spezifischen Eigenheiten pointiert darstellen, Wesentliches gewichtend hervorheben und unter leitenden Gesichtspunkten kennzeichnen.	*Charakterisieren Sie die Figur* anhand des inneren Monologs.
vergleichen	Sie sollen Texte, Figuren, Sachverhalte und Problemstellungen unter vorgegebenen oder selbst gewählten Aspekten einander gegenüberstellen und Gemeinsamkeiten sowie Unterschiede feststellen.	*Untersuchen Sie in einer vergleichenden Betrachtung das Rollenverhalten von Walter Faber* in Max Frischs Roman *und das von Georg Danton* in Büchners Drama.

erklären	Hier müssen Sie Textaussagen und Sachverhalte in einen Begründungszusammenhang stellen und zu Schlussfolgerungen kommen.	*Erklären Sie die in dieser Stellungnahme zum Ausdruck kommende Einschätzung* des Romans.
erläutern	„Erläutern" entspricht „erklären", enthält jedoch den zusätzlichen Aspekt, dass Sie Ihre Ergebnisse durch Zusatzinformationen und Beispiele veranschaulichen und einsichtig machen sollen.	*Erläutern Sie diese Einschätzung* des Romans *vor dem Hintergrund Ihrer Lektüreerfahrungen.*
heraus-arbeiten	Hier geht es darum, Strukturen, Leitgedanken, Strategien usw. aus einem Textganzen herauszulösen und in textbezogener Vorgehensweise sowie unter Konzentration auf das Wesentliche darzustellen.	*Arbeiten Sie die rhetorische und sprachliche Gestaltung* des Leitartikels *heraus.*

Anforderungsbereich III (Reflexion und Problemlösung)

beurteilen	Sie müssen zu einem Text oder zu einem Sachverhalt zu einem selbstständigen, begründeten Sachurteil gelangen, und zwar nicht gestützt auf subjektive Werte, sondern auf fachliches Wissen.	*Beurteilen Sie den Lösungsvorschlag, den der Verfasser* im vorliegenden Text *entwickelt.*
bewerten	Es wird von Ihnen erwartet, dass Sie zu einem Sachverhalt, Text oder Problem selbstständig Stellung nehmen und ihn unter Bezugnahme auf eine Wertordnung angemessen beurteilen.	*Bewerten Sie den Lösungsvorschlag des Verfassers vor dem Hintergrund Ihrer eigenen Erfahrungen mit der Problematik.*
(kritisch) Stellung nehmen	Hier geht es darum, die Einschätzung einer Problemstellung, eines Sachverhaltes, einer Wertung auf der Grundlage fachlicher Kenntnis und Einsicht nach kritischer Prüfung und Abwägung zu formulieren.	*Nehmen Sie Stellung zu der zentralen These des Autors,* der zufolge Computerspiele die Gewaltbereitschaft bei Jugendlichen fördern.
begründen	Es ist wichtig, dass Sie ein Analyseergebnis, Urteil, eine Einschätzung, eine Wertung fachlich und sachlich absichern (durch einen entsprechenden Beleg, Beispiele, Argumente).	Nehmen Sie Stellung zum Thema ‚Computerspiele und Gewalt' *und begründen Sie Ihre Auffassung.*
sich auseinandersetzen mit	Sie sollen zu einer (fachlichen) Problemstellung oder These eine Argumentation entwickeln, die zu einem begründeten und nachvollziehbaren Ergebnis führt. Es handelt sich um eine offene, auf die Breite des thematischen Spektrums ausgerichtete Form des Erörterns, die Sachverhalte skizziert, Ursachen und Folgen reflektiert.	*Setzen Sie sich mit den Schlussfolgerungen, zu denen der Autor kommt, auseinander.*
prüfen, überprüfen	Hier müssen Sie eine Auffassung, eine Argumentation, ein Ergebnis usw. auf ihre / seine Schlüssigkeit, Gültigkeit, Berechtigung hin unter Bezugnahme auf Kriterien untersuchen.	Arbeiten Sie die Kernthesen des Autors heraus *und überprüfen Sie ihre Gültigkeit.*

gestalten	Erarbeiten Sie hier in Verbindung mit einer Textvorlage (literarisches Werk oder pragmatischer Text) und einer konkreten Aufgabenstellung ein eigenes Textprodukt (innerer Monolog / Brief / Tagebucheintrag oder Rede / Leserbrief) nach ausgewiesenen Kriterien (inhaltliche Stimmigkeit, adäquater Sprachstil, Rhetorik).	Gehen Sie von folgender Annahme aus: Kohlhaas verfasst im Gefängnis einen Brief an seine Söhne, in dem er seine Sicht der Vorgänge darstellt. – *Gestalten Sie diesen Brief.* Gehen Sie von folgender Annahme aus: Sie haben den Artikel gelesen und möchten sich eingehend dazu äußern. – *Gestalten Sie einen Leserbrief.*
analysieren, interpretieren	**Literarische Texte:** Texterfassung, Textbeschreibung, Textdeutung (unter Berücksichtigung des Wechselbezuges von Textstrukturen, Funktionen und Intentionen, Erfassen zentraler strukturbildender, genretypischer, syntaktischer, semantischer und rhetorischer Elemente und ihrer Funktionen für das Textganze), kritische Reflexion und ggf. Wertung. **Sachtexte:** Texterfassung, Textbeschreibung, Textuntersuchung (Zusammenhang von Textstruktur und Textintention, strukturbildende semantische, syntaktische Elemente unter Berücksichtigung der sprachlichen Funktion); Erfassen der pragmatischen Struktur des Textes unter besonderer Berücksichtigung der Argumentationsweise; Erkennen und ggf. Beurteilen des Zusammenspiels von Struktur, Intention und Wirkung im Rahmen des historischen und aktuellen Verstehenshorizontes.	*Interpretieren Sie* das vorliegende Gedicht. *Interpretieren Sie* beide Gedichte im Vergleich. *Interpretieren Sie* den Dialog, und achten Sie dabei insbesondere auf die szenische und sprachliche Gestaltung. *Analysieren Sie* die vorliegende Rede, und achten Sie dabei insbesondere auf Merkmale und Funktion der rhetorischen Gestaltung. *Analysieren Sie* den vorliegenden Textauszug; berücksichtigen Sie dabei insbesondere die Wirkungsstrategie des Autors.
erörtern	Es wird von Ihnen erwartet, dass Sie eine These, eine Problemstellung oder eine Argumentation in schlussfolgernder Abwägung des Für und Wider und unter Berücksichtigung verschiedener Perspektiven überprüfen sowie ein begründetes Urteil fällen, ggf. auch Schlussfolgerungen ziehen und Lösungsperspektiven entwickeln.	*Erörtern Sie,* ausgehend von der Argumentation des Verfassers, *die Notwendigkeit* von Sprachförderkonzepten. *Erörtern Sie die Frage,* ob Kleists Drama als Komödie oder Tragödie inszeniert werden sollte.

5 Tipps

5.1 Praktische Tipps

Die **Wahl der Aufgabe** sollte sorgfältig getroffen werden, denn von der „richtigen" Aufgabe hängt ganz wesentlich der Erfolg der Arbeit ab. Deshalb sollten Sie nicht nur die Textvorlage, sondern auch die Aufgabenstellung genau lesen und für sich selbst folgende Fragen beantworten:

- Was genau wird verlangt: Reproduktion, Erarbeitung, Beurteilung, Stellungnahme, Vergleich, Eigengestaltung?
- Welches ist die Schwerpunktaufgabe? Liegt sie mir?
- Welche Aufgabe fordert mich heraus? Wo kann ich meine Stärken einbringen?
- Ausschlaggebend sollte nicht die vermeintliche Leichtigkeit einer Aufgabe sein, sondern die Möglichkeit, sie auf ergiebige und gehaltvolle Weise zu lösen. Auch die Gelegenheit, Kenntnisse aus dem Unterricht einzubringen, ist ein Aspekt bei der Entscheidungsfindung.

Grundsätzlich gibt es zwei Aufgabentypen: die **Reproduktions-** und die **Erarbeitungsaufgabe**.

- Zum ersten Typus gehört alles, was man „im Kopf" hat (oder haben sollte), wenn man den Prüfungsraum betritt: Wissen um Gattungen, Epochen, Autoren, Stoffe, Werke – kurz, das Hintergrundwissen, das für jede Bearbeitung und Einordnung nötig ist. Sie sollten es parat haben und nur noch entscheiden müssen, was davon im vorliegenden Zusammenhang relevant ist.
- Einen anderen Charakter hat die Erarbeitungsaufgabe: Hier liegt das Wissen noch nicht bereit, es ist mithilfe geeigneter Methoden erst noch zu erschließen. Das ist natürlich arbeits- und zeitaufwändiger als das Reproduzieren. Erarbeitungsaufgaben sind daher immer Schwerpunktaufgaben.

Ist die Entscheidung gefallen, sollten Sie die Aufgabe möglichst nicht mehr wechseln, denn das wäre verschenkte Zeit.

Eine **Zeitplanung** ist immer hilfreich. Die 330 Minuten Bearbeitungszeit entsprechen einem Unterrichtsvormittag. Es liegt also nahe, eine Grobplanung im 45-Minuten-Takt vorzunehmen. Bei Analyseaufgaben könnte man zum Beispiel zwei Unterrichtsstunden für die Konzeptphase ansetzen – Textmarkierungen, Skizzen, Gliederung, Ausformulierung von Kern- und Gelenkstellen –, etwa zwei Stunden für die Reinschrift und eine Stunde für die Durchsicht und Feinkorrektur. Damit wären etwa fünf Stunden verplant, sodass abzüglich der Pausen noch ein Puffer von mehr als einer Stunde bleibt. Pausen sollte man erst nach Beendigung eines Arbeitsganges einlegen, im Idealfall erst vor der Reinschrift.

5.2 Hinweise zu den Bewertungskriterien

Da ein Aufsatz als ganzheitliche Leistung zu betrachten ist, werden der Beurteilung keine Verrechnungspunkte zugrunde gelegt. Für alle Aufgaben liegen den Lehrkräften Lösungshinweise vor, die allerdings relativ offen formuliert sind und mögliche Ergebnisse skizzieren, also alternative Bearbeitungen nicht ausschließen, wenn diese den Anforderungen entsprechen. Die sprachliche Qualität des Aufsatzes (sprachliche Korrektheit und stilistisches Niveau) muss angemessen berücksichtigt werden, wobei keine bestimmte Quote (Prozentangabe) vorgegeben wird.
Die Korrekturrichtlinien besagen, dass die Note nicht durch Addition von auf die Anforderungsbereiche bezogenen Teilnoten errechnet wird, sondern eine Gesamtwürdigung der erbrachten Leistung darstellt.
Bei der Bepunktung werden folgende Bewertungskategorien berücksichtigt:

- inhaltliche Leistung,
- Aufbau und methodische Leistung,
- sprachliche Leistung/Darstellungsleistung.

Besonders viel Gewicht wird in der Bewertung darauf gelegt, dass Ihre Ausfertigung

- sachlich richtig ist,
- Ihre Aussagen folgerichtig und begründet sind,
- Ihre Darstellung und Ihr Verständnis der Thematik den prinzipiellen Ansprüchen des Kernkompetenzfaches entsprechen,
- Ihre Arbeit einen bestimmten Grad an Selbstständigkeit, z. B. in der Entwicklung von Gedankengängen, aufweist,
- über einen klaren Aufbau und eine klare Sprache verfügt,
- eine grundlegende Sicherheit im Umgang mit der Fachsprache und den entsprechenden Methoden aufzeigt und
- sprachlich richtig und in ihrer äußerlichen Form angemessen ist.

Hinweise und Tipps zur mündlichen Abiturprüfung

1 Allgemeines

Die mündliche Prüfung im Kernkompetenzfach Deutsch ist nicht obligatorisch, sondern freiwillig. Sie wird jedoch nur selten gewählt, da sich der Abiturdurchschnitt aufgrund der Anrechnungsmodalitäten selbst durch eine sehr gute oder gute Leistung allenfalls geringfügig verbessern lässt. Den Lehrkräften in Baden-Württemberg wird empfohlen, als Gegenstände der mündlichen Prüfung Werke und Themen zu wählen, die nicht zum Stoffbereich der schriftlichen Abiturklausuren gehören. Werden Aufgaben zu den Pflichtlektüren gestellt, so dürfen sie sich nicht mit den Aufgaben der schriftlichen Prüfung überschneiden, d. h. es sind den Schülern andere Textauszüge mit deutlich abgegrenzten thematischen Schwerpunkten vorzulegen.

Die mündliche Prüfung enthält in der Regel zwei gleichwertige Elemente, durch die einerseits die Fähigkeit zum **Vortrag**, andererseits die Fähigkeit zur Beteiligung am **Prüfungsgespräch** überprüft wird. Es gelten ansonsten grundsätzlich dieselben Kriterien für die Bewertung wie bei den schriftlichen Anforderungen, wobei es besonders darauf ankommt, dass man auch in mündlicher Rede gewandt und präzise argumentiert, ohne den Faden zu verlieren.

Zunächst erhalten Sie eine Aufgabenstellung, die aus einer oder mehreren Teilaufgaben bestehen kann. Für die Bearbeitung dieser Aufgabe stehen Ihnen im Vorbereitungsraum 20 Minuten zur Verfügung. Innerhalb dieser Zeit sollen Sie einen etwa 10-minütigen Vortrag vorbereiten, der in sich geschlossen und logisch untergliedert ist. Während des Vortrages können Sie sich auf die Texte sowie auf Ihre stichwortartigen Aufzeichnungen stützen.

Die Kürze der Vorbereitungszeit schließt aus, dass Sie Ihren Vortrag schriftlich ausformulieren; vielmehr ist es, ähnlich wie bei der Sichtungsphase in der Klausur, notwendig, den Vortrag durch sinnvolles Markieren und knappe Anmerkungen vorzubereiten.

Der zweite Prüfungsteil besteht aus einem Prüfungsgespräch, in dem Ihr Hintergrundwissen und Ihre Fähigkeit, größere fachliche und sachliche Zusammenhänge zu erschließen, überprüft werden.

Die größten Schwierigkeiten bei der mündlichen Abiturprüfung liegen erfahrungsgemäß im ersten Teil, also in dem ca. 10-minütigen zusammenhängenden, gegliederten Vortrag. Da es für solch lange Vorträge kaum echte Übungsmöglichkeiten im Unterricht gibt, zumindest nicht für jeden Einzelnen, fehlt es weitgehend an konkreten Vorerfahrungen; daher im Folgenden einige Tipps, wie Sie sich auf diese Prüfungssituation vorbereiten und Ihren Vortrag ansprechend gestalten können.

Tipps für die 20-minütige Vorbereitung

- Themenstellung: Was ist die Zielrichtung der geforderten Bearbeitung?
- Operatoren: Welche konkreten Anforderungen werden gestellt? Bei Mehrteiligkeit: Welche Gliederungshilfe bieten die Teilaufgaben? Welcher Aufgabe kommt das größte Gewicht zu?
- Einstieg: Mit welcher Einführung führt man den Vortrag schnell und stringent zum Kern der Aufgabenstellung?
- Texte: Fachbegriffe an den Rand schreiben, Quellen-Anmerkungen ergänzen, Stichworte für den Vortrag festlegen; wichtige Zitatstellen markieren.
- Gliederung: Nummerieren Sie Ihre Markierungen, damit Sie Ihren Vortrag anhand dieser Reihenfolge gestalten können.
- Beenden Sie Ihren Vortrag mit einem klaren Fazit.
- Grobstruktur: Nennung der Aufgabenstellung – Einleitung – Bearbeitung der Teilaufgaben – Schlussteil.

Tipps für den Vortrag

- Zeitmanagement: Legen Sie eine Armbanduhr neben Ihr Konzept, schreiben Sie, bevor Sie zu sprechen anfangen, den konkreten Zeitraum für Ihren Vortrag auf Ihr Konzept – so haben Sie klare zeitliche Anhaltspunkte.
- Nutzen Sie die Anmerkungen, die Sie während der Vorbereitungszeit angefertigt haben, als Leitfaden Ihres Vortrages.
- Sprechen Sie möglichst frei, klammern Sie sich nicht an Ihr Konzept.
- Sprechen Sie klar, deutlich und hinreichend laut.
- Achten Sie auf ein angemessenes Sprechtempo. Versuchen Sie, nicht zu schnell zu sprechen.
- Vermeiden Sie sowohl „Endlossätze“ als auch Aneinanderreihungen und monotone Satzanfänge („Und … und … und …“).
- Verwenden Sie die Fachsprache, die Sie gelernt haben, um zu verdeutlichen, dass Sie Ihr Metier beherrschen.
- Zitate/Textbelege: Verdeutlichen Sie während des Vortrages, woher Sie Ihre Aussagen beziehen, indem Sie Kernstellen mit Zeilenhinweis anführen.
- Ein gelegentlicher Blickkontakt zu Ihrem Prüfer oder den übrigen Beisitzern zeugt von einem souveränen Umgang mit der Situation und den Kommunikationsregeln.
- Bewegen Sie sich bei Ihrem Vortrag auf einer einheitlichen Sprachebene und vergegenwärtigen Sie sich, dass die Adressaten Ihres Vortrags Deutschlehrerinnen und Deutschlehrer, also Fachleute sind.

Sie können diesen ersten Teil der mündlichen Prüfung üben und simulieren, indem Sie Arbeitsaufträge aus diesem Band zugrunde legen, die Vorbereitungszeit exakt einhalten und zwei Kursmitglieder als fiktive Prüfungskommission hinzuziehen. Lassen Sie sich anschließend von Ihrer „Prüfungskommission“ begründet darlegen, ob Ihr Vortrag sprachlich und inhaltlich verstanden wurde.
Ebenso können Sie natürlich in der Familie oder im Freundeskreis das Referieren üben oder zu diesem Zweck Ihren Vortrag selbst aufnehmen und überprüfen.

Die zeitliche Dauer des zweiten Prüfungsteils entspricht derjenigen des ersten Teils und sollte etwa 10 Minuten betragen. Das Prüfungsgespräch knüpft in aller Regel an den vorangegangenen Vortrag an. Ihm kann zunächst – je nach Qualität und Vollständigkeit des Vortrags – die Aufgabe zukommen, Unklarheiten zu beseitigen, einzelne Punkte zu präzisieren oder zu Ergänzungen hinzuführen. Nach einem ‚perfekten' Vortrag ist freilich ein umgehender Themenwechsel möglich, wobei zwischen dem Thema des Vortrags und den Themenbereichen des Gesprächs zumeist Verbindungen – in Form eines Werkvergleichs, einer Epochenzuordnung und so weiter – bestehen. Ganz grundsätzlich zielt das Prüfungsgespräch – im Unterschied zur schriftlichen Abiturprüfung – auf die Breite des Wissens und auf die Fähigkeit ab, Zusammenhänge herzustellen, Schwerpunkte zu setzen, Vergleichsaspekte zu entwickeln und so fort.

Im Verlauf des Gesprächs sollen Sie Ihre Kommunikationskompetenzen im Rahmen eines Fachgespräches unter Beweis stellen: Zeigen Sie sich also als gewandter Gesprächspartner, der adressatengerecht und sachkundig die Fragen und Impulse aufgreift und möglichst selbstständig und ergiebig damit umgeht.

Tipps für das Prüfungsgespräch

- *Sprechanteil:* Je eigenständiger und umfassender Sie als Prüfling mit den Fragen und Impulsen umgehen, desto besser! Begnügen Sie sich nicht mit Kurzantworten, führen Sie länger aus.
- *Erfassen der Frageintention:* Achten Sie auf die Operatoren und auf fachliche Kernbegriffe! Führen Sie sinnvolle Beispiele oder Vergleiche aus dem Unterricht an, zeigen Sie Ihr Hintergrund- und Allgemeinwissen. Aber schweifen Sie nicht ab, bleiben Sie beim Thema.
- *Gesprächsaufbau durch den Prüfer:* In der Regel gestaltet der Prüfer ein solches Gespräch nach dem Prinzip „Vom Einfachen zum Schwierigen, vom Einzelfallbeispiel zum Allgemeinen/Modellhaften".
  Wenn Sie einen Bezug zu einer Ihnen passend erscheinenden Theorie oder zu einem aus dem Unterricht bekannten Beispiel selber herstellen können: Tun Sie dies!
- *Unterrichtsbezüge:* Hintergrund aller Fragen und Impulse ist das aus dem Unterricht Bekannte. Stellen Sie also dort nach Möglichkeit über das gerade angesprochene Einzelbeispiel hinaus Vergleiche zu dem im Unterricht Behandelten an, weisen Sie auf Gemeinsamkeiten oder auch auf Unterschiede hin. Machen Sie somit deutlich, dass Sie die Themen des Prüfungsgesprächs in größere Zusammenhänge einordnen können.
- *Verständnisproblem:* Sollten Sie mit einer einzelnen Frage einmal nichts anfangen können: Verlieren Sie keine Zeit, bitten Sie an einer solchen Stelle um eine kurze ergänzende Erläuterung.
- *Unterbrechungen:* Lassen Sie sich nicht irritieren. Der Prüfer möchte Ihnen entweder zurück auf den Haupt(frage)weg helfen oder den Themenschwerpunkt wechseln, was vielleicht nur daran liegt, dass die Prüfungszeit allmählich knapp wird: Werten Sie solche Unterbrechungen in jedem Fall als für Sie günstig und hilfreich.
- *Mimik und Gestik:* Lassen Sie sich nicht durch Äußerlichkeiten irritieren: Die Prüfer werden sich bemühen, eine neutrale Atmosphäre herzustellen. Wenn das Prüfungsgespräch beispielsweise weniger persönlich verläuft als eine normale Unterrichtsstunde, ist das kein beunruhigendes Zeichen.

Schriftliche Abiturprüfung Deutsch (Baden-Württemberg): Übungsaufgabe 1
Interpretationsaufsatz mit übergreifender Teilaufgabe zu anderen Pflichtlektüren

Pflichtlektüren:
Peter Stamm (*1963): *Agnes*. Fischer Taschenbuch Verlag, Frankfurt am Main 2009
Max Frisch (1911–1991): *Homo faber*. Suhrkamp Taschenbuch, Frankfurt am Main 2011
Georg Büchner (1813–1837): *Dantons Tod*. Reclam 6060, Stuttgart 2008

Textauszug aus: Peter Stamm, *Agnes*

Wir gingen durch das Viertel. Es hatte aufgehört zu regnen, aber die Straßen waren noch naß. Agnes zeigte mir, wo sie ihre Lebensmittel einkaufte, wo sie ihre Wäsche wusch, das Restaurant, wo sie oft zu Abend aß. Ich versuchte, mir vorzustellen, wie es war, in diesen Straßen zu Hause zu sein, aber es gelang mir nicht.

Agnes sagte, sie wohne gern hier, sie fühle sich wohl in diesem Viertel, auch wenn es nicht besonders schön sei und obwohl sie niemanden kenne. Als wir in ihre Wohnung zurückkehrten, holte sie aus einem Schrank einen Stapel kleiner trüber Glasplatten.

„Das ist meine Arbeit", sagte sie.

Auf den ersten Blick schienen die Platten gleichmäßig trübe zu sein, aber als ich genauer hinschaute, sah ich im grauen Nebel winzige Punkte in regelmäßigen Abständen. Auf jeder Platte bildeten die Punkte andere Muster.

„Das sind Röntgenbilder von Kristallgittern", sagte Agnes. „Die wirklichen Anordnungen der Atome. Ganz tief in fast allem ist Symmetrie."

Ich gab ihr die Platten zurück. Sie trat ans Fenster und hielt sie einzeln gegen das Licht.

„Das Geheimnisvolle ist die Leere in der Mitte", sagte sie, „das, was man nicht sieht, die Symmetrieachsen."

„Aber was hat das mit uns zu tun?" fragte ich. „Mit dem Leben, mit dir und mir? Wir sind asymmetrisch."

„Asymmetrien haben immer einen Grund", sagte Agnes. „Es ist die Asymmetrie, die das Leben überhaupt erst möglich macht. Der Unterschied zwischen den Geschlechtern. Daß die Zeit nur in eine Richtung läuft. Asymmetrien haben immer einen Grund und eine Wirkung."

Ich hatte Agnes noch nie mit so viel Begeisterung reden gehört. Ich umarmte sie. Sie hielt die Diapositive schützend in die Höhe und sagte: „Paß auf, sie sind zerbrechlich."

Trotz ihrer Warnung nahm ich Agnes auf die Arme und trug sie zur Matratze. Sie stand noch einmal auf, um die Bilder in Sicherheit zu bringen, aber dann kam sie zurück, zog sich aus und legte sich neben mich. Wir liebten uns, und dann war es draußen dunkel geworden. Ich blieb die Nacht über bei ihr.

Gegen Morgen weckten mich Klopfgeräusche in den Heizungsrohren. Ich richtete mich auf und sah, daß auch Agnes wach war.

„Da gibt jemand Klopfsignale", sagte ich.

„Das ist eine Dampfheizung, keine Klimaanlage wie bei dir. Die Rohre dehnen sich durch die Hitze aus und machen diese Geräusche."

„Stört dich das nicht? Bei dem Lärm kann man ja nicht schlafen."

„Nein, im Gegenteil", sagte Agnes, „Es gibt mir das Gefühl, nicht allein zu sein, wenn ich nachts aufwache."

„Du bist nicht allein."

„Nein", sagte Agnes, „jetzt nicht."

Aus: Peter Stamm, Agnes. Zürich: Die Arche 1998

Aufgabenstellung

- Interpretieren Sie den Textausschnitt im Kontext der vorausgegangenen Handlung.
- Peter Stamm: *Agnes*, Max Frisch: *Homo faber* und Georg Büchner: *Dantons Tod*: Untersuchen Sie in einer vergleichenden Betrachtung, wie die Protagonisten mit ihren jeweiligen Partnerinnen umgehen.

Hinweise und Tipps

Teilaufgabe 1
Die erste Teilaufgabe fordert von Ihnen zunächst eine kurze inhaltliche Hinführung zu dem Textausschnitt, der in Kapitel 8 von Peter Stamms Roman *Agnes* steht. Dabei genügt es, die Anfänge der Liebesbeziehung zwischen dem Erzähler und Agnes zu skizzieren und die ersten Schwierigkeiten in diesem Verhältnis anzudeuten. Anschließend sollten Sie den Textauszug gründlich interpretieren, wobei Sie sowohl die einzelnen Elemente der Handlung (Beschreibungsebene) aufzeigen als auch die zahlreichen Metaphern und Anspielungen (Deutungsebene) im Hinblick auf den Romanschluss erläutern müssen. Ein besonderes Augenmerk sollte dem von Agnes erklärten Kristallgitter mit seinen Symmetrien und Asymmetrien gelten, weil dieses Modell auf die problematische Entwicklung des Liebespaars vorausdeutet.

Teilaufgabe 2
Die zweite Teilaufgabe zielt auf eine vergleichende Betrachtung der Mann-Frau-Beziehung in den drei Pflichtlektüren von Peter Stamm *(Agnes)*, Max Frisch *(Homo faber)* und Georg Büchner *(Dantons Tod)*. Während die Protagonisten durch die drei Männer Erzähler, Walter Faber und Georg Danton vertreten sind, erweitert sich der Kreis bei den Frauenfiguren, weil neben den jeweiligen Partnerinnen der Protagonisten auch deren Rivalinnen eine wesentliche Rolle spielen. In diesem Zusammenhang kann insbesondere der Treuebegriff erörtert werden.
Im Mittelpunkt der Betrachtung steht auch das Frauenbild des jeweiligen Protagonisten, das sich durch sein Verhalten gegenüber den Frauen ergibt. Die Umgangsformen der Männer sind jedoch nicht nur auf ihre Taten beschränkt, sondern beziehen auch ihre Gespräche und nicht zuletzt ihre Denkweise ein. Von besonderem Interesse ist dabei die Frage, welchen Einblick die Männer ihren Partnerinnen in ihre berufliche Tätigkeit gewähren.
Alle drei Protagonisten erleben sowohl positive als auch negative Momente in ihren Liebesbeziehungen. Sie sollten in dem Textvergleich deshalb die Gemeinsamkeiten und Unterschiede in den Verhaltensweisen der Protagonisten gegenüber ihren Partnerinnen herausstellen, sodass die jeweiligen Charaktere (aus verschiedenen Epochen, vom 18. bis zum 20. Jahrhundert) deutlich zum Vorschein kommen.

Lösungsvorschlag in Grundzügen

Einleitung

„Gegensätze ziehen sich an.“ Mit dieser These wird oft versucht, das Geheimnis einer Liebesbeziehung zwischen Mann und Frau zu erklären. Doch wenn die Unterschiede überhandnehmen, kann bald die anfängliche Faszination verloren gehen, sodass es unausweichlich zu einer Trennung kommt.
In der Literatur spielt die geheimnisvolle Liebe seit jeher eine große Rolle. Verschiedene Facetten der gegenseitigen Anziehungskraft, aber auch zahlreiche Varianten des Scheiterns wurden von Autoren aus unterschiedlichen Epochen und Kulturkreisen in ihren Werken thematisiert. Ein Liebesverhältnis mit tragischem Ende wird sowohl in den modernen Romanen *Agnes* und *Homo faber* der Schweizer Schriftsteller Peter Stamm und Max Frisch als auch in dem Schauspiel *Dantons Tod* des Dramatikers Georg Büchner dargestellt.

Teilaufgabe 1
Kontext

In Peter Stamms 1998 erschienenem Debütroman *Agnes* lernt ein namenlos bleibender Ich-Erzähler eine um einige Jahre jüngere Studentin in der Chicago Public Library kennen. Bei gemeinsamen Raucherpausen kommen sich die beiden Bibliotheksbesucher, die an einem Sachbuch bzw. an einer Dissertation arbeiten, näher.
Nach mehreren Tagen trifft sich das Paar in der Wohnung des Erzählers, die sich in einem Wolkenkratzer mitten in Chicago befindet. Das Verhältnis wird intimer, aber es zeichnen sich auch erste Differenzen ab.

In Kapitel 8, dem der Textausschnitt entnommen ist, besucht der Erzähler zum ersten Mal seine neue Freundin in deren Wohnung, die im Vergleich zu seiner eigenen viel bescheidener aussieht und in einem Außenbezirk der Millionenstadt Chicago liegt. Einige Tage später beginnt der Erzähler auf Agnes' Bitte, eine Geschichte über sie beide zu schreiben: Realität und Fiktion vermischen sich darin zu einer eigentümlichen Wechselwirkung. Die sich fortlaufend entwickelnde Geschichte reflektiert das Verhältnis zwischen dem Erzähler und Agnes, bis sie schließlich in zwei Schluss-Varianten ihre Beziehung beendet.

Inhaltswiedergabe und Bedeutung von Kapitel 8

Kapitel 8 beschreibt die sensible, zurückhaltende Titelfigur Agnes in ihrer vertrauten Umgebung, die sowohl ihre Lebensgewohnheiten als auch ihre Denk- und Arbeitsweise verdeutlicht. Der Leser erlebt in der vorgegebenen Textstelle eine aufgeschlossene, lebhafte Studentin, die dem Erzähler voller Enthusiasmus von ihrer Doktorarbeit über die Struktur von Kristallgittern berichtet und sich ihm anschließend ohne Scheu hingibt. Das intime Zusammensein verläuft völlig harmonisch und führt das Liebespaar zu einer größeren Vertrautheit und Offenheit. Der Erzähler verbringt die ganze Nacht bei Agnes. Am nächsten Morgen werden die beiden dann von Klopfgeräuschen geweckt, die von der Heizung verursacht werden.

Interpretation

Die leichte und unbeschwerte Atmosphäre in diesem Textausschnitt offenbart bei näherer Betrachtung erste Probleme und Brüche. So zeigen sich an vielen Stellen Widersprüche zwischen einer gegenseitig zunehmenden Vertraulichkeit und einer wachsenden Distanz des Erzählers zu seiner jungen Freundin.

Agnes' Lebensumfeld

- Das Stadtviertel, in dem Agnes wohnt, erweist sich als ein **anonymes Großstadtmilieu**, das den Erzähler abschreckt. Selbst Agnes gibt zu, dass die Umgebung „nicht besonders schön sei" (Z. 6). Allerdings betont sie, dass sie gern in diesem Wohnbezirk, der alles Lebensnotwendige bietet, zu Hause sei, obwohl sie niemanden kenne. Die **Wettermetaphorik** vermittelt eine düstere Stimmung: Es regnet, und bald wird „es draußen dunkel" (Z. 27). Auch Agnes' Wohnung wirkt alles andere als gemütlich. Am frühen Morgen wird der Erzähler durch Klopfgeräusche der Heizung geweckt. Während sich der Erzähler von diesem „Lärm" (Z. 34) sehr gestört fühlt, empfindet Agnes jedoch das Klopfen als angenehm.

Fremdheit von Agnes' Welt für den Erzähler

- Bei seinem Besuch versucht der Erzähler sich sowohl in die Wohnsituation als auch in den Charakter seiner Partnerin hineinzuversetzen, was ihm jedoch nicht gelingt (vgl. Z. 3 f.). Er kann sich nicht vorstellen, dass man sich in dieser hässlichen und lauten Umgebung wohlfühlen kann. Trotz dieser **Irritationen** steigert sich die **Verliebtheit** des Erzählers, was vor allem auf Agnes' Redseligkeit zurückzuführen ist. Er umarmt Agnes und verbringt mit ihr eine Liebesnacht, aus der er jedoch unsanft erwacht.

- Ohne Vorbehalte erzählt Agnes ihrem Freund – gleich nach dem Spaziergang durch das trübe Stadtviertel – ausführlich von ihrer Tätigkeit an der Universität. Anhand von Röntgenbildern erklärt sie **Symmetrien und Asymmetrien** bei Strukturbildern von Kristallen. Durch die häufige Verwendung von direkter Rede wirkt das Gespräch sehr lebendig. Die Erläuterungen an diesen konkreten Beispielen führen zu **allgemeinen Aussagen über das Leben** an sich: Laut Agnes bestimmt die Asymmetrie das Dasein, und die Zeit läuft nur „in eine Richtung" (Z. 21). Es ist der Erzähler, der Agnes fragt, was die Kristalle mit ihrer Liebesbeziehung zu tun haben. So wird deutlich, dass die „trübe[n]" (Z. 9) und „zerbrechlich[en]" (Z. 24) Glasplatten eine metaphorische Bedeutung für das von Gegensätzen und Unwägbarkeiten bestimmte Verhältnis zwischen dem Erzähler und Agnes haben.

metaphorische Ebene von Agnes' Forschungen

- Auf dem Weg zu Agnes' Wohnung hat sich der Erzähler verfahren, obwohl ihm seine Freundin „genaue Anweisungen" gegeben hatte. Auch ihrem Vortrag über Kristallformen hört er zunächst nur oberflächlich zu, bis er schließlich „genauer" (Z. 9) hinschaut und **Zusammenhänge** erkennt. Allerdings sieht er noch nicht die Asymmetrien in seiner Beziehung zu Agnes, obwohl seine Partnerin auf den „Unterschied zwischen den Geschlechtern" (Z. 20) hinweist und im Hinblick auf die zerbrechlichen Platten (brüchiges Liebesverhältnis!) eine „Warnung" ausspricht. Zudem stellt er selbst die Behauptung auf: „Wir sind asymmetrisch." (Z. 17f.) Auch die „Klopfsignale" (Z. 31) können in diesem Kontext als erstes Warnzeichen und damit als eine Ermahnung an das Liebespaar gesehen werden. So zeigt sich selbst in dieser harmonischen Liebesszene die **Gefährdung** der Beziehung. Mit Metaphern und Anspielungen wird auf das Ende der Geschichte hingewiesen. Vor dem Liebesakt steht Agnes noch einmal auf, um die Glasplatten „in Sicherheit" (Z. 26) zu bringen – ihr gesamtes Leben wird allerdings von Unsicherheit und Ungewissheit beherrscht, zumal die Gegensätze zu dem Erzähler ab diesem Moment stetig zunehmen.

Erzähler ignoriert Symptome einer Beziehungskrise

Teilaufgabe 2

Sowohl in den Romanen *Agnes* und *Homo faber* als auch in dem Drama *Dantons Tod* werden **intime Glücksmomente** zwischen zwei Liebenden beschrieben, die jedoch nicht von Dauer sind und schließlich in ein **tragisches Ende** münden.

Umgang des *Agnes*-Erzählers mit Frauen

Für den Erzähler in **Peter Stamms „Agnes"** liegt die Ursache für das Scheitern der Liebesbeziehung in seiner eigenen Unbeständigkeit und Bindungsunfähigkeit.

- Offen bekennt der Schweizer Sachbuchautor, dass er bereits „einige gescheiterte Beziehungen" (S. 15) hinter sich habe. Obwohl er schon längere Zeit in Chicago lebt, kennt er in dieser Stadt niemanden. Deshalb hat er sich mit seinem „Alleinsein abgefunden" (S. 15). Doch neben Agnes lernt er auch bald Louise kennen.

kaum soziale Bindungen

- Agnes ist für den Erzähler in erster Linie eine **Sexualpartnerin**. Die Liebesakte bilden deshalb auch die wenigen Momente eines erfüllten Glücks. Agnes' ständige Präsenz wird ihm immer wichtiger, sodass er bei sich schließlich „eine fast körperliche Abhängigkeit" (S. 61) feststellt. Kurze Zeit später fällt ihm auf, „wie wenig [er] sie kannte" (S. 61). Bei der Gestaltung der fiktionalen Geschichte über ihre Beziehung dominieren das Aussehen und das Körperliche. Bezeichnenderweise be-

Reduktion von Agnes aufs Körperliche

ginnt die Story mit einer Beschreibung ihres Äußeren. Ihre Charaktereigenschaften und ihre Mentalität spielen nur eine untergeordnete Rolle.

- Immerhin empfindet der Erzähler mehrmals, dass er sich in Agnes verliebt hat. Dieses Gefühl treibt ihn auch beim Schreiben ihrer Geschichte an. Er wartet dann beim Vorlesen gespannt auf Agnes' Reaktion und korrigiert sogar gelegentlich eine Formulierung, wenn Agnes etwas missfällt. Doch ein Traum offenbart ihm die **zunehmende Entfremdung** zwischen ihm und seiner Partnerin, da sie ihm darin gesteht, Angst vor ihm zu haben. In der Wirklichkeit entwickelt sich zwischen dem Erzähler und Agnes eine schnell wachsende **Sprachlosigkeit**. Die beiden haben sich immer weniger zu sagen. Schließlich merkt der Erzähler, dass die von ihm in seiner Geschichte beschriebene Familienidylle mit Eheglück und zwei Kindern nicht zu ihrem Leben passt. Deshalb tritt am Ende der auf dem Computer gespeicherte „Schluß2" in den Vordergrund, in dem Agnes in eine eisige Winterlandschaft hinausgeht.

Entfremdung von Agnes

- Der **Bruch der Liebesbeziehung** beginnt mit Agnes' Geständnis, dass sie schwanger ist. Sofort erklärt der Erzähler, dass er kein Kind haben möchte, woraufhin Agnes bei ihm auszieht. Die **unterschiedlichen Vorstellungen über eine gemeinsame Zukunft** werden nur in der idyllischen „Familiensaga" angeglichen. Darin kann sich der Erzähler eine Rolle als Familienvater vorstellen, aber er ahnt gleichzeitig, dass nach dem ersten großen Konflikt mit Agnes ein glückliches Familienleben nicht mehr möglich sein wird. Weder der egozentrische Erzähler noch die introvertierte Agnes bringen die Voraussetzung für eine aufrichtige Partnerschaft mit. Gegenseitige **Untreue** und Eifersucht zerstören das Vertrauen vollends. Während Agnes dem Erzähler vorhält, dass Herbert sie mehr liebe als er, obwohl sie mit ihm nie intim war, betrügt dieser seine Partnerin in der Silvesternacht mit Louise. Aber auch diese Frau enttäuscht er, weil er ihre Beziehung nur als Affäre ansieht und zu Agnes zurückkehrt. So zeichnet sich aufgrund der großen charakterlichen Unterschiede und einer negativen Entwicklung ihrer Beziehung schon früh das **Scheitern** des Liebesverhältnisses mit Agnes ab.

weitere Gründe für das Scheitern der Beziehung

In **Max Frischs Roman „Homo faber"** sind die Frauenbeziehungen des Protagonisten von Missverständnissen und schwerwiegenden Irrtümern geprägt. Mit drei Frauen hat es der 50-jährige Schweizer Walter Faber fast gleichzeitig zu tun, was eine „Super-Constellation" (Name des Flugzeugs, mit dem Faber eine Bruchlandung in der Wüste erlebt!) darstellt. Aus dieser heiklen, komplexen Lage mit all ihren schicksalhaften Verkettungen geht der begeisterte Techniker äußerst ramponiert hervor.

Umgang Walter Fabers mit seinen Partnerinnen

- Mit dem 26-jährigen Mannequin **Ivy** (Bedeutung: Efeu – eine Frau, die wie eine Klette an Faber hängt) verbringt der viel reisende Walter Faber meist die Wochenenden in seiner 2-Zimmer-Wohnung in New York. Obwohl die verheiratete Frau für den Schweizer „ein herzensguter Kerl" (S. 65) ist, hat er häufig **Streit** mit ihr. Da er sich immer öfter mit der modebewussten Dame langweilt, beschließt er, sich von ihr zu trennen. Aber Ivy ignoriert seinen Abschiedsbrief und versucht mit allen Mitteln, Faber an sich zu binden. Bei einer heftigen Auseinandersetzung fällt sie über ihren um einiges älteren Liebhaber ein vernichtendes Urteil. Sie wirft ihm vor, er sei „ein Egoist, ein Rohling, ein Barbar in bezug auf Geschmack, ein Unmensch in bezug auf die Frau" (S. 31).

Trennung von anhänglicher Ivy

- Ein noch größerer Altersunterschied besteht zwischen Faber und seiner erst 20 Jahre alten Tochter **Sabeth** (Elisabeth), der er zufällig auf einem Schiff begegnet und mit der er, ohne zu wissen, dass er ihr Vater ist, eine **inzestuöse Verbindung** eingeht. Dabei findet er „das Mädchen mit dem blonden Roßschwanz“ (S. 69) und den schwarzen Cowboyhosen zunächst nicht attraktiv, vielmehr zieht ihn ihre Jugendlichkeit an, und ein wenig erinnert sie ihn an seine einstige Geliebte Hanna.

  Liebesverhältnis mit seiner Tochter Sabeth

  An seinem 50. Geburtstag macht Faber Sabeth einen Heiratsantrag, obwohl er die junge Frau noch kaum kennt und er immer wieder betont, dass er am liebsten allein lebe. In väterlicher Fürsorge begleitet er die Studentin auf ihrer weiteren Reise durch Frankreich und Italien. Dabei kommt sich das ungleiche Paar näher. Gleichzeitig ahnt der 50-Jährige immer deutlicher, dass Sabeth seine Tochter sein könnte, wobei er diese Gedanken mithilfe von selbsttäuschenden Rechenspielen sogleich wieder verwirft. Trotz ihrer zunehmenden Verliebtheit merken die beiden, dass sie sehr **unterschiedliche Lebensauffassungen** haben. Während sich Sabeth für Kultur und Archäologie interessiert, kann sich Faber nur für technische Errungenschaften begeistern. Der Ingenieur schätzt an seiner Tochter, dass sie eine rasche Auffassungsgabe, vor allem auch im technischen Bereich, besitzt, doch sie wirft ihm immer wieder vor, dass er sie nicht ernst nehme. Schließlich führt Walter Faber ungewollt den Tod seiner Tochter herbei, die nach einem Schlangenbiss schwer stürzt und sich dabei einen Schädelbasisbruch zuzieht. Mit der Frage nach seiner eigenen Schuld quält sich der Ingenieur bis zu seinem Ende.

  Attraktivität von Sabeths Jugend

- Äußerst schwierig verläuft Fabers Beziehung mit der Halbjüdin **Hanna Landsberg**, die er als 30-Jähriger hatte heiraten wollen. Die damals schwangere Hanna beendete das Verhältnis jedoch überraschend auf dem Standesamt, weil sie Faber unterstellte, dass er kein gemeinsames Kind haben und sie nur aus Mitleid – die deutsche Halbjüdin war in ihrer Heimat während des Dritten Reiches gefährdet – heiraten wollte. Erstaunlicherweise kümmert sich Faber 20 Jahre lang nicht um seine Tochter, weil er vermutet, dass Hanna wohl nach ihrer Trennung eine Abtreibung vorgenommen hat. Allerdings behauptet Faber, dass er Hanna damals geliebt habe, obwohl es, ähnlich wie mit Ivy, ständig **Konflikte** gab und die **Gegensätze** – Hanna studierte Kunstgeschichte – schon damals deutlich hervortraten.

  spannungsreiches Verhältnis mit Hanna

  Zwei Jahrzehnte nach ihrer letzten Begegnung treffen die beiden wieder zusammen, und Faber findet die ergraute Mutter seiner Tochter immer noch „attraktiv“ (S. 140). Mehr als ihre äußere Schönheit bewundert er aber ihre **Selbstständigkeit** und ihr **starkes Selbstbewusstsein**. Zu einer offenen Aussprache gelangen die beiden jedoch nicht: Den Fragen nach Fabers Vaterschaft und dem Schicksal von Hannas einstigem Ehemann Joachim Hencke (Tod durch Suizid) weichen sie aus und verschweigen einander lange die Wahrheit, ja sie belügen sich sogar. Erst nach Sabeths Tod werden die Gespräche aufrichtiger geführt. Durch viele Erzählungen wird die Vergangenheit wechselseitig aufgearbeitet. Faber nimmt sich dann sogar vor, Hanna zu heiraten, obwohl er immer deutlicher erkennt, dass er ihr Verhalten nicht versteht. Allerdings leistet ihm Hanna Beistand bei seiner anstehenden Magenoperation.

  Hanna als emanzipierte Frau

  Sehr spät hat sich für Walter Faber und Hanna aufgrund ihres gemeinsamen Schicksals ein **Vertrauensverhältnis** entwickelt, das aus der anfänglichen Liebesverwirrung herausführt, denn Hanna war für Faber zu-

  Hanna als Freund

nächst „die Mutter meiner Geliebten, die selbst meine Geliebte ist" (S. 141). Am Ende bezeichnet er sie als seinen „Freund" (S. 198), der ihm das Alleinsein erträglicher macht. In seinem **Reifeprozess** erkennt Faber, dass innere Werte wichtiger sind als Äußerlichkeiten, die er vor allem bei Ivy und teilweise auch bei Sabeth geschätzt hat.

Umgang Dantons mit Frauen

Der Protagonist in **Georg Büchners Drama „Dantons Tod"** ist ein äußerst zwiespältiger Charakter, der einerseits seine Ehefrau Julie innig liebt, sich andererseits jedoch auch mit anderen Frauen vergnügt.

Dantons Hedonismus und Liebschaften

- Der **Frauenheld** Danton führt ein lasterhaftes Luxusleben. Gleich die ersten Szenen in Büchners Schauspiel zeigen den Genussmenschen beim Zusammensein mit leichten Mädchen, deren „Schönheit" und „geschmeidige Hüften" er mit geübtem Kennerblick begutachtet. Das Gegenbild zu diesem ausschweifenden Lebemann stellt der tugendhafte Robespierre dar, der von den Bürgern für seine Aufrichtigkeit und Geradlinigkeit bewundert wird. Der Vergleich dieser beiden Revolutionäre fällt denn auch für das Volk eindeutig aus, zumal sich Danton mit seiner Lebensweise eher aristokratisch gibt. So stellt ein Bürger missbilligend fest: „Danton hat schöne Kleider, Danton hat ein schönes Haus, Danton hat eine schöne Frau" (S. 70), und er fährt voller Empörung gegenüber seinen Zuhörern fort: Er „schläft bei euern Weibern und Töchtern, wenn er betrunken ist" (S. 70). Doch inzwischen hat Danton viel von seiner Lebensfreude und Triebhaftigkeit eingebüßt. Die Grisette Marion kommt zum Ergebnis, dass der Frauenliebhaber Danton in diesen politisch aufgewühlten Zeiten seine Verführungskunst verloren hat: „Deine Lippen sind kalt geworden, deine Worte haben deine Küsse erstickt." (S. 24)

Geborgenheit in der Ehe mit Julie, …

- Als **Privatmann** schätzt der resignierte Revolutionär Danton zunehmend die sorglosen Momente mit seiner **Frau Julie**. Der untreue Ehemann genießt die Ruhepausen, die ihn Abstand von den politischen Auseinandersetzungen, aber auch von seinen Ausschweifungen gewinnen lassen. Julie beruhigt ihren von Albträumen geplagten Mann und gibt ihm dadurch die Geborgenheit, die ihm in dem aufgewühlten Politikgetriebe fehlt. Politische Fragen sind jedoch kein Gesprächsthema zwischen den beiden Eheleuten. Frauen dienen Danton und seinen Anhängern nur zur Entspannung und zum Vergnügen. Politik und Revolution sind in Büchners Drama reine Männersache.

… aber auch Entfremdung der Partner

- Der müde **Politiker** Danton ist sich seiner vergangenen Verdienste bewusst und kann sich deshalb sicher sein, dass er als ruhmreicher Mann in die Geschichtsbücher eingehen wird. Aber der Atheist sieht auch die Begrenztheit des Lebens („Da ist keine Hoffnung im Tod", S. 67), weshalb er mit seiner Vergnügungssucht den Gedanken an sein baldiges Ende zu verdrängen versucht. Außerdem erkennt Danton, dass jeder Mensch ein einsames Wesen ist, das sich nur bedingt auf andere verlassen kann. Selbst ein langjähriges Zusammenleben mit einer Partnerin kann das stetige **Gefühl der Entfremdung** nicht aufheben. Deshalb sagt Danton zu Julie: „Wir wissen wenig voneinander." (S. 5) Trotz aller Seitensprünge hält Danton in seiner eigenen Art von Treue zu seiner Lebensgefährtin, die für ihn einen Ruhepol inmitten der spannungsgeladenen Politik darstellt.

- Im Augenblick des **Todes** erfährt Danton von seiner Partnerin die **größte Solidarität**. Julie lässt ihrem Ehemann kurz vor dessen Hinrichtung eine Locke von sich ins Gefängnis bringen, und Danton weiß, dass seine Ehe ein festes Fundament hat. So denkt er kurz vor seinem Ende an seine Frau und ist sich dabei sicher, dass er auf seinem letzten Gang Unterstützung findet: „Ich werde nicht allein gehen, ich danke dir Julie." (S. 74) Tatsächlich wird diese Ahnung wenig später bestätigt, denn Julie vergiftet sich und geht so mit ihrem Ehemann gemeinsam in den Tod. Dieses letzte Treuebekenntnis steht in starkem Gegensatz zu Dantons permanentem Ehebruch, aber es zeigt auch, dass in dieser revolutionären Umbruchsituation noch etwas Beständiges, Unerschütterliches, nämlich die **Liebe**, existiert.

gemeinsamer Tod des Ehepaares

In **allen drei Werken** sind die Partnerschaften zwischen Mann und Frau ständig gefährdet und werden schließlich durch den Tod beendet. Bereits vorher wurden die Beziehungen durch Untreue, Gleichgültigkeit oder Interessensgegensätze schwer erschüttert. Alle drei **Männer** beweisen einen großen **Egoismus**, indem sie sich ihren Partnerinnen gegenüber unsensibel oder gleichgültig verhalten. Besonders der Erzähler aus *Agnes* und Walter Faber stoßen ihre schwangeren Freundinnen vor den Kopf, als sie davor zurückschrecken, die Vaterrolle einzunehmen. Für Hanna und Agnes bedeutet diese verantwortungslose Haltung eine starke Kränkung, die die Beziehung nachhaltig beschädigt. Während Hanna sehr selbstbestimmt handelt, bleibt Agnes stets die Unterlegene. In seiner Geschichte verurteilt der Erzähler sie sogar zum Tod durch Erfrieren.

Fazit
Gemeinsamkeiten im Umgang der drei männlichen Figuren mit ihren Partnerinnen

Die Partner öffnen sich einander nie völlig, sodass stets ein Rest von **Fremdheit** bleibt. Sowohl der Erzähler bei Peter Stamm als auch Faber und Danton interessieren sich mehr für die **körperlichen Reize** der Frauen als für deren Wesen. Dennoch zeigen alle drei, dass ihnen das Verhältnis mit ihrer jeweiligen Gefährtin viel bedeutet hat, was sie entweder mit literarischen Versuchen oder mit Reflexionen bekunden. Bezeichnenderweise sind es stets die **Frauen**, die **Empathie und Opferbereitschaft** zeigen, indem sie den Männern beistehen, wie Hanna dem todkranken Faber, oder gar mit ihnen sterben, wie Julie mit Danton.

Schriftliche Abiturprüfung Deutsch (Baden-Württemberg): Übungsaufgabe 2
Interpretationsaufsatz mit übergreifender Teilaufgabe zu anderen Pflichtlektüren

Pflichtlektüren:
Max Frisch (1911–1991): *Homo faber*. Suhrkamp Taschenbuch, Frankfurt am Main 2011
Peter Stamm (*1963): *Agnes*. Fischer Taschenbuch Verlag, Frankfurt am Main 2009

Textauszug aus: Peter Stamm, *Agnes* (27. Kapitel)

[…] Ich ging ins Schlafzimmer. Vor dem Fenster schwebte eine Gondel, in der zwei Männer standen und die Fenster putzten. Sie waren eben fertig, winkten und schwebten lachend in die Höhe. Ich hatte einen Zettel von der Hausverwaltung bekommen, der die Reinigung der Fenster angekündigt hatte, aber ich hatte vergessen, es Agnes zu sagen. Ich ließ die Rolläden herunter und ging zurück in den Flur. Im Badezimmer hörte ich Agnes leise wimmern. Ich klopfte. Schließlich öffnete sie die Tür.

„Sie haben mich angeschaut", sagte sie, wischte sich mit Toilettenpapier die Tränen ab und putzte sich die Nase.

„Jetzt sind sie weg. Ich habe die Läden geschlossen." „Sie schauen uns an. Alle schauen uns an, wenn wir Kindersachen kaufen. Alle wissen es. Es ist eine Lüge." „Es ist doch nur eine Geschichte. Du wolltest …"

„Ich habe nicht gewusst …", unterbrach mich Agnes, aber sie sprach nicht weiter.

„Du wolltest, daß ich sie so schreibe", sagte ich, „wir haben sie zusammen geschrieben."

„Ich habe nicht gewußt, wie wirklich es wird. Und doch ist es eine Lüge. Es ist krank."

„Ich habe gehofft, es würde dir helfen. Es hat mir geholfen, als du nicht da warst."

„Es stimmt nicht. Du mußt schreiben, wie es wirklich war und wie es ist. Es muss stimmen."

„Ja", sagte ich.

„Schreib, wie es weitergeht", sagte Agnes. „Wir müssen wissen, was geschieht."

„Gut. Ich werde schreiben, was wir machen, wohin wir gehen, welche Kleider du trägst. Wie vorher. Du wirst das dunkelblaue Kleid wieder tragen. Wenn es wärmer ist."

„Ich ziehe es heute abend an."

Noch an diesem Abend warf Agnes alle neu gekauften Sachen in den Müllschlucker im Flur. Ich wollte sie verschenken, aber Agnes bestand darauf, alles wegzuwerfen. Als der Teddybär nicht in das enge Loch paßte, riß sie ihm die Arme ab. Auch was wir am Nachmittag auf dem Computer geschrieben hatten, löschten wir. Dann zog Agnes das blaue Kleid an.

„Als Kind waren die Figuren der Bücher, die ich las, meine besten Freunde", sagte sie, „meine einzigen Freunde eigentlich. Auch später noch. Nachdem ich *Siddhartha* gelesen hatte, stellte ich mich eine Stunde lang barfuß in den Garten, um meine Gefühle abzutöten. Das einzige Gefühl, das ich abtötete, war das in meinen Füßen. Es lag Schnee."

Agnes lachte zögernd. Ich hatte eine Tiefkühlpizza in den Ofen geschoben und öffnete eine Flasche Wein.

„Ich bin immer traurig, wenn ich ein Buch zu Ende gelesen habe", sagte Agnes. „Es ist, als sei ich zu einer Person des Buches geworden. Und mit der Geschichte endet auch das Leben dieser Person. Aber manchmal bin ich auch froh. Dann ist das Ende wie die Befreiung aus einem bösen Traum, und ich fühle mich ganz leicht und frei, wie neugeboren. Ich frage mich manchmal, ob die Schriftsteller wissen, was sie tun, was sie mit uns anstellen."

Ich küßte Agnes.

„Da bin ich mit dir zusammen und weiß gar nicht, daß in deinem Kopf das ganze Personal der Weltliteratur steckt."

„Ich lese nicht mehr viel“, sagte Agnes, „vielleicht deshalb. Weil ich nicht mehr wollte, daß Bücher Gewalt über mich haben. Es ist wie ein Gift. Ich habe mir eingebildet, ich sei jetzt immun. Aber man wird nicht immun. Im Gegenteil.“
Dann aßen wir, und später nahm Agnes das Beruhigungsmittel, das der Arzt ihr nach der Operation verschrieben hatte. Ich setzte mich auf den Rand des Bettes, um zu warten, bis sie eingeschlafen war.
„Jetzt sind wir wieder zusammen“, sagte sie noch, bevor sie einschlief, „nur wir zwei.“

Aus: Peter Stamm: Agnes. Zürich: Die Arche 1998

Erläuterung:
Z. 29: *Siddhartha:* Ein Roman von Hermann Hesse, entstanden 1919–1922, in dem ein Mensch (Siddhartha) gezeigt wird, der sich aus familiären und gesellschaftlichen Konventionen befreit und auf seiner beschwerlichen Suche nach der absoluten Weisheit zu sich selbst findet.

Aufgabenstellung
- Interpretieren Sie die Textstelle im Kontext der vorangegangenen Handlung.
- Untersuchen Sie in einer vergleichenden Betrachtung das Verhältnis zwischen den Erlebnissen der Ich-Erzähler und ihrer Darstellung des Erlebten in den Romanen *Agnes* und *Homo faber*.

Hinweise und Tipps

Teilaufgabe 1
In einem ersten Schritt geht es darum, die sowohl für das Verständnis der Textstelle als auch für den gesamten Roman notwendigen Informationen zu vermitteln.
Aus diesem Grund müssen Sie zunächst die **Textstelle in den Romanverlauf einordnen**. Achten Sie darauf, den Roman nicht nachzuerzählen, sondern inhaltliche Schwerpunkte zu setzen. So dürfen nur die Bestandteile der vorangegangenen Handlung angesprochen werden, die einen thematischen Bezug zur Textstelle haben. Dadurch wird sie näher beleuchtet und fassbarer.
Im Anschluss an die Einordnung in den Gesamtkontext müssen Sie den **Inhalt der Textstelle** in eigenen Worten kurz zusammenfassen. Dabei ist es wichtig, auf die Handlung, den **Aufbau** der Textstelle, die beteiligten **Figuren** sowie auf den **Ort** und die **Zeit** des Geschehens einzugehen. Zudem muss die **thematische Ausrichtung der Textstelle** deutlich werden. Da die thematischen Schwerpunkte „Realität und Fiktion“ und „der Einfluss von Literatur auf die Protagonistin“ eng miteinander zusammenhängen, ergeben sich innerhalb der Interpretation Querverbindungen.
In einem zweiten Schritt wird die Textstelle unter Berücksichtigung **inhaltlicher** (Figurencharakterisierung, Figurenkonstellation, Dialoganalyse, (Leit-)Motive, Absichten und Interessen der Figuren), **sprachlicher** (verbale und non-verbale Kommunikation, Wortwahl, Satzbau, rhetorische Mittel) und **formaler** (Erzähltechnik) **Aspekte** interpretiert und analysiert. Dies kann **in Form eines linearen** (chronologisch, am Text entlang) **oder aspektorientierten** (themenbezogenen) **Interpretationsverfahrens** geschehen. Der folgende Lösungsvorschlag orientiert sich am themenbezogenen Verfahren.

Wie man der Aufgabenstellung entnehmen kann, wird eine **kontextbezogene Interpretation** verlangt. Sie sollten also während des Interpretierens auch immer über die Textstelle hinausgehen und andere Textpassagen mit einbeziehen, die für die Deutung und das tiefere Verständnis des Auszugs von Belang sind. Grundlage für die erfolgreiche Bearbeitung dieser Aufgabe ist die **genaue Kenntnis des Textes**. Bei der vorliegenden Aufgabe bezieht sich der Vergleichsaspekt der zweiten Teilaufgabe auf die zu bearbeitende Textstelle. Deshalb wird dieser Vergleichsaspekt bereits im Rahmen der Interpretation berücksichtigt.
Idealerweise werden die Aspekte „**Inhalt**", „**Sprache**" und „**Form**" nicht getrennt voneinander betrachtet, sondern bei der Deutung miteinander verbunden und die Ergebnisse zusammenhängend dargestellt. Die Beobachtungen zu Sprache und Form sind nur dann zielführend, wenn deutlich wird, welche Funktion und Wirkung von der sprachlichen und erzähltechnischen Gestaltung im Hinblick auf die Inhaltsebene ausgeht. Am Ende der Interpretation sollten Sie auf die **Bedeutung** (hier: Krise und Konfliktlösung) und **Funktion der Textstelle** eingehen. Ein kurzer **Ausblick auf die weitere Romanhandlung** rundet Ihre Interpretation ab.
Aussagen müssen genau am Text belegt werden; achten Sie dabei auf die **richtige Zitierweise**, was selbstverständlich die Angabe von Seiten bzw. Zeilen mit einschließt. Zitate müssen in die Sätze integriert sein und dürfen nicht in Klammern angegeben werden, damit der Lesefluss nicht beeinträchtigt wird. Was den Schreibstil anbelangt, so sollten **unpersönliche Formulierungen** verwendet werden, was einer wissenschaftlichen Schreibweise entspricht.

Teilaufgabe 2
Die Aufgabe verlangt einen **Vergleich** von Peter Stamms Roman *Agnes* mit Max Frischs Roman *Homo faber* unter dem in der Aufgabenstellung formulierten Aspekt „Verhältnis zwischen den Erlebnissen der Protagonisten und ihrer Darstellung des Erlebten". Der Vergleich der zwei literarischen Werke bleibt auf diesen Aspekt beschränkt und sollte eine **gleichmäßige Gewichtung** der beiden Romane erkennen lassen.
Die Ergebnisse der ersten Teilaufgabe in Bezug auf den Vergleichsaspekt können als Überleitung zur zweiten Teilaufgabe bzw. als Anknüpfungspunkt für die Untersuchung des Vergleichsaspekts dienen.
Um der Aufgabenstellung gerecht zu werden, legen Sie Ihrer Untersuchung sinnvollerweise die Begriffe „Fiktion" und „Wirklichkeit" zugrunde, die Sie zunächst erläutern und voneinander abgrenzen müssen. Bevor Sie die jeweiligen Werke genauer untersuchen, sollten Sie einen knappen **inhaltlichen Überblick unter Berücksichtigung des Vergleichsaspekts** geben. Eine reine Inhaltsangabe zu *Homo faber* oder zu *Agnes* ist nicht erwünscht. Im weiteren Verlauf müssen anhand von geeigneten Textstellen **Bezüge zwischen den beiden Werken und dem Vergleichsaspekt** hergestellt werden. Zunächst müssen die angeführten Textstellen kurz erläutert werden, bevor sie unter Berücksichtigung des Vergleichsaspekts gedeutet werden können. Dabei sollten Figuren, die in den Textstellen erwähnt werden, kurz eingeführt werden.
Bei einem Vergleich sind **zwei Vorgehensweisen** möglich: 1. Die Werke werden nacheinander untersucht. Wichtig dabei ist, dass die jeweiligen Unterschiede bzw. Gemeinsamkeiten in Bezug auf den Vergleichsaspekt im Schlussteil dargelegt und erläutert werden. 2. Die Werke werden zusammenhängend betrachtet. Dabei werden Bezüge zwischen den einzelnen Texten hinsichtlich des Vergleichsaspekts hergestellt. Für den Lösungsvorschlag wurde wegen des komplexen und abstrakten Vergleichsthemas die erste Vorgehensweise gewählt. Querverbindungen zwischen den einzelnen Werken ergeben sich dabei jedoch zwangsläufig.
Aussagen müssen auch hier am Text belegt werden; jedoch reicht der **Verweis auf Kapitel** aus. **Direkte Zitate** aus den Werken wären bei dem Vergleich wünschenswert, können aber nicht vorausgesetzt werden. Dennoch ist die **genaue Textkenntnis** der beiden Werke für die Bearbeitung dieser Aufgabe unverzichtbar.

Die Primärtexte werden zitiert nach: Max Frisch: *Homo faber*. Frankfurt a. M.: Suhrkamp 1977; Peter Stamm: *Agnes*. Frankfurt a. M.: Fischer Taschenbuch Verlag 2009.

Lösungsvorschlag in Grundzügen

Teilaufgabe 1

Themen des Romans
Basissatz

„Wir denken, wir leben in einer einzigen Welt. Dabei bewegt sich jeder in seinem eigenen Stollensystem […]“ (*Agnes*, S. 127) – die hier angesprochenen Themen wie **mangelnde Wahrnehmung**, **Vereinzelung**, **Vereinsamung und fehlende Kommunikation** ziehen sich wie ein roter Faden durch den Roman *Agnes* des Schweizer Schriftstellers Peter Stamm. In seinem erfolgreichen Debütroman, der im Jahre 1998 erschienen ist, behandelt Stamm das **Scheitern der Liebesbeziehung** zwischen Agnes und einem namenlosen Ich-Erzähler, für die das Schreiben und Lesen von Texten eine wichtige Rolle spielt, wie in der vorliegenden Textstelle aus dem 27. Kapitel deutlich wird.

Übergang zur Textstelle

Einordnung in den Handlungsverlauf

Zunächst wird der Handlungszusammenhang genauer betrachtet, um den Textauszug besser verstehen zu können. **Agnes**, eine junge amerikanische Physikstudentin, die an ihrer Dissertation schreibt, trifft in der Public Library in Chicago, einem Ort der Bücher, des Wissens und der Anonymität, auf den deutlich älteren **Ich-Erzähler**, einen Schweizer Sachbuchautor, der ein Buch über amerikanische Luxuseisenbahnen verfasst. Zwischen beiden entwickelt sich schnell eine **Liebesbeziehung**, die jedoch zum Scheitern verurteilt ist, da beide kaum in der Lage sind, über ihre Befindlichkeiten und Probleme offen miteinander zu sprechen. Aus dem Interesse an Literatur, aus dem Wunsch, Spuren im Leben zu hinterlassen, und aus dem Bedürfnis nach Vergewisserung der eigenen Identität bittet Agnes den Ich-Erzähler, **eine Geschichte** über sie zu schreiben. Er stimmt dem Anliegen, das für ihn eine Herausforderung darstellt und ihm zugleich die Möglichkeit der Selbstverwirklichung bietet, aus Neugierde zu. Im Verlauf der Geschichte verschwimmen teils die **Grenzen zwischen Realität und Fiktion**, teils klaffen beide jedoch auch auseinander. An anderen Stellen greift die Fiktion in die Realität ein und bestimmt diese sogar. Nach ihrer Fehlgeburt flüchtet sich Agnes in die fiktive Geschichte, in der sie das Kind zur Welt gebracht hat. **Agnes' Verdrängung der schmerzlichen Realität** geht so weit, dass sie mit dem Ich-Erzähler während der Weihnachtseinkäufe Spielsachen und Kleidung für die fiktive Tochter namens Margaret kauft. Dass die **Illusion eines glücklichen Familienlebens** keine wirkliche Lösung darstellt, muss Agnes schon bald erkennen. An dieser Stelle beginnt der vorliegende Textauszug.

Zusammenfassung der Textstelle
erstes Gespräch

Agnes bringt in einem **emotionalen Gespräch** mit dem Ich-Erzähler zum Ausdruck, dass sie an der fiktiven Geschichte, die von ihnen beiden und vom Verlauf ihrer Liebesbeziehung handelt, zweifle bzw. verzweifle. In der Wohnung des Ich-Erzählers, in die Agnes nach einer kurzen Trennung von ihm wieder eingezogen ist, begegnet sie zwei Fensterputzern, von denen sie durchschaut zu werden glaubt. Dieses Erlebnis ist der Auslöser für das Gespräch, bei dem Agnes und der Erzähler sich am Ende darauf verständigen, die **Geschichte** unter der Prämisse weiterzuführen, dass nur noch die **Wirklichkeit abgebildet** werden soll.

zweites Gespräch

In einem zweiten Gespräch der beiden, das am gleichen Tag in der Wohnung des Ich-Erzählers stattfindet, beschreibt Agnes ihr **Verhältnis zu Büchern**. Sie spricht von ihrer einstigen Freude am Lesen und beschreibt ihre starke emotionale Beziehung zu Figuren aus Büchern, die sie gelesen hat. Da sie erkannt habe, dass Bücher einen zu großen Einfluss auf sie ausübten, lese sie mittlerweile viel weniger. Gleichzeitig gesteht sie sich ein, immer noch von Büchern angezogen zu werden.

Interpretation
Hinweis zum Vorgehen

Bei der nun folgenden Interpretation wird zunächst der Aspekt „**Fiktion und Wirklichkeit**" und im Anschluss daran der Aspekt „**Wirkung und Einfluss von Literatur**" untersucht, der sich durch den gesamten Roman zieht.

Aufbau der Textstelle

Die Textstelle ist **inhaltlich zweigeteilt:** Im ersten Teil (Z. 1–27) thematisiert Agnes in einem Zwiegespräch ihre Haltung und Einstellung zur fiktiven Geschichte; im zweiten Teil (Z. 28 bis Ende) hält sie fast eine Art Monolog, in dem sie – beeinflusst durch das vorherige Gespräch – ihr widersprüchliches Verhältnis zur Literatur im Allgemeinen schildert.

Eingangsszene

In der Eingangsszene sticht der **Gegensatz** zwischen der **Fröhlichkeit der Fensterputzer** (vgl. Z. 2) und **Agnes' Niedergeschlagenheit** ins Auge. Aus Verzweiflung verschanzt Agnes sich im Bad. Das Verriegeln der Tür ist hier und an anderen Stellen im Roman (vgl. 28. Kapitel, S. 122) ein Symbol für **Agnes' Wunsch nach Schutz**, Sicherheit und Intimität, den sie mit den Erfahrungen aus ihrer Kindheit begründet (vgl. S. 29). Im Gegensatz zur Eingangsszene ist das **Ende** der Textstelle **versöhnlich:** Der Ich-Erzähler wacht an Agnes' Bett, bis sie eingeschlafen ist (vgl. Z. 47 f.), was Ausdruck von Nähe, Vertrautheit und Mitleid ist. Möglicherweise zeugt es aber auch von einem schlechten Gewissen Agnes gegenüber, weil er sich seiner Mitschuld an ihrer anfänglichen Verzweiflung bewusst ist. Agnes' Feststellung, dass beide wieder zusammen seien, auf die der Ich-Erzähler bezeichnenderweise nicht reagiert (vgl. Z. 49), mag für sie im Augenblick zwar tröstlich sein, stellt sich aber im weiteren Verlauf des Romans als Trugschluss heraus.

Kontext

Schluss der Textstelle

erstes Gespräch

Der **Grund für Agnes' emotionalen Zusammenbruch** wird durch ihre Aussage, die **fiktive Geschichte** sei „eine Lüge" (Z. 10), offensichtlich. Ihre Trauer und Wut spiegeln sich zum einen in ihrem nonverbalen Verhalten, dem Weinen, und zum anderen in den kurzen, parataktischen Sätzen (vgl. Z. 9 f.) wider. Diese sind so eindrücklich, dass der Leser/die Leserin Agnes' Schreien förmlich hören kann. Im Gegensatz dazu ist die Sprache des Erzählers sachlich-distanziert.

Sprache

Agnes muss sich eingestehen, dass der verzweifelte **Versuch, den Schmerz über den Verlust ihres ungeborenen Kindes zu betäuben**, indem sie nach der fiktiven Handlung der Geschichte lebt, **gescheitert** ist. Während sie kurz nach ihrer Fehlgeburt die Fortführung der Geschichte, in der sie das Baby zur Welt gebracht hat, ausdrücklich begrüßt und den Ich-Erzähler dazu auffordert, die „Familiensaga" (S. 116) weiterzuschreiben, bezeichnet Agnes diesen Plan nun als „krank" (Z. 14). Sie ist zwar in der Lage, die fiktive Geschichte rational zu beurteilen, hat aber offenkundig den **Bezug zur Realität** ein Stück weit **verloren**, wenn sie annimmt, dass alle den Ich-Erzähler und sie an- und durchschauten (vgl. Z. 9 ff.). Geht man von der Annahme aus, dass die Protagonistin sich am Ende – beeinflusst und getrieben durch den zweiten Schluss der Geschichte – das Leben nimmt (vgl. Kapitel 1 und 35), so wird die **Gefahr** offenkundig, die die **extreme Identifikation mit der Fiktion** bedeutet. Agnes' unvollständiger Satz „Ich habe nicht gewusst …" (Z. 12) führt vor Augen, dass sie sich ihres naiven Verhaltens und der damit verbundenen Gefahr bewusst wird. Dieser **Erkenntnisgewinn** ist für die Protagonistin so erschreckend und desillusionierend zugleich, dass sie kurz verstummt. Sie bezieht sich später indirekt erneut auf diese Bedrohung, die sich aus der **Abhängigkeit von**

Kontext

der Fiktion und ihrer Sogwirkung ergibt, wenn sie sagt: „Es ist, als sei ich zu einer Person des Buches geworden." (Z. 34 f.)

Dialoganalyse

Während sich **Agnes** immer mehr **in Rage** redet, fällt sie dem Ich-Erzähler mehrfach ins Wort. Sie äußert dabei den Satz: „Ich habe nicht gewußt, wie wirklich es wird." (Z. 14) Indirekt macht sie ihm hier den Vorwurf, dass er als Verfasser die Tragweite der fiktiven Geschichte nicht erkannt und sie in ihrem Eifer, die Handlung kopieren zu wollen, nicht gebremst habe. Deshalb gerät **er** anfangs **in die Defensive**; er versucht sich zu rechtfertigen und Agnes zu beruhigen, indem er die Bedeutung der Geschichte herunterspielt. Dass es sich dabei um eine gewöhnliche Geschichte handelt (vgl. Z. 10f.), stimmt natürlich nicht, denn beide schlüpfen **wie Schauspieler in ihre zugewiesenen Rollen** und handeln nach dem Drehbuch. Im vorliegenden Gespräch geht der **Ich-Erzähler in die Offensive**, wenn er Agnes zu bedenken gibt, dass es ihr Wunsch war, die Episode mit Margaret in die Geschichte zu integrieren, und dass die Geschichte als Ganzes ihr gemeinsames Projekt sei (vgl. Z. 13). Hier ist aber kritisch anzumerken, dass der Ich-Erzähler, der sich als Schöpfer und Agnes als sein Geschöpf ansieht – vergleichbar mit Zeus und Athene (vgl. S. 55) –, den weiteren Verlauf der Geschichte immer stärker selbst vorgibt. Für beide ist es zu Beginn ein faszinierendes **Spiel mit Fiktion und Realität**, das sie emotional zusammenbringt und somit eine entscheidende Rolle in ihrer Beziehung spielt (vgl. S. 56). Doch schon früh wird das in der Geschichte enthaltene **Konfliktpotenzial** sichtbar. Aussagen des Ich-Erzählers wie „[Er sei] erstaunt, wie vieles Agnes und [er] anders erlebt oder anders in Erinnerung hatten" oder „Manches, was [er] ausführlich beschrieb, empfand sie als belanglos" (S. 56) belegen dies. Der Konflikt bricht in der Textstelle dann in aller Schärfe aus, weil Agnes nicht ertragen kann, dass die Geschichte nicht „stimmt" (Z. 16), also nicht der Wirklichkeit entspricht. Der Ich-Erzähler verteidigt die Geschichte, indem er in einer für ihn ungewöhnlichen Offenheit sagt: „Ich habe gehofft, es würde dir [bei der Verarbeitung der Fehlgeburt] helfen. Es hat mir geholfen, als du nicht da warst." (Z. 15) Diese Aussagen bringen die **emotionale Verbundenheit des Ich-Erzählers mit Agnes** zum Vorschein. Darüber hinaus wird hier indirekt auf eine **Funktion von Literatur** angespielt. Neben der Möglichkeit, in andere Welten entfliehen und damit Halt erfahren zu können, die Agnes im zweiten Teil der Textstelle anspricht, erlaubt es das Verfassen von Literatur, Erlebnisse und Erfahrungen zu verarbeiten.

Kontext

Sprache

Auf **Agnes' entschiedene Forderung, Realität und Fiktion wieder in Einklang zu bringen**, antwortet der Ich-Erzähler mit einem lakonischen „Ja" (Z. 18). Es entsteht der Eindruck, als wolle er damit die Diskussion schnell beenden, ohne vielleicht von dem Vorhaben voll und ganz überzeugt zu sein. Mit der dreifachen Verwendung des Modalverbs „müssen" (Z. 16 ff.) und der imperativischen Formulierung „Schreib, wie es weitergeht" (Z. 19) verleiht Agnes ihrer Forderung Nachdruck. Die Verantwortung für den weiteren Verlauf der Geschichte und deren Gestaltung legt die Protagonistin in die Hände des Ich-Erzählers. Während der Leser bis hierher den Eindruck hatte, als wolle Agnes ihre Haltung zur Geschichte ändern, zeigt sich, dass sie in bekannte problematische Verhaltensmuster zurückfällt: **Gefangen in ihrer Hilflosigkeit und der Abhängigkeit vom Ich-Erzähler** führt sie das aus, was er für sie in ihrer Rolle vorgesehen hat (vgl. Z. 20ff. und 26f.). Die Protagonistin zieht einen **vermeintlichen**

Schlussstrich, indem sie mit dem Ich-Erzähler die Episode mit Margaret löscht und sie die für Margaret gekauften Sachen entsorgt, in der Hoffnung, ihre Sorgen und Probleme gleich mit zu entsorgen. Die Brutalität, mit der sie dabei vorgeht, lässt sowohl auf **Wut und Enttäuschung** über sich als auch auf Trauer über ihre Fehlgeburt schließen.

zweites Gespräch

Gleich zu Beginn des zweiten Teils, der unmittelbar einsetzt, macht Agnes deutlich, welch großen Stellenwert **Bücher** in ihrem Leben einnahmen. Sie bezeichnet die Figuren aus Büchern ihrer Kindheit als ihre „besten Freunde" (Z. 28). Der hier verwendete Superlativ stellt die fiktiven Freunde auf eine höhere Stufe als ihre realen. Die Emphase „meine einzigen Freunde eigentlich" (Z. 29) macht deutlich, dass Agnes bereits seit Kindertagen ein Mensch ist, der kaum Kontakte zu anderen Menschen besitzt. Sie sagt von sich selbst, dass sie kein sehr sozialer Mensch sei (vgl. S. 20). In ihrem Leben, das von **Isolation**, **Einsamkeit und Unsicherheit** geprägt ist, hat sie sich mithilfe von Büchern eingerichtet. Diese sind auf der einen Seite Ersatz für soziale Kontakte und auf der anderen ihre ständigen Wegbegleiter auf der Suche nach Glück und Zufriedenheit. **Agnes' Verhältnis zur Literatur ist ambivalent:** Einerseits empfindet sie Traurigkeit, wenn sie ein Buch zu Ende gelesen hat (vgl. Z. 34), weil sie die heimelige Scheinwelt verlassen und in die ernüchternd und bedrohlich erscheinende Realität zurückkehren muss; andererseits sieht sie das Ende eines Buches als „Befreiung aus einem bösen Traum" – mit der Folge, sich „leicht", „frei" und „wie neugeboren" zu fühlen (Z. 36 f.). Bücher sind darüber hinaus für Agnes eine „Art verschlüsseltes Gedächtnis" (S. 31), eine Brücke zwischen Vergangenheit und Gegenwart, weil Agnes durch sie an bestimmte Situationen in ihrem Leben erinnert wird.

Sprache

Charakterisierung der Figur Agnes

Kontext

intertextueller Bezug

Nach der Lektüre des Romans ***Siddhartha*** von Hermann Hesse, in dem der Protagonist ähnlich wie Agnes von dem Wunsch nach **Selbstfindung** geleitet wird, stellt sie sich barfuß in den Schnee, um ihre Gefühle abzutöten. Ihr Ziel, ähnlich wie Siddhartha psychische und physische **Grenzerfahrungen** zu sammeln, um ihr wahres Ich zu erkennen, war nicht von Erfolg gekrönt, wie sie selbstironisch anmerkt (vgl. Z. 31). Anstatt frei von jeglichem inneren Gefühl, frei von jeglichem Ballast zu sein und sich in einem Zustand der inneren Ruhe zu befinden, war das einzige Gefühl, das sie „abtötete", das in ihren Füßen (ebd.). Agnes identifiziert sich hier mit einer fiktiven Figur und imitiert deren Verhalten, so wie sie ihre Rolle im Drehbuch des Ich-Erzählers ausfüllt. Das beschriebene Verhalten im Schnee hat **etwas Selbstzerstörerisches** an sich, was die Vermutung nahelegt, dass Agnes sich am Ende umbringt. Ein weiterer Beleg für diese These ist der Satz „Und mit der Geschichte endet auch das Leben dieser Person" (Z. 35 f.). Mit dem Ende der fiktiven Geschichte des Ich-Erzählers endet also auch das Leben der fiktiven Figur Agnes. Die intelligente, selbstreflektierende Protagonistin erkennt die zerstörerische Kraft der Literatur und die Gefahr extremer Identifikation mit fiktiven Figuren selbst, indem sie sagt: „Ich lese nicht mehr viel […]. Weil ich nicht mehr wollte, daß Bücher Gewalt über mich haben. Es ist wie ein Gift." (Z. 43 f.) Die **Personifikation der Bücher** in Verbindung mit dem Vergleich „wie ein Gift" betont die tiefgreifenden Erfahrungen, die Agnes sammelte. Die Unfähigkeit, der Bedrohung zu entkommen, hängt zum einen mit Agnes' Charakter und zum anderen mit der Sogwirkung der Fiktion zusammen. Die Antithese „Ich habe mir eingebildet, ich sei jetzt immun. Aber man

Sprache

wird nicht immun", verstärkt durch die Ellipse „Im Gegenteil", (Z. 44 f.) verdeutlicht die aussichtslose Lage, in der sich Agnes befindet.

Den Satz „Ich frage mich manchmal, ob die Schriftsteller wissen, was sie tun, was sie mit uns anstellen" (Z. 38 f.) kann man als **indirekte Kritik am Ich-Erzähler** verstehen, der sich wie ein Künstler die fiktive Agnes nach seinen Vorstellungen modelliert. Wie bereits im ersten Gespräch appelliert Agnes hier an das **Verantwortungsbewusstsein des Ich-Erzählers**. Die Tatsache, dass er darauf nicht eingeht, sondern Agnes plötzlich küsst, zeigt, dass er den Vorwurf überspielen will. Seine **nonverbale Geste** ist auch insofern überraschend, als dass der Austausch von Zärtlichkeiten für ihn nicht selbstverständlich ist. Er ist jemand, der seine **Freiheit und Eigenständigkeit** nicht verlieren will und daher vor allzu großer Nähe zurückschreckt. Der Romanverlauf vermittelt das **Bild eines egoistischen Menschen**, der nur mit sich selbst beschäftigt ist und in seiner Ichbezogenheit nicht wirklich auf Menschen eingehen kann. Nach Agnes' Fehlgeburt, in einer Phase, in der seine Partnerin ihn als seelische Stütze brauchen würde, zögert er lange, bis er sie besucht. Seine **Schwierigkeit, sich auf Menschen einzulassen**, zeigt sich auch in dem vorliegenden Textauszug. Während Agnes tiefgründige, sehr persönliche Aussagen zum Thema „Wirkung und Einfluss von Literatur" macht, schweigt er nahezu die ganze Zeit und führt banale Handlungen aus (vgl. Z. 32 f.). Das Einzige, was er äußert, ist der ironisch gefärbte Kommentar: „Da bin ich mit dir zusammen und weiß gar nicht, daß in deinem Kopf das ganze Personal der Weltliteratur steckt." (Z. 41 f.) All dies könnte **Ausdruck von Desinteresse** sein oder als Zeichen von **Unsicherheit** und **Irritation** gedeutet werden, denn Agnes zeigt in der vorliegenden Textstelle ihre emotionale Seite, die sonst kaum zum Vorschein kommt.

Charakterisierung des Ich-Erzählers

Das **Auftreten des Ich-Erzählers** in der Szene entspricht zum Teil dem Bild, das man von ihm hat: kommunikationsscheu, verschlossen und unsensibel. Gleichzeitig nimmt der Leser ihn aber auch als jemanden wahr, der im ersten Teil auf Agnes' Befindlichkeit eingeht und Rücksicht nimmt.

Fazit

Es zeigt sich, dass dem Textauszug eine **besondere Bedeutung** innerhalb des Romans zukommt: Die **Protagonistin hinterfragt** hier zum ersten Mal die **Geschichte**. Zudem lässt Agnes im Gegensatz zu anderen Passagen im Roman ihren **Gefühlen freien Lauf**, kehrt ihr Inneres nach außen und redet offen über ihre Gedanken. Dies mündet im ersten Teil der Textstelle in einen emotionalen Wutausbruch, der in gewisser Weise ein Ventil für die Spannungen innerhalb der Beziehung ist. Die scheinbare Lösung, die Geschichte unter anderen Vorzeichen fortzuführen, stellt sich als Trugschluss heraus, da die Protagonistin am Ende des Romans verschwunden und das Ende der Beziehung damit besiegelt ist. Offen bleibt, ob sie, wie im zweiten Schluss der fiktiven Geschichte angedeutet, Selbstmord im Schnee begeht oder aber sich endgültig vom Ich-Erzähler getrennt hat.

Bedeutung der Textstelle

Ausblick

Die Wendung zum Besseren, wie der Schluss der Textstelle es nahelegt, tritt im weiteren Verlauf nicht ein: Agnes entfernt sich immer mehr vom Ich-Erzähler und verfällt in einen bis dahin nicht gekannten Aktionismus. Sie treibt viel Sport, geht wieder regelmäßig zu den Proben des Streichquartetts und arbeitet an ihrer Doktorarbeit (vgl. S. 122). Die **Kommunikationsprobleme** zwischen beiden, die in der Textstelle exemplarisch vor Augen geführt werden, verschärfen sich. Der Ich-Erzähler steht dem hilflos gegenüber. Es zeigt sich schlussendlich, dass die **Fiktion die Beziehung der beiden und möglicherweise auch Agnes als Person zerstört** hat. Im weiteren Verlauf wird auf das Verhältnis zwischen den Erlebnissen der Protagonisten und ihrer Darstellung des Erlebten in den Romanen *Agnes* und *Homo faber* näher eingegangen.

Übergang zur zweiten Teilaufgabe

Teilaufgabe 2

Werkvergleich

Die beiden bereits angesprochenen Begriffe „**Fiktion**“ und „**Wirklichkeit**“, die häufig als Gegensatzpaar angesehen werden, spielen bei dem Vergleichsaspekt eine zentrale Rolle. Aus diesem Grund werden sie zunächst erläutert und voneinander abgegrenzt.

Begriffserklärung

Unter „**Fiktion**“ versteht man etwas, das der menschlichen Fantasie entspringt, das somit erfunden und erdichtet ist. Es wird durch die Kunst eine eigene, fiktive Welt erschaffen, die der realen Welt mit ihren (physikalischen) Gesetzen nachempfunden ist oder in der diese keine Gültigkeit mehr haben. Mit dem Begriff „**Wirklichkeit**“ wird all das beschrieben, was wahr und real ist.

Innerhalb der Lebenswirklichkeit ist es zum Teil **schwierig, zwischen Fiktion und Wirklichkeit zu unterscheiden** – man denke nur an „Scripted Reality“ – Sendungen, die Fiktives im Stil einer Dokumentation präsentieren. Was man hier als ‚Wirklichkeit‘ erlebt, ist eine medial geschaffene Pseudowirklichkeit, die nicht mehr als Fiktion zu erkennen ist, sondern eine Simulation der Welt darstellt.

Postmoderne

Ein weiterer Begriff, der in diesen Gesamtkontext gehört, ist „**Metafiktion**“. Sie ist häufig in postmoderner Literatur anzutreffen, in der der fiktionale Charakter eines Textes bewusst thematisiert wird. Die beiden Romane *Ruhm* von Daniel Kehlmann und der bereits thematisierte Roman *Agnes* sind gute Beispiele für diese Form der Literatur.

Rückbezug auf *Agnes*

Agnes zeichnet sich durch die **Geschichte in der Geschichte**, durch Fiktion in der Fiktion aus. Die **Erzählebene** (das tatsächliche Geschehen in Chicago) und die **Metaebene** (die fiktive Geschichte) **verschmelzen** im Laufe des Romans immer mehr miteinander. Die Fiktion schiebt sich bei diesem Prozess immer weiter vor die Realität. Der Ich-Erzähler begründet dies im 14. Kapitel wie folgt: „[…] unser gleichmäßiges Leben eignete sich nicht dazu, beschrieben zu werden.“ (S. 68) Die Protagonistin teilt die Auffassung des Ich-Erzählers, wenn sie erwidert: „Es muß etwas passieren, damit die Geschichte interessanter wird.“ (ebd.) Aus diesem Grund fügen sie Ideen in die Geschichte ein, nach denen sie beide handeln können. Nachdem der Ich-Erzähler geschrieben hat, dass seine fiktiven Figuren einen Ausflug ins Museum machen, gehen beide ins Art Institute of Chicago. Die **fiktive Geschichte beeinflusst das Denken** der beiden und wird gleichzeitig zu ihrer Lebensgrundlage, bis der Text seine zerstörerische Wirkung entfaltet. Sie beeinflusst nicht nur **Agnes’ Wahrnehmung**, wie man in der vorgegebenen Textstelle erkennen kann, sondern auch die des Ich-Erzählers. Augenfällig wird dies im 19. Kapitel, in dem Agnes dem Ich-Erzähler eröffnet, dass sie ein Kind von ihm erwarte. Seine Antwort „Agnes wird nicht schwanger“ (S. 89) zeigt, dass er ihre Äußerung nicht wahrhaben will und darüber verblüfft ist, dass die Realität sich nicht so verhält, wie er sie in seiner Geschichte entworfen hat. Deutlich wird, dass er sie auf das Bild, das er von ihr hat, reduziert: Er glaubt, dass

Rückbezug auf die Textstelle

sie ihn nicht wirklich liebe (vgl. S. 89), und ist so sehr von der Fiktion verblendet, dass er sich anmaßt, Agnes besser zu kennen als sie sich selbst.

Mittlerweile lebt er in und mit der Fiktion, sodass er die **Realität** teilweise **als Bedrohung** empfindet. Seine anfängliche Befürchtung, die Kontrolle über den Schreibprozess zu verlieren (vgl. S. 50), scheint sich zu bewahrheiten.

Die **Geschichte stiftet** durch die Versatzstücke aus ihrer gemeinsam erlebten Vergangenheit eine **gedankliche Einheit** zwischen Agnes und dem Ich-Erzähler, ohne die die Beziehung möglicherweise ihr rasches Ende gefunden hätte. Denkbar ist aber auch, dass die Protagonisten ohne die Geschichte stärker dazu gezwungen worden wären, wirklich aufeinander zuzugehen und miteinander zu kommunizieren. Denn das Verfassen der Geschichte stellt nichts anderes dar als eine **Ersatzhandlung für ein echtes, wahrhaftes Miteinander**.

Homo faber

Überblick über den Roman

In Max Frischs Roman *Homo faber*, der 1957 veröffentlicht wurde, spielt das Verhältnis von Fiktion und Wirklichkeit ebenfalls eine wichtige Rolle. Der Protagonist des Romans mit dem Untertitel „Ein Bericht" ist **Walter Faber**, ein 50-jähriger Ingenieur, dessen Lebenseinstellung geprägt ist von Technik, Rationalität und wissenschaftlichen Überlegungen. In seiner schwarz-weiß gefärbten Welt ist kein Platz für Gefühle, Mystik und Kunst. Fabers Welt- und Selbstbild wird durch die Begegnung mit einer jungen Frau namens **Sabeth** ins Wanken gebracht. Er verliebt sich in sie, muss aber dann erkennen, dass es sich bei ihr um seine eigene Tochter handelt, die später an den Folgen eines Unfalls stirbt.

Rückbezug auf Agnes

Wenn Faber im Hinblick auf die Notlandung während des Fluges nach Caracas sagt „Ich glaube nicht an Fügung und Schicksal, als Techniker bin ich gewohnt mit den Formeln der Wahrscheinlichkeit zu rechnen." (S. 22), will er **seine scheinbar objektiv-rationale Sicht der Dinge** zum Ausdruck bringen. Er nimmt Erlebnisse und Eindrücke durch seine „Wissenschaftsbrille" wahr und ordnet sie seinen Vorstellungen von Wirklichkeit zu. Er filtert, verzerrt und **konstruiert Realität**, um sie sich so zu gestalten, wie sie für ihn in Ordnung ist. Dahinter steckt der vergebliche Versuch, **Gefühle zu verdrängen** und sich vor allem Unangenehmen zu schützen. Dies trifft auch auf den Ich-Erzähler in *Agnes* zu, der seine Eifersucht auf Herbert, einen Freund von Agnes, zu verbergen versucht, indem er ihn in der fiktiven Geschichte mit keinem Wort erwähnt (vgl. *Agnes*, S. 57). **Faber** versucht, seine **Angst vor dem Tod** zu verdrängen, indem er bei seiner Einlieferung ins Athener Krankenhaus eine Statistik bemüht (vgl. S. 164). Dass er auf der anderen Seite die Augen vor den Fakten und somit vor der Realität verschließt, verdeutlicht seine Aussage „Ich rechnete im stillen […] pausenlos, bis die Rechnung aufging, wie ich sie wollte: Sie [Sabeth] konnte nur das Kind von Joachim [Fabers totem Freund] sein! Wie ich's rechnete, weiß ich nicht; ich legte mir die Daten zurecht, bis die Rechnung wirklich stimmte" (S. 121). Er benutzt hier die **Mathematik, um die Wirklichkeit zu manipulieren**. Wohlwissend, dass Sabeth seine Tochter ist, setzt er den Inzest fort und lädt damit **Schuld** auf sich.

In Form eines ‚**Berichts**‘ versucht Faber, Verfasser und Protagonist in einer Person, seine verhängnisvollen Erlebnisse zu schildern. Sein Text besteht aus **zwei Teilen:** Der erste Teil umfasst die Zeit von seinem Abflug aus New York bis zu Sabeths Tod. Dieser beinhaltet sowohl Rückblicke auf diese Zeit als auch auf die weiter zurückliegende Vergangenheit der Jahre 1934 bis 1936, in die seine Beziehung zu Hanna, Sabeths Mutter, fällt. Neben Rückblenden enthält dieser Teil **Fabers Reflexionen** über verschiedene Bereiche des Lebens wie Technik und Kultur. Der zweite Teil, der aus **tagebuchähnlichen Aufzeichnungen** besteht, schildert die Zeit nach Sabeths Tod bis kurz vor seiner Operation, bei der er stirbt. In beiden Teilen werden die Ereignisse aus Fabers subjektiver und somit eingeschränkter Wahrnehmung dargestellt.

formale Besonderheiten

Beide Teile stehen in einem **inneren Widerspruch** zueinander: Die Berichtsform des ersten Teils suggeriert Fabers Objektivität und Distanz als Ich-Erzähler zu den beschriebenen Geschehnissen. Der zweite Teil, geprägt durch die subjektive Schreibform eines Tagebuchs, entspricht in keinster Weise den Vorgaben eines Berichts. Dass auch der erste Teil nicht die Kriterien dieser Textsorte erfüllt, zeigt sich beispielsweise daran, dass er die **Ereignisse nicht chronologisch** wiedergibt. So berichtet Faber über die Rückfahrt von der Plantage erst nach dem Abschied bzw. der Trennung von Ivy, seiner jungen Freundin, und vor dem Bericht von der ersten Begegnung mit Sabeth (vgl. S. 68 f.). Hinzu kommen Fabers persönliche Wertungen und Urteile.

Dass **Fabers Text nicht sachlich-objektiv** sein kann, verwundert eigentlich nicht, denn es geht ihm darum, sich im Hinblick auf Sabeths Tod vor Hanna, aber auch **vor sich selbst zu rechtfertigen** und eine Schuld von sich zu weisen.

Intention von Fabers Bericht

Schon im Untertitel des Romans wird der Widerspruch zwischen Fiktion und Wirklichkeit deutlich: Ein fiktiver Text trägt die Bezeichnung „Bericht“, um den Eindruck von Authentizität zu erwecken. Die **Grenzen zwischen Fiktion und Wirklichkeit verschwimmen** aber, wenn Erlebtes wiedergegeben und gleichzeitig reflektiert wird. Faber verfasst anstatt eines Berichts eine „Geschichte“, die er zunächst als sein Leben auffasst. Am Ende gesteht Faber sich die **Fiktionalisierung der Realität** ein, indem er sagt: „alle Zeugnisse von mir wie Berichte, Briefe, Ringheftchen, sollen vernichtet werden, es stimmt nichts.“ (S. 199)

Fazit

Zusammenfassend lässt sich sagen, dass die Beziehung von **Fiktion und Wirklichkeit** bei Stamm und Frisch eine **zentrale Rolle** spielt, und zwar auf zwei Ebenen: Zum einen sind beide Aspekte für das Selbstverständnis der Protagonisten und ihre Sicht der Welt von Bedeutung; zum anderen bestimmen sie die Gestaltung und den Aufbau des jeweiligen Werkes. Beide Ich-Erzähler wollen durch ihre Texte Fakten beschönigen, eigenes Versagen rechtfertigen oder die Wirklichkeit verdrängen, doch scheitern sie. Ihre eigenen Niederschriften erweisen sich als verräterisch und offenbaren zwischen den Zeilen, dass die Verfasser die Realität in ihrem Sinne dargestellt und somit verfremdet haben.

Schriftliche Abiturprüfung Deutsch (Baden-Württemberg): Übungsaufgabe 3
Interpretationsaufsatz mit übergreifender Teilaufgabe zu anderen Pflichtlektüren

Pflichtlektüren:
Georg Büchner (1813–1837): *Dantons Tod*. Reclam 6060, Stuttgart 2008
Max Frisch (1911–1991): *Homo faber*. Suhrkamp Taschenbuch, Frankfurt am Main 2011
Peter Stamm (*1963): *Agnes*. Fischer Taschenbuch Verlag, Frankfurt am Main 2009

Textauszug aus: Georg Büchner: *Dantons Tod*, 1. Akt, 5. Szene

LACROIX. Höre, Danton, ich komme von den Jakobinern.

DANTON. Nichts weiter?

LACROIX. Die Lyoner verlasen eine Proklamation, sie meinten, es bliebe ihnen nichts übrig, als sich in die Toga zu wickeln. Jeder macht ein Gesicht, als wollte er zu seinem Nachbar sagen: Paetus, es schmerzt nicht! – Legendre rief, man wolle Chaliers und Marats Büsten zerschlagen. Ich glaube, er will sich das Gesicht wieder rot machen, er ist ganz aus der Terreur herausgekommen, die Kinder zupfen ihn auf der Gasse am Rock.

DANTON. Und Robespierre?

LACROIX. Fingerte auf der Tribüne und sagte: die Tugend muss durch den Schrecken herrschen. Die Phrase machte mir Halsweh.

DANTON. Sie hobelt Bretter für die Guillotine.

LACROIX. Und Collot schrie wie besessen, man müsse die Masken abreißen.

DANTON. Da werden die Gesichter mitgehen.

PARIS, *tritt ein.*

LACROIX. Was gibt's, Fabricius?

PARIS. Von den Jakobinern weg ging ich zu Robespierre; ich verlangte eine Erklärung. Er suchte eine Miene zu machen, wie Brutus, der seine Söhne opfert. Er sprach im Allgemeinen von den Pflichten, sagte der Freiheit gegenüber kenne er keine Rücksicht, er würde alles opfern, sich, seinen Bruder, seine Freunde.

DANTON. Das war deutlich, man braucht nur die Skala herumzukehren, so steht er unten und hält seinen Freunden die Leiter. Wir sind Legendre Dank schuldig, er hat sie sprechen gemacht.

LACROIX. Die Hébertisten sind noch nicht tot, das Volk ist materiell elend, das ist ein furchtbarer Hebel. Die Schale des Blutes darf nicht steigen, wenn sie dem Wohlfahrtsausschuss nicht zur Laterne werden soll, er hat Ballast nötig, er braucht einen schweren Kopf.

DANTON. Ich weiß wohl, – die Revolution ist wie Saturn, sie frisst ihre eignen Kinder. *(Nach einigem Besinnen.)* Doch, sie werden's nicht wagen.

LACROIX. Danton, du bist ein toter Heiliger, aber die Revolution kennt keine Reliquien, sie hat die Gebeine aller Könige auf die Gasse und alle Bildsäulen von den Kirchen geworfen. Glaubst du, man würde dich als Monument stehen lassen?

DANTON. Mein Name! das Volk!

LACROIX. Dein Name! Du bist ein Gemäßigter, ich bin einer, Camille, Philippeau, Hérault. Für das Volk sind Schwäche und Mäßigung eins. Es schlägt die Nachzügler tot. Die Schneider von der Sektion der roten Mütze werden die ganze römische Geschichte in ihrer Nadel fühlen, wenn der Mann des September ihnen gegenüber ein Gemäßigter war.

DANTON. Sehr wahr, und außerdem – das Volk ist wie ein Kind, es muss alles zerbrechen, um zu sehen, was darin steckt.

LACROIX. Und außerdem Danton, sind wir lasterhaft, wie Robespierre sagt d. h. wir genießen, und das Volk ist tugendhaft d. h. es genießt nicht, weil ihm die Arbeit die Genussorgane stumpf macht, es besäuft sich nicht, weil es kein Geld hat und es geht nicht ins Bordell, weil es nach Käs und Hering aus dem Hals stinkt und die Mädel davor einen Ekel haben.

DANTON. Es hasst die Genießenden, wie ein Eunuch die Männer.

LACROIX. Man nennt uns Spitzbuben, und *(sich zu den Ohren Dantons neigend)* es ist, unter uns gesagt, so halbwegs was Wahres dran. Robespierre und das Volk werden tugendhaft sein, St. Just wird einen Roman schreiben, und Barère wird eine Carmagnole schneidern und dem Konvent das Blutmäntelchen umhängen und – ich sehe alles …

DANTON. Du träumst. Sie hatten nie Mut ohne mich, sie werden keinen gegen mich haben; die Revolution ist noch nicht fertig, sie könnten mich noch nötig haben, sie werden mich im Arsenal aufheben.

LACROIX. Wir müssen handeln.

DANTON. Das wird sich finden.

LACROIX. Es wird sich finden, wenn wir verloren sind.

MARION *(zu Danton).* Deine Lippen sind kalt geworden, deine Worte haben deine Küsse erstickt.

DANTON *(zu Marion).* So viel Zeit zu verlieren! Das war der Mühe wert! – *(Zu Lacroix.)* Morgen geh ich zu Robespierre, ich werde ihn ärgern, da kann er nicht schweigen. Morgen also! Gute Nacht meine Freunde, gute Nacht, ich danke euch.

LACROIX. Packt euch, meine guten Freunde, packt euch! Gute Nacht Danton, die Schenkel der Demoiselle guillotinieren dich, der Mons Veneris wird dein Tarpejischer Fels. *(Ab.)*

Aus: Georg Büchner, Dantons Tod, 1. Akt, 5. Szene (Schluss; Reclam S. 22–24)

Worterläuterungen:

Z. 5: *Paetus, es schmerzt nicht:* römischer Verschwörer, dem in aussichtsloser Lage seine Frau den Dolch, nachdem sie ihn sich selbst in die Brust gestoßen hatte, mit diesen Worten reichte.

Z. 18: *Brutus:* römischer Konsul, der zwei seiner Söhne, die an einer Verschwörung beteiligt waren, in seiner Anwesenheit hinrichten ließ.

Z. 50: *Carmagnole:* populäres Revolutionslied der Sansculotten.

Z. 64: *Mons Veneris:* Oberhalb der weiblichen Scham liegende Erhöhung

Z. 64: *Trapejischer Fels:* Fels, von dem vor allem hochrangige Verurteilte in Rom zu Tode gestürzt wurden.

Aufgabenstellung

- Interpretieren Sie die Szene im Kontext der Handlung. Beziehen Sie die sprachliche und szenische Gestaltung ein.
- Büchners *Dantons Tod,* Frischs *Homo faber* und Stamms *Agnes:* Untersuchen Sie in einer vergleichenden Betrachtung, inwieweit Georg Danton, Walter Faber und der Erzähler in *Agnes* als autonome Individuen handeln.

Hinweise und Tipps

Am Anfang der Bearbeitung steht immer genaues **Lesen der Aufgabenstellung**, was hier natürlich insbesondere heißt: eine genaue (mehrfache, bleistiftgestützte) Lektüre der Textstelle. Gerade bei Dramentexten ist es wichtig, sich auch ein mögliches Geschehen auf der Bühne vorzustellen (Wer ist auf der Bühne? Wie könnten die Personen angeordnet sein? Was tun sie, auch wenn sie nicht sprechen? Wie sieht das Bühnenbild aus? ...). Darüber gibt der Nebentext teilweise, aber nie erschöpfend Auskunft. An die Lektüre schließt sich die **Textplanung** an, also Stoffsammlung und Erstellen einer vorläufigen Gliederung.
Verlangt ist stets ein Aufsatz, also ein zusammenhängender Text mit Einleitung, Überleitungen zwischen den Teilen und einem Fazit. Die **Einleitung** sollte thematisch sein (also *nicht* einfach mit einem ersten Satz beginnen, der nur Titel, Autor, Textsorte und Thema des Textes nennt). Ihre Funktion ist es, Interesse zu wecken und ins Thema des Aufsatzes einzuführen. Wichtig für die Führung des Lesers sind immer auch **Überleitungen**, die zusammenfassen, den neuen Abschnitt einführen und dessen Problemperspektive klären, etwa indem eine Leitfrage formuliert wird. Der Aufsatz sollte abgerundet werden durch ein **Fazit**. Eine allzu persönliche Stellungnahme, eine aktuelle Anbindung oder ein Appell bieten sich nur selten an, häufig wirken sie aufgesetzt und drohen hinter das erreichte Reflexionsniveau zurückzufallen. Formulieren Sie besser eine konzentrierte Zusammenfassung Ihrer wesentlichen Ergebnisse. Schön (aber nicht immer zwingend) ist es, wenn das Fazit einen Gedanken der Einleitung wieder aufgreift. Hier ist die Textplanung äußerst wichtig: Erst wenn klar ist, worauf der Aufsatz inhaltlich hinauslaufen wird, kann man eine gute und passende Einleitung schreiben, die stimmig ins Thema führt.

Die **erste Teilaufgabe** verlangt eine knappe **Einordnung der Stelle in den Handlungszusammenhang**, die wesentliche Verstehensvoraussetzungen für Leser und Interpret – also Sie – klärt. Diese Einordnung sollte straff gehalten werden, ein deutlicher Schwerpunkt muss auf der Interpretation der Stelle liegen. Daher kann man sich hier auf das Nötigste beschränken: Dantons Stellung in der Revolution (Septembermorde, Wohlfahrtsausschuss), seine prekär gewordene Stellung gegenüber Robespierre und der Terreur, sein Zögern in Verkennung der Lage und die daraus resultierende Verhaftung, Verurteilung und Hinrichtung.
Interpretation heißt, den Text in seiner Bedeutung zu erschließen, indem Inhalte und Form aufeinander bezogen werden. Wichtig sind bei einer Dramenszene die **Funktion** der Szene für den Handlungsverlauf (hier die Zuspitzung der Bedrohung der Dantonisten durch Dantons Zögern), der **Dialogverlauf** (der begrifflich benannt und keinesfalls langatmig nacherzählt werden sollte!), die wesentlichen **Absichten**, **Sprechakte** und **Kommunikationsstrategien** der Figuren (also das sprachliche Handeln und nicht nur ein Wiedergeben der Aussagen!), die **Befindlichkeit** der Personen, die Berücksichtigung **sprachlicher Besonderheiten** und vor allem auch der **szenischen Mittel** (von der Personenkonstellation über den Ort der Handlung bis hin zum nonverbalen Handeln). Wichtig ist – und auch dazu ist eine gründliche Textplanung nötig –, dass die Interpretation schon die zweite Teilaufgabe im Blick hat, die ja einen allgemeinen Interpretationsaspekt beinhaltet; dieser gibt eine Orientierung für die Interpretation vor, denn die Teile des Aufsatzes sollen aufeinander bezogen sein.

Die **zweite Teilaufgabe** weitet die Perspektive, und zwar in doppelter Hinsicht: Zum einen wird mit dem Thema **Autonomie** ein allgemeiner Leitaspekt für eine Interpretation des ganzen Dramas genannt, der natürlich auch in der vorgelegten Stelle zum Tragen kommt; zum anderen soll ein Vergleich zwischen drei Texten angestellt werden. Inhaltliche Wiedergaben sind in diesem Teil nur in so weit nötig, als sie das Verständnis stützen; längere Inhaltsangaben der behandelten Texte sind nicht nur unnötig, sie verstoßen auch gegen die Textlogik Ihres Aufsatzes, weil sie von der erreichten Reflexionsebene der Interpretation auf die Inhaltsebene zurückfallen.
Eine vergleichende Interpretation ist anspruchsvoll. Sie soll nicht einfach die Texte nebeneinander stellen, sondern aufeinander beziehen. Dies kann diachron geschehen, d. h., die Tex-

te werden nacheinander abgehandelt, oder synchron, d. h., der Vergleich wird nach Aspekten gegliedert. Beim ersten Ansatz besteht die Gefahr, dass der Vergleich zu wenig intensiv gezogen wird; besser ist es, die Texte **aspektorientiert** zu **vergleichen**.
Woher die Vergleichsaspekte nehmen? Das ist in diesem Fall nicht ganz einfach. Hier wird eine genaue **Analyse des Leitbegriffs „Autonomie“** wichtig. Wird er geklärt und in angemessener Tiefe erfasst, ergeben sich daraus Vergleichsaspekte.

- Autonomie (gr. auto = selbst, nomos = Gesetz) bedeutet „selbstbestimmtes Handeln“. Selbstbestimmung war zunächst ein politischer Begriff, der die **Unabhängigkeit** der Entscheidungen in einem Gemeinwesen umriss. Dementsprechend kann man Selbstbestimmung zunächst als **Freiheit von Fremdbestimmung** (negative Freiheit, Hindernisfreiheit) verstehen.
- Zu dieser äußeren Freiheit kommt die **innere Freiheit**, also die Unabhängigkeit von inneren Zwängen, verinnerlichten Vorgaben, das Sich-lösen-Können von fixierten Vorstellungen und Bildern usw.
- Selbstbestimmung zeigt sich im eigenständigen **Setzen von Zielen** und im **aktiven Handeln** zu deren Verfolgung, nicht im bloßen Reagieren.
- Schließlich impliziert Selbstbestimmung eine rationale Distanz zu äußeren Zwängen und inneren Begierden. Dabei geht es nicht nur um Urteilsfähigkeit, das Vermögen, Situationen einzuschätzen, sondern auch um **Reflektiertheit** gegenüber den eigenen Zielen und dem eigenen Wesen, um **Verantwortung**. Die Aufgabenstellung zielt hier nicht so sehr auf die Frage faktischer Schuld, sondern auf die Frage der moralischen Reflektiertheit der Personen.

Eine solche Analyse des Leitbegriffs gibt einen Leitfaden für den Vergleich. Interessant ist es, die Fragestellung noch auf einer etwas abstrakteren Ebene zu betrachten, in der die Figuren als Modellfälle betrachtet und die Ergebnisse des Personenvergleichs damit einerseits an die Texte zurückgebunden und andererseits auf eine allgemeinere Deutungsebene gebracht werden. Auf der anderen Seite lässt sich jeder der genannten Aspekte zu einer eigenständigen Untersuchung ausbauen.

Lösungsvorschlag in Grundzügen

Einleitung

„Was weiß ich?“, fragt Michel de Montaigne auf dem Titelkupfer zu seinen *Essais*. Montaigne führt vor, wie sich ein modernes Subjekt in der Fülle der Gegenstände spiegelt und dabei vor allem eines im Sinn hat: sich selbst als denjenigen zu zeigen, der die Dinge bestimmt und der sich handelnd zu seiner Welt verhält.

Teilaufgabe 1
kurze inhaltliche Einordnung

Die kritische Selbstreflexion, die Montaigne in seinen kontemplativen Versuchen vergönnt ist, ist keine Selbstverständlichkeit, und oft zwingen die Umstände zu direktem und unmittelbarem Eingreifen. Diese Erfahrung reflektiert Georg Büchner in seinem Drama *Dantons Tod* von 1835. **Danton** wird **als Zauderer** gezeigt, der seine Position nicht aktiv verfolgt. Er, der am 2. September 1792 mit der Ermordung von 1 400 Royalisten und Priestern die Revolution radikalisiert hatte, der selbst 1793 im fast allmächtigen Wohlfahrtsausschuss gesessen hatte, droht im Frühjahr 1794 selbst ein Opfer der Terreur zu werden. Er glaubt sich sicher, würde am liebsten gar nichts tun, lässt sich aber zu einem Gespräch mit seinem Widersacher Robespierre überreden. Dieses Gespräch (I, 6) zeigt den strikten Gegensatz von Robespierres Moralismus und Dantons kritischem Hedonismus. Danton wird mit seinen Gefolgsleuten verhaftet, aufgrund einer konstruierten Anklage in Abwesenheit verurteilt und schließlich hingerichtet. Das Drama blendet dabei zwischen dem öffentlichen Tribunal, den Gesprächen der Dantonisten und seiner Frau hin und her.

Der tiefere **Grund für Dantons Zögerlichkeit** lässt sich beispielsweise anhand der Szene I, 5 zeigen. Zu Beginn berichtet die Prostituierte Marion zu Füßen Dantons, wie für sie der sexuelle Genuss zum Weg aus den Normen der bürgerlichen Welt geworden ist. Fortgesetzt wird dieses Thema in obszönen Gesprächen zwischen Danton und Lacroix, der in Begleitung zweier Prostituierter hinzukommt. Nachdem dieser die beiden Damen wieder weggeschickt hat, berichtet er vom Konvent der Jakobiner (vgl. I, 3). Danton sieht sehr wohl die Gefahr, die ihm droht: Robespierres „Phrase", „die Tugend muss durch den Schrecken herrschen" hobele „Bretter für die Guillotine" (Z. 10 ff.). Sein Freund Paris, der von einem Gespräch mit Robespierre kommt, bestätigt diese Einschätzung – Danton aber ist sicher: „**Doch, sie werden's nicht wagen**" (Z. 29), ihn zu verhaften. Die historisch verbürgte Formulierung erscheint als wohlbedachter und durch die Pause hervorgehobener Satz, den Danton „[n]ach einigem Besinnen" äußert (vgl. Z. 29). Lacroix appelliert an ihn, etwas zu tun, doch Danton zerredet dies, wie schon zu Beginn des Stücks (vgl. I, 1, S. 5 und 8).

Inhalt der Szene I, 5

Lacroix verfolgt dabei die **Strategie**, den **Appell** hinter Argumenten **auf der Sachebene zu verbergen**. Er führt das Fortbestehen des materiellen Elends an (vgl. Z. 24 ff.), erinnert daran, dass die Revolution vor keiner Autorität Halt mache (vgl. Z. 30 ff.), verweist auf die Eitelkeit der Sansculotten (vgl. Z. 34 ff.). Robespierres Aussage über die Tugend sucht er als Bemäntelung sozialer Not zu entlarven. Dahinter steckt eine grundlegende Gegenposition, die Danton im unmittelbar folgenden Gespräch mit Robespierre entfalten wird; Danton nennt Robespierre dort „empörend rechtschaffen" (S. 25, Z. 22), weil er durch den Terror gerade verhindere, dass die „soziale Revolution [...] vollendet" (S. 25, Z. 10 f.) und das Elend des Volkes beseitig wird. Diese Anschuldigung Dantons gegenüber Robespierre fußt auf dem materialistischen Sensualismus der Dantonisten, die das Glück in Lustempfinden und Genuss begründet sehen.

Dialoganalyse: Lacroix' Überzeugungsstrategie

Die sensualistische Position schlägt sich auch in der **Sprache** nieder, die im Drama insgesamt wie in dieser Stelle sehr bildmächtig, metaphernreich und plastisch ist. So zeichnet Lacroix am Ende seiner Ausführungen ein anschauliches Bild der möglicherweise folgenden Ereignisse (Z. 47 ff.). Auch entfaltet er ein Netz von Anspielungen auf die Antike, die Danton wohl versteht, wie sein treffendes Bild des kinderfressenden Saturn für die Revolution zeigt (vgl. Z. 28).

Analyse der Sprache

Implizit zeigt sich darin auch, wie sehr Lacroix sich dessen bedient, was Schulz von Thun in seinem Kommunikationsmodell die **Beziehungsebene** nennt. Lacroix weiß genau, mit wem er spricht, und kann daher mit wenigen Andeutungen auskommen. Gegen Ende rückt er die Beziehungsargumentation noch etwas mehr in den Vordergrund, wenn er sich Danton nähert, um „unter uns gesagt" mit dem Vorwurf der Spitzbüberei zu kokettieren (Z. 47 f.). Danton bleibt – entsprechend seiner zögerlichen Passivität – lakonisch kurz und erwidert zunächst nur auf der Sachebene: Neben dem schon zitierten „sie werden's nicht wagen" finden sich die selbstbewusste Erinnerung an seinen „Name[n]" (Z. 33), die Geringschätzung des Volkes (vgl. Z. 39 f.) und – indirekt über die Zuschreibung an das Volk – die Bestätigung von Robespierres Sinnfeindlichkeit (vgl. Z. 46).

vertiefende Kommunikationsanalyse, Scheitern von Lacroix' Strategie

Auf Lacroix' Beziehungskommunikation reagiert er jedoch nicht. Als dieser, abgemildert durch den Plural, Danton direkt zum Handeln auffordert, **verweigert sich Danton**; Lacroix reagiert emotional und drückt, Dantons Formulierung aufgreifend, seinen Ärger aus (Z. 55 ff.). Darauf geht Danton nicht ein, bricht das Gespräch ab und **wendet sich Marion zu**, die als stumme Zeugin die ganze Szene über zu Dantons Füßen verharrt. Diese Wendung ist in mehrfacher Hinsicht charakteristisch für Danton. Zum einen verweigert er nicht zum ersten Mal die Kommunikation, wenn es darum geht, dass er handeln soll (vgl. Schluss von Szene I, 1). Dieses Verhalten ist stimmig, insofern Danton hier seine politische Passivität passiv durchsetzt. Zum Zweiten erhält die Szene einen thematischen Rahmen, nämlich die sinnlich-erotische Lust; Danton wendet sich von der Politik, die in Form von Botenberichten zu ihm dringt, wieder ganz ins Private. Dies verweist – zum Dritten – auf die tiefere Begründung von Dantons Passivität. Indem er den körperlichen Genuss der politischen Aktivität vorzieht, zeigt sich die Lust als Kehrseite von Dantons Überzeugung, dass politisch handelnde Individuen nur „Puppen sind [...] von unbekannten Gewalten am Draht gezogen" (S. 43, Z. 5 f.). Diese Überzeugung nimmt Dantons Selbststilisierung die Glaubwürdigkeit, mit der er sich vor dem Tribunal als treibendes Energiezentrum der Revolution hinstellt (vgl. III, 4). Lacroix bleibt am Ende der vorliegenden Szene nur, in einer virtuosen Zusammenführung von erotischem, antikem und politischem Diskurs resigniert ein schlimmes Ende zu prophezeien.

Dantons Verweigerung, nonverbales Handeln im Nebentext

Anders gesagt: **Danton bestimmt** in dieser Szene letztlich die **Kommunikation**, auch wenn er über weite Strecken nur reagiert. Er behält in seinem Widerstand gegen den Appell Lacroix' seine Selbstbestimmung – allerdings nimmt er damit eine Position ein, die ihr eigenes Wirksamwerden paradox unterläuft, weil Danton aus seinem Geschichtsfatalismus den Schluss zieht, nicht selbstbestimmt zu handeln, sondern **autonom zu unterlassen**.

Zusammenfassung mit Blick auf die zweite Teilaufgabe

Dantons Tod zeigt, wie prekär Autonomie unter einem Gewaltregime wird. Um Dantons Autonomie mehr Kontur zu geben, soll diese jetzt mit zwei literarischen Figuren aus dem 20. Jahrhundert verglichen werden, deren Ausgangslage auf den ersten Blick sehr viel mehr Autonomie zuzulassen scheint, nämlich Walter Faber aus Max Frischs *Homo faber* und der Erzähler im Roman *Agnes* von Peter Stamm.

Überleitung zur **Teilaufgabe 2**

Autonomie lässt sich zunächst verstehen als Unabhängigkeit, d. h. als Abwesenheit von Fremdbestimmung. Dies kann zum einen in einem äußeren Sinne gemeint sein, zum anderen aber auch im Sinne von innerer Freiheit, also die Unabhängigkeit von inneren Zwängen. Drittens impliziert Autonomie das eigenständige Setzen von Zielen und deren aktives Verfolgen. Und schließlich beruht Autonomie auf einer reflektierten Distanz zu äußeren Zwängen und inneren Begierden. Aus dieser Reflektiertheit erwächst Urteilsfähigkeit, aber auch Verantwortung für die eigenen Zielsetzungen.

begriffliche Vorklärung als Leitfaden des Vergleichs

Was die **äußere Unabhängigkeit** angeht, so steht es damit für Danton nicht zum Besten: Die Logik der **Terreur** und die Machtpolitik Robespierres bedrohen ihn und seine ganze Fraktion, er müsste handeln – doch wie gesehen, verweigert er sich und macht sich dadurch zum Spielball.

äußere Freiheit

Walter Faber hingegen ist mit seiner modernen **Ungebundenheit** geradezu als Gegenmodell angelegt. Er kann um die ganze Welt reisen, verfügt über technische und offenbar auch materielle Ressourcen, ist abgesehen von losen Liaisons wie der mit Ivy ungebunden. Auch wird er von seiner Arbeit nicht so in Anspruch genommen, dass er nicht Abstecher in den südamerikanischen Urwald oder nach Südeuropa machen könnte. Er betont schließlich immer wieder seine Gesundheit, die ihn ebenfalls von Hilfe unabhängig macht. Ja, umgekehrt ist er derjenige, der im Vollgefühl seiner selbst für die Unesco „technische Hilfe für unterentwickelte Völker" (S. 10) leistet. Faber weiß um diese Unabhängigkeit und legt großen Wert auf sie. Seine fortschreitende Krankheit und das Wiedersehen mit seiner ehemaligen Partnerin Hanna nach dem Tod seiner Tochter Sabeth schränken ihn allerdings mehr und mehr ein.

Der Ich-Erzähler in *Agnes* ist ähnlich unabhängig wie Faber. Wie dieser kann er als Schriftsteller seinen Wohnort frei wählen, wie dieser ist er zunächst ungebunden und frei für die Beziehung zu Agnes und kann sich offensichtlich auch die Zeit nehmen, sein aktuelles Projekt ruhen zu lassen und sich dem „Buch *Agnes*" (S. 138) zu widmen. Seine Gesundheit betont er indirekt, indem er Agnes' Kränklichkeit immer wieder herausstellt.

innere Freiheit

So sehr Faber und der Agnes-Erzähler ihre Unabhängigkeit hervorheben, so deutlich zeigt sich auf der anderen Seite ihre **innere Unfreiheit**. Dabei muss man allerdings differenzieren: Über die innere Verfassung gibt der Erzähler in *Agnes* nicht viel Auskunft. Er reagiert – im Gegensatz zu Faber, aber auch zu Danton – wenig emotional. Auch von äußerem Ruhm macht er seine Schriftstellerexistenz unabhängig, er „möchte keine Spuren hinterlassen" (S. 28) und befasst sich mit eher randständigen Themen wie „Zigarren, d[er] Geschichte des Fahrrads oder der Luxuseisenbahnwagen" (S. 20). Er bedient zwar den Gemeinplatz, dass der Autor ab einem gewissen Punkt „keine Kontrolle" (S. 50, vgl. auch S. 63) mehr über das Schreiben habe, sieht Agnes aber sehr wohl als „mein Geschöpf" (S. 62).

Fabers innere Unfreiheit ist deutlicher. Sie zeigt sich zunächst in unscheinbaren Motiven wie dem Rasieren, oder indem „er sein Gesicht in die öffentliche Schüssel" taucht – Metaphern dafür, dass Faber als Typus angelegt ist, dem es vorrangig darum zu tun ist, so zu sein, wie es erwartet wird. Das unterscheidet ihn von Danton, der sich genau dem verweigert, aber auch vom Erzähler von *Agnes*, der in diesem Punkt indifferent bleibt. Zu diesem Typus gehört neben dem Überlegenheitsgestus vor allem auch der Kontrollzwang, der bis hin zur Gewalt geht (vgl. S. 120, 149 f.) und sich, wie gesehen, auch in *Agnes* zeigt; Danton ist dieser Zug fremd. Faber leugnet die Existenz höherer Mächte, glaubt nicht „an Fügung und Schicksal" (S. 22), er ist wie Danton und der Erzähler von *Agnes* Agnostiker.

Danton kann **innerlich** als **freier** gelten, auch wenn er von Schuldgefühlen verfolgt wird; er bewahrt sich eine intellektuelle Unabhängigkeit, die ihn über sein Schicksal tröstet. Gleichwohl sieht er sich, wie gezeigt, als Marionette höherer Mächte – eine Erfahrung, die Faber insofern nicht fremd ist, als er immer wieder von seinen eigenen Entscheidungen überrascht wird, z. B. wenn er an Ivy schreibt (S. 30) oder sich am Telefon einen Schiffsplatz buchen hört (S. 59 f.).

Setzen von Zielen und deren aktives Verfolgen

Der Tatmensch Faber ist es gewohnt, **aktiv seine Ziele zu verfolgen**. Allerdings bezieht sich die Selbstbestimmung Fabers zunächst vor allem auf die Umsetzung von Zielen, die eigentlich **nicht er selbst steckt:** Die

Führung seines Lebens im Kleinen und die Realisierung technischer Projekte, zu denen er von seinem Chef Williams geschickt wird. Dies entspricht dem Typus des Technikers. Erst in dem Moment, als er anfängt, spontan von diesen beruflichen Zielen abzuweichen, beginnt er selbst Ziele zu setzen – die Reisemetapher macht dies ja explizit deutlich als Um- und Abweg: in den Urwald auf die Plantage zu Joachim, die Schiffsreise nach Europa, die Südeuropatour mit Sabeth, Kuba. Allerdings folgt er auch hier meist einem Impuls von außen bzw. flieht im Falle der Schiffsreise vor Ivy. Und selbst als ihn die Vergangenheit eingeholt und er sich zu ändern beschlossen hat, bleibt – wie sich auf Kuba zeigt – sein Weltbild von klischeehaften Oppositionen geprägt, jetzt eben nur mit anderen Vorzeichen.

Umgekehrt hat **Danton** ein – paradoxerweise auch von Robespierre formuliertes (vgl. S. 25) – **Ziel**, nämlich die Revolution sozial zu vollenden, und begründet es weltanschaulich mit der Vorstellung, den Menschen das Glück der Lust zu bereiten. Aber genau diese Begründung führt, wie oben gezeigt, konsequent zu **Handlungsverweigerung**. Danton wird im ersten Teil des Dramas vor allem dann kommunikativ aktiv, wenn er seine Passivität retten will; auch das ist in der analysierten Stelle exemplarisch deutlich geworden. Als er auf der politischen Bühne aktiv wird und sich vor dem Tribunal verteidigt (III, 4 und 9), ist es zu spät.

Der **Erzähler** von *Agnes* nimmt in der Frage der Aktivität eine **Mittelposition** ein. Seine vorrangige Tat als Schriftsteller ist – darin Danton verwandt – das Wort. Der Impuls zum „Buch *Agnes*“ (S. 138) geht – wie etwa auch der zum Ausflug in den „Hoosier National Forest“ – zunächst nicht von ihm aus, wird aber dann aktiv verfolgt. Agnes ist für ihn ein Experiment, das Experiment der Konstruktion eines Menschen durch einen Text. Dies erklärt ein Stück weit seine bekundete Passivität als Autor wie auch seine egoistisch wirkende Kälte.

Reflektiertheit und Verantwortung

Um von wirklicher Autonomie sprechen zu können, sind nicht nur Unabhängigkeit und Aktivität nötig, sondern auch das **Wahrnehmen von Verantwortung**; dies macht den Begriff der Autonomie in der Neuzeit, namentlich auch bei Immanuel Kant aus. Er ist eng gebunden an die Reflexion über sich selbst und insbesondere über die Maximen des Handelns.

Danton darf als **reflektierter Charakter** gelten, der sich – an dieser Stelle gegen Kant – nicht über Pflicht definiert, sondern Glück sensualistisch und epikuräisch (vgl. S. 79, Z. 11 ff.) versteht. Die **Schuldfrage**, vor allem das von ihm veranlasste Septembermassaker, bereitet ihm Albträume und ist für ihn prägend. Camille weist verschiedentlich auf die Widersprüchlichkeit von Dantons Position hin (vgl. z. B. S. 6, Z. 23 oder S. 8, Z. 25 f.). Die Frage nach der Verantwortung für die politische Passivität, in die Danton aufgrund seiner Schuld verfällt, wird im Drama gestellt, etwa wenn Lacroix an Dantons Solidarität appelliert und ihm vorwirft: „[D]u reißest alle deine Freunde mit dir.“ (S. 31, Z. 21) Beantwortet wird diese Frage im Drama nicht, sie wird an die Zuschauer gestellt.

Schuld prägt auch Walter Faber, sein ganzer Bericht ist ein großes Rechtfertigungsbuch. Charakteristisch für Faber ist, dass diese Rechtfertigung ein Schreiben gegen sich selbst wird, im Prozess des Schreibens wird seine Schuld und **Verdrängung** dem Leser immer klarer – auch wenn er selbst in Momenten des Bekenntnisses vom Rechtfertigen nicht lassen kann (vgl. etwa S. 72 f.). Faber ist ein Mensch der technisch-praktischen Imperative, aber nicht des kategorischen Imperativs Kants. Sein Prozess der Reflexion eines verfehlten Lebens führt in der Kuba-Episode zu einem neuen, entgegengesetzten Lebensgefühl, verharrt aber in holzschnittartigem Denken, das sich von der Fixierung auf einfache Dualismen nicht zu lösen vermag. So zeigt der Roman den Prozess einer Selbstreflexion und eines Bewusstwerdens von Verantwortung, der nicht zum Abschluss kommt, sondern durch den Tod beendet wird.

Beim Erzähler von ***Agnes*** sind **Verantwortungsbewusstsein und Selbstreflexion am geringsten ausgeprägt**, ja eigentlich kaum vorhanden. Seinen Egoismus und Agnes' Verdinglichung stellt er als Ich-Erzähler dar, reflektiert aber nicht den unmoralischen Aspekt seines Verhaltens. Soweit er von „Freiheit" (S. 110) spricht, ist immer nur – man nehme die Rechtfertigung für seine Ablehnung des Kindes – von äußerer Handlungsfreiheit die Rede. Der Mangel an Reflexion passt zu seiner Unzuverlässigkeit, die anders als bei Faber nicht Ausdruck eines Interesses ist. Seine Selbstbestimmung ist vor allem die Fremdbestimmung seines Gegenstandes Agnes, die mehr und mehr dem schreibend entworfenen Bild unterworfen wird, auch dann, als sie das ablehnt (vgl. S. 137). Für den mutmaßlichen Tod von Agnes ist in seinem Text „eine Geschichte" verantwortlich, nicht ihr Autor.

Abstraktion: Danton, Faber und der Erzähler von *Agnes* als Modellfiguren

Aber vielleicht ist an dieser Stelle die Frage der Selbstbestimmung auch zu psychologisch angesetzt. Danton, Faber und der *Agnes*-Erzähler lassen sich abstrakter **als Modellfiguren** auffassen. Für *Agnes* ist dieser Aspekt vielleicht am einschlägigsten. Der Roman gilt als postmoderner Text, was sich konkretisieren lässt: Die Postmoderne setzt an die Stelle des Subjekts die Konstruktion von Identität durch Diskurse – und entzieht der Frage nach der Selbstbestimmung damit eigentlich von vornherein den Boden. Dementsprechend ist die Figur Agnes ein schriftstellerisches Experiment, da sie in einer Geschichte über sie verschwindet und nur diese zurücklässt. Dem entspricht die eigentümliche Entindividualisierung des Erzählers, der nicht nur wenig Gefühle, sondern vor allem keinen Namen hat. Demgegenüber zeigt *Homo faber* den Typus eines modernen Ichs, das seine Freiheitsvorstellung zum unhinterfragten Glauben an die Verfügbarkeit aller Lebensverhältnisse steigert. Dieser zerbricht an einer Liebe, die ihn überfällt und die gerade in ihrem Narzissmus – so ließe sich das Inzestmotiv deuten – unmöglich ist, und am Tod. Seine Individualität wird gerade durch seine Schuld hergestellt. Danton steht in dieser Hinsicht zwischen den beiden. Er zeigt ein Modell von Glück, dass ihn zur Passivität zwingt und sich in einer historischen Extremsituation nicht gegen einen unmoralischen, menschenverachtenden Tugendrigorismus zu behaupten vermag.

Fazit

So kann man insgesamt sagen, dass Danton und Walter Faber sich in der Frage der Autonomie in vielen Punkten gegensätzlich verhalten. Danton, äußerlich eingeschränkt, erringt sich eine innerliche Autonomie, indem er mit seinem Epikureertum und seinem geschichtsphilosophischen Fatalismus eine intellektuell eigenständige Position entfaltet, die zu einer kommunikativ aktiv verteidigten Handlungsverweigerung führt. Er ist darin reflektiert; inwiefern er verantwortlich handelt, lässt der Text offen. Walter Fabers innere Unfreiheit wird durch seine äußere Freiheit noch unterstrichen. Im Gegensatz zu Danton ist er der Mann der Tat, allerdings nur auf der Ebene der Umsetzung, weniger in der Setzung seiner Ziele. Selbstreflexion und Verantwortungsbewusstsein ergeben sich bei Faber aus einem Prozess des Schreibens gegen sich selbst. Prinzipiell anders gelagert ist der Fall des Erzählers von *Agnes*. Bei aller äußeren Freiheit ist es angesichts der wenig ausgearbeiteten Individualität zweifelhaft, ob die Frage autonomer Individualität bei diesem postmodernen Text überhaupt greift. Bejaht man diese Frage, dann hat man sie schon fast beantwortet: Dieser Erzähler ist, ungeachtet aller Macht der Fremdbestimmung und aller schriftstellerischer Aktivität, kein autonomes Individuum, sondern jemand, der – darin Montaigne ähnlich – ein Experiment mit einem erschriebenen Individuum anstellt, ohne sich – und darin läge dann der entscheidende Unterschied zu Montaigne wie zu Danton und Faber – darin spiegeln zu wollen.

Schriftliche Abiturprüfung Deutsch (Baden-Württemberg): Übungsaufgabe 4
Interpretationsaufsatz mit übergreifender Teilaufgabe zu anderen Pflichtlektüren

Pflichtlektüren:
Max Frisch (1911–1991): *Homo faber*. Suhrkamp Taschenbuch, Frankfurt am Main 2011
Peter Stamm (*1963): *Agnes*. Fischer Taschenbuch Verlag, Frankfurt am Main 2009

Textauszug aus: Max Frisch: *Homo faber*

[...] Hanna war immer sehr empfindlich und sprunghaft, ein unberechenbares Temperament; wie Joachim sagte: manisch-depressiv. Dabei hatte Joachim sie nur ein oder zwei Mal gesehen, denn Hanna wollte mit Deutschen nichts zu tun haben. Ich schwor ihr, daß Joachim, mein Freund, kein Nazi ist; aber vergeblich. Ich verstand ihr Mißtrauen, aber sie machte es mir nicht leicht, abgesehen davon, daß unsere Interessen sich nicht immer deckten. Ich nannte sie eine Schwärmerin und Kunstfee. Dafür nannte sie mich: Homo Faber. Manchmal hatten wir einen regelrechten Krach, wenn wir beispielsweise aus dem Schauspielhaus kamen, wohin sie mich immer wieder nötigte; Hanna hatte einerseits einen Hang zum Kommunistischen, was ich nicht vertrug, und andererseits zum Mystischen, um nicht zu sagen: zum Hysterischen. Ich bin nun einmal der Typ, der mit beiden Füßen auf der Erde steht. Nichtsdestoweniger waren wir sehr glücklich zusammen, scheint mir, und eigentlich weiß ich wirklich nicht, warum es damals nicht zur Heirat kam. Es kam einfach nicht dazu. Ich war, im Gegensatz zu meinem Vater, kein Antisemit, glaube ich; ich war nur zu jung wie die meisten Männer unter dreißig, zu unfertig, um Vater zu sein. Ich arbeitete noch an meiner Dissertation, wie gesagt, und wohnte bei meinen Eltern, was Hanna durchaus nicht begriff. Wir trafen uns immer in ihrer Bude. In jener Zeit kam das Angebot von Escher-Wyss, eine Chance sondergleichen für einen jungen Ingenieur, und was mir dabei Sorge machte, war nicht das Klima von Bagdad, sondern Hanna in Zürich. Sie erwartete damals ein Kind. Ihre Offenbarung hörte ich ausgerechnet an dem Tag, als ich von meiner ersten Besprechung mit Escher-Wyss kam, meinerseits entschlossen, die Stelle in Bagdad anzutreten sobald als möglich. Ihre Behauptung, ich sei zu Tode erschrocken, bestreite ich noch heute; ich fragte bloß: Bist du sicher? Immerhin eine sachliche und vernünftige Frage. Ich fühlte mich übertölpelt nur durch die Bestimmtheit ihrer Meldung; ich fragte: Bist du bei einem Arzt gewesen? Ebenfalls eine sachliche und erlaubte Frage. Sie war nicht beim Arzt gewesen. Sie wisse es! Ich sagte: Warten wir noch vierzehn Tage. Sie lachte, weil vollkommen sicher, und ich mußte annehmen, daß Hanna es schon lange gewußt, aber nicht gesagt hatte; nur insofern fühlte ich mich übertölpelt. Ich legte meine Hand auf ihre Hand, im Augenblick fiel mir nicht viel dazu ein, das ist wahr; ich trank Kaffee und rauchte. Ihre Enttäuschung! Ich tanzte nicht vor Vaterfreude, das ist wahr, dazu war die politische Situation zu ernst. Ich fragte: Hast du denn einen Arzt, wo du hingehen kannst? Natürlich meinte ich bloß: um sich einmal untersuchen zu lassen. Hanna nickte. Das sei keine Sache, sagte sie, das lasse sich schon machen! Ich fragte: Was meinst du? Später behauptete Hanna, ich sei erleichtert gewesen, daß sie das Kind nicht haben wollte, und geradezu entzückt, drum hätte ich meinen Arm um ihre Schultern gelegt, als sie weinte. Sie selber war es, die nicht mehr davon sprechen wollte, und dann berichtete ich von Escher-Wyss, von der Stelle in Bagdad, von den beruflichen Möglichkeiten eines Ingenieurs überhaupt. Das war keineswegs gegen ihr Kind gerichtet. Ich sagte sogar, wieviel ich in Bagdad verdienen würde. Und wörtlich: Wenn du dein Kind haben willst, dann müssen wir natürlich heiraten. Später ihr Vorwurf, daß ich von Müssen gesprochen habe! Ich fragte offen heraus: Willst du heiraten, ja oder nein? Sie schüttelte den Kopf, und ich wußte nicht, woran ich bin. Ich besprach mich viel mit Joachim, während wir unser Schach spielten; Joachim unterrichtete mich über das Medizinische, was bekanntlich kein Problem ist, dann über das Juristische, bekanntlich auch kein Problem, wenn man sich die erforderlichen Gutachten zu verschaffen weiß, und dann stopfte er seine Pfeife, Blick auf unser Schach, denn Joachim war grundsätzlich gegen Ratschläge. Seine Hilfe (er war Mediziner im Staatsexamen) hatte er zugesagt, falls wir, das Mädchen und ich, seine Hilfe verlangen. Ich war ihm sehr dankbar, etwas verlegen, aber froh, daß er keine große Geschichte draus machte; er sagte bloß: Du bist am Zug! Ich meldete Hanna, daß alles kein Problem ist. Es war Hanna, die plötzlich Schluß machen wollte; sie packte ihre Koffer, plötzlich ihre wahnsinnige Idee, nach München zurückzukehren. Ich stellte mich vor sie, um sie zur Vernunft zu bringen; ihr einziges Wort: Schluß! Ich hatte gesagt: Dein Kind, statt zu sagen: Unser Kind. Das war es, was mir Hanna nicht verzeihen konnte.

Aus: Max Frisch: Homo faber. Frankfurt a. M.: Suhrkamp Verlag 1995, S. 47 f.

Aufgabenstellung

- Interpretieren Sie die vorliegende Textstelle. Skizzieren Sie dabei auch, in welchem Zusammenhang sie steht, und beziehen Sie die sprachliche und argumentative Gestaltung mit ein.
- Untersuchen Sie in einer vergleichenden Betrachtung, welchen Stellenwert die männlichen Protagonisten in den Romanen *Homo faber* und *Agnes* einer Heirat und der Vaterschaft zumessen.

Hinweise und Tipps

Teilaufgabe 1

Zunächst sollten Sie in der ersten Teilaufgabe eine Einordnung der Textstelle vornehmen, die sich auf das Wesentliche beschränkt (siehe Operator „skizzieren“). Dennoch ist die Situierung vergleichsweise komplex. Das liegt an der Textstelle, die den chronologischen Berichtsverlauf unterbricht und Teil eines zusätzlich eingeschobenen Rückblicks ist. (Es empfiehlt sich, quasi als Vorentlastung, den Berichtcharakter des Romans und die darin enthaltenen Rückblenden bereits in der Einleitung des Aufsatzes kurz anzusprechen.)
Zudem kann der Begriff „Zusammenhang“ aus der Aufgabenstellung weit gefasst werden, nämlich einmal im Sinne des Kontextes innerhalb des Berichts, zum anderen mit Bezug auf lebens- und zeitgeschichtliche Aspekte. Sie stehen also vor der nicht einfachen Aufgabe, die Textstelle in ihrem Charakter als Rückblende einzuordnen, zudem zwei weitere Rückblicke auf dieselbe Zeit einzubeziehen und schließlich diese vergangene Zeit hinsichtlich der gesellschaftlichen sowie der persönlichen Umstände des Protagonisten zu erläutern. Darüber hinaus wäre es wünschenswert, einen Grund für die eingestreuten Rückblenden zu nennen. Ausgelöst werden sie wahrscheinlich dadurch, dass die Brüder Herbert und Joachim Hencke, mit denen Walter Faber auf seiner Reise konfrontiert wird, die Erinnerung an Hanna und die damalige Zeit wachrufen.

Der knappe Berichtsstil der vorliegenden Textstelle könnte zu einer Inhaltsangabe ohne Analyse der sprachlichen und argumentativen Gestaltung verleiten. Aber auch das Aufzeigen sprachlicher Mittel wie Ellipsen, Wiederholungen etc. genügt nicht. Es ist eine Deutung gefordert („Interpretieren Sie …“), und das heißt, sprichwörtlich zwischen den Zeilen zu lesen, Hypothesen aufzustellen und an der sprachlichen Form Widersprüche zu erkennen sowie wahre Motive aufzudecken.
Entscheidend ist die grundlegende Erkenntnis, dass dieser rückblickende Bericht allein Fabers Perspektive enthält und wir über Hannas Sicht nur Mutmaßungen anstellen können. Insofern wäre es Faber für eigentlich leicht, sein damaliges Verhalten zu rechtfertigen. Eine Analyse der Art und Weise, wie er in seinem Rückblick argumentiert und sich die Dinge zurechtbiegt,

bringt jedoch eine tiefere Schicht ans Licht, die Fabers Selbstbezogenheit, seine fehlende Einsicht und mangelnde Empathie sowie sein egoistisches Karrieredenken offenlegt.
Für die Lösung der Teilaufgabe 1 wird von Ihnen eine detaillierte Textarbeit mit Belegen aus der vorliegenden Textstelle (Zeilenzahlen angeben!) erwartet.

Teilaufgabe 2
Es bietet sich an, bei der Bearbeitung der 2. Teilaufgabe zunächst in Peter Stamms Werk einzuführen. Dabei sollten Sie die Protagonisten kurz vorstellen und die Doppelbödigkeit des Romans – die Erzählung und die vom Ich-Erzähler verfasste Geschichte in der Erzählung – anführen. Es empfiehlt sich zur Kennzeichnung beider Ebenen der Gebrauch einer klaren Terminologie wie z. B. „erzählte Wirklichkeit" versus „fiktive Geschichte". Daraus könnte dann entwickelt werden, dass ein Heiratsantrag nur in der Fiktion ausgesprochen wird.
Kern der vergleichenden Betrachtung zum Thema „Heirat" und „Vaterschaft" sind sicherlich die Szenen, in denen den Protagonisten die Schwangerschaft mitgeteilt wird, und die verblüffend ähnlichen Reaktionen sowie die Folgen: Beide Male kommt es zur Trennung. Darüber hinaus sollten Sie vor allem die unterschiedlichen Umgangsweisen mit Heirat und Vaterschaft nach dieser Trennung beleuchten. Frischs Faber verdrängt beharrlich eine mögliche Vaterschaft und ist seiner Tochter gegenüber mit Blindheit geschlagen; Stamms Ich-Erzähler kompensiert seine Bindungsunfähigkeit mit einem in der Fiktion fabulierten Familienglück.
Der Umfang der Vergleichsaufgabe verlangt eine Konzentration auf wesentliche Aussagen zur Fragestellung. Zentrale Erkenntnisse können mit Quellenverweisen auf die Ganzschriften (Seitenzahl angeben!) abgesichert werden, eine detaillierte Textarbeit wird nicht erwartet.

Lösungsvorschlag in Grundzügen

Einleitung

Max Frischs Roman *Homo faber*, erstmals erschienen 1957, ist eigentlich ein über zwei Stationen verlaufender Bericht der fiktiven Figur Walter Faber über die verschiedenen Reisen, die den 50-jährigen Ingenieur durch Amerika und Europa führen, wobei gelegentlich auch Rückblicke auf seine Zeit als junger Erwachsener in Zürich eingestreut werden. In der Form einer Selbstrechtfertigung kreist der Reisebericht um die gescheiterte Liebesbeziehung zu Hanna und um das Verhältnis mit der 20-jährigen Reisebekanntschaft Elisabeth, in der Walter Faber die gemeinsame Tochter mit Hanna erkennen wird.

Teilaufgabe 1
Rückblick auf die Zeit mit Hanna in Zürich

Der vorliegende Textauszug ist in dem ersten Bericht (**Erste Station**) enthalten. Es handelt sich um einen Ausschnitt aus einem der Rückblicke auf die Lebensphase, als **Walter Faber, noch nicht dreißig Jahre alt, als Assistent an der Eidgenössischen Technischen Hochschule in Zürich** an seiner Dissertation arbeitet. Nicht nur der Ort, auch der zeitliche Kontext ist ziemlich genau feststellbar: Faber und seine damalige Freundin Hanna Landsberg, eine „halbjüdische" Studentin der Kunstgeschichte aus München, hören im Radio die Verkündung der Nürnberger Rassengesetze auf dem Reichsparteitag (vgl. S. 46), die einer Entrechtung der Juden gleichkommen – das war im September 1935. Diese Nachricht sowie der irrtümliche Entzug von Hannas Aufenthaltsgenehmigung in der Schweiz sind Anlass für Fabers Entschluss, seine Freundin zu heiraten und so vor den Nazis zu schützen. Gleichzeitig aber winkt ein für die berufliche Karriere verlockendes Angebot, in Bagdad als Ingenieur zu arbeiten. **1936** werden die Heiratsvorbereitungen getroffen, doch Hanna entzieht sich auf dem Standesamt im letzten Moment der Eheschließung, obwohl sie ein Kind von Faber erwartet (vgl. S. 57). Es kommt zur Trennung, Faber reist nach Bagdad und lässt Hanna in der Obhut seines Freundes und Arztes Joachim zurück: „[E]s war ausgemacht, dass unser Kind nicht zur Welt kommen sollte.“ (S. 57)

Einordnung der Textstelle: Fabers Südamerika-Reise

Der Autor Frisch platziert den Rückblick, dem der vorliegende Textauszug entstammt, genau an der Stelle, als Walter Faber davon berichtet, wie er einen Landrover instand setzt und packt, um eben diesen **Joachim Hencke**, den er seit über 20 Jahren nicht mehr gesehen hat, **auf einer entlegenen Plantage in Guatemala zu besuchen**. Man kann die These aufstellen, dass die Vergangenheit desto öfter eingeblendet wird, je mehr Faber auf seinen Reisen mit seiner früheren gescheiterten Liebesbeziehung und deren personalem Umfeld konfrontiert wird. Nach einer Notlandung in einer Wüste in Mexiko ist er der Begegnung mit dem Mitreisenden Herbert Hencke ausgesetzt. Beim gemeinsamen Schachspiel erfährt er zunächst, dass dieser ein Bruder von Joachim ist, dann, dass Hanna und Joachim geheiratet und zusammen eine Tochter haben, und schließlich, dass sie längst geschieden sind, Hanna aber den Holocaust überlebt hat. An dieser Stelle erfolgt der erste kurze Rückblick auf die nicht zustande gekommene Heirat mit Hanna in widersprüchlicher Form, einerseits wird ihre Unmöglichkeit aus finanziellen Gründen, andererseits Fabers Bereitschaft zur Eheschließung angeführt (vgl. S. 33). Mit dieser Einblendung in die vergangene Situation findet **beim Protagonisten ein Gesinnungswandel** statt: Für seinen Charakter völlig ungewöhnlich, unterbricht er seine Dienstreise und begleitet Herbert auf seiner Fahrt zu Joachim. Die Reise zum Ausgangsort der Expedition (Palenque) enthält immer wieder Gespräche und Gedanken über Joachim oder Hanna (vgl. S. 35 f., 39, 44). Als der Landrover endlich bereit ist, folgt der zweite, längere Vergangenheitseinschub, in den auch die vorgegebene Textstelle integriert ist. Die weglose Fahrt durch den Dschungel ist durchsetzt von Bildern der Verwesung, **Höhepunkt ist das Auffinden von Joachims Leiche**, der sich erhängt hat. Der daran **anschließende dritte Rückblick** verweist auf die gescheiterte Eheschließung am Standesamt und die nachfolgende Trennung (vgl. S. 57). Danach wird die Dienstreise nach Venezuela fortgesetzt; da sich sein Arbeitsauftrag als Ingenieur verzögert, macht Faber einen Zwischenstopp in seinem Apartment in New York und trifft seine Freundin Ivy.

Interpretationshypothese: Fabers Ignoranz

Walter Fabers Haltung ist von mangelnder Einsicht und Ignoranz geprägt. Seine zentrale Aussage im vorliegenden Text lautet: „eigentlich weiß ich wirklich nicht, warum es damals nicht zur Heirat kam.“ (Z. 12 f.) Dabei bietet sein verknappter, von vielen Ellipsen durchsetzter Bericht über die damalige Situation bei genauerer Analyse jede Menge **Anhaltspunkte, warum die Beziehung zwischen ihm und Hanna auseinanderbricht** – und dies, obwohl wir als Leser Hannas eigene Perspektive gar nicht erfahren.

Gegensätzlichkeit von Hanna und Faber

So kommt Fabers These vom gemeinsamen Glück, von ihm selbst schnoddrig relativiert („scheint mir“, Z. 12), schon etwas überraschend, wird doch das Paar vor allem in seiner Gegensätzlichkeit beschrieben: hier die „**Schwärmerin und Kunstfee**“ (Z. 6), die musisch Interessierte, dort der „**Homo Faber**“ (Z. 6 f.), **der technisch tätige Mensch**. Nun können freilich Gegensätze fruchtbare Ergänzungen sein, es fällt jedoch auf, dass Faber Hanna in seiner Charakterisierung abwertet. Gleich zu Beginn schreibt er ihr Wesen fest („immer sehr empfindlich und sprunghaft“, Z. 1) und rückt es, mit Verweis auf den objektiven Befund des Arztes Joachim, ins Krankhafte („manisch-depressiv“, Z. 2). Die vielen Theaterbesuche mit ihr sind für ihn keine Bereicherung, sondern eine Nötigung (vgl. Z. 8). Ihre politischen Interessen werden ohne weitere Begründung abgetan und ihren Hang zum Mystischen beurteilt er als Neigung zur Hysterie (vgl. Z. 9 f.), womit er sich traditioneller weiblicher Rollenklischees bedient. Er dagegen beschreibt sich geradezu selbstverständlich **als Mann mit Bodenhaftung** („Ich bin nun einmal der Typ, der mit beiden Füßen auf der Erde steht", Z. 10 f.), was die Sicherheit seines Standpunktes und der Urteile in Bezug auf Hanna vordergründig untermauern könnte, eigentlich aber seine **mangelnde Selbstreflexion bloßlegt**. Selbstzweifel scheint die Figur Faber in ihrem Repertoire nicht zu haben. Dabei ist die Frage nach der Anbindung an die Erde für einen Mann, der zwischen sich und die Erde beständig die Technik als Puffer schiebt, der in einem Wolkenkratzer in New York wohnt, andauernd in einem Flugzeug unterwegs ist und im Kontakt mit dem Dschungel Ekelgefühle bekommt, durchaus diskutabel.

Fabers mangelnde Anbindung an die Erde

So sind auch seine **Standpunkte**, die er **gegen eine Vaterschaft** vertritt, keineswegs fest und klar, sondern weisen Widersprüche auf und bleiben vordergründig. Einmal begründet er seinen fehlenden Wunsch, Vater zu werden, mit der **mangelnden Reife** eines jungen Mannes, der noch bei seinen Eltern wohnt (vgl. Z. 14 ff.), ein anderes Mal verweist er auf den **Ernst der politischen Situation** (vgl. Z. 30) – offenbar sind die spannungsgeladene Lage in Europa vor dem Zweiten Weltkrieg und die Verfolgung von Juden in Deutschland gemeint, die nicht dazu ermutigen, Kinder in die Welt zu setzen. Dabei scheint Faber gar nicht ein so „unfertig[er]" (Z. 14) Nesthocker zu sein, wie er sich im Rückblick darstellt, ist er doch fest „entschlossen, die Stelle [als Ingenieur] in Bagdad anzutreten sobald als möglich" (Z. 21). Diese **Karriereaussicht**, „eine Chance sondergleichen für einen jungen Ingenieur" (Z. 17 f.), ist wahrscheinlich der eigentliche Grund, der gegen eine Vaterschaft spricht, das Argument mit der politischen Krise dagegen nur ein Vorwand. Stützen lässt sich diese Hypothese durch die syntaktische Abfolge, die **das Stellenangebot und Hannas Schwangerschaft als Gegensätze** markiert: Zunächst berichtet Faber von dem „Angebot von Escher-Wyss" (Z. 17) und fügt hinzu, dass ihm „nicht das Klima von Bagdad, sondern Hanna in Zürich" (Z. 18 f.) Sorgen mache. Die saloppe Gleichstellung von „Klima" und „Hanna" nimmt der Sorge die Fürsorge und reduziert sie auf ein Problem. Welcher Art das Problem ist, signalisiert die folgende knappe Aussage: „Sie erwartete damals ein Kind." (Z. 19) In den folgenden Sätzen wird der Gegensatz von Schwangerschaft und Stellenangebot noch verschärft. Hanna teilt Faber die Schwangerschaft mit, „ausgerechnet" (Z. 20) als er von einer ersten Besprechung in der neuen Firma zurückkommt. Laut Hanna reagiert er darauf „zu Tode erschrocken" (Z. 22), was Faber bis heute bestreitet. Er erinnert sich, alle Emotionen unterlassen und zwecks Gewissheit nachgefragt zu haben. Zweimal fällt das Wort „**sachlich**" (Z. 23, 25) in ähnlich gebauten Sätzen, die in ihrer elliptischen Struktur auf jede Ausschmückung verzichten. Dem **Bemühen um Sachlichkeit** steht freilich im Inneren das Gefühl gegenüber, betrogen worden zu sein, was durch das zweimalige „**übertölpelt**" (Z. 23, 28) zum Ausdruck gebracht wird. Auch hier führt er für dieses Gefühl fadenscheinige Gründe an: einmal Hannas Bestimmtheit, zum anderen seine Vermutung, sie habe es schon länger gewusst. Viel wahrscheinlicher aber ist, dass er sich übertölpelt fühlt, weil die Schwangerschaft seinem Entschluss, nach Bagdad zu gehen, im Wege steht.

Standpunkte gegen eine Vaterschaft

berufliche Karriere oder Vaterschaft

verräterische Syntax

verräterische Wortwahl

Wie gehen beide nun vorerst mit dieser Situation um? Laut Fabers rückblickendem Bericht ist Hanna enttäuscht (vgl. Z. 29), vor allem wahrscheinlich aufgrund seiner nüchternen Reaktion. In dieser Stimmung versteht sie Fabers Frage nach einem geeigneten Arzt wohl als **Vorschlag, eine Abtreibung durchführen zu lassen** und signalisiert durch Kopfnicken ihre Zustimmung (vgl. Z. 31 ff.). Interessant ist nun, dass Faber in seinem Bericht zu verstehen gibt, dass er die Frage anders gemeint hätte („Natürlich meinte ich bloß: um sich einmal untersuchen zu lassen", Z. 31 f.), es aber trotzdem bei diesem Missverständnis bewenden lässt. Diese **Kommunikationsstörung** ist typisch für Faber, der oft nicht richtig zuhört oder nicht offen sagt, was er denkt und worum es ihm geht (z. B. bei manchen Dialogen mit Herbert oder Sabeth). Im vorliegenden Fall profitiert er jedenfalls von seiner unbestimmten Redeweise, weil das Gespräch eine wahrscheinlich gewünschte Richtung nimmt, ohne dass er sich positionieren und von Abtreibung oder Schwangerschaftsabbruch sprechen muss. Dabei gilt diese Unbestimmtheit nicht nur für den Dialog mit Hanna, sondern auch sich selbst gegenüber. Denn auch wenn er rückblickend davon berichtet, dass er bei seinem Freund und Arzt Joachim Rat sucht, ist nie von einem Schwangerschaftsabbruch die Rede. Das ist für Faber viel zu direkt und konkret. Stattdessen werden **abstrakte Begriffe wie „das Medizinische" und „das Juristische"** ins Feld geführt und jeweils mit dem Zusatz „bekanntlich kein Problem" versehen (Z. 43 f.), sodass sich der Leser erst zusammenreimen muss, dass hier wohl kaum von einer Geburt, sondern von einer Abtreibung die Rede ist, die Probleme beseitigt, also den Weg zur Ingenieurskarriere freimacht, einer Abtreibung, die technisch bzw. rechtlich auf ihre Durchführbarkeit hin beleuchtet wird, **ohne dass psychische und emotionale Befindlichkeiten eine Rolle spielen**. Der mögliche Vollzug der Abtreibung – durch die Schachmetaphorik „Du bist am Zug!" (Z. 49) verfremdet – wird Hanna dann in verharmlosender Verallgemeinerung gemeldet: **„alles kein Problem"** (Z. 49). Kein Wunder, dass Hanna, die sich in ihrer persönlichen Situation gar nicht wahrgenommen gefühlt haben muss, die Beziehung zu Faber beenden („ihr einziges Wort: Schluß!", Z. 52) und trotz der für sie äußerst brisanten Situation nach München zurückkehren will.

Fabers unbestimmte Redeweise

Neigung zur Abstraktion und Verschleierung

Als **Fazit** lässt sich sagen, dass Walter Faber nicht klar Stellung zu Hanna bezieht und **keinen Anteil an der Schwangerschaft** nimmt. Er berichtet ihr nur von der neuen Firma, der Stelle in Bagdad und den beruflichen Möglichkeiten (vgl. Z. 36 f.), aber er bringt nicht zum Ausdruck, ob er Hanna liebt und sie heiraten will. Die Heirat wird von ihm als Notwendigkeit oder gar als Zwang angesehen („müssen wir natürlich heiraten", Z. 39), ein fraglicher Vollzug, dem **das Persönliche fehlt** („Willst du heiraten, ja oder nein?", Z. 40 f.).

Zwischenfazit: keine Anteilnahme an Schwangerschaft

Hätte er gefragt „Willst du mich heiraten?", hätte er eine Beziehung zu Hanna hergestellt, so aber bleibt seine Teilhabe aus. Dies wird auch an dem **Gebrauch der Possessivpronomen** deutlich, die nicht anzeigen, dass das ungeborene Kind auch ein Teil von ihm ist. Er nennt es „ihr Kind" (Z. 38) oder „dein Kind" (Z. 39), eine Missachtung, die noch einmal Fabers **Beziehungslosigkeit** unterstreicht. Hanna schüttelt daher auf seine pragmatische Heiratsanfrage den Kopf (vgl. Z. 41), macht ihm den Vorwurf, „von Müssen gesprochen" (Z. 40) zu haben, und packt ihre Koffer, weil sie keine Basis für eine Beziehung sieht.

Fabers Beziehungslosigkeit

Hannas Konsequenzen

Die vorliegende Textstelle schließt mit den Sätzen: „Ich hatte gesagt: Dein Kind, statt zu sagen: Unser Kind. Das war es, was mir Hanna nicht verzeihen konnte.“ (Z. 52 f.) Man könnte diese Aussage als **aufkeimende, vielleicht auch erst später vollzogene Einsicht Fabers** interpretieren, der den Fehler bei sich selbst zu suchen beginnt, anstatt immer andere Personen oder die äußeren Umstände verantwortlich zu machen. Angesichts seiner ignoranten Haltung, wirklich nicht zu wissen, warum die Heirat nicht zustande kam (vgl. Z. 12 f.), ist aber die Lesart wahrscheinlicher, dass er **Hannas Umgang mit Worten kleinlich findet** und es der am Anfang des Textauszuges konstatierten Empfindlichkeit (vgl. Z. 1) zuschreibt, dass sie ihm nicht verzeihen kann. Unterstützung findet diese Deutung in einer späteren Charakterisierung, als Faber Hanna in Athen trifft: „Hanna wie früher: sie weiß genau, was man meint. Ihre Lust an Worten! Als käme es auf die Worte an. Wenn man es noch so ernst meint, plötzlich verfängt sie sich in irgendeinem Wort.“ (S. 144)

aufkeimende Einsicht?

oder weiterhin Ignoranz?

In Peter Stamms Roman *Agnes* kommt es – entgegen Walter Fabers Ansicht – auf jedes Wort an, besonders auf das geschriebene. **Der Ich-Erzähler ist ein Schweizer Sachbuchautor**, der bei Recherchen zu seinem Buch über amerikanische Luxuseisenbahnwagen in der Chicago Public Library der 25-jährigen Physikstudentin Agnes begegnet. Als sie sich nähergekommen sind und eine Beziehung miteinander führen, obwohl er fast ihr Vater sein könnte (vgl. S. 26), greift Agnes einmal wieder das Thema „Schreiben“ auf und bittet ihren Geliebten, eine Geschichte über sie zu verfassen. Der Ich-Erzähler lässt sich auf dieses Unternehmen ein, und während er **Agnes’ Geschichte** aus der Vergangenheit über die Gegenwart bis in die Zukunft fortschreibt, wird seine Liebe zu ihr größer. Merkwürdigerweise stagniert der Schreibfluss in dem Augenblick, als er in der **fiktiven Geschichte** Agnes fragt: „Willst du mich heiraten?“ (S. 80), und sie wie selbstverständlich zustimmt. In der **erzählten Realität** stellt er sich jedoch in Gedanken vor, dass Agnes ihn nicht heiraten will, und auch er selbst muss zugeben, dass er „in Wirklichkeit nie daran gedacht [hatte], Agnes zu fragen, ob sie [ihn] heiraten wolle“ (S. 82).

Teilaufgabe 2
die Protagonisten in Stamms Roman

fiktive Geschichte und erzählte Realität

Zu dieser Grundhaltung nicht unpassend lernt er in der erzählten Wirklichkeit **Louise** kennen. Agnes macht ihn alsbald auf sein unstetes Leben aufmerksam („Was machst du eigentlich, wenn du dein Buch fertig geschrieben hast?“, S. 88) und eröffnet ihm dann, dass sie schwanger sei (vgl. S. 89). Ähnlich wie Walter Faber **reagiert der Ich-Erzähler auf diese Mitteilung kühl und abweisend**. Ohne Kommentar geht er zunächst zum Kühlschrank, um sich ein Bier zu holen, und ohne Körperkontakt antwortet er mit einem verkrampften Witz und der fast zynischen Feststellung: „Nicht gerade, was ich mir vorgestellt habe. Warum? Hast du die Pille vergessen?“ (S. 89). Dabei handelt der Schriftsteller, der mit den Ebenen von Fiktion und Wirklichkeit spielt („homo ludens“), in seiner Selbstbezogenheit noch radikaler als der Techniker („homo faber“). Dieser fragt nach der objektiven Diagnose („Bist du bei einem Arzt gewesen?“, Z. 24), jener dagegen vermeint bereits hellsichtig die **Antwort** zu kennen, die er **aus der selbst fabulierten Geschichte** ableitet: „‚Agnes wird nicht schwanger‘, sagte ich. ‚Das war nicht … Du liebst mich nicht. Nicht wirklich.‘“ (S. 89) Kann Walter Faber sein Kind nicht annehmen, weil es sich nicht mit seiner technischen Weltsicht und den damit verbundenen Karrierevorstellungen verträgt, so negiert Stamms Ich-Erzähler die Vater-

Reaktion auf die mitgeteilte Schwangerschaft

Ablehnung der Vaterschaft bei Faber und bei Stamms Ich-Erzähler; Reaktionen der Frauen

schaft, weil sie nicht in sein fiktives Skript passt. Die Schlussfolgerung ist sehr ähnlich: **Beide männlichen Protagonisten drängen auf Abtreibung**, ohne das Wort auszusprechen (vgl. Z. 31/S. 90) und entziehen sich der Problematik. Beide Männer handeln unsensibel und selbstbezogen und sind nicht in der Lage, Verantwortung zu übernehmen. **Walter Faber geht** nach Bagdad und damit **den Weg der Technik**, Hanna bleibt ihrer musischen Ausrichtung treu, kehrt 1936 nach Deutschland zurück und emigriert zwei Jahre später nach Paris. Der **Ich-Erzähler in Stamms Roman verlässt die gemeinsame Wohnung** und wandert lange am See entlang, bevor er ein Café aufsucht (vgl. S. 92). Agnes nimmt die Abwesenheit zum Anlass auszuziehen und beendet in einem nachfolgenden Telefonat die Beziehung: „‚Du willst kein Kind', sagte sie, ‚und du kriegst kein Kind.'" (S. 94)

unterschiedliche Verhaltensweisen nach der Trennung

So ähnlich Verhaltensweisen und Motive für die Trennung in beiden Romanen sind, so unterschiedlich gestalten sich nun die Handlungsweisen danach. Faber und Hanna hören in den nächsten 20 Jahren nichts voneinander. **Faber scheint Hanna und das Kind abgeschrieben zu haben.** Der **Ich-Erzähler** in Stamms Roman **sucht dagegen den Kontakt** zu seiner Geliebten, aber ohne Erfolg. Dann wendet er sich wieder der fiktiven Geschichte zu und revidiert seine Reaktion auf die mitgeteilte Schwangerschaft. Zwar ist er auch in der fiktiven Version skeptisch und wenig gefühlsbetont, aber willens, die Vaterschaft anzunehmen: „‚Ja', sagte ich, ‚wir werden es schon irgendwie schaffen.'" (S. 99) Es kommt zu einer widersprüchlichen Aufspaltung: In der **erzählten Wirklichkeit flirtet er mit Louise, in der Fiktion aber wird er Vater einer Tochter** namens Margaret und wandelt sich zum glücklichen Familienmenschen. In der Realität jedoch hat Agnes währenddessen eine Fehlgeburt. Innerlich zerrüttet zieht sie wieder zu ihrem Geliebten und gemeinsam schreiben sie weiter an ihrem fiktiven Familienglück, ziehen das erfundene Kind auf und kaufen sogar Spielzeug und Kleider, bis Agnes **diese Lebenslüge** nicht mehr aufrechterhalten will. Agnes braucht die Wahrhaftigkeit und kapselt sich ab. Insofern ist sie auch über das geschönte Ende enttäuscht, das der Ich-Erzähler für ihre Geschichte erfindet und das die enge Verbundenheit des Paares betont (vgl. S. 136). Doch der Erzähler hat noch **eine andere Version für Agnes** vorbereitet, **„Schluß 2"**. Nachdem das Paar sich weiter auseinander gelebt hat und die Sylvesternacht getrennt verbringt – der Erzähler feiert bezeichnenderweise bei Louise und schläft offenbar mit ihr –, liest Agnes heimlich den Schluss ihrer Geschichte auf dem PC, der ihr „vorschreibt", in den Wald zu gehen, sich in den pulvrigen Schnee zu legen und in der Kälte zu verglühen. Die ersten zwei Sätze des Romans legen es nahe, dass Agnes dieses Ende wahr macht.

fiktive Vaterschaft, Fehlgeburt in der Realität

Agnes' Ende in der Fiktion

Fabers rationalistisches Weltbild

Während der Erzähler in Stamms Roman seine Beziehungsunfähigkeit durch die Flucht in die Fiktion kompensiert und auf dieser Ebene Vaterschaft und Familienglück fantasiert, geht Faber den Weg des Technikers und versteigt sich zu einem einseitigen **rationalistischen Denken**, in dem Gefühle keinen Wert haben und mit dem er seine Bindungsschwäche und die verhinderte Vaterschaft sachlich rechtfertigen kann. So begreift er sich als tätiger Mann, der für seine Arbeit lebt, und **im Alleinsein** den „einzigmögliche[n] Zustand für Männer" (S. 91) sieht. Seine Schlussfolgerung: Gefühle sind „Ermüdungserscheinungen" (S. 92), und die Tatsache, dass man sich nicht selbst „Gutnacht sagen" kann, sei noch kein Grund zum Heiraten (S. 93). Den **Schwangerschaftsabbruch hält er für eine kulturelle**

Errungenschaft. Dabei betrachtet er das Phänomen der Abtreibung grundsätzlich, sodass er von seiner Person und seiner potenziellen Vaterschaft ganz absehen kann. Seine Schlussfolgerung: „Wer die Schwangerschaftsunterbrechung grundsätzlich ablehnt, ist romantisch und unverantwortlich." (S. 106) Die fehlende Verantwortung, die er für Hanna und das gemeinsame Kind gezeigt hat, wird auf diese Weise ins Gegenteil verkehrt.

die Begegnung mit der Tochter Sabeth

Wie sehr Faber seine mögliche Vaterschaft verdrängt hat, wird durch die **Begegnung mit Sabeth und ihr sich anbahnendes Verhältnis** auf die Spitze getrieben. Es ist augenfällig und wird immer wieder betont, wie sehr ihn dieses 20-jährige Mädchen an Hanna erinnert. Dabei steht er unmittelbar vor seinem 50. Geburtstag und könnte also ihr Vater sein (eine interessante Parallele zu Agnes und dem Ich-Erzähler). Seine Rationalität und seine Vorliebe für Statistik hindern ihn daran, das zu denken, was der Leser längst argwöhnt, nämlich dass hier das Schicksal Vater und Tochter zusammengeführt hat. Die Vernunft ist ein sehr einseitiges Erkenntnisinstrument, wenn sie nicht die Macht der Gefühle mit bedenkt, und Faber hat sich, ohne es zu wissen, bereits in Sabeth verliebt. Der Leser gewinnt den Eindruck, dass Faber all das, **was er mit Hanna versäumt hat, nun mit Sabeth nachholen will**. So macht er ausgerechnet ihr, die er nicht heiraten kann, einen **Heiratsantrag** (vgl. S. 88, 95), obwohl er gleich zu Beginn seines Berichtes kategorisch erklärt hat, dass für ihn eine Eheschließung grundsätzlich nicht infrage kommt (vgl. S. 7). Sabeth geht zwar auf seine Werbung nicht ein, aber Faber erreicht es, dass sie gemeinsam nach Griechenland fahren. Auf der Reise wird ihre Beziehung intimer, es kommt zum **unwissentlichen Inzest**. Dabei verdichten sich für Faber die Anzeichen seiner Vaterschaft immer mehr, aber seine losgelöste Vernunft macht ihn blind, weil seine unverstandenen Gefühle es nicht wahrhaben wollen (vgl. S. 121). Es ist diese **Blindheit**, die ihn des Inzests an seiner Tochter schuldig macht und letztlich auch ihren Tod verantwortet. Denn als Sabeth auf Akrokorinth von einer Schlange gebissen wird und ihr Faber zu Hilfe eilen will, weicht sie vor ihm zurück, stürzt hinterrücks die Böschung herunter und stirbt später an den dabei zugezogenen Verletzungen. **Hat sie vielleicht in ihm ihren Vater erkannt?** Jedenfalls erfährt Faber genau in diesem textuellen Umfeld von Hanna, dass Sabeth sein Kind ist, und er gibt zu, es bereits gewusst zu haben (vgl. S. 158).

Sabeth als zweite Hanna

Nicht-Wahrhaben-Wollen der Vaterschaft

Sabeths Tod

Fazit
Bindungsunfähigkeit der männlichen Protagonisten und Tod der beiden jungen Geliebten

In beiden Romanen sterben die jungen Geliebten und **die männlichen Partner**, die ihre Väter sein könnten bzw. sind, **tragen eine Mitschuld daran**. Die Männer, die sich selbstbezogen in ihr rationalistisches Weltbild bzw. in ihre eigene literarische Fiktion verstrickt haben, bleiben **bindungsunfähig** zurück, unfähig auf die Befindlichkeit des geliebten Mitmenschen einzugehen, obwohl sie doch augenscheinlich eine Beziehung führen wollen und von Heirat sprechen. Walter Faber versucht zwar noch so etwas wie eine Zweckfamilie zu gründen – „nicht romantisch, nicht moralisch, sondern praktisch: gemeinsames Wohnen, gemeinsame Ökonomie, gemeinsames Alter" (S. 159) –, aber dafür hat Hanna nur ein Lachen übrig. Zwar wandelt sich Fabers Einstellung auf Kuba, er öffnet sich gegenüber seiner Umwelt, der Natur und begreift sich als Teil von ihr, anstatt sie über die Technik beherrschen zu wollen, doch stirbt dieses neu aufkeimende Lebensgefühl vermutlich mit dem Tod durch Magenkrebs, wie es das abrupte Ende des Berichts nahelegt. Der Erzähler in Stamms Roman könnte sich einem neuen Sachbuch zuwenden. Doch das ist eine andere Geschichte; genau genommen stirbt auch er mit dem Ende der Erzählung.

Schriftliche Abiturprüfung Deutsch (Baden-Württemberg): Übungsaufgabe 5
Interpretationsaufsatz mit übergreifender Teilaufgabe zu anderen Pflichtlektüren

Pflichtlektüren:
Georg Büchner (1813–1837): *Dantons Tod*. Reclam 6060, Stuttgart 2008
Max Frisch (1911–1991): *Homo faber*. Suhrkamp Taschenbuch, Frankfurt am Main 2011

Textauszug aus: Max Frisch: *Homo faber*

Seit ich weiß, wie alles gekommen ist, vor allem angesichts der Tatsache, daß das junge Mädchen, das mich in die Pariser Opéra begleitete, dasselbe Kind gewesen ist, das wir beide (Hanna auch) mit Rücksicht auf unsere persönlichen Umstände, ganz abgesehen von der politischen Weltlage damals, nicht hatten haben wollen, habe ich mit mehreren und verschiedenartigen Leuten darüber gesprochen, wie sie sich zur Schwangerschaftsunterbrechung stellen, und dabei festgestellt, daß sie (wenn man es grundsätzlich betrachtet) meine Ansicht teilen. Schwangerschaftsunterbrechung ist heutzutage eine Selbstverständlichkeit. Grundsätzlich betrachtet: Wo kämen wir hin ohne Schwangerschaftsunterbrechungen? Fortschritt in Medizin und Technik nötigen gerade den verantwortungsbewußten Menschen zu neuen Maßnahmen. Verdreifachung der Menschheit in einem Jahrhundert. Früher keine Hygiene. Zeugen und gebären und im ersten Jahr sterben lassen, wie es der Natur gefällt, das ist primitiver, aber nicht ethischer. Kampf gegen das Kindbettfieber. Kaiserschnitt. Brutkasten für Frühgeburten. Wir nehmen das Leben ernster als früher. Johann Sebastian Bach hatte dreizehn Kinder (oder so etwas) in die Welt gestellt, und davon lebten nicht 50 %. Menschen sind keine Kaninchen, Konsequenz des Fortschritts: wir haben die Sache selbst zu regeln. Die drohende Überbevölkerung unserer Erde. Mein Oberarzt war in Nordafrika, er sagt wörtlich: Wenn die Araber eines Tages dazu kommen, ihre Notdurft nicht rings um ihr Haus zu verrichten, so ist mit einer Verdoppelung der arabischen Bevölkerung innerhalb von zwanzig Jahren zu rechnen. Wie die Natur es überall macht: Überproduktion, um die Erhaltung der Art sicherzustellen. Wir haben andere Mittel, um die Erhaltung der Art sicherzustellen. Heiligkeit des Lebens! Die natürliche Überproduktion (wenn wir drauflosgebären wie die Tiere) wird zur Katastrophe; nicht Erhaltung der Art, sondern Vernichtung der Art. Wieviel Menschen ernährt die Erde? Steigerung ist möglich, Aufgabe der Unesco: Industrialisierung der unterentwickelten Gebiete, aber die Steigerung ist nicht unbegrenzt. Politik vor ganz neuen Problemen. Ein Blick auf die Statistik: Rückgang der Tuberkulose beispielsweise, Erfolg der Prophylaxe, Rückgang von 30 % auf 8 %. Der liebe Gott! Er machte es mit Seuchen; wir haben ihm die Seuchen aus der Hand genommen. Folge davon: wir müssen ihm auch die Fortpflanzung aus der Hand nehmen. Kein Anlaß zu Gewissensbissen, im Gegenteil: Würde des Menschen, vernünftig zu handeln und selbst zu entscheiden. Wenn nicht, so ersetzen wir die Seuchen durch Krieg. Schluß mit Romantik. Wer die Schwangerschaftsunterbrechung grundsätzlich ablehnt, ist romantisch und unverantwortlich. Es sollte nicht aus Leichtsinn geschehen, das ist klar, aber grundsätzlich: wir müssen den Tatsachen ins Auge sehen, beispielsweise der Tatsache, daß die Existenz der Menschheit nicht zuletzt eine Rohstoff-Frage ist. Unfug der staatlichen Geburtenförderung in faschistischen Ländern, aber auch in Frankreich. Frage des Lebensraumes. Nicht zu vergessen die Automation: wir brauchen gar nicht mehr so viele Leute. Es wäre gescheiter, Lebensstandard zu heben. Alles andere führt zum Krieg und zur totalen Vernichtung. Unwissenheit, Unsachlichkeit noch immer sehr verbreitet. Es sind immer die Moralisten, die das meiste Unheil anrichten. Schwangerschaftsunterbrechung: eine Konsequenz der Kultur, nur der Dschungel gebärt und verwest, wie die Natur will. Der Mensch plant. Viel Unglück aus Romantik, die Unmenge katastrophaler Ehen, die aus bloßer Angst vor Schwangerschaftsunterbrechung geschlossen werden heute noch. Unterschied zwischen Verhütung und Eingriff? In jedem Fall ist es ein menschlicher Wille, kein Kind zu haben. Wieviele Kinder sind wirklich gewollt? Etwas anderes ist es, daß die Frau eher will, wenn es einmal da ist, Automatismus der Instinkte, sie vergißt, daß sie es hat vermeiden wollen, dazu das Gefühl der Macht gegenüber dem Mann, Mutterschaft als wirtschaftliches Kampfmittel der Frau. Was heißt Schicksal? Es ist lächerlich, Schicksal abzuleiten aus mechanisch-physiologischen Zufällen, es ist eines modernen Menschen nicht würdig. Kinder sind etwas, was wir wollen, beziehungsweise nicht wollen. Schädigung der Frau? Physiologisch jedenfalls nicht, wenn nicht Eingriff durch Pfuscher; psychisch nur insofern, als die betroffene Person von moralischen oder religiösen Vorstellungen beherrscht wird. Was wir ablehnen: Natur als Götze! Dann müßte man schon konsequent sein: dann auch kein Penicillin, keine Blitzableiter, keine Brille, kein DDT, kein Radar und so weiter. Wir leben technisch, der Mensch als Beherrscher der Natur, der Mensch als Ingenieur, und wer dagegen redet, der soll auch keine Brücke benutzen, die nicht die Natur gebaut hat. Dann müßte man schon konsequent sein und jeden Eingriff ablehnen, das heißt: sterben an jeder Blinddarmentzündung. Weil Schicksal! Dann auch keine Glühbirne, keinen Motor, keine Atom-Energie, keine Rechenmaschine, keine Narkose – dann los in den Dschungel!

Aus: Max Frisch: Homo faber. Frankfurt a. M.: Suhrkamp Verlag 1995, S. 106 f.

Aufgabenstellung

- Interpretieren Sie die Textstelle im Zusammenhang der Romanhandlung.
- Untersuchen Sie in einer vergleichenden Betrachtung Dantons und Walter Fabers Verhältnis zum Tod.

Hinweise und Tipps

Teilaufgabe 1

Bei der **Einordnung** der Textstelle in den gesamten Zusammenhang des Romans ist zu beachten, dass der Ich-Erzähler auf mehreren Zeitebenen schreibt und die Chronologie der Handlung immer wieder unterbricht. Die vorliegende Textstelle ist aus der Perspektive des Hotelaufenthalts in Caracas geschrieben. Auf dieser Ebene wird keine Handlung erzählt, sondern es werden Gedanken, Rückblenden und Vorausdeutungen mitgeteilt. Diese reflektierenden Passagen stehen an ganz bestimmten Schnittstellen innerhalb der Romanhandlung. Ihre Funktion und die **Interpretation** der Gedanken erschließen sich erst durch die **Beachtung des inhaltlichen Kontextes**, in dem sie stehen.

Die Methode der Textanalyse entspricht etwa der **Interpretation eines inneren Monologs**. Dialoge in wörtlicher Rede und andere erzählerische Handlungselemente kommen nicht vor. Sie müssen beachten, dass ein innerer Monolog vor allem charakteristische Wesenszüge des Erzählers preisgibt. Hier versucht der Techniker Faber, die Subjektivität seines Gedankenstroms immer wieder hinter der Fassade der wissenschaftlichen Sachlichkeit zu verbergen.

Voraussetzung für die Interpretation ist es, dass Sie sich über den **Inhalt der Gedanken** innerhalb des vorliegenden Textausschnittes genau im Klaren sind und ihn exakt benennen. Weiterhin sollten Sie abschnittweise **thematische Einheiten** bestimmen, die den absatzlosen Text **strukturieren**. Dafür gibt es verschiedene Möglichkeiten, für die hier ein Lösungsvorschlag gezeigt wird. Dabei müssen Sie die eigene Gliederung jeweils am Text begründen.

Beobachtungen zum **Stil** lassen sich sowohl in die detaillierte Analyse einfügen als auch gesondert vornehmen. Vor dem Hintergrund der Ergebnisse sollten Sie am Ende der Interpretation in einer **Zusammenfassung** wieder den Bezug zum gesamten Roman herstellen.

Teilaufgabe 2
Der in der zweiten Teilaufgabe geforderte **Vergleich der beiden Werke** bildet den Schwerpunkt der Aufgabe und konzentriert sich auf den Aspekt, welches Verhältnis die Hauptfiguren zum Tod haben. In dem nachfolgenden Lösungsvorschlag werden dazu verschiedene Aspekte erläutert. Unter den zeitlich begrenzten Umständen des Abiturs werden Sie nicht immer für jede Einzelheit auch gleich die passende Belegstelle im Drama oder im Roman ausfindig machen können. Der Lösungsvorschlag gibt hier eine Orientierung, wie ein am Text entlang geführter Vergleich aussehen kann. Sie sollten aber durchaus darauf achten, die Gesichtspunkte eines Vergleichs am Text bzw. an der Handlung **im Einzelnen zu belegen**. Ein solcher Beleg kann auch in der Erwähnung von unbestrittenen Tatbeständen, wie etwa der Hinrichtung Dantons durch die Guillotine, bestehen. Hier bedarf es keiner besonderen Nennung einer bestimmten Textpassage aus dem Drama. Doch sollten Sie generell versuchen, Beobachtungen wie etwa zur allgemeinen Personencharakteristik oder zur Sprache durch Textstellen oder konkrete Hinweise auf das Geschehen zu stützen. Eine durch einen Aspekt geleitete Analyse entspricht einer **literarischen Erörterung**. Der literarische Text bildet hier die Argumentationsgrundlage. Verweise auf die Handlung, auf Romanabschnitte oder Dramenszenen und auf passende Belegstellen sind deshalb von herausragender Bedeutung für die Stichhaltigkeit der Interpretation.
Es empfiehlt sich, bei der Vergleichsfrage **von Max Frischs Roman auszugehen**, da das Thema des gegebenen Textausschnitts wie üblich eng mit dem Vergleichsaspekt zusammenhängt.
Auf der inhaltlichen Ebene sind Fabers in Antithesen aufgespaltenes Weltbild und seine sich daraus ergebende Verdrängung und Abwertung aller Bereiche, die sich der technischen Machbarkeit entziehen, grundlegend für sein Verhältnis zum Tod.
Da wir es aber mit einem literarischen Werk und nicht mit einer realen historischen Persönlichkeit zu tun haben, ist auch die **erzählerische Ebene** mit zu bedenken: Das Verhältnis Fabers zum Tod lässt sich ebenso aus dem von Frisch kalkuliert eingesetzten Stilmittel der leitmotivischen Wiederholung von Todessymbolen ablesen. Auch Fabers Wandel gibt Aufschluss über sein Verhältnis zum Tod.
In **Büchners Drama** wird der Tod als zentrales Thema bereits im Titel angekündigt. Die Bedeutung des Tötens und Sterbens im konkreten historischen Kontext, die sich so ganz anders als bei Frisch darstellt, sollte zunächst grundsätzlich erläutert werden. Das Verhältnis Dantons zum Tod erschließt sich dann notwendig auch aus seinem Verhältnis zur Politik und zum Leben. In einer abschließenden Gegenüberstellung lassen sich jeweils Unterschiede und Gemeinsamkeiten herausarbeiten. Sinnvoll ist es, die Aspekte hinsichtlich ihrer Bedeutung linear steigernd anzuordnen. In diesem letzten Abschnitt werden sich Textbelege und Zitate häufig erübrigen.

Lösungsvorschlag in Grundzügen

Teilaufgabe 1
Einleitung: Erzählebenen, Chronologie der Handlung

In dem 1957 erschienenen Roman *Homo faber* von Max Frisch gibt ein Ingenieur, der für die Unesco Entwicklungshilfe leistet, einen Rechenschaftsbericht über die Erlebnisse mit seiner kurz zuvor tödlich verunglückten Tochter Sabeth. Der fiktive Autor dieses Berichts, der Ich-Erzähler Walter Faber, schreibt, als er durch eine Krebserkrankung zur Ruhe genötigt ist, die Ereignisse der vergangenen Monate nieder. Der zweiteilige Bericht ist nicht chronologisch, er setzt mit einer Geschäftsreise nach Venezuela ein und endet in einem Athener Krankenhaus, wo Faber den zweiten Teil des Berichts verfasst. Die Chronologie der Ereignisse wird immer wieder durch Gedanken und Rückblicke auf die 20 Jahre zurückliegende Vergangenheit unterbrochen.

Auch in der vorliegenden Textstelle aus dem ersten Teil des Berichts sind **Reflexionen** in die Handlung eingebettet, die durch den situativen Kontext des schreibenden Ich-Erzählers bedingt werden: Das wird deutlich durch den Absatz, durch den diese und andere Textpassagen vom Erzählfluss der vorausgehenden Ereignisse abgegrenzt werden, und durch die einleitende Formulierung „Seit ich weiß, wie alles gekommen ist, […]" (Z. 1). In dem ersten Teil des Berichts greift der Erzähler immer wieder vor auf die Tatsache, dass das Mädchen, das er auf einer spontan unternommenen Schiffsreise nach Europa kennengelernt hat, seine Tochter ist, von deren Existenz er bisher keine Ahnung hatte.

Hinführung zur Textstelle: Gedanken Fabers

Dieses Mädchen entstammt Fabers **Liebesbeziehung** mit der „Halbjüdin" **Hanna** Landsberg. Wie man aus den Rückblenden bis zu dieser Textstelle erfahren hat, hat Hanna damals nicht die geplante Abtreibung vorgenommen, Faber aber nie von der Geburt des gemeinsamen Kindes in Kenntnis gesetzt. Faber hatte eine Karriere fördernde Stelle in Bagdad angenommen. Seinen Heiratsantrag lehnte Hanna ab, da sie glaubte, er wolle sie nur heiraten, um sie vor der nationalsozialistischen Judenverfolgung zu schützen. Man trennte sich und Hanna zog das gemeinsame Kind allein auf.

Vorgeschichte

Reflektierende Textpassagen sind in Frischs Roman meistens zwischen zwei Abschnitte eingefügt; dies ist auch bei diesem Auszug der Fall: Den Reflexionen geht der Bericht über die **Schiffsreise von Amerika nach Europa** voraus, bei der Faber seine Tochter nichts ahnend kennenlernt. Sabeth erinnert ihn aber mit ihrem „Hanna-Mädchen-Gesicht" durchaus an die Mutter, seine frühere Geliebte. Dieser Handlungsabschnitt wird abgeschlossen mit dem Vorhaben Fabers, die 20-jährige Studentin auf ihrer Heimreise durch Frankreich und Italien nach Griechenland zu begleiten. Der vorliegenden Textpassage folgt der Bericht von der **gemeinsamen Reise**, auf der Faber nicht nur mit seiner Tochter schlafen wird, ohne genau zu wissen, wer sie ist, sondern an deren Ende Sabeth auch an den Folgen eines Sturzes tragisch stirbt. Es ist die Schuld Fabers, dass das medizinische Fachpersonal nicht ausreichend über die Umstände des Unfalls aufgeklärt wird und Sabeths Tod daher nicht verhindern kann.

Einordnung der Textstelle

Diese Tatsachen sind erwähnenswert, weil es inhaltlich in dem gegebenen Textausschnitt um die gesellschaftliche **Notwendigkeit von Abtreibungen** geht, die Faber bejaht. Seine Überlegungen erscheinen vor dem Hintergrund der geschilderten Ereignisse als blanker **Zynismus**. Faber schreibt diesen Text im Bewusstsein seiner schuldhaften Verstrickung in die Tragik von Inzest und Tod. Er leitet seine Gedanken ein mit der Bemerkung, er habe **nach dem Tod Sabeths** über die Notwendigkeit von Abtreibungen gesprochen (vgl. Z. 4 ff.). Da er sich nun, nachdem er das Leben seiner Tochter zerstört hat, noch „grundsätzlich" (Z. 6) Gedanken über den gesellschaftlichen Nutzen von Schwangerschaftsunterbrechungen macht, scheint es, als wolle er damit nachträglich sein Verhalten **rechtfertigen** und die Schuld von sich abwälzen. Doch das Wichtige steht wie immer in Klammern: Faber schickt den Gedanken schon einmal voraus, dass er die Problematik „grundsätzlich betrachte[n]" wolle (Z. 6). Die Wiederholung des Adverbs (vgl. Z. 8) soll den Abstand von seinem persönlichen Schicksal betonen. Der Techniker gibt sich damit auch den **Anschein von Sachlichkeit**. Tatsächlich entfernt sich Faber mit den anschließenden Gedanken sehr weit von seiner konkreten Geschichte.

inhaltlicher Zusammenhang der Gedanken Fabers

Faber redet in diesem Abschnitt dem technischen Fortschritt und der Abtreibung bedingungslos das Wort. Inhaltlich wirkt diese Passage wie ein Nachschlag zu dem Vortrag über Kybernetik, Roboter und Maschinen, den er Sabeth auf der Schiffsreise gehalten und in dem er gleichfalls die Allmacht der technischen Vernunft gepriesen hatte (vgl. S. 74 f.). Beide Passagen zeigen die inhaltliche Aktualität des Romans, denn in den angesprochenen Aspekten wie **Automatisierung** durch Rechenmaschinen (vgl. Z. 59), **Überbevölkerung** (vgl. Z. 16), Verteilungskämpfe um **Rohstoffe** (vgl. Z. 23 ff.) und nicht zuletzt Geburtenkontrolle zeigt sich ein höchst sensibler Blick des Autors Max Frisch auf die entscheidenden Probleme der globalisierten Welt, die heute mehr denn je Thema des Diskurses um die Zukunft der Menschheit sind.

Inhalt und Aktualität der von Faber angesprochenen Themen

Der Textausschnitt lässt sich in **drei thematische Abschnitte** gliedern, die jeweils durch eine rhetorische Frage eingeleitet werden. Im **ersten Abschnitt** („Wo kämen wir hin ohne Schwangerschaftsunterbrechungen?", Z. 8 f.) legt Faber die Zustände vor 200 Jahren dar und stellt die Kindersterblichkeit als natürliche Auslese und Regelung des Bevölkerungsproblems hin.

Gliederung und Interpretation nach Abschnitten

Im **zweiten Abschnitt** („Wieviel Menschen ernährt die Erde?", Z. 23 f.) weitet er die Fragen aus auf die politische und ethische Dimension des globalen Problems der Überbevölkerung, die er schon zuvor in dem Ausruf „Heiligkeit des Lebens!" (Z. 21) anklingen lässt. Faber führt Faktoren wie die natürliche Begrenzung der Rohstoffe und die Automation als Argumente für den schwindenden Bedarf an menschlicher Arbeitskraft und die Notwendigkeit der Geburtenkontrolle an.

Im **dritten Abschnitt** konzentriert sich Faber wieder auf das Thema Abtreibung, eingeleitet durch die elliptische Frage nach dem „Unterschied von Verhütung und Eingriff?" (Z. 43 f.), fortgeführt durch die Fragen „Was heißt Schicksal?" (Z. 48) und „Schädigung der Frau?" (Z. 50) Doch wird die Differenzierung von Verhütung und Abtreibung nicht weiter verfolgt, sondern die Irrationalität des weiblichen Kinderwunsches als „Automatismus der Instinkte" (Z. 46) der Frau interpretiert. Indem Faber die vermeintliche Schädlichkeit einer Abtreibung für die Frau hinterfragt, wertet er die christlichen Moralvorstellungen ab. Die dreimaligen Nominalfügungen innerhalb der drei Abschnitte, die als kurze Zwischenrufe eingeworfen werden („Heiligkeit des Lebens!", Z. 21; „Der liebe Gott!", Z. 27 und „Natur als Götze!", Z. 53) nennen die **christliche Ethik** in einem Atemzug mit **archaischen Kulturen und Götzenverehrung**. Dieser stellt Faber abschließend die hochentwickelte industrielle Kultur als vielfach überlegen gegenüber (vgl. Z. 53 ff.).

Im Druckbild hebt sich dieser Abschnitt von den zerklüfteten erzählenden Passagen ab. Der **Gedankenfluss** verläuft in der Art eines **inneren Monologs** ohne Absätze. Allerdings herrscht ein Nominalstil vor und die Sätze sind kurz und ohne verbindende Konjunktionen (asyndetisch), oftmals sogar elliptisch (vgl. Z. 12 f.). Der Ich-Erzähler versteckt sich wiederholt hinter einem generalisierenden und auf Understatement zielenden „Wir" (Z. 8, 13, 16, 20 etc.). Stilistisch kommt die Meinungsäußerung scheinbar objektiv und abgekürzt daher wie in einem **Protokoll**; zugleich sind die Gedanken allerdings sprunghaft wie in einem **Tagebuch** (vgl. Z. 24 ff.). Durch das historische Beispiel Johann Sebastian Bach (vgl. Z. 14 f.), den

sprachliche Gestaltung (Syntax, Wortwahl)

Einsatz eines Autoritätsbeweises (Aussage des Oberarztes, vgl. Z. 17ff.) und Statistiken (vgl. Z. 27) will Faber seine Schlussfolgerungen wissenschaftlich unanfechtbar machen. Der Techniker Faber behandelt sein Thema mitunter **wie eine mathematische Gleichung**, wobei inhaltliche Zusammenhänge durch einen Doppelpunkt mitgeteilt werden. Ein Beispiel: „Der liebe Gott! Er machte es mit Seuchen; wir haben ihm die Seuchen aus der Hand genommen. Folge davon: wir müssen ihm auch die Fortpflanzung aus der Hand nehmen.“ (Z. 27ff.) Wie in einer Rechnung werden hier die einzelnen Größen gegeneinandergehalten und abschließend wird das Ergebnis als zwingender logischer Schluss präsentiert. Fabers Vorgehen provoziert später Hanna zu der Äußerung: „Du behandelst das Leben nicht als Gestalt, sondern als bloße Addition [...]“ (S. 170).

Rückschlüsse auf Fabers Charakter

Dazu passt auch, dass Faber nicht argumentierend vorgeht, sondern seine Ansichten als widerspruchsfreie Feststellungen und **ewig gültige Wahrheiten im Nominalstil** vorbringt. So spricht er von der „Würde des Menschen, vernünftig zu handeln [...]. Wenn nicht, so ersetzen wir die Seuchen durch Krieg. Schluß mit Romantik. Wer Schwangerschaftsunterbrechung grundsätzlich ablehnt, ist romantisch und unverantwortlich.“ (Z. 29ff.) Wer also zu widersprechen wagt, der weiß nicht, was Vernunft ist. Erneut wird das „Grundsätzliche“ betont, insofern eine mathematische Gleichung nur entweder richtig oder falsch sein kann.

Zusammenfassung

Der Textausschnitt, der den ersten in Amerika spielenden Abschnitt des Romans abschließt, kurz nachdem Faber und seine Tochter das europäische Festland betreten haben, stellt eine Art **ideologisierende Zusammenfassung von Fabers antithetischem Welt- und Charakterbild** dar. Seine Apologie der Abtreibung wird von den bereits bekannten Negativbegriffen und Abwertungen untermauert. Alles, was unberechenbar und unkalkulierbar ist, was nicht auf Rechnung und Vernunft beruht, das wertet Faber ab. In einem großen Topf der sogenannten „Romantik“ (Z. 31) findet sich jeder wieder, der nicht plant oder berechnet, sondern seinen irrationalen Wünschen folgt, wer glaubt, Gewissensbisse hegt (vgl. Z. 29) oder moralischen und religiösen Vorstellungen anhängt (vgl. Z. 52). Der Personenkreis, der diese „romantisch[en]“ und „unverantwortlich[en]“ (Z. 32) Vorstellungen pflegt, ist bis hierhin auch schon hinreichend bekannt: Es sind in Fabers Augen die **Frauen** sowie die **Menschen aus den Entwicklungsländern**, die sich hinsichtlich ihrer Gebärfreudigkeit auf einer Stufe mit den Tieren befinden (vgl. Z. 22), und natürlich auch die Menschen, die im Dschungel leben, die also auf der untersten Stufe der technischen Zivilisation stehen. Der Schwangerschaftsabbruch ist dagegen für Faber Ausdruck einer hohen Entwicklungsstufe in der technischen Beherrschung, Berechenbarkeit und Unterwerfung der inneren und äußeren Natur des Menschen und seines „Schicksal[s]“ (Z. 48). Doch hat er sich hier auch inhaltlich sehr weit von seinem rein persönlichen Ausgangspunkt entfernt, indem er das **Thema als globales Problem** zu behandeln versucht. Dennoch bleibt ein **Vorwurf** unterschwellig präsent: Hätte Hanna damals abgetrieben, was „heutzutage eine Selbstverständlichkeit“ (Z. 7f.) sei, so wäre das alles nicht passiert. Der Text steht also im Kontext der allgemeinen Rechtfertigung des Geschehens gegenüber Hanna, die Faber zu dem Bericht veranlasst hat.

Intention Fabers

Bedenkt man, dass der Bericht 20 Jahre nach der Geburt Sabeths geschrieben wurde, so wäre zumindest eine zeitliche Differenzierung angebracht gewesen: In den 1930er-Jahren war eine Abtreibung in Europa noch weniger selbstverständlich als in den 1950er-Jahren; es drohte in den meisten Ländern – die Schweiz eingeschlossen – das Zuchthaus. Doch zeigt sich hier wieder das Zutreffende von Hannas Äußerung, Faber behandele das Leben nicht als Gestalt, sondern als Addition, er habe daher auch kein „Verhältnis zur Zeit, weil kein Verhältnis zum Tod" (S. 170).

Kritik an Fabers undifferenzierter Argumentation

Teilaufgabe 2
Werkvergleich
Fabers antithetisches Denken

Fabers Verhältnis zum Tod ist geprägt von seinem **dichotomen Weltbild**, das sich wie ein roter Faden als ein Denken in Antithesen durch den Roman zieht. In der gegebenen Textstelle ist das besonders zu bemerken an dem durchgängigen „Wir", das die Seite der vernünftigen und freien Welt gegenüber einer in ihrem Handeln determinierten und rückständigen Welt repräsentieren soll, der grundsätzlich die Frauen und die Menschen in den nicht industrialisierten Ländern zuzurechnen sind. Doch erweist sich **Faber** selbst in seinem Handeln in vielfacher Weise **determiniert und unfrei**. Er ist in seiner antithetischen Weltsicht gefangen und bleibt daher „**blind**" gegenüber den wesentlichen Tatsachen (vgl. S. 7, 110, 192). Das zeigt sich besonders in dem Teil des Berichts, der in den gegebenen Abschnitt (S. 105 f.) mündet. Wo immer Faber sich aufhält, bewertet er sich und die ihn umgebende Welt als positiv oder negativ nach verschiedenen jeweils vorherrschenden Gegensatzpaaren: In der Wüste ist es der Gegensatz von erlebter oder erklärbarer Welt oder von Mystik und Vernunft; im Dschungel tauchen mannigfache Gegensätze auf als Gegenüberstellung von Natur, Weiblichkeit, Schicksal, Religiosität und Tod als Gegensatz zu Technik und Wissenschaft und in New York sind es die Gegensätze von Mann und Frau, Verstand und Gefühl, die die vorherrschenden Oppositionen bilden. Bis zur Begegnung mit Sabeth liegt die Wertigkeit dieser Gegensätze dabei klar auf der Hand; Faber befindet sich seiner Meinung nach stets auf der richtigen Seite. Auch in der gegebenen Textstelle wird deutlich, dass Faber der Meinung ist, der technisch-industrielle Fortschritt führe zu einer weitgehenden **Beherrschung der natürlichen Gegebenheiten von Geburt und Tod** (vgl. Z. 28 ff.). Faber ist es dabei immer darum zu tun, die negative Seite so weit wie möglich aus seinem Leben zu tilgen.

Fabers Verhältnis zum Tod

Fabers Religion heißt Technik und Planung; daher geht er allem, was nicht kontrollierbar ist, aus dem Weg. Auch der **Tod** gehört zu den **unberechenbaren Negativkategorien**, die Faber am liebsten ganz aus seinem Leben streichen möchte. Das Hervorbringen von Leben, die Geburt, ist komplementär zum Tod. Daher lehnt Faber die ihre Kinder säugenden Indio-Mütter (vgl. S. 45) ab und propagiert vehement den Schwangerschaftsabbruch. Mitunter vermischen sich die Symbolik von Leben und Tod wie in dem Oxymoron von der „blühende[n] Verwesung" (S. 51) im Dschungel oder in der Gleichsetzung von Frau und Tod durch Marcel („Tu sais que la mort est femme!", S. 69). Faber **will** auch **von seiner eigenen tödlichen Erkrankung nichts wissen**, indem er jegliches Anzeichen dafür – beginnend von seinem Ohnmachtsanfall in Houston über die ständigen Magenschmerzen bis hin zu seinem Erschrecken über das eigene Spiegelbild im Athener Krankenhaus – konstant leugnet.

Dass Faber versucht, den Tod aus seinem Dasein zu verbannen, wird dem Leser auch durch die **Erzähltechnik** vermittelt. Neben den direkten Vorgriffen auf das Geschehen, auf Inzest und Tod, aus dem Rückblick des schreibenden Faber bedient sich der Autor einer **leitmotivischen Symbolik des Todes**, die dazu dient, dem Leser Fabers Verdrängungsmechanismus zu demonstrieren. Beispiele dafür finden sich in der Symbolik der Grabmale, so den an Grabsteine gemahnenden New Yorker Wolkenkratzern, dem Grab seiner ersten Geliebten oder dem Grabhügel, auf dem Faber sich mit seiner Tochter bezeichnenderweise niederlässt, als sie von ihrer Mutter erzählt; symbolische Vorboten des Todes sind auch die Zopilote im Dschungel oder die erzähltechnisch wohlplatzierten Begegnungen mit Professor O., „einem Totenschädel" (S. 193), der vermutlich Magenkrebs hat und dessen abgekürzter Name nichts als Tod bedeutet. Auch die vielfachen Anspielungen auf die **antike Mythologie** gehören in diesen Kontext.

Erzähltechnik und Leitmotiv des Todes

In dem Maße wie Faber sich durch die Begegnung mit seiner Tochter dem Leben öffnet, beginnt sein festgefügtes dichotomes Weltbild zu wanken und auch der **Tod** wird **nicht mehr nur ausgeblendet**. Dafür finden sich zahlreiche Anzeichen: Bei der Besichtigung des römischen Nationalmuseums entdeckt Faber den symbolträchtigen Kopf einer schlafenden Erynnie und stellt sich die Frage, was sie wohl „zusammenträumt" (S. 111); er belebt also in seiner Fantasie den zuvor als „steinerne Trümmer" (S. 110) abgewerteten Kunstgegenstand und wagt es, sich mit der Nachtseite des Lebens auseinanderzusetzen, dem Schlaf und Bruder des Todes.

Fabers veränderte Einstellung zum Tod

In **Kuba** stellt er kritische Überlegungen zur amerikanischen Werbung an, denn sie mache „Reklame für Optimismus als Neon-Tapete vor der Nacht und vor dem Tod" (S. 177). Er distanziert sich schließlich auch von seiner Manie, alles filmen zu wollen, da ihm bewusst geworden ist, dass die **Vergänglichkeit** auch durch die Kamera **nicht aufzuhalten** ist (vgl. S. 182).
Im Gespräch mit Hanna wird die „Weltlosigkeit des Technikers", der „kein Verhältnis zur Zeit und daher auch kein Verhältnis zum Tod" habe, explizit thematisiert (vgl. S. 169 f.), was ebenfalls auf einen inneren Wandel hindeutet.
Zuletzt findet Faber in der „Verfügung für Todesfall" kurz vor seiner Operation zu der Aussage, dass der **Augenblick in seiner Einmaligkeit nur im Bewusstsein des Todes** erfahren werden könne (vgl. S. 199).

Auch Georg Büchners Drama *Dantons Tod* liegt ein **Antagonismus der Weltanschauung** zugrunde, der von den beiden Kontrahenten der Französischen Revolution Robespierre und Danton repräsentiert wird. Vor dem Hintergrund der Errungenschaften der Revolution geht es um die Auseinandersetzung darüber, wie die Revolution fortzusetzen ist: Nach Robespierre und seinem Gefolge soll „die Tugend durch den Schrecken herrschen" (I, 1) oder wie Danton es beschreibt: „die Revolution frißt ihre eignen Kinder" (I, 1) und die „Fußstapfen der Freiheit" sind die „Gräber" der Menschen, die dem „Despotismus der Freiheit" (I, 3) geopfert werden. Danton und seine Anhänger fragen nach dem Sinn dieser Opfer und betrachten das Leiden oder den Genuss nach dem Ende der Monarchie als eine Sache des Einzelnen, die den Staat nichts angeht, sofern der Einzelne den anderen in seiner Freiheit nicht einschränkt (vgl. I, 6). Im Verlauf der Handlung werden diese Unterschiede zwischen Danton und Robespierre auch in den Gegensatzpaaren von Freiheit und Tugend, Natur und Gesetz, Gemä-

Vergleich mit *Dantons Tod*

ßigte und Radikale sowie Epikur und Marat widergespiegelt. Danton und seine Anhänger müssen sterben, weil sie die Verschärfung des staatlichen Terrors infrage stellen. Der **Tod** ist hier – ganz im Unterschied zu Max Frischs Roman – weniger ein individuelles Schicksal als eine **öffentliche Angelegenheit** und als solche ein **Mittel der Politik**. Romantik existiert hier als die „Guillotinenromantik" des Feierns und der öffentlichen Volksbelustigung, das öffentliche Sterben ist ein Bestandteil des revolutionären Lebens in Frankreich seit 1792. Auf den Tod Dantons – der im Titel des Dramas angekündigt wird – und seiner Anhänger läuft alles hinaus. Um die Themen „**Tod und Sterben, Töten und Getötetwerden**" in all ihren Schattierungen und Motivierungen kreisen die Gespräche und das Geschehen.

Dantons Verhältnis zum Leben und zum Tod

Zu dem historischen Zeitpunkt, an dem das Drama einsetzt, hat Danton eine innere **Distanz zur Revolution** gefunden; er begründet diese Haltung mit seinem „Naturell" (I, 1). Solange es noch darum ging, den Kampf gegen die Aristokratie zu führen, war Danton ein anderer gewesen, da er sich zur Abwendung der äußeren Bedrohung an dem Terror nach innen, den Septembermorden, beteiligt hatte. Doch sie lasten nun auf seinem Gewissen. Er möchte nunmehr „lieber guillotiniert werden, als guillotinieren lassen" (II, 1). Deshalb bricht er auch den Fluchtversuch ab; er befürchtet, von seinem Gedächtnis verfolgt zu werden, und **zieht** daher den **Tod der inneren Qual vor**, wenn er sagt: „mir gibt das Grab mehr Sicherheit, es schafft mir wenigstens Vergessen" (II, 4). Seine Absage an die Politik kommt damit einer **Absage an das Leben** gleich. Er könnte die Last der Schuld nur ertragen, wenn er der Logik des Terrors weiter folgen würde wie die Mitglieder des Konvents. Andernfalls bleibt ihm nur das Nichts als politisches „Asyl", denn das „Leben ist [ihm] zur Last" geworden (III, 4).

Seine **Lethargie** gegenüber der drohenden Guillotine hat noch weitere Gründe: Mit der politischen Untätigkeit haben sich die Langeweile und der **Lebensüberdruss** eingestellt (I, 1). Der 35-Jährige strebt nach der Ruhe des Grabes: Noch bevor er von seiner Bedrohung erfährt, vergleicht er seine Liebe zu Julie mit der **Sehnsucht nach dem Tod** (I, 1).

Gegenüberstellung von Faber und Danton

Auch **Faber** befindet sich seit der Notlandung des Flugzeugs in der Wüste in einem **Umbruch**. Langeweile und Lebensüberdruss sind für ihn keine Unbekannten. Sein Glaube an die Allmacht der Technik ist nicht mehr ungebrochen, in seinem Beruf arbeitet er im Verlauf der Romanhandlung teils freiwillig, teils krankheitsbedingt überhaupt nicht mehr, sondern er wendet sich dem Nichtstun und dem Reisen zu. Dabei empfindet er die Last des Daseins und in seiner **existenziellen Verunsicherung** klammert er sich an ein junges Mädchen, seine Tochter („Mein Leben lag in ihrer Hand", S. 95). Allerdings ist Fabers Langeweile eher Ausdruck einer inneren Beschränkung, man könnte auch sagen, dass es ihm gerade an dem Epikureismus, an der Genussfähigkeit Dantons mangelt.
Ähnlich wie bei Faber gelingt Danton nicht der Übergang vom (politischen) Beruf in ein Dasein ohne die bisherigen Aufgaben, und es holt ihn nicht nur die Last der Vergangenheit, sondern auch Weltschmerz und Lebensüberdruss ein (II, 1) – und schließlich auch die Übermacht des politischen Gegners.

So wie Faber den Tod als Bestandteil des Irrationalen kontinuierlich aus seinem Leben auszublenden versucht, verdrängt Danton die tödliche Gefahr, die vom Konvent für ihn ausgeht: „Sie werden's nicht wagen."

(I,5; II,1; II,4; III,1) Mit dieser Beschwörungsformel schwächt er die reale Gefahr allzu leichtfertig ab. Er will sie nicht wahrhaben.

Eine andere Art, den Tod zu verdrängen, besteht darin, ihn zu **bagatellisieren** und zu **relativieren:** „Ich kokettiere mit dem Tod", sagt Danton, als er die Flucht abgebrochen hat, „es ist ganz angenehm so aus der Entfernung ... mit ihm zu liebäugeln" (II,4). Es sei eh einerlei, woran man sterbe", und es sei gut, „dass die Lebenszeit ein wenig reduziert wird" (II, 1).
Solchen Äußerungen ist der **Zynismus** nicht fern, mit dem er noch im Gefängnis den Tod banalisiert, wenn er behauptet, er nehme die Erde lieber „zum Kissen, als zum Schemel" (II, 1).

Gemeinsamkeiten im Verhältnis zum Tod
– Rolle der Frauen

Faber und Danton gleichen sich auch darin, dass es ihnen wichtig ist, am Ende des Lebens **nicht allein** zu sein, und dass es die **Frauen** sind, die ihnen den fehlenden Trost der Metaphysik ersetzen. So versichert sich Faber ganz gegen sein altes Selbstverständnis in seinen letzten Notizen der Freundschaft Hannas und der Gewissheit, dank ihr „nicht allein" zu sein (S. 198).
Auch für Danton ist es schließlich von äußerster Bedeutung, dass (wie er dreimal sagt) er „nicht allein geh[t]" (III,4), sondern dass Julie mit ihm den Freitod sterben wird. Den Tod, den er sich wünscht, stirbt am Ende sie stellvertretend für ihn. „Wie ein Stern fällt [...] und ein Lichtstrahl in klaren Fluten sich begräbt"(III,4), so stellt er sich den schönen Tod vor und genau so sieht Julie, als sie das tödliche Gift genommen hat, das Licht der Erde „in der Flut des Äthers" verlöschen (III, 6).

– Lebenswunsch angesichts des Todes

Für beide Protagonisten **intensiviert sich das Dasein** kurz vor ihrem Tod. Als der Tod durch die Verhaftung und Verurteilung näher rückt, treten die Ambivalenzen des Todes für Danton deutlicher zutage. Seine Gelassenheit und sein Lebensüberdruss weichen der Todesangst und zuletzt der **Lebensbejahung**, sodass er zugibt: „Ich kann nicht sterben." (III, 7) Danton wünscht sich einen schöneren Tod und stellt sich die Möglichkeit eines höheren Wesens vor, wenn er die nächtlich betrachteten Sterne als „Tränen" eines Auges bezeichnet (vgl. IV, 3). Dennoch bleibt er Atheist bis zum Schluss; zweifelnd, ob der Tod ihm wirklich die ersehnte Ruhe bringt, erkennt er weder im Leben noch im Sterben einen Sinn.

– kein Halt in der Religion

Dantons Verhältnis zum Tod gleicht demjenigen von Faber, der seinem Lebensdrang erst kurz vor seiner Operation wirklich Ausdruck gibt, indem er notiert: „Ich hänge an diesem Leben wie noch nie." (S. 198) und der auch bis zu seinem Ende **ohne den Trost der Religion** auskommt. Fabers Sprache wird am Ende seiner Aufzeichnungen poetischer. Er beschreibt bei seinem letzten Flug über die Alpen den Wunsch, die Erde mit allen Sinnen zu erfassen (vgl. S. 197), und vertieft sich in das Paradox der Ewigkeit des Augenblicks (vgl. S. 199).

Schluss: historisch bedingte Unterschiede in der Figurenzeichnung

Mit Dantons historisch überlieferter letzter Äußerung, dass „die Köpfe" der guillotinierten Freunde „sich auf dem Boden des Korbes küssen" werden (IV, 7), leuchtet ein **transzendenter Gedanke** auf: Die **Freundschaft** kann den Tod überwinden. Danton hatte bis zuletzt den Kreis der gleichgesinnten und der mitleidenden Freunde um sich. Faber stirbt als das vereinzelte bürgerliche Individuum des 20. Jahrhunderts, das überall und nirgends zu Hause ist. Erst kurz vor dem Tod begreift er die Zeitlichkeit und Einmaligkeit des menschlichen Daseins und öffnet sich der Erfahrung von Transzendenz.

Schriftliche Abiturprüfung Deutsch (Baden-Württemberg): Übungsaufgabe 6
Interpretationsaufsatz mit übergreifender Teilaufgabe zu anderen Pflichtlektüren

Pflichtlektüren:
Georg Büchner (1813–1837): *Dantons Tod.* Reclam 6060, Stuttgart 2008
Max Frisch (1911–1991): *Homo faber.* Suhrkamp Taschenbuch, Frankfurt am Main 2011

Textauszug aus: Max Frisch: *Homo faber. Ein Bericht*

Ich habe Gasoline gebracht, fünf Kanister für Herbert, damit er jederzeit fahren kann; aber er denke nicht daran.

Sein Grinsen im Bart.

Wir verstanden uns überhaupt nicht.

Sein Grinsen, als er sieht, wie ich mich mit einer alten Klinge rasiere, weil es hier keinen Strom gibt und weil ich keinen Bart will, weil ich ja weiter muß –

Seinerseits keinerlei Pläne!

Sein Nash 55 stand unter dem dürren Blätterdach wie das vorige Mal, sogar der Schlüssel steckte noch; offenbar wissen diese Indios nicht einmal, wie man einen Motor anläßt, alles war unversehrt, aber in einem sagenhaften Zustand, so daß ich mich sogleich an die Arbeit machte.

„Wenn's dir Spaß macht“, sagt er, „bitte.“

Herbert auf Guana-Fang.

Ich finde den Motor vollkommen verschlammt von Regengüssen, alles muß gereinigt werden, alles verfilzt und verschleimt, Geruch von Blütenstaub, der auf Maschinenöl klebt und verwest, aber ich bin froh um Arbeit –

Die Maya-Kinder ringsum.

Sie schauen tagelang zu, wie ich den Motor zerlege, Bananenblätter auf dem Boden, die Maschinenteile drauf – Wetterleuchten ohne Regen.

Die Mütter gaffen auch zu, sie kommen nicht aus dem Gebären heraus, scheint es, sie halten ihren letzten Säugling an der braunen Brust, abgestützt auf ihrer neuen Schwangerschaft, so stehen sie da, während ich den Motor putze, und gaffen, ohne ein Wort zu sagen, da ich sie nicht verstehe.

Herbert mit seinem Guana-Bündel –

Sie leben, sie sind vollkommen reglos, bis man sie anrührt, ihr Eidechsenmaul zusammengebunden mit Stroh, weil sie sehr bissig sind, gekocht schmecken sie wie Hühnerfleisch.

Abends in Hängematten.

Kein Bier, nur diese Kokos-Milch –

Wetterleuchten.

Meine Sorge, es könnte etwas gestohlen werden, was nicht zu ersetzen ist, berührt Herbert nicht; er ist überzeugt, daß sie keine Maschinenteile anrühren. Kein Wort mehr von Revolte! Sie arbeiten sogar tüchtig, sagt Herbert, sie gehorchen, obschon überzeugt, daß es nichts nützt.

Sein Grinsen im Bart –

Die Zukunft der deutschen Zigarre!

Ich frage Herbert, was er sich eigentlich denke; ob er bleiben wolle oder nach Düsseldorf zurückkehre; was er vorhabe –

Nada!

Einmal sage ich, daß ich Hanna getroffen habe, daß ich Hanna heiraten werde; aber ich weiß nicht einmal, ob Herbert es gehört hat.

Herbert wie ein Indio!

Die Hitze –
Die Leuchtkäfer –
Man tropft wie in einer Sauna.

Am andern Tag gab es Regen, plötzlich, nur eine Viertelstunde lang, Sintflut, dann wieder Sonne; aber das Wasser stand in braunen Teichen, und ich hatte den Nash aus der Hütte gestoßen, um in der Luft arbeiten zu können, hatte nicht wissen können, daß gerade hier ein Teich entstehen würde. Ich konnte es nicht komisch finden, im Gegensatz zu Herbert. Das Wasser reichte über die Achsen, ganz zu schweigen von Teilen des zerlegten Motors, die ich auf der Erde ausgebreitet hatte. Ich war entsetzt, als ich's sah. Herbert gab mir zwanzig Indios, um mich zu beruhigen, und tat, als ginge es ihn selbst nichts an, das Baumfällen, das ich anordnete, das Aufbocken, damit man von unten zukam. Ich verlor einen ganzen Tag, bis ich nur die Bestandteile des Motors gesammelt hatte, das Waten in dem trüben Tümpel, das Austasten des warmen Schlammes, alles mußte ich allein machen, da Herbert sich nicht interessierte.

„Gib's auf!" sagte er nur. „Wozu!"

Ich stellte die zwanzig Indios an, um Gräben auszuheben, damit das Wasser endlich ablief; nur so war es möglich, sämtliche Bestandteile zu finden, noch immer schwierig genug, da sie zum Teil im Schlamm bereits versunken waren, einfach verschluckt. Sein zweites Wort: Nada!

Ich ließ ihn blödeln, ohne zu antworten. Ohne Nash war Herbert verloren. Ich ließ mich nicht anstecken und arbeitete.

„Was machst du ohne einen Wagen?" sagte ich.

Als ich den Motor endlich beisammen hatte, so daß er lief, grinste er und sagte Bravo, nichts weiter, er schlug seine Hand auf meine Schulter: ich soll ihn haben, seinen Nash, er schenke ihn mir.

„Was soll ich damit!" sagte er –

Herbert war nicht abzubringen von seiner Blödelei: Herbert als Verkehrspolizist, während ich in dem aufgebockten Wagen, um nochmals alles zu prüfen, am Steuer sitze und schalte, ringsum Mayakinder, die Mütter mit ihren weißen Hemden, alle mit Säugling, später auch Männer, die im Dickicht stehen, alle mit ihrem krummen Messer, sie haben seit Monaten keinen Motor gehört, ich schalte und gebe Vollgas, Leerlauf der Räder in der Luft, Herbert winkt: Stop! ich stoppe, ich hupe, Herbert winkt: Durchfahrt! Die Indios (es werden immer mehr) gaffen uns zu, ohne zu lachen, während wir blödeln, alle ganz stumm, geradezu andächtig, während wir (wozu eigentlich!) Stoßverkehr in Düsseldorf spielen –

Max Frisch: Homo faber. Ein Bericht. Frankfurt a. M.: Suhrkamp Verlag 1995 (st 354), S. 167–169.

Aufgabenstellung

- Interpretieren Sie den Textauszug im Kontext der vorangegangenen Handlung.
- Frischs *Homo faber* und Büchners *Dantons Tod*: Untersuchen Sie in einer vergleichenden Betrachtung die Weltsicht von Faber und Danton.

[Bitte beachten Sie, dass der Schwerpunkt der Gewichtung auf der zweiten Teilaufgabe liegt.]

Hinweise und Tipps

Teilaufgabe 1

Der Operator „Interpretieren", der für den Aufgabentyp „**Interpretation zur Pflichtlektüre**" typisch ist, verlangt von Ihnen die **Analyse und Deutung der vorliegenden Textstelle**. Der Zusatz „im Kontext der vorangegangenen Handlung" gibt Ihnen dabei den Hinweis, dass die Textstelle nicht isoliert für sich betrachtet werden soll, sondern deren **Stellenwert im Handlungszusammenhang** zu berücksichtigen ist.

Bei der Einordnung in den Handlungszusammenhang kann allerdings über die „vorangegangene Handlung" hinausgegangen werden, sofern dies für die Interpretation der Textstelle erforderlich erscheint. Dies bietet sich bei dieser Textstelle aus *Homo faber* deshalb an, weil sie sich an der Schnittstelle zwischen den Erlebnissen mit Sabeth und deren Niederschrift in Caracas befindet. Im Lösungsvorschlag wird aus dieser Position des Textes eine zentrale Fragestellung gewonnen: Sofern nämlich in dem Auszug schon die Veränderungen in Fabers Weltsicht und -erleben spürbar wären, so könnte man davon ausgehen, dass es die Geschehnisse selbst sind, die Fabers – zumindest partielle – Öffnung für eine andere Perspektive auf die Welt bewirken. Falls nicht, dann lässt sich daraus schließen, dass die Reflexion der Geschehnisse eine entscheidende Rolle spielt.

Falls Sie einen anderen Interpretationsansatz wählen, dann ist es möglich, die Einordnung in den Handlungszusammenhang und die Hinweise zur Erzählstruktur (siehe Lösungsvorschlag) kürzer zu halten. In jedem Falle sollte die Einordnung nicht in ein langatmiges Inhaltsreferat ausarten – dabei verlieren Sie nur wichtige Zeit.

Bei der **Interpretation** einer Textstelle gibt es grundsätzlich **zwei Möglichkeiten**, die eigene Analyse sinnvoll und transparent zu organisieren: Entweder Sie entscheiden sich für eine **sukzessive**, d. h. schrittweise **Untersuchung des Auszugs**, bei der Sie **nacheinander** die – am besten nach Sinneinheiten abgegrenzten – **Abschnitte** in den Blick nehmen. Oder Sie wählen eine **aspektorientierte Untersuchung**, bei der Sie **einzelne Aspekte des Textes nacheinander** betrachten und dabei jeweils auf verschiedene Textstellen des Auszugs zurückgreifen.

Bei dem vorliegenden Auszug liegt eine aspektorientierte Analyse deshalb näher, weil hier erstens eine Einteilung in Sinnabschnitte nicht ganz einfach ist und vermutlich zu kleinteilig geraten würde und sich zweitens die Aspekte jeweils an verschiedenen Stellen finden.

Vergessen Sie nicht, dass zu einer Interpretation nicht nur eine **inhaltliche**, **sondern auch eine formale Betrachtung in Hinblick auf Sprache und Erzählperspektive** gehört. Diese kann zum einen „an Ort und Stelle", das heißt innerhalb der Untersuchung der einzelnen Aspekte erfolgen, zum anderen lässt sie sich aber auch als eigener Punkt nachstellen.

Teilaufgabe 2

Die in der Bewertung höherrangige zweite Teilaufgabe erfordert einen **Vergleich** der beiden **literarischen Figuren Walter Faber** aus *Homo faber* und **Danton** aus *Dantons Tod* hinsichtlich ihrer jeweiligen **Weltsicht**. Der nicht sehr scharfe Begriff der Weltsicht lässt Ihnen eine gewisse Freiheit, selbst zu entscheiden, was Sie darunter verstehen. Es ist aber auf jeden Fall ratsam, **Transparenz** zu schaffen hinsichtlich der Frage, wie weit Sie den Begriff fassen bzw. welche Gesichtspunkte Sie hier dazuzählen. Im Lösungsvorschlag wird der Begriff recht weit verstanden. Diese Entscheidung zieht nach sich, dass viele Aspekte behandelt werden und deshalb nicht bis ins kleinste Detail untersucht werden können – umso wichtiger ist es, dass Sie präzise formulieren, um sich nicht einen Mangel an Tiefenverständnis vorwerfen lassen zu müssen.

Der zweite Teil des Aufsatzes sollte wie der erste Teil mit einer **Einleitung** beginnen. Diese lässt sich gut als **Überleitung** gestalten. Im Anschluss gehen Sie zur **vergleichenden Untersuchung** der Figuren über: Auch hier können Sie zwischen **zwei Möglichkeiten** wählen, wie Sie ihren Aufsatz aufbauen. Sie können entweder – sozusagen **blockbildend** – erst die **eine Figur in Gänze** untersuchen und **dann die andere**; der Vergleich lässt sich in diesem Fall zum einen im Kontext der Untersuchung der zweiten Figur anstellen oder zum anderen im Anschluss an die beiden Figurenuntersuchungen. Oder Sie nehmen die Figuren **abwechselnd** in den Blick und strukturieren den Aufsatz nach den **einzelnen zu betrachtenden Aspekten**. Der Lösungsvorschlag folgt diesem zweiten Vorgehen, da die breite Auffächerung des Begriffs „Weltsicht" eine blockbildende Untersuchung und vor allem den Vergleich unübersichtlich werden ließe.

Lösungsvorschlag in Grundzügen

Teilaufgabe 1
Einleitung

Die Titelfigur von Max Frischs Roman *Homo faber. Ein Bericht* aus dem Jahre 1957, in dem der Roman auch spielt, ist der **Prototyp eines Technikers**. Walter Faber ist nicht nur von Beruf Ingenieur, sondern sein gesamtes Denken ist dominiert von einem **technisch-rationalistischen Welt- und Selbstverständnis**, mit dem er seine Umwelt auf Distanz hält. Der vorliegende Textauszug zeigt wichtige Aspekte seines Selbstverständnisses, wie eine aspektorientierte Analyse zum Vorschein bringen soll.

Einordnung in den Handlungszusammenhang

Der im Auszug geschilderte Besuch Walter Fabers bei Herbert Hencke ist nicht sein erster Aufenthalt auf der Plantage im Urwald in Guatemala. Nach einer Notlandung in der mexikanischen Wüste ist Faber mit seinem Sitznachbarn Herbert dorthin gereist, um dessen Bruder Joachim Hencke, einen früheren Freund von Faber und Leiter der Plantage, zu besuchen. Es ist der Beginn einer **ereignisreichen Reise:** Joachim hat sich erhängt, weshalb Herbert auf der Plantage bleibt. Faber indessen führt sein weiterer Weg über New York nach Europa. Auf der Schiffsreise lernt er Elisabeth Piper, kurz **Sabeth**, kennen, die – wie Faber es nach einer gemeinsamen Reise von Paris nach Griechenland und nach einem Unfall Sabeths erkennen muss – **seine Tochter** ist. Von dieser wusste er nichts, da ihre Mutter Hanna ihm gesagt hatte, dass sie das Kind abtreiben würde. Sabeth stirbt in einem Athener Krankenhaus, nachdem sie am Strand eine Böschung hinuntergestürzt ist. Hanna, die Faber im Krankenhaus wiedergetroffen hat, wirft ihm vor, dass es **aufgrund seiner technisch-rationalistischen Weltsicht zu dem tragischen Verlauf** gekommen sei (vgl. S. 169 f.).

Hinweise zur Erzählstruktur

Dieses Geschehen bekommt der Leser aus der **Perspektive des Protagonisten** geschildert, der sich nach den tragischen Ereignissen auf eine weitere Reise begibt, die ihn erneut auf die Plantage in Guatemala und daraufhin nach **Caracas** führt, wo er – krank ans Bett gebunden – den **ersten Teil des Geschehens** (bis zu Sabeths Tod) aufzeichnet. Den **zweiten Teil verfasst** er im **Athener Krankenhaus**, in das er nach seiner zweiten Reise wegen eines Magengeschwürs eingeliefert wird. In seinen Aufzeichnungen erzählt Faber unter anderem von dieser zweiten Reise, auf der er – unter dem Eindruck der Geschehnisse – eine **innere Veränderung** durchzumachen scheint: Er öffnet sich dem bisher verdrängten **Erleben des Augenblicks** und zieht eine **gänzlich andere Weltsicht als die technisch-rationalistische** in Betracht, die mit dafür verantwortlich war, dass er in Sabeth nicht früher seine Tochter erkannte. Die Aufzeichnungen beginnt Faber als **selbstvergewissernde Rechtfertigung** seines Handelns, sie entwickeln sich jedoch am Ende mehr und mehr zu dem **Eingeständnis eines verfehlten Lebens**.

Fragestellung zur Untersuchung der Textstelle

Die vorliegende Textstelle ist insofern von besonderem Interesse, als es sich um die letzte Station vor dem Aufenthalt in Caracas und damit vor der Niederschrift seiner Erlebnisse handelt. Anhand der Textstelle lässt sich prüfen, ob Faber **durch die Ereignisse selbst** oder erst **durch deren Niederschrift und Reflexion** in seinem „Bericht“ eine **Veränderung seines Weltverständnisses** erfährt.

Skizze der Textstelle

Faber schildert in dem Auszug **einige Tage seines Aufenthalts auf der Plantage**, die er hauptsächlich damit zubringt, den Motor des einzigen verfügbaren Autos instand zu setzen, damit Herbert jederzeit die Plantage verlassen kann. Allerdings hat dieser keinerlei Interesse an dem Wagen, da er sich dort offensichtlich wohlfühlt. Im Auszug wechseln Notizen zu Herbert, zu den Mayas, zur Reparatur des Autos und zum Wetter unregelmäßig ab, sodass eine Einteilung in Abschnitte wenig ergiebig wäre.

Hinweis zur Struktur des Auszugs

aspektorientierte Deutung

Fabers Verhältnis zu Herbert

Das **Verhältnis zwischen Herbert und Faber ist symptomatisch**. Sie verstehen sich nicht mehr (vgl. Z. 4) – offenbar weil Herbert sich in den letzten zwei Monaten stark verändert hat. Er scheint mit sich, seinen Beschäftigten und der Urwaldnatur, die Faber so sehr verabscheut, im Einklang zu leben und eine große Distanz zur Geschäftigkeit seiner Herkunftskultur aufgebaut zu haben. Die Veränderung geht so weit, dass Faber die Angleichung an die naturnahe Lebensweise der auf der Plantage beschäftigten Ureinwohner mit folgenden Worten erfasst: „Herbert wie ein Indio!“ (Z. 41) Schon das äußere Erscheinungsbild verdeutlicht die Distanz zwischen den beiden: Herbert verzichtet auf eine Rasur des Bartes, die den Roman als leitmotivisches Zeichen durchzieht und für Fabers Versuch steht, die wuchernde Natur durch technisches Gerät zu bändigen. Herberts „Grinsen im Bart“ (Z. 3, 5, 34) notiert Faber gleich mehrfach. Das Grinsen deutet nicht nur **Zufriedenheit** an, sondern zugleich auch eine gewisse **Belustigung** über Faber, von dessen **technikdominierter Lebensweise** er sich weit entfernt hat.

Auffällig ist der **Gegensatz zwischen Fabers eifriger Aktivität und Herberts gleichmütiger Passivität:** Faber weiß, dass er „weiter muß“ (Z. 6), um seiner Arbeit nachzugehen, und kann kaum begreifen, dass Herbert das Auto egal ist. Dieser indes hat „keinerlei Pläne“ (Z. 7) und lebt insofern ganz in der Gegenwart. Fabers Geschäftigkeit findet Herbert eher lustig als nötig. Die Verachtung von Untätigkeit, die Faber schon bisher kennzeichnete (vgl. z. B. S. 74: „Ich bin nicht gewohnt, untätig zu sein“), zeigt sich hier darin, dass er „froh um Arbeit“ (Z. 16) ist.

Während für Herbert die Reparatur dem „Spaß“ (Z. 12) dient und insofern zweckfrei ist, hat sie in Fabers Verständnis eine **existenzielle Dimension** – er denkt, dass Herbert „[o]hne Nash […] verloren“ (Z. 61) sei. Dessen leidenschaftslose Haltung gegenüber dem Auto äußert sich unter anderem in seiner – wie Faber es nennt – „Blödelei“ (Z. 68), die in dem von ihm initiierten Spiel „Stoßverkehr in Düsseldorf“ (Z. 75) besteht.
Statt bei der Reparatur zu helfen, widmet sich Herbert auch lieber dem Guana-Fang und damit der Befriedigung der unmittelbaren natürlichen Bedürfnisse.

Fabers Blick auf die Ureinwohner

Typisch für Fabers weiterhin bestehende Weltsicht ist der **abwertende Gestus**, mit dem er die **Ureinwohner** schildert. So hält Faber fest, dass „diese Indios nicht einmal“ wüssten, „wie man einen Motor anläßt“ (Z. 9). Geringschätzig bezeichnet er die Blicke der Mayas als „gaffen“ (Z. 20, 22, 74). Fabers Eifer steht dabei in starkem Kontrast zu ihrer passiven Genügsamkeit. Insbesondere die Gebärfreudigkeit der Frauen vermerkt er abfällig: „[S]ie kommen nicht aus dem Gebären heraus, scheint es […].“ (Z. 20)

Diese Notiz verrät Fabers große **Abneigung gegen das Vegetative und Körperliche**. Die Distanz zwischen Faber und den Indios besteht also nicht nur aufgrund der Sprachbarrieren (vgl. Z. 22 f.), sondern auch aufgrund einer fundamental anderen Haltung.

Fabers Verhältnis zu Natur und Technik

Insbesondere an Fabers **Verhältnis zu Natur und Technik** wird deutlich, dass er sich noch nicht verändert hat. Weiterhin spürt der Leser einerseits die starke Abscheu gegen die Natur und andererseits die Wertschätzung der **Technik**, die Faber als **Mittel der Naturbeherrschung** dient. Er ist noch klar in Oppositionsbildungen wie „Technik vs. Natur" befangen, auch wenn er sich hier nicht – wie an anderen Stellen – theoretisierend darüber auslässt.

Es ist aussagekräftig, **dass Faber die Reparatur zur Notwendigkeit erklärt**, obwohl Herbert den Wagen gar nicht benutzen möchte. Trotz seiner Beteuerungen, dies für Herbert zu tun, gewinnt man als Leser den Eindruck, dass Faber gar nicht anders kann, als ein defektes technisches Gerät zu reparieren. Es erscheint geradezu wie ein **Sachzwang**, dem sich der Ingenieur nicht zu entziehen vermag.

Die Reparatur entpuppt sich geradezu als **Kampf des Technikers gegen die Natur**. Denn erstens resultiert die mangelnde Funktionstüchtigkeit offenbar aus der zersetzenden Wirkung der Natur (vgl. Z. 14 ff.) und zweitens wirft ein Regenguss Faber einen ganzen Tag zurück, da das Auto nun im Wasser steht und die ausgebauten Motorteile vom Schlamm bedeckt sind. Nur mithilfe von zwanzig Indios wird er der Lage wieder Herr – die Unverhältnismäßigkeit der Maßnahmen (vgl. Z. 50 ff., 57 f.) angesichts der Tatsache, dass die Reparatur des Wagen nur Selbstzweck ist, verweist ebenfalls auf die **zwanghaften Züge** der Reparatur.

erzähltechnische und sprachliche Gestaltung

Insbesondere bei einem Ich-Erzähler ist nicht nur das „**Was**" der Mitteilung wichtig, sondern auch das „**Wie**", das heißt die Art und Weise, wie der Erzähler spricht bzw. schreibt. Sie gibt indirekt Auskunft über den Ich-Erzähler, da sie ihn als Sprecher bzw. Schreibenden charakterisiert.

Protokollstil Besonderheit der Syntax

Entsprechend der Gattungsbezeichnung „Ein Bericht" im Untertitel wirkt der Auszug **protokollartig**, da der Ich-Erzähler in erster Linie äußeres Geschehen notiert. Dazu passt auch die häufig **verknappte elliptische Sprechweise**, mit der Faber eine Beobachtung festhält, ohne weiter darauf einzugehen: „Abends in Hängematten. / Kein Bier, nur diese Kokos-Milch – / Wetterleuchten." (Z. 27 ff.) Der weitgehend **parataktische und aufzählende Stil** (vgl. insbesondere Z. 14 ff. oder Z. 71 ff.) unterstreicht die Berichtform.

Anspruch der Neutralität, aber …

Faber erweckt mit dieser Erzählweise den Eindruck der **Neutralität**, die er gemäß seinem **Selbstbild als nüchterner Rationalist** für sich beansprucht. Allerdings **scheinen** dennoch immer wieder **Wertungen durch:** Schon aus der eben zitierten Notiz „Kein Bier, nur diese Kokos-Milch –" (Z. 28) spricht Fabers Abneigung gegen das Getränk der Einheimischen. Auch sein Hinweis, dass die Mütter „nicht aus dem Gebären heraus[kommen]" (Z. 20), wertet diese deutlich ab.

… nur scheinbare Neutralität

Folglich ist die Neutralität der Aufzeichnungen nur Schein. Dies verweist insofern auf den gesamten Roman, als Fabers Selbstbild, ein objektiver Realist zu sein, als Selbsttäuschung entlarvt wird – so betrügt er sich beispielsweise selbst, als er errechnet, dass er nicht der Vater von Sabeth sein könne.

Wortwahl

Ein weiteres Beispiel für aussagekräftige Wortwahl sind die **gehäuften Fügungen mit dem Präfix „ver-“** (Z. 14ff. und Z. 59), wenn Faber die zerstorerische Wirkung der Natur beschreibt. Der Motor ist für Faber nicht etwa schlammig, filzig und schleimig, sondern „verschlammt“, „verfilzt“ und „verschleimt“. Hinter dieser Wortwahl verbirgt sich Fabers Ekel vor der „**Ver-gänglichkeit**“.

Schluss-betrachtung

Die Analyse zeigt, **dass Faber weiterhin dem rationalistisch-technischen Weltbild verhaftet** ist, das schon den Handlungsverlauf der „Ersten Station“ seines Berichts prägt. Für das Verständnis des gesamten Romans ist die Textstelle deshalb wichtig, weil sich der geschilderte Aufenthalt zwar nach den tragischen Ereignissen der für Sabeth tödlichen Vater-Tochter-Geschichte abspielt, aber noch vor deren Aufzeichnung in Caracas. Deshalb lässt sich die Textstelle als Hinweis darauf lesen, dass es **nicht die Ereignisse selbst sind, die die Veränderung in Faber auslösen, sondern der Schreibprozess**, in dem er sie reflektiert. Bezeichnenderweise ist es ja die nächste Reisestation Kuba, an der er sich erstmals einem unmittelbaren Erleben (der Natur) öffnet.

Teilaufgabe 2
Überleitung

Walter Fabers Denken ist – wie auch die Textstelleninterpretation zeigte – stark von **Oppositionsbildungen** geprägt. Seiner klaren Einteilung der Welt steht mit **Danton** aus Georg Büchners Revolutionsdrama *Dantons Tod* von 1835 eine Figur gegenüber, deren Auffassung von der Welt um einiges **vielschichtiger und schwieriger** zu erschließen scheint.

methodische Hinweise und Begriffsklärung

Der folgende **Vergleich der beiden Titelfiguren Faber und Danton** orientiert sich an einzelnen Teilaspekten ihrer Weltsichten, die jeweils einander gegenübergestellt werden. Dabei wird der **Ausdruck der „Weltsicht“ bewusst weit verstanden**, da „Welt“ ein offener Begriff ist und in meinen Augen beispielsweise auch die soziale Welt einbegreift. Ebenso zu berücksichtigen sind meiner Auffassung nach z. B. die Perspektive auf Leben und Tod oder die eigenen Lebensmaximen.

Vergleich
Fabers Denken in Oppositionen vs. Dantons Auflösen von Oppositionen

Das bereits angesprochene Denken in **Oppositionen** kennzeichnet die Art und Weise, wie Faber die Welt sieht. Im vorliegenden Textauszug stellt Faber implizit zum Beispiel die Technik gegen die Natur oder die eigene Aktivität gegen die genügsame Passivität Herberts und der Indios. Mit Blick auf den gesamten Roman lassen sich diese Oppositionen zahlreich ergänzen: Wissenschaft vs. Kunst und Kultur, Physik vs. Mythen, Mann vs. Frau etc.
Danton zeichnet insofern ein komplexeres Denken aus, als er **konventionelle Oppositionen auflöst**. So nivelliert er beispielsweise die Unterschiede zwischen Leben und Tod: „Da ist keine Hoffnung im Tod; er ist nur eine einfachere, das Leben eine verwickeltere, organisiertere Fäulnis, das ist der ganze Unterschied!“ (III, 7) Diese Verflüssigung von Gegensätzen spürt der Leser bereits in der ersten Szene, als Danton die Liebe zu Julie gewissermaßen mit seiner Sehnsucht nach dem ruhebringenden Tod gleichsetzt. Liebe und Leben stehen für Danton also nicht gegen den Tod, sondern ähneln diesem.

Nicht nur anhand dieser Äußerungen lässt sich belegen, dass Danton den **Tod** begrüßt: Von ihm verspricht er sich eine **Befreiung vom immer gleichen Leben**, dessen er überdrüssig ist (vgl. II, 1), und von seinem schlechten Gewissen, das er angesichts der von ihm mitverantworteten Septembermorde verspürt: „[Mir] gibt das Grab mehr Sicherheit, es schafft mir wenigstens *Vergessen*." (II, 4)
Faber indessen **blendet** in seinem auf Beherrschbarkeit ausgerichteten Weltbild **die Vergänglichkeit und den Tod als Unbeherrschbares weitgehend aus**. Nur in theoretischen Reflexionen lässt Faber Gedanken an den Tod so weit zu, wie er ihn als beherrschbar ansieht (vgl. S. 106 f.). Die eigene Magenerkrankung ignoriert er lange Zeit. Erst als Sabeth gestorben und Faber selbst vom Tod bedroht ist, entwickelt er ein Verhältnis zum Tod: „[I]m Wissen" um den eigenen Tod will er nun die „Ewigkeit im Augenblick" (S. 199) erfahren.

Fabers Ignoranz gegenüber Vergänglichkeit und Tod vs. Dantons Sehnsucht nach dem Tod

Darin steckt ein gewisses Bekenntnis zum Lebensgenuss, der im Leben des **Rationalisten** Faber bisher keinen Platz hatte. Sein nüchterner Blick verhinderte es bis dahin, dass er die Welt – insbesondere die Natur – erlebte (vgl. hierzu bspw. S. 24).
Danton vertritt dagegen nicht nur theoretisch die philosophische Richtung des **Epikureismus** (vgl. I, 6: „Es gibt nur Epikureer [...]."), er lebt auch danach: So zeugen Dantons Besuche bei der Prostituierten Marion von seiner **Lustorientierung**, die allerdings immer wieder von seinem **Lebensüberdruss** überlagert wird und sich eigentümlich mit seiner **Todessehnsucht** paart. Sein eigentliches Ziel ist die Ruhe – epikureisch könnte man formulieren: der Seelenfrieden – und diese sucht er einerseits in der sinnlichen Vereinigung mit Marion (vgl. I, 5) und andererseits im Tod.

Fabers Distanz zum Erleben vs. Dantons Epikureismus

Dantons Überdruss rührt unter anderem von seiner Erfahrung her, dass die **poltische Revolution** als Mittel zur Gestaltung einer gerechteren, zwangfreien Welt **versagt** hat. Sie ist in die Schreckensherrschaft von Robespierre gemündet, der viele Tausende zum Opfer gefallen sind und der auch Danton zum Opfer fallen wird. Danton selbst hat sich bei den Septembermorden an der Terreur beteiligt. Im Gespräch mit Julie äußert Danton, dass es hierzu keine Alternative gab: Der „Fluch des Muß" (II, 5), den er auf sich gefallen sieht, ist Teil seiner **deterministischen Perspektive**. Insbesondere die Welt der Politik sieht er als Bereich an, in dem es **keine Entscheidungsfreiheit** gibt, sondern nur den **Zwang zur Handlung:** „Puppen sind wir, von unbekannten Gewalten am Draht gezogen [...]." (II, 5)
Diese Auffassung ist weit entfernt von dem **Beherrschbarkeitsgestus**, der **Fabers Denken** durchzieht: Der Mensch als Techniker – als Homo faber – ist für ihn fähig, die **Geschicke der Menschen zu lenken**. Besonders eindringlich zeigt sich Fabers Einstellung in seinen Notizen zur Frage der Schwangerschaftsunterbrechung, in denen auch seine Überzeugung durchscheint, dass die Fortpflanzung reguliert werden müsse, um die Überbevölkerung zu reduzieren. Der Mensch als „Beherrscher der Natur" kann für ihn daher in den Lauf der Geschichte eingreifen.

Fabers Ideal der Beherrschbarkeit vs. Dantons Determinismus

Dass Schwangerschaftsunterbrechungen nicht überall als probates Mittel angesehen werden, dafür macht Faber die **Moralisten verantwortlich:** „Es sind immer die Moralisten, die das meiste Unheil anrichten." (S. 106) Hier **trifft sich Faber** ausnahmsweise in gewisser Hinsicht **mit Danton**, der den **Moralismus von Robespierre angreift** und diesem vorwirft, nur

Fabers und Dantons Moral-Kritik

aus Eitelkeit die Tugend hochzuhalten (vgl. S. I,6). In Bezug auf Robespierre würde Danton Fabers Urteil vermutlich ohne Weiteres unterschreiben.

Fabers Werte vs. Dantons nihilistisches Denken

Dabei prägen **Dantons Weltsicht** im Unterschied zu Faber gelegentlich **nihilistische Züge**. Dies wird beispielsweise deutlich, wenn er sagt, dass das „Nichts [...] der zu gebärende Weltgott" (IV,5) sei oder dass das Leben nichts sei als ein 50 Jahre währendes Kratzen am Sargdeckel (vgl. III,7).
Die nihilistisch-pessimistische Perspektive, die bei Danton unter anderem aus der Enttäuschung über die gescheiterte soziale Revolution erwachsen ist, teilt **Faber** nicht. Er vertritt einen **Fortschrittsoptimismus**, der klar an die **technische Entwicklung** geknüpft ist. So besteht seine Aufgabe bei der Unesco, bei der er angestellt ist, beispielsweise darin, die „Industrialisierung der unterentwickelten Gebiete" (S. 106) voranzutreiben.

Fabers und Dantons Perspektive auf Gott

Fabers Reflexionen zu Schwangerschaftsunterbrechungen sind noch in weiterer Hinsicht ergiebig: **Faber** ist offenbar **Atheist**, wie unter anderem die folgende ironisch beginnende Notiz zur ‚natürlichen Reduktion der Erdbevölkerung' nahelegt: „Der liebe Gott! Er machte es mit Seuchen; wir haben ihm die Seuchen aus der Hand genommen." (S. 106) Sie verrät Fabers selbstbewusste **Idealisierung der Techniker**, zu denen er offenbar auch die Mediziner zählt – Faber setzt den Menschen als Techniker geradezu an die Stelle Gottes.
Danton bezeichnet sich selbst zwar ebenfalls als **Atheisten** (vgl. III,7), doch kann er eine **religiöse Perspektive** nicht völlig von sich weisen, wie z. B. Szene III,7 zeigt, in der er erwägt, dass „die höchste Ruhe Gott" sei. Auch sein Schuldeingeständnis angesichts der Tatsache, dass er „das Revolutionstribunal schuf", spricht dafür, dass Danton Gott nicht vollkommen aus seinem Weltbild verbannt: „Ich bitte Gott und Menschen dafür um Verzeihung [...]." (III,3) Wie schon an verschiedenen Stellen angeklungen ist, erscheint **Dantons Weltsicht vielschichtiger** als jenes des Rationalisten Faber, der eine klare Einteilung der Welt in Gegensätze bevorzugt, anstatt Widersprüche, Nuancen und Übergänge zu sehen.

Fabers und Dantons Verhältnis zu Frauen

Eine solche klare Einteilung nimmt Faber auch in der sozialen Welt vor: **Männer und Frauen** sind für ihn fundamental **verschieden** – z. B. wenn er konstatiert, dass „[a]lle Frauen [...] einen Hang zum Aberglauben" (S. 142) hätten. Für das männliche Geschlecht reklamiert er Sachlichkeit, Verstand, Technik, Wissenschaft, während er dem weiblichen Charakter Attribute wie Glaube, Gefühl, Natur, Mythen und Kultur zuspricht. Dabei wertet er die männlichen unverkennbar gegenüber den weiblichen Eigenschaften auf, indem er immer wieder auf deren Überlegenheit hinweist. Entsprechend distanziert und emotionslos ist sein Verhältnis zu Frauen, wie beispielsweise die Ivy-Episode verdeutlicht. Er empfindet seine New Yorker Geliebte als „Efeu" – „und so heißen für mich eigentlich alle Frauen." (S. 91) Über diesen Vergleich mit der Schlingpflanze würdigt Faber **Frauen als schwaches Geschlecht** herab, das sich an den Mann klammert und keine Eigenständigkeit besitzt. In die Abneigung gegen Frauen spielt dabei seine Abscheu gegen das Körperliche hinein.
Auch in dieser Hinsicht entpuppt sich **Danton als Gegenpol zu Faber**. Den ehemals engagierten Revolutionär dürstet geradezu nach **körperlich-erotischen Begegnungen** (vgl. I,5). Frauen sind in Dantons Weltsicht offenbar eine **wichtige Ergänzung des Mannes** – jedenfalls lässt sich dies an seinem Verhalten gegenüber Marion und Julie ablesen. So gibt er sich

im Gespräch mit Marion körperlichen Vereinigungsfantasien hin, die Faber vollkommen fremd sein dürften: „Ich möchte ein Teil des Äthers sein, um dich in meiner Flut zu baden, um mich auf jeder Welle deines schönen Leibes zu brechen.“ (I,5) Und einen Tod ohne Julie kann Danton sich nicht vorstellen, da „jedes meiner Atome [...] nur“ bei ihr „Ruhe“ (III,7) finden könne.

Fabers und Dantons Einsamkeit

Eine gewisse Gemeinsamkeit zwischen Faber und Danton kann man hier allerdings dennoch entdecken: Beide begreifen sich als **einsame Menschen**. Faber „will allein sein!“ (S. 91) Danton ist insofern einsam, als er eine grundsätzliche, nicht überwindbare Distanz zwischen den Menschen ausmacht, deretwegen man sich nie wirklich kennen könne: „Einander kennen? Wir müßten uns die Schädeldecken aufbrechen und die Gedanken einander aus den Hirnfasern zerren.“ (I, 1) Während Faber also **einsam aus Entschluss** ist, ist es Danton, da er die **existenziellen Bedingungen für eine wirkliche geistige Nähe nicht gegeben sieht**. Doch ändert dies nichts daran, dass Danton Frauen viel näher sind als Faber.

Schlussteil

Der Vergleich der beiden Figuren hinsichtlich ihrer Weltsicht fördert – so lässt sich abschließend urteilen – **fast ausschließlich Unterschiede** zutage. Die Auffächerung des allgemeinen Begriffs „Weltsicht“ in verschiedene Unterpunkte erlaubte eine differenzierte Betrachtung der Weltsichten, die sich auch **hinsichtlich ihrer Komplexität stark unterscheiden: Fabers Blick** auf die Welt erscheint dem Leser sehr **eindimensional**, entsprechend wird er am Ende des Romans auch als fataler Lebensirrtum entlarvt. **Dantons Weltsicht ist komplexer**, manchmal scheint sie gar Widersprüche in sich zu bergen. Das liegt auch an seiner Sprache, die mit Bildern beladen ist, die nicht so einfach aufzulösen sind. Fabers sich klar und eindeutig gebende Sprache ist da viel zugänglicher. Allerdings sollte man sich davor hüten, den Roman deshalb als unterkomplex zu verstehen. Denn es ist ja gerade Frischs meisterhafte Leistung, Fabers Aufzeichnungen eine zweite Ebene zu unterlegen, die sich der Leser erschließen muss: Fabers Bericht unterläuft fortwährend sich selbst und den Rationalismus des Protagonisten. Das Selbstbild verdeckt nur die **psychologisch sehr differenzierte Persönlichkeit Fabers**, die in ihrer Komplexität durchaus an Danton heranreicht.

Deutsch (Baden-Württemberg): Übungsaufgabe 7
Interpretationsaufsatz zu einem Gedicht oder Gedichtvergleich

Thema:
Liebeslyrik vom Barock bis zur Gegenwart

Texte:
Gertrud Kolmar (1894–1943), *Das große Feuerwerk* (vor 1928)
Sarah Kirsch (*1935), *Bei den weißen Stiefmütterchen* (1967)

Das große Feuerwerk

Das große Feuerwerk ist nun verpufft.
Und, tausend losgespritzte Fünkchen, hängen
Noch kleine Sterne in des Dunkels Fängen.
Die Nacht ist lang.

Ich lehn am Baum und sinn am Himmel hin
Und sehe wieder dünnen Sprühgoldregen
Dem Teich enttanzen, sich vertropfend legen.
Die Nacht ist lang.

Weiß ist mein Hut, mein Kleid ist leicht, mich friert,
Bleich blühten Chrysanthemen ob den Wellen,
Zerrieselten in sieben rosige Quellen.
Die Nacht ist lang.

Ich such die Bank und warte, hart geduckt.
Es duckte sich die Schlange, pfiff im Sprunge
Und zischte rasend auf mit glüher Zunge.
Die Nacht ist lang.

Ich wärme meine starren Hände nicht.
Aus Schwarz und Schimmer stieg ein Palmenfächer,
Der zückte Silberspeere auf die Dächer.
Die Nacht ist lang.

Mein Auge schläfert, aber unterm Lid
Kreist noch das Sonnenrad mit leisem Singen,
Und grüne Ringe gehn aus roten Ringen.
Die Nacht ist lang.

Das große Feuerwerk ist längst verpufft.
Zwölf Schläge tut es irgendwo im Weiten –
Ich geh wohl heim, weil so die Füße schreiten.
Du kommst nicht mehr.

Aus: Gertrud Kolmar: Das lyrische Werk. Kösel-Verlag, München 1960, S. 289f.

Bei den weißen Stiefmütterchen

Bei den weißen Stiefmütterchen
Im Park wie er's mir auftrug
Stehe ich unter der Weide
Ungekämmte Alte blattlos
Siehst du sagt sie er kommt nicht

Ach sage ich er hat sich den Fuß gebrochen
Eine Gräte verschluckt, eine Straße
Wurde plötzlich verlegt oder
Er kann seiner Frau nicht entkommen
Viele Dinge hindern uns Menschen

Die Weide wiegt sich und knarrt
Kann auch sein er ist schon tot
Sah blaß aus als er dich untern Mantel küßte
Kann sein Weide kann sein
So wollen wir hoffen er liebt mich nicht mehr

Aus: Sarah Kirsch: Landaufenthalt. In: Dies., Werke in fünf Bänden, hrsg. v. F.-H. Hackel, 1. Band: Gedichte 1. Deutsche Verlagsanstalt, Stuttgart 1999

Aufgabenstellung
Interpretieren und vergleichen Sie die beiden Gedichte.

Hinweise und Tipps

Thema: Liebeslyrik
Die Liebe als existenzielle Grunderfahrung des Menschen ist in allen Zeiten und Kulturen ein zentrales Thema der Dichtung. Zuallererst stellt sich jedoch die übergeordnete Frage: Was heißt eigentlich „Liebe"? Das Spektrum möglicher Definitionen ist groß, endgültige Aussagen können aber kaum getroffen werden. Die „Liebe", so umschreiben es aktuelle wissenschaftliche Ansätze, ist ein mentales Konzept, ein Konstrukt, das einem stetigen gesellschaftlichen und historischen Wandel unterliegt. Liebesgedichte analysieren und interpretieren setzt deshalb voraus, dass über die Vorstellungen von Liebe im jeweiligen historischen Kontext nachgedacht wird.
Der erste Schritt, der jedem Interpretieren vorausgeht, ist das Bemühen des Lesers bzw. der Leserin, den Text zu verstehen, sich auf ihn einzulassen, mit ihm in einen Dialog einzutreten, ihn „zu Wort kommen" zu lassen. Versuchen Sie deshalb zunächst, die Gedichte genau und differenziert wahrzunehmen, achten Sie auf Einzelheiten und auf das Ganze, lesen Sie zwischen den Zeilen, sprechen Sie den Text laut, lernen Sie Verse auswendig, experimentieren Sie mit Umstellungen, Ersatzproben, Umformulierungen, um die Wirkung des Textes aufzuspüren. Dabei erschließt sich der Text nach und nach, gibt Ihnen Antworten auf Ihre Fragen, vermittelt Ihnen seine „Botschaft". Im Unterschied zum Abitur und zur Klausursituation können Sie bei einer Übungsaufgabe ohne Zeitdruck arbeiten. Nutzen Sie diese Chance und lesen Sie die beiden Gedichte von Gertrud Kolmar und Sarah Kirsch über einen längeren Zeitraum hinweg immer wieder. Sie werden dabei beobachten, wie Ihr Textverständnis sich verändert und verfeinert.
Als Vorbereitung und Ergänzung für das Durcharbeiten der Übungsaufgabe sollten Sie außerdem möglichst viele Liebesgedichte lesen. Nur wer die Vielfalt möglicher Ausdrucksformen kennt, kann das Besondere des einzelnen Textes erfassen.

Aufgabentyp Gedichtvergleich

Der Aufgabentyp „Gedichtvergleich" ist eine Variante des Interpretationsaufsatzes, die auf die Herausarbeitung von Gemeinsamkeiten und Unterschieden zweier Gedichte ausgerichtet ist. Im Pflichtthemenbereich „Liebeslyrik vom Barock bis zur Gegenwart" ist das Thema Liebe und seine spezifische Entfaltung im Gedicht erstes Vergleichskriterium. Darüber hinaus können auch Motive, Form und Gestaltung, Zugehörigkeit zu einer literarischen Epoche oder Strömung, Aussageabsicht, Biografie des Autors/der Autorin und andere Aspekte für einen Vergleich ergiebig sein. Wichtig ist, wie bei jeder Interpretation, dass man die Texte zunächst einmal für sich sprechen lässt, um sie in möglichst vielen Facetten zu erfassen und sie nicht zu früh auf bestimmte Deutungsaspekte zu verengen. Hintergrundwissen über Epochenmerkmale oder die Biografie eines Autors – hier z. B. die Herkunft Sarah Kirschs aus der DDR oder das jüdische Schicksal Gertrud Kolmars – können u. U. zur Deutung herangezogen werden, sollten aber in der Regel nicht Ausgangspunkt der Interpretation sein.

In der Aufgabenstellung werden üblicherweise keine Teilaufgaben vorgegeben. Der Operator „interpretieren" lässt Ihnen bewusst methodische Freiheiten, erfordert aber auch ein gezieltes Vorgehen, bei dem die Erstellung eines Schreibplans ein wichtiger Schritt ist. Dafür kann unter verschiedenen Vorgehensweisen ausgewählt werden:

1. Lineares Vorgehen
   a) Die beiden Gedichte werden einzeln nacheinander in einer selbst festgelegten Reihenfolge interpretiert. Danach werden beide Texte aspektorientiert verglichen.
   b) Nach der Interpretation des ersten Gedichts wird das zweite im Hinblick auf die Interpretationsergebnisse des ersten analysiert und interpretiert.

   Ein vergleichendes Fazit rundet den Aufsatz ab.
2. Vernetztes Vorgehen

   Beide Gedichte werden parallel unter bestimmten Vergleichsaspekten interpretiert. Dieses Vorgehen bietet sich vor allem dann an, wenn bereits in der Themenstellung oder durch das Rahmenthema – hier „Liebe" – Vergleichsaspekte vorgegeben sind. Damit liegt der Fokus des Interpretierens von Beginn an auf den Unterschieden und Gemeinsamkeiten der Texte, wichtige Einzelaspekte können jedoch leicht übersehen werden, der Überblick über die Texte als Ganzes kann verloren gehen.

Auch hier bildet eine zusammenfassende Darstellung der Ergebnisse den Abschluss.

Schreiben beginnt vor dem Schreiben

Bevor Sie mit dem Schreiben des Aufsatzes beginnen, sollten Sie in einem ersten Schritt die Texte in einer Art visualisierender Interpretation mit Bleistift, verschiedenfarbigen Textmarkern, Randbemerkungen, grafischen Symbolen wie z. B. Pfeilen, Kreisen usw. bearbeiten. Erst durch mehrmaliges, auch lautes (in der Klausursituation „stummes") Lesen erschließt sich der Textsinn.

Im nächsten Schritt erstellen Sie auf Konzeptpapier ein Raster für den Aufbau des Aufsatzes:

- Einleitung, Vorstellung der Texte und der Autoren
- Verstehenshorizont: Habe ich einen persönlichen Zugang zu den Gedichten? Welche Erwartungen habe ich an das Thema der Gedichte?
- Textbeschreibung, Ergebnisse der Textanalyse:
  - Aussagen zu Aufbau und Form der Gedichte (Strophengliederung, Reim, Versmaß, Mittel des lyrischen Sprechens)
  - gegliederte Wiedergabe des Inhalts der Gedichte in eigenen Worten
  - Anmerkungen zur Haltung des lyrischen Ichs bzw. des Sprechers im Gedicht
- Deutung
  - Hypothese 1
  - Hypothese 2
- Schluss, evtl. persönliche Stellungnahme.

Lösungsvorschlag in Grundzügen

Einleitung

Die beiden Gedichte von Gertrud Kolmar, *Das große Feuerwerk*, und Sarah Kirsch, *Bei den weißen Stiefmütterchen*, tragen Titel, die zunächst nicht unmittelbar an Liebeslyrik denken lassen: *Das große Feuerwerk* evoziert Bilder von nächtlichen Festen – Silvester, Sommernachtsfest –, bei denen sich feiernde Menschen in Hochstimmung von den Formen und Farben der Lichteffekte und dem Knallen und Pfeifen der Feuerwerkskörper für einen kurzen Moment faszinieren lassen.
Der Titel von Sarah Kirschs Gedicht, *Bei den weißen Stiefmütterchen*, öffnet einen eher alltagsgebundenen Assoziationsraum. Er lässt an Vorgärten im Frühling oder an Gräber auf dem Friedhof denken. Von Liebe also keine Spur.
Schon beim ersten Lesen der beiden Gedichte wird aber deutlich, dass die äußeren Szenarien die Spielfläche für das **Drama unerfüllter und unerwiderter Liebe** darstellen. Ob unter nächtlichem Himmel um Mitternacht oder im Park zu unbestimmter Tageszeit, in beiden Gedichten berichten die Sprecherinnen vom vergeblichen Warten auf den Geliebten und vom Ende einer Liebe.

Interpretation von Sarah Kirsch: Bei den weißen Stiefmütterchen

Sarah Kirschs Gedicht besteht aus drei fünfzeiligen Strophen, denen viele Formelemente fehlen, die Leser üblicherweise von Gedichten erwarten: Reim, festes Metrum, Satzzeichen, die dem Gedicht eine äußere Struktur geben würden, sind nicht vorhanden. Beim probeweisen Versuch, das Gedicht als Prosatext zu lesen, in syntaktische Einheiten und inhaltliche Sinnabschnitte einzuteilen, wird deutlich, dass die Zeilengrenzen bewusst Akzente setzen und die Einteilung in drei Strophen ein wichtiges Gestaltungsmittel des Gedichts ist. Strophen und Vers bestimmen den Leserhythmus, markieren Pausen und gliedern das Geschehen. Der **Verzicht auf Satzzeichen** zwingt zum genauen Lesen, will man die syntaktischen Bezüge erkennen, erzeugt aber zunächst auch Irritationen und hinterlässt den Eindruck von Unbestimmtheit und **Mehrdeutigkeit**.

Ausgangssituation des lyrischen Ichs

In der ersten Strophe wird die **Ausgangssituation des lyrischen Ichs** skizziert: In einem Park, bei den weißen Stiefmütterchen, unter einer alten Weide wartet eine Frau auf ihren Geliebten. Sie ahnt, dass das Warten vergeblich sein könnte, findet aber zunächst jede Menge plausible und weniger plausible Gründe, um sein Wegbleiben zu entschuldigen (Strophe 2). Dass er verheiratet ist, wird fast nebenher und indirekt erwähnt (V. 9, Hinweis auf „seine[r] Frau“). Als sie die Tatsache, dass er sie versetzt hat, endgültig akzeptieren muss, reagiert sie jedoch nicht mit Abwendung und Enttäuschung oder der Erwartung eines erneuten Treffens, sondern mit der Hoffnung, dass er sie *nicht* mehr liebe (3. Strophe). Das Liebesgedicht *Bei den weißen Stiefmütterchen* endet damit auf überraschende Weise und irritiert den Leser/die Leserin: Die Frau verzichtet auf die Erwiderung ihrer Liebe und lässt den Geliebten frei, obwohl – oder vielleicht weil – sie ihn liebt.

Schlusssituation: Verzicht auf Gegenliebe

Sarah Kirsch stellt dieses kleine Alltagsdrama der Liebe aus der **Perspektive eines weiblichen lyrischen Ichs** dar. Das Ich spricht im Präsens, schildert seine konkrete Situation, entwirft ein Bild seiner äußeren und inneren Lage: „Bei den weißen Stiefmütterchen/Im Park wie er's mir auftrug/Stehe ich unter der Weide“ (V. 1–3). Das Park-Szenario, nicht ungewöhnlich für ein Rendezvous zwischen Liebenden, entspricht allerdings nicht den Klischeevorstellungen, denn die beiden verabreden sich nicht

Park-Szenario

etwa in einer Rosenlaube oder unter blühenden Fliederbüschen, sondern bei den weißen Stiefmütterchen und nahe einer Weide. Nicht das Hochgefühl der Liebe, sondern die Melancholie des Alltäglichen prägt die Stimmung, denn Stiefmütterchen sind unscheinbare Blumen, die in Vorgärten und auf Gräbern zu finden sind, weiß ist die Farbe des Todes und der Unschuld, und die Weide wird mit Trauer assoziiert. Die Rollenverteilung – der Mann ergreift die Initiative, gibt Ort und Zeit des Treffens vor, die Frau fügt sich seinen Anweisungen, „wie er's mir auftrug" (V. 2) – entspricht zumindest in den 1960er-Jahren durchaus den Erwartungen, ungewöhnlich ist jedoch der nun folgende **Dialog**, der sich zwischen dem Ich und der **Weide** im Park entwickelt. „Ungekämmte Alte blattlos" (V. 4) – so sieht das Ich die Weide, nimmt sie also als Frau, als Geschlechtsgenossin wahr, die über die Dinge des Lebens Bescheid weiß. Es ist die Weide, die das Gespräch eröffnet, und aus ihren Worten wird deutlich, dass sie das Liebespaar schon seit geraumer Zeit beobachtet und über das Verhältnis Bescheid weiß: „Siehst du sagt sie er kommt nicht" (V. 5), und der Leser ergänzt unwillkürlich: „wieder einmal", „ich hab's ja schon immer gesagt", „nimm doch endlich die Realität zur Kenntnis". Dem einsamen Ich, das vergeblich auf den Geliebten wartet, wird die Weide zur Gesprächspartnerin, die mit ihr eine gemeinsame Sprache spricht.

ungewöhnlicher Dialog zwischen Ich und Weide

Ein **Gespräch unter Frauen** also **über einen abwesenden, treulosen Mann**: Die eine, die Weide, ist ein Naturwesen, alt, blattlos, ungekämmt, vom Leben gezeichnet, fest verwurzelt im Erdboden und illusionslos realistisch, die andere eine junge Menschenfrau, unschuldig, naiv, wie das Farbadjektiv „weiß" vermuten lässt, vor allem aber verliebt und vermutlich schöngemacht für das Rendezvous, um dem Geliebten zu gefallen (s. V. 13 „als er dich untern Mantel küßte"). Die Frau reagiert auf den unterschwelligen Vorwurf in den zurechtweisenden Worten der Weide mit einem Seufzer. „Ach", so leitet sie ihre Antwort ein und nimmt dann den Geliebten gegen die Weide in Schutz. Eine ganze **Reihe von Gründen für sein Nicht-Kommen** bringt sie vor: „[E]r hat sich den Fuß gebrochen/ Eine Gräte verschluckt, eine Straße/Wurde plötzlich verlegt" (V. 6–8), und man ahnt bereits in den durch die Versenden markierten Verzögerungen in ihren fantasievollen Begründungen, dass all diese Hindernisse verzweifelte Ausflüchte sind, die die triviale Wirklichkeit nicht verdrängen können: „Er kann seiner Frau nicht entkommen" (V. 9) ist die traurige Realität, die alle Beteiligten in Mitleidenschaft zieht. Die junge Frau allerdings klagt nicht, sondern geht über diese bittere Tatsache fast abgeklärt-philosophisch mit ironischem Unterton hinweg, indem sie ihr **Schicksal verallgemeinert** und relativiert: „Viele Dinge hindern uns Menschen" (V. 10), so fasst sie ihre Entschuldigungsgründe zusammen.

der Geliebte kommt nicht

Die Weide ist mit diesem Fazit nicht einverstanden, sie „wiegt sich und knarrt" (V. 11), spekuliert, er könne auch „schon tot" (V. 12) sein, „[s]ah blaß aus als er dich untern Mantel küßte" (V. 13), und rührt mit der Erinnerung an ihre letzte Begegnung mit dem Geliebten in der Wunde der Frau. „Kann sein Weide kann sein" (V. 14) entgegnet die Frau und beendet das Gespräch mit dem Ausdruck einer Hoffnung, in die sie die Weide einschließt: „So wollen wir hoffen er liebt mich nicht mehr" (V. 15). Diese letzte Äußerung mutet zunächst merkwürdig, ja widersinnig an: Wie kann eine Liebende das Gegenteil von dem erhoffen, was alle Liebe begehrt, nämlich Gegenliebe? Liebt sie ihn nicht mehr? Weist sie seine Liebe enttäuscht zurück? Hält sie die Spannung der verbotenen Beziehung nicht mehr aus? Es ist wohl eher so, dass sie seine Liebe nicht um jeden Preis will, dass sie ihn lieber frei gibt, als ihm zu wünschen, dass ihm Böses widerfahre. Bedeutet also Liebe für sie selbstlose Hingabe an den Mann, Zurücknahme eigener Ansprüche, weibliche Unterordnung, „wie er's mir auftrug"? Das Verhalten der Frau lässt sich auch anders deuten: Aus **Stärke** kann sie ihren Geliebten frei geben, traurig, mutig, ein bisschen trotzig setzt sie den realistischen Beobachtungen und Erklärungen der Weide ihre Hoffnung entgegen und **gewinnt** am Ende **ihre Handlungsfreiheit zurück**. „Man muss nach vorne leben und nicht nach rückwärts." (Sarah Kirsch in einem Interview)

keine Liebe um jeden Preis

Interpretation von Gertrud Kolmar: Das große Feuerwerk

Das Gedicht von Gertrud Kolmar, einer jüdischen Dichterin, die vermutlich 1943 im Vernichtungslager Auschwitz umkam, trägt den Titel *Das große Feuerwerk* und ist in den 20er-Jahren des vergangenen Jahrhunderts entstanden. Noch ganz unter dem Eindruck des gerade verglühenden Feuerwerks beschreibt ein weibliches lyrisches Ich diese Form der Kunst, die der Philosoph Theodor W. Adorno als „perfekteste" betrachtet, „da sich das Bild im Moment seiner höchsten Vollendung dem Betrachter wieder entzieht." Das lyrische Ich versucht diesen Moment der Vollendung festzuhalten, indem es, sich erinnernd, noch einmal „das große Feuerwerk" mit all seinen Effekten inszeniert. Erst im Schlussvers des Gedichts, der aus dem Muster des regelmäßig wiederkehrenden vierten Verses der ersten sechs Strophen – „Die Nacht ist lang" – ausbricht, wird deutlich, dass es sich auch hier um ein Liebesgedicht handelt. Es endet mit der Erkenntnis der Liebenden: „Du kommst nicht mehr." (V. 28) Die metaphorische Ebene des Textes erschließt sich beim nochmaligen Lesen: „Das große Feuerwerk" ist auch ein Sinnbild für die Liebe.

das Feuerwerk als Sinnbild für die Liebe

Im Unterschied zu Sarah Kirsch in ihrem sprachlich schlichten, der Prosa nahen Gedicht *Bei den weißen Stiefmütterchen* greift Gertrud Kolmar auf traditionelle Formen und Gestaltungsmittel der Lyrik zurück. Ihr Gedicht besteht aus sieben vierzeiligen Strophen, die sich nach dem Schema abbc, deec usw. regelmäßig reimen. Man könnte dieses Muster als eine Art unvollständiges umarmendes Reimschema auffassen, bei dem die männlichen ungereimten Kadenzen im ersten und vierten Vers die weiblichen Kadenzen im dritten und vierten Vers umfassen. Das Versmaß ist jambisch, die jeweils ersten drei Verse der Strophen besitzen fünf, der refrainartige letzte Vers je zwei Hebungen. Auch ihm „fehlt" also etwas. Während Sarah Kirsch sich der Alltagssprache bedient, schreibt Kolmar in einer gehobenen, **dichterischen, ja manchmal artifiziellen Sprache**. Die Kunst des Feuerwerks – im Französischen „le feu d'artifice" – setzt sich in der Sprache der Dichterin fort, die mit poetischem Wortmaterial (z. B. „enttanzen" V. 7, „sich vertropfend" V. 7, „schläfert" V. 21), Wortschöpfungen (z. B. „mit glüher Zunge" V. 15), Komposita (z. B. „Sprühgoldregen" V. 6, „Palmenfächer" V. 18, „Silberspeere" V. 19) und einem variationsreichen Satzbau (z. B. durch die Voranstellung des Prädikatsnomens bzw. des Adverbs: „Weiß ist mein Hut" V. 9, „Bleich blühten Chrysanthemen" V. 10) spielt. Auch auf der **Klangebene** lässt das Gedicht die Wirkung des Feuerwerks wieder aufleben: Alliterationen (z. B. Z. 7, 10, 14/15, 18, 22), Assonanzen (z. B. auf den Vokal „i" in Vers 5, auf den Diphthong „ei" in Vers 9) und lautmalerische Verben („verpufft" V. 1, „pfiff" V. 14, „zischte" V. 15) gestalten die akustischen Effekte der Feuerwerkskörper nach.

traditionelle Gestaltung des Gedichts

Das **lyrische Ich** tritt erst in der zweiten Strophe auf, gleichwohl bestimmt es von Beginn an die Perspektive der Wahrnehmung. „Das große Feuerwerk ist nun verpufft" – mit dieser lapidaren Feststellung beginnt das Gedicht. Der Höhepunkt des Abends ist also bereits vorbei, man erwartet, dass das Fest zu Ende geht und die Zuschauermenge sich auflöst. Die Sprecherin, eine Frau in Hut und Mantel (vgl. V. 9), bleibt jedoch und lässt das Feuerwerk nachwirken, von dessen großen Effekten nur noch eine Vielzahl „losgespritzte[r] Fünkchen" und „kleine[r] Sterne" bleibt, die sich im Dunkel der Nacht verlieren (V. 2/3). Die Diminutivform („Fünkchen") und das Attribut „klein" unterstreichen dies. Es wäre also Zeit, nach Hause zu gehen. Doch die erste Strophe endet überraschend mit der Aussage „Die Nacht ist lang." (V. 4) Erst am Ende des Gedichts erfährt man, warum: Die Frau wartet – vergeblich – auf ihren Geliebten.

Wahrnehmungsperspektive des lyrischen Ichs

vergebliches Warten auf den Geliebten

Auch hier spricht also, wie bei Sarah Kirsch, eine **verlassene Frau**. Äußere Lage und innere Verfassung sind ähnlich, denn beide stellen sich am verabredeten Ort, in der Natur, in einem Park (s. V. 13 „die Bank") ein und warten vergeblich auf den Geliebten. Während die Frau in Sarah Kirschs Gedicht jedoch mit der Natur in Kontakt steht und sich von der Weide, unter der ihr gewohnheitsmäßiger Treffpunkt ist, in ein Gespräch verwickeln lässt, bleibt die Frau in Kolmars Gedicht allein. „Ich lehn am Baum und sinn am Himmel hin/Und sehe wieder dünnen Sprühgoldregen/Dem Teich enttanzen, sich vertropfend legen." (V. 5–7) Allein mit ihren Gedanken richtet sie ihren Blick nach oben, in den Nachthimmel, und lässt vor ihrem inneren Auge den „Sprühgoldregen" des Feuerwerks noch einmal aufleben. Was sie dabei wahrnimmt, ist zweifach trügerisch, denn die sich im Spiegel des Teiches verdoppelnden Lichteffekte des Feuerwerks sind längst zerstoben, der Tanz der Funken ist vorbei.

das lyrische Ich ist allein

Aber die Frau bleibt, auch wenn die Kälte der Nacht zunimmt und ihre Einsamkeit verstärkt. „Weiß ist mein Hut, mein Kleid ist leicht, mich friert,/Bleich blühten Chrysanthemen ob den Wellen,/Zerrieselten in sieben rosige Quellen." (V. 9–11) Das lyrische Ich gibt keine direkte Auskunft über seine Gefühle, der Hinweis auf den weißen Hut und das leichte Kleid lässt aber vermuten, dass sie sich für den Geliebten schön gemacht hat, ja vielleicht überhaupt zum ersten Mal eine Liebesbeziehung mit einem Mann hat, denn Weiß ist die Farbe der Unschuld. Auch die bleichen „Chrysanthemen ob den Wellen" lassen sich in dieser Weise deuten. Besonders auffällig ist in dieser Strophe aber der Tempuswechsel („blühten", „Zerrieselten"), durch den das Geschehen in zwei Ebenen gespalten wird: die äußere Situation der Frau, der sie sich fast bewusstlos fügt (vgl. die Verben, z. B. „ich lehn" und „sinn" V. 5, „mich friert" V. 9, „ich wärme [...] nicht" V. 17), und die bewusst evozierte Erinnerung an das vergangene Feuerwerk. Das lyrische **Ich wendet sich nach innen** und lässt in poetischen Bildern die Feuerwerksphänomene noch einmal aufleben.

Erst in der vierten Strophe erfährt der Leser, dass die Frau wartet: „Ich such die Bank und warte, hart geduckt." (V. 13) Der zunächst irritierende Gebrauch des bestimmten Artikels – **„die Bank"**– wird beim zweiten Lesen des Gedichts verständlich: Es ist nicht irgendeine Bank, sondern die Bank im Park, auf der sich das Liebespaar wohl schon öfter getroffen hat, der locus amoenus ihrer Beziehung. Aber die Bilder des Feuerwerks, die die Frau erinnert, sind nicht lieblich, sondern verweisen auf Gefahr und Hinterlist, aber auch auf Verführung und die Vertreibung aus dem Paradies: „Es duckte sich die Schlange, pfiff im Sprunge/Und zischte rasend auf mit glüher Zunge." (V. 14/15)

Das lyrische Ich wartet immer noch – „Die Nacht ist lang“ wird bereits zum vierten Mal refrainartig wiederholt – in der hereinbrechenden Kälte, doch scheint es unfähig, sich gegen die zunehmende Erstarrung zu wehren: „Ich wärme meine starren Hände nicht.“ (V. 17) Auch der Müdigkeit (Strophe 6) ist es ausgeliefert („Mein Auge schläfert“, V. 21). Im Kontrast zu der zunehmenden Passivität der Frau stehen die lebendigen, ins Aggressive wechselnden Bilder der Feuerwerksfiguren und -phänomene, an die sie zurückdenkt: „Aus Schwarz und Schimmer stieg ein Palmenfächer,/Der zückte Silberspeere auf die Dächer.“ (V. 18/19) Die Reihe der Erinnerungen schließen kreisförmige Lichteffekte, die im „Sonnenrad mit leisem Singen“ (V. 22) und in auseinander hervorgehenden grünen und roten Ringen Bilder einer vergangenen Harmonie evozieren.

zunehmende Erstarrung des lyrischen Ichs

Dann wird das Ich durch die Schläge einer Kirchturmuhr – „Zwölf Schläge tut es irgendwo im Weiten – “ (V. 26) – aus seinen Gedanken gerissen. Die letzte Strophe des Gedichts nimmt den ersten Vers wieder auf, lediglich das Zeitadverb hat sich verändert: „Das Große Feuerwerk ist längst verpufft.“ (V. 25) Die Erkenntnis, die das lyrische Ich ebenso wie der Leser längst geahnt hat, wird im letzten Vers ausgesprochen: „Du kommst nicht mehr.“ (V. 28) Die **Zeit des Wartens war** also **umsonst** und der Frau bleibt nichts anderes als endlich allein nach Hause zu gehen. Ein freier Entschluss scheint dies allerdings nicht zu sein, denn sie geht heim „weil so die Füße schreiten“ (V. 27), lässt sich also von den Gewohnheiten des Körpers leiten.

Erkenntnis, dass der Geliebte nicht mehr kommt

Vergleich der beiden Gedichte

Beide Gedichte schließen mit dem **Ende einer Beziehung** und geben **Auskunft über die Liebe**. Aber es sind verschiedene Spielarten der Liebe, von denen gesprochen wird. Das lyrische Ich im Gedicht von Gertrud Kolmar erlebt Liebe und Eros als großes Feuerwerk. Es ist eine gewaltige, ja gewaltsame Erfahrung, sie belebt, erleuchtet das Dunkel, ist aber auch aggressiv und verzehrend und kann nicht von Dauer sein. Zwischen himmelhochjauchzend und zu Tode betrübt ist nur ein schmaler Grat.
Die Frau in Gertrud Kolmars Gedicht steht noch ganz unter dem Eindruck des verpufften Feuerwerks, der erloschenen Liebe. Über sich und ihren Geliebten verrät sie wenig, fast nichts. Liebt sie ihn schon lange? Ist er ihre erste Liebe? Ist er jung oder alt, verheiratet oder ledig, liebt er sie ernsthaft oder begehrt er sie nur körperlich? Auch wie sie die Erkenntnis des Schlussverses, die sich nach der langen Nacht einstellt, verarbeiten wird, erfahren wir nicht mehr. Aber es fällt auf, dass sie zu sprechen beginnt und ihn, der ja gar nicht da ist, persönlich anredet: „Du kommst nicht mehr.“ (V. 28) Der Prozess der Ablösung beginnt erst.
Auch Sarah Kirschs Gedicht spricht von erotischer Liebe (vgl. V. 13). Der Reiz der Beziehung des lyrischen Ichs zu dem namenlosen Mann, über den immer nur im Personalpronomen der dritten Person, „er“, gesprochen wird, besteht offensichtlich auch im Verbotenen dieser Liebe, denn der Mann ist verheiratet und betrügt seine Frau. Dem Gedicht geht es aber nicht um moralische Verurteilung, sondern um **existenzielle Fragen**: Kann man in der Liebe frei bleiben? Das lyrische Ich im Gedicht von Kirsch findet im Gespräch mit der bodenständigen, fest verwurzelten Weide darauf für sich eine Antwort: Liebe um den Preis seines Wohlergehens – was immer das sein mag – will die Frau nicht, sie gibt ihn frei und löst sich von ihm in der Hoffnung „er liebt mich nicht mehr“ (V. 15). Der Schluss des Gedichts verweist auf die Zukunft, auf neue Liebe, neues Leben.

Deutsch (Baden-Württemberg): Übungsaufgabe 8
Interpretationsaufsatz zu einem Gedicht oder Gedichtvergleich

Thema:
Liebeslyrik

Texte:
Paul Fleming (1609–1640), *Wie Er wolle geküsset seyn* (vor 1640)
Eduard Mörike (1805–1875), *Nimmersatte Liebe* (1828)

Wie Er wolle geküsset seyn

Nirgends hin / als auff den Mund /
da sinckts in deß Hertzen grund.
Nicht zu frey / nicht zu gezwungen /
nicht mit gar zu fauler Zungen.

Nicht zu wenig nicht zu viel:
beydes wird sonst Kinder-spiel.
Nicht zu laut / und nicht zu leise /
Bey der Maß' ist rechte weise.

Nicht zu nahe / nicht zu weit:
Diß macht Kummer / jenes Leid.
Nicht zu trucken / nicht zu feuchte /
wie Adonis Venus reichte.

Nicht zu harte / nicht zu weich.
Bald zugleich / bald nicht zugleich.
Nicht zu langsam / nicht zu schnelle.
Nicht ohn Unterscheid der Stelle.

Halb gebissen / halb gehaucht.
Halb die Lippen eingetaucht.
Nicht ohn Unterscheid der Zeiten.
Mehr alleine / denn bey Leuten.

Küsse nun ein Iederman,
wie er weiß / will / soll und kan.
Ich nur / und die Liebste wissen /
wie wir uns recht sollen küssen.

Aus: Gedichte des Barock. Hrsg. von Ulrich Maché und Volker Meid. Stuttgart 1980, S. 62f. [Text nach der Ausgabe von 1646.]

Nimmersatte Liebe

So ist die Lieb! So ist die Lieb!
Mit Küssen nicht zu stillen:
Wer ist der Tor und will ein Sieb
Mit eitel Wasser füllen?
Und schöpfst du an die tausend Jahr
Und küssest ewig, ewig gar,
Du tust ihr nie zu Willen.

Die Lieb, die Lieb hat alle Stund
Neu wunderlich Gelüsten;
Wir bissen uns die Lippen wund,
Da wir uns heute küßten.
Das Mädchen hielt in guter Ruh,
Wie's Lämmlein unterm Messer;
Ihr Auge bat: nur immer zu,
Je weher, desto besser!

So ist die Lieb, und war auch so,
Wie lang es Liebe gibt,
Und anders war Herr Salomo,
Der Weise, nicht verliebt.

Aus: Eduard Mörike, Maler Nolten. Gedichte.
Bindlach: Gondrom 1996, S. 456.

Aufgabenstellung
Interpretieren und vergleichen Sie die beiden Gedichte.

Hinweise und Tipps

Gedichtinterpretation und Vergleich

Bei der Aufgabenstellung „Gedichtvergleich" ist wie folgt vorzugehen. Zunächst sollten mögliche Vergleichskriterien gefunden werden. Dies können auffällige Gemeinsamkeiten oder Unterschiede sein. In dem vorliegenden Fall ist das Thema „Liebe" und das Motiv des Küssens offensichtliche Vergleichsgrundlage. Aber auch weitere inhaltliche Aspekte wie „Maß halten" oder „lustvoller Schmerz" sind hier zu vergleichen. Gemeinsam ist beiden Gedichten die schlichte Liedform. Unterschiedlich ist die literarische Epoche, in der das jeweilige Gedicht entstand.

Geben Sie in der Einleitung die Interpretationsrichtung vor, indem Sie zu jedem Gedicht eine Kernaussage formulieren.

Für den Hauptteil sind folgende Vorgehensweisen denkbar:

- Interpretation und Vergleich werden in einem Durchgang geleistet. Das würde bedeuten, dass man sich zunächst um die Gegenüberstellung der formalen Gestaltung der Gedichte kümmern kann. Es könnten dann die sprachlichen Mittel parallel untersucht werden. Auch die Motive werden analog untersucht. Im vorliegenden Fall wären beispielsweise „Kuss", „Lippen", „Maßlosigkeit" und „Zielstrebigkeit" vergleichbare Inhalte. Bei dieser Methode genügt zuletzt ein kurzer, zusammenfassender Abschluss des Vergleiches.
- Beide Gedichte werden zunächst einzeln untersucht. Schon bei der Einzelinterpretation wird der Schwerpunkt auf die Vergleichskriterien gelegt. Der angefügte Vergleich greift dann die wichtigen Ähnlichkeiten und Unterschiede auf.

- Eine Kombination der beiden Methoden ist möglich, wenn bei einer ersten Einzelinterpretation bereits ausführlich auf die Vergleichskriterien eingegangen wird. Dies bietet sich beispielsweise bei sehr ähnlichen Gedichten an. Um Wiederholungen zu vermeiden, wird dann bei der zweiten Interpretation nur noch auf die markanten Unterschiede eingegangen.

Lösungsvorschlag in Grundzügen

Einleitung

In dem Gedicht *Wie Er wolle geküsset seyn* von Paul Fleming geht es um das richtige Maß des Küssens. Der lyrische Text entstammt dem Barock. Etwa 200 Jahre später schrieb Eduard Mörike, der als Vertreter des Biedermeier gilt, das Gedicht *Nimmersatte Liebe*. Hier wird – im Kontrast zu Fleming – das maßlose Küssen als Zeichen der Liebe beschrieben.

Fleming: Wie Er wolle geküsset seyn

Form
Aufbau: Liedform

Das Gedicht besteht aus sechs Strophen zu je drei Versen. Das Reimschema besteht aus **Paarreimen**. Das erste Reimpaar pro Strophe ist männlich (einsilbig), das zweite jeweils weiblich (zweisilbig). Die Reime in Vers 11/12, 19/20 und 23/24 sind unrein. Durchgängiges Metrum ist ein **Trochäus mit vier Hebungen** pro Vers, wodurch das Gedicht sehr monoton, **gleichmäßig** und mechanisch wirkt. Dies passt zu der fast leierhaft heruntergebeteten Anleitung, wie das Küssen zu vollführen ist. Der monotone Klang erinnert an die Vorschrift eines Lehrers oder an eine **Predigt**. Dieser streng formale Eindruck täuscht jedoch, da sich der Küssende – siehe letzte Strophe – am Ende doch viel Freiheit herausnehmen kann. Der einfache Aufbau mit dem regelmäßigen Rhythmus ist auch ein Zeichen für den **Liedcharakter** des Gedichtes, was ein typisches Merkmal für die Barockdichtung von Paul Fleming ist: Fleming hielt sich an die formalen Vorgaben für Gedichte und verfasste viele Sonette oder Liedgedichte. Das Tempus ist **Präsens**, was zu dem beschreibenden Charakter des Texts passt.

Syntax und Wortwahl

Der Satzbau ist oft **unvollständig** (**Ellipsen**), den Sätzen fehlen Subjekt und Prädikat. Sie sind als verkürzte Antwort auf die indirekte Frage in der Überschrift zu verstehen.
Wie schon formal durch den Paarreim hörbar, gehören immer zwei Verse zusammen. Der erste Vers ist **antithetisch** aufgebaut, meist mit der Wiederholung der Worte „nicht zu". Dem Wort „zu" folgt jeweils ein Adverb, das das Küssen beschreibt. Die zwei einander zugeordneten Adverbien sind gegensätzlich: „frey" – „gezwungen" (V. 3), „wenig" – „viel" (V. 5) usw. Das Wort „zu" weist auf eine Übertreibung hin. Und die soll vermieden werden. Der Gegensatz kann auch zeitlich durch „bald" –„bald nicht" (V. 14) oder quantifizierend „halb" – „halb" (V. 17) eingeleitet werden. Durch die Aufteilung des Verses in zwei konträre Angaben erhält der Vers in der Mitte eine **Zäsur**, einen Einschnitt also, der die beiden Pole trennt. In den Strophen zwei und drei folgt diesem Kontrast im nächsten Vers jeweils eine Erklärung, warum das rechte Maß so wichtig ist. Diese Anleitung gibt vor, dass die jeweiligen Extreme (beispielsweise „zu laut" – „zu leise", V. 7) nicht zu empfehlen sind, sondern eine Mitte dazwischen gefunden werden sollte. Die Antithese als Stilmittel der **Rhetorik** wurde im Barock häufig in Gedichten eingesetzt.

Es häufen sich Verneinungen, teilweise wird sogar die Verneinung verneint: Diese **Litotes** „nicht ohn“ (V. 16, 19) verstärkt auf scheinbar bescheidene Weise die vorgebrachte Forderung. Durch zahlreiche Anaphern und Parallelismen – ebenfalls typisch für Barocklyrik – wirkt der Aufbau sehr gleichmäßig. Wiederholungen gibt es nicht nur bei unmittelbar aufeinanderfolgenden Sätzen, sondern auch über die Strophen hinweg, z. B. „ohn Unterscheid“ (V. 16, 19).
Die Wörter sind der **Alltagssprache** entnommen. Auf die griechische Mythologie spielt die Erwähnung von Adonis und Venus an (vgl. V. 12). Diese Liebesgeschichte wird beispielsweise in Ovids *Metamorphosen* erzählt und ist ein Beispiel für eine sehr intensive Liebe, die sogar über den Tod hinaus andauert. Dem Leser des Barock dürfte der mythologische Stoff bekannt gewesen sein.
Die letzte Strophe passt von Reim und Metrum zu den vorangegangenen Strophen, weicht jedoch syntaktisch ab. Sie beginnt mit einem **Imperativ** (V. 21), dessen Appell allgemeingültig wirkt, da das Wort „Jedermann“ alle Menschen einschließt. Dann folgt in Vers 22 ein Nebensatz, der durch eine Aufzählung, eine Häufung von Prädikaten, auffällt. Die vier Verben „wissen“, „wollen“, „sollen“ und „können“ (V. 22) sind Modalverben, die sich auf das „Küssen“ (V. 21) beziehen. Sie umreißen das Spektrum der **Modalität** (vom Können zum Müssen und Wollen) und erlauben alle Spielarten. Die letzten beiden Verse bestehen nun wieder aus einem einfachen Hauptsatz und einem Nebensatz. Der letzte Vers nimmt die indirekte Frage der Überschrift wieder auf. Jedoch wird aus dem Passiv ein Aktiv, aus dem „er“ ein „wir“ und aus dem „wollen“ ein „sollen“.

Inhalt
Deutung einzelner Formulierungen

Das Thema des Gedichts ist das richtige Küssen. Die ersten Strophen bieten eine Anleitung, die Ort, Zeit, Qualität und Quantität betrifft.
In der ersten Strophe werden die Körperteile **Mund** und **Zunge** erwähnt. Gleich zu Beginn des Gedichtes gibt es eine „Ortsangabe“: Der richtige Kuss gehört auf den Mund, weil er dann eine Verbindung zum Herzen schafft. Küsse auf den Mund sind also Beweise wahrer Liebe (und nicht nur Ausdruck körperlichen Verlangens). Die „faule[n] Zungen“ (V. 4) bedeuten ebenfalls, dass die Liebe ehrlich sein muss (kein „fauler Kompromiss“). Es könnte aber auch heißen, dass eine gewisse Mundpflege im gegenseitigen Interesse sein sollte, immerhin führten die schlechten hygienischen Bedingungen im Barock zu Seuchen wie der Pest. Der jeweilige Liebespartner musste hoffen, dass der andere keine ansteckende Krankheit hat. Nach Strophe zwei könnte das Gedicht zu Ende sein. Denn eine **Regel** scheint die Anweisungen **zusammenzufassen**. Dass extreme Küsserei („zu wenig“ oder „zu viel“, V. 5) kindisch wirkt, kann sich der Leser vorstellen. Vers 8 nennt eine Maxime, die auf die ersten fünf Strophen passt: Es gilt, maßvoll zu agieren. Dies wird dann in den nächsten drei Strophen nochmals an vielen Aspekten ausgeführt.
Der letzte Vers in Strophe fünf deutet schon einen Umschwung – **Ausschluss der Öffentlichkeit** – an. Man soll nämlich eher in Zweisamkeit als öffentlich küssen. Und wenn die zwei Liebenden schon alleine sind, gibt es ja keine Aufpasser, die überprüfen, ob das „rechte Maß“ eingehalten wird. „Wo kein Kläger ist“, kann auch niemand etwas gegen die individuelle Art des Küssens sagen.

Die letzte Strophe steht im **Gegensatz** zu den Aussagen der fünf ersten Strophen. In den Versen 1 bis 20 wird eine Anleitung gegeben – in der letzten Strophe folgt eine Aufforderung, sich über die Regeln hinwegzusetzen. So werden zwei widersprüchliche Seiten betrachtet: Da kann sich beispielsweise etwas Schönes/Gutes (eine Anleitung) als hässlich/schlecht (unbrauchbar) erweisen. Diese Antithetik war typisch für das Lebensgefühl im Barock. Es gibt immer ein „**einerseits**" und ein „**andererseits**".

Pointe

Auch hier erweist sich der Rat, immer korrekt das Mittelmaß zu halten, als sinnlos. Die Kehrseite von unsinnigen Vorschriften ist nämlich ein Verhalten, das sich doch nicht daran hält. Bei der Liebe will und braucht man keine Messungen. Die Liebenden sind so frei, das für sie geeignete Maß selber zu finden.
Man könnte auch die letzte Strophe als **Steigerung** der vorangegangenen sehen. Die Vorgaben sind nämlich so allgemein gehalten, dass sie letztlich aussagelos bleiben. Es gibt keine Quantifizierungen, die definieren, wann das Küssen beispielsweise „zu wenig" oder „zu viel" sei (das gilt für alle Angaben). Folglich kann doch jeder tun, was er will.

Beim Küssen sollte man zwar Maß halten, aber wo das rechte Maß liegt, darf jedes Liebespaar selbst festlegen. Diese Aussage lässt sich – im Barockzeitalter – nicht auf alles übertragen. Es scheint nahezuliegen, aus dem Text eine allgemeine Forderung nach individueller Freiheit herauszulesen, doch würde dies nicht zur Gedankenwelt des Barock passen. Wenn hier Liebe bzw. der Ausdruck von Liebe thematisiert werden, handelt es sich um ein persönliches Erlebnis. Daher ist hier und nur hier diese Freiheit erlaubt. Im Barock war es Absicht der Dichter, den Leser zu beeinflussen, ihm einen richtigen Lebensweg anzuzeigen. Nach der Vorgabe des lateinischen Dichters Horaz soll die Literatur nützen („prodesse") oder unterhalten („delectare"). In den ersten Strophen scheint das Gedicht eher zu **nützen**, denn es liefert eine Kuss-Vorschrift. Aber in der letzten Strophe wird dann doch dem Liebespaar Freiheit zugestanden, gewinnt also die **unterhaltende** Seite des Gedichts die Oberhand.

Freiheit

Das **Emblem** im Barock ist eine Kombination aus einer Zeichnung (Pictura) mit einem Motto als Überschrift (auch Inscriptio genannt) und einer Schlussfolgerung als Unterschrift (Subscriptio). Die Gedichtform des Sonetts lässt diese Dreiteilung inhaltlich und formal nachvollziehen: die Überschrift als Inscriptio, die zwei Quartette als Pictura und die Terzette als Subscriptio. Obwohl hier kein Sonett vorliegt, ist der Aufbau ebenfalls einem Emblem vergleichbar. Die Überschrift gibt als indirekter Fragesatz das Motto vor. Es folgt eine Veranschaulichung (was der Pictura entspricht). Die letzte Strophe ist die Deutung, die – zum Emblem passend – überraschend ausfällt.

Das Gedicht als Emblem

Auch dieses Gedicht verdeutlicht den Appell des „**carpe diem**". Im Barock waren „Memento mori" (Bedenke, dass du sterben musst) und „Carpe diem" (Genieße den Tag) zwei Leitsprüche, die oft auch in Gedichten verdeutlicht werden. Obwohl in Flemings Text nicht direkt von Todesgedanken die Rede ist, geht es doch um den Genuss des Moments. Der Kuss ist ein Liebesbeweis, der nicht ewig dauert. Das Gedicht behandelt nur das Erleben des Kusses, der in Einklang mit den Erwartungen der Liebenden geschehen sollte. Das Gedicht ist somit auch ein Plädoyer dafür, den Augenblick zu genießen.

Carpe diem

Eduard Mörike: Nimmersatte Liebe

Form
Aufbau: Liedform mit einem fehlenden Vers

Die drei Strophen haben sieben, acht und vier Verse und ergeben einen ungewöhnlich unregelmäßigen Aufbau. Wenn man jedoch die Reime betrachtet, erkennt man, dass die **Kreuzreime** an einer Stelle unvollständig sind: Es fehlt nach Vers fünf ein Vers, der sich auf Vers sieben reimt. Wenn man diese Lücke als Ausnahme bewertet, ergibt sich für den Rest doch ein gleichmäßiger Aufbau mit zwei langen Strophen und einer kurzen Strophe als Quintessenz.
Es wechseln sich **männliche** und **weibliche Reime** ab (bis auf die Ausnahme bei V. 5/6). Das Metrum ist bei den Versen mit männlichen Kadenzen ein **dreihebiger Jambus**, während die Verse mit weiblichen Kadenzen **vier Hebungen** besitzen.
Eine beliebte Liedform zu Mörikes Zeit war eine vierzeilige Strophe mit Kreuzreim und wechselweise drei bzw. vier Hebungen. Die erste Strophe entspricht damit der ersten Liedstrophe, ergänzt um drei Verse (das wäre dann ähnlich wie beim Sonett). Oder man betrachtet die beiden langen Strophen als verdoppelte Liedstrophen. Es wäre denkbar, den fehlenden Vers durch eine **Singpause** (möglicherweise mit einem gesummten Rhythmus, der zu Vers 2, 4 und 7 passt) zu ersetzen. Diese Pause würde die Aussage der sehr langen Dauer („tausend Jahr", V. 5) unterstützen. Auch könnte die Pause vom Zuhörer genutzt werden, um sich zunächst selber Gedanken zu machen, ob das langandauernde Schöpfen (in ein Sieb!) denn einen Sinn hätte.

Syntax und Wortwahl
Variationen im Satzbau

Die Sätze sind einfach gebaut. Dennoch finden sich viele Variationen im Satzbau. So gibt es Aussagesätze, die wiederholt werden (und mit Ausrufezeichen verstärkt sind): V. 1, V. 15. Nach einer Ellipse (unvollständiger Satz in Vers 2) folgt eine **rhetorische Frage**, die als Enjambement zwei Verse füllt. Mit der „Wer"-Frage fühlt sich der Leser angesprochen: Er wird aber die rhetorische Frage (V. 3f.) empört beantworten mit „Ich nicht" oder „Niemand", denn als „Tor" (V. 3) möchte er nicht bezeichnet werden. Im nächsten Nebensatz wird der Leser mit „du" angeredet. Dieser Nebensatz ist konditional gehalten: Die Bedingung ist allerdings unerfüllbar, und selbst wenn es möglich wäre („ewig zu küssen"), wäre doch keine Befriedigung erreicht. Die Ellipse in Vers 14/15 bildet einen **Imperativ**, der die Bitte des Mädchens ausspricht. Am Ende betont eine **Inversion**, zusammen mit einem Enjambement, das „anders" und „nicht" (V. 18f.). Diese Litotes (doppelte Verneinung) verstärkt die Gleichheit.

Variationen im Tempus

Der **beschreibende**, theoretisierende Teil bis Vers 9 steht im **Präsens**. Auf ihn folgt ein **erzählender** Abschnitt (V. 10 bis 16) im **Präteritum**. In einem Rückblick wird die These der unstillbaren Liebe am konkreten Beispiel „bewiesen". Ein lyrisches Ich versteckt sich hinter dem „[w]ir" (V. 10). Aufgrund der Erwähnung des Mädchens lässt sich folgern, dass das lyrische Ich der Mann in der Liebesbeziehung ist. Die letzte Strophe verbindet die Aussage über die **Gegenwart** mit der Erfahrung aus der **Vergangenheit**. Zum Abschluss wird eine Kontinuität behauptet: Das **Perfekt** steht für etwas, das noch andauert.

Die Anapher in Vers 5 und 6 ist zugleich eine **Klimax**: Denn das Schöpfen über 1 000 Jahre wird zu einem ewigen Küssen gesteigert. Zahlreiche Wortwiederholungen („Liebe", „Küsse", „ewig", „so") betonen die endlose Wiederholung und den Kreislauf der Handlungen.

Auffällig ist die Häufung des Buchstabens „w". Dies ist lautmalend, denn der Ton passt zum Inhalt. Bei der Aussprache des „w" berühren die Zähne die Lippen. Allein schon das laute Lesen des Gedichtes könnte eine Vorstellung von wundgebissenen Lippen vermitteln.

Lautmalende Häufung des „w"

Geht es hier um Liebe oder um Küssen? Der erste Vers suggeriert eine Aussage über die Liebe. Dass Küsse nicht ausreichen, behauptet Vers 2. Und doch ist das Küssen symbolisch für die Unstillbarkeit der Liebe.

Inhalt

Sogleich wird ein **Bild** herangezogen: Wer Wasser in ein Sieb gießt, handelt ähnlich endlos wie Sisyphos oder ähnlich dumm wie ein Tor. Derart aussichtslose Arbeiten gibt es auch in Märchen, wo dann erst ein Wunder oder eine Fee die Erlösung bringt. Obwohl der Versuch, zu einem Ende zu kommen, als dumm bewertet wird, lassen sich Liebende darauf ein. Das sinnlose Sieb-Füllen steht für die Unstillbarkeit der „Gelüste" (V. 9).
Wenn man das Adjektiv „eitel" (V. 4) auf das Wasser bezieht, könnte es die altertümliche Bedeutung von „unvermischt" haben. Es würde also reines Wasser eingefüllt. Doch steht das Adjektiv vermutlich nur aus Gründen der Betonung vor dem Nomen „Wasser". Es ist als Adverb gedacht und bezieht sich wohl auf den „Tor", der hier eine eitle Handlung vollzieht. Denn Eitelkeit bedeutet, dass man die Anerkennung und Bewunderung eines anderen braucht. Eitle Menschen oder Aktionen gefallen sich selbst (äußerlich betrachtet), was bei dem sinnleeren Wasser-Schöpfen besonders töricht erscheint.
Die **Torheit** wird am Ende noch einmal aufgenommen und verneint. Im Kontrast zu dem in Vers 3 erwähnten „Tor" ist sicher Salomo zu sehen, der auch als „[d]er Weise" (V. 19) bezeichnet wird. Doch auch dieser kluge Mensch agiert beim Küssen, ohne seine Weisheit einzusetzen. Damit wird er erniedrigt oder die Liebenden werden erhöht.

Sinnlosigkeit

Worin besteht die Besonderheit der Liebe?

- In der **Maßlosigkeit:** Die Liebe hat einen **Absolutheitsanspruch**, der sich in den umfassenden Begriffen „ewig" (V. 6), „nie" (V. 7), „alle" (V. 8) und „immer" (V. 14) äußert. Die „Gelüste[ ]" (V. 9) sind „wunderlich" (ebda.). Aus diesen „wunderlichen" Ideen resultieren „wund[e]" (V. 10) Lippen. Es gibt keine Grenze, kein Einhalten.
- Im **Schmerz:** Zur Liebe gehören die Schmerzen. Je stärker die Schmerzen, umso intensiver das Liebesempfinden (V. 15). Das Mädchen (und wohl auch der Mann) opfern ihre Unversehrtheit. Das Lamm (V. 13), das immer auch für Unschuld steht, ist sogar zum **Sterben** bereit. (Hier wird ein christliches Bild in einem weltlichen Zusammenhang umgedeutet.) Wenn die Unschuld geopfert wird, macht sich jemand folglich schuldig: Es ist der Mann, der aber betont, dass die Frau dies wolle.
- Die Liebe **steht über körperlich-elementaren Bedürfnissen:** Die Bezeichnung „nimmersatt" in der Überschrift stellt einen Bezug zum Essen-Wollen her. Das Wort „stillen" in Vers 2 gehört ebenfalls zum Wortfeld des Essens und Trinkens, denn stillen lassen sich Hunger und Durst. Die Liebe braucht jedoch andere „Lösungen". Das Wasser in Vers 4 dient nicht zum Trinken, da es offensichtlich ausläuft. Das Lamm in Vers 13 wird vom Messer nicht getötet, denn es dient nur als Vergleich mit dem ergebenen Mädchen. Obwohl die Liebe also ähnliche Bilder wie die elementaren Bedürfnisse nach Essen und Trinken hervorruft, lässt sie sich jedoch nicht damit „abspeisen".

Die Liebe und ihre Wesensmerkmale

- Die Liebe setzt **intellektuelle Überlegungen außer Kraft**. Letztlich ist jeder Liebende eben doch ein „Tor", der Wasser in ein Sieb gießt, d. h. ohne greifbares Ergebnis agiert. Auch Salomo, der die Weisheit verkörpert, verhält sich genauso. Damit können sich das lyrische „Wir" und auch der Leser zumindest in diesem Punkt wie der biblische König fühlen.

Biografischer Bezug

Mörike schrieb das Gedicht etwa 1828 (veröffentlicht wurde es 1838). Es bezieht sich vermutlich, ähnlich wie seine *Peregrina*-Gedichte, auf eine kurze **Liebesbeziehung mit Maria Meyer**. Maria Meyer war Kellnerin mit zweifelhaftem Ruf, die als Landstreicherin und Mitläuferin einer Sekte nach Ludwigsburg kam, aber auch über literarische Bildung verfügte. Ihre Schönheit und erotische Ausstrahlung sollen außergewöhnlich gewesen sein. In sie verliebte sich Mörike und schrieb ihr Liebesbriefe. Doch zog er sich – vermutlich aus Vernunftgründen – wieder von ihr zurück. Auch wenn ihn die Trennung sehr schmerzte, beflügelte sie ihn poetisch. Danach konzentrierte er sich auf die Beendigung seiner Ausbildung zum Pfarrer.

Vergleich
Form

Beide Gedichte sind einfach aufgebaut. Die **Liedform** betont die Nähe zum Volk. Auch sind beide Gedichte leicht verständlich. Die Perspektive ist die der Liebenden. Bei Fleming erscheint das lyrische Ich in den letzten beiden Versen. Auch bei Mörike ist mit „wir" das Liebespaar gemeint, ein lyrisches Ich tritt nicht explizit in Erscheinung. Die **Ich-Perspektive** ist in beiden Fällen die des Mannes.
Das Barockgedicht ist strenger im formalen Aufbau gestaltet, wirkt daher gleichmäßiger und monotoner. Mörikes Gedicht widersetzt sich der Regelmäßigkeit, da ein Vers fehlt. Auch ist der Satzbau bei Mörike abwechslungsreicher und weniger formelhaft.

Inhalt

In beiden Gedichten geht es um das Küssen als **Liebesbeweis**, dreht es sich um die Frage nach dem richtigen Maß. Fleming führt den Leser zunächst etwas in die Irre, indem er das vernünftige Mittelmaß propagiert. Aber am Ende muss er es doch dem Liebespaar überlassen, was für sie richtig ist. Diese Toleranz ist ungewöhnlich für das Barockzeitalter. Sie kann auch nur für einen intimen Bereich gelten, in dem ohnehin Kontrollen versagen.
Auch Mörike überrascht am Ende mit einer Behauptung, dass nämlich die Klugheit nicht davor schützt, „nimmersatt" und schmerzvoll zu lieben. In beiden Gedichten bekommt die **letzte Strophe** mit einem überraschenden Schlusssatz besonderes **Gewicht**.
Dass die Liebe mehr ist als das „normale" Küssen, deuten beide Gedichte an. Manche Formulierungen können als sexuelle Anspielungen gelesen werden (bei Fleming V. 11–16; bei Mörike V. 12–14).
Auch wenn lyrisches Ich und Autor bei einer Interpretation streng zu unterscheiden sind, so sind hier doch wohl auch persönliche Erfahrungen eingebaut, insbesondere weil beide Autoren aus der Perspektive eines (männlichen) Liebenden schreiben.

Bezug zur zeitlichen Einordnung

Inhaltlich kann man (bei Fleming) den Wunsch nach einer Maßangabe dem **Barockzeitalter** zuordnen. Gerade in dieser Zeit war die gesellschaftliche Ordnung aufgewühlt: Kriege, Seuchen, naturwissenschaftliche Erkenntnisse und Religionsfragen hatten den Glauben und das Weltbild erschüttert. Der Halt, den Religion und Kirche gegeben hatten, war nicht mehr stabil, sodass ist der **Wunsch nach Ordnung** verständlich ist. Die

Dichter haben sich daher meist genau an formale Regeln für den Aufbau eines Gedichtes gehalten. Auch Fleming bleibt dem strengen Ordnungssinn verpflichtet, was außer der Form den Inhalt der ersten fünf Strophen betrifft. In der letzten Strophe macht er die Hoffnung auf eine anwendbare verbindliche Anleitung zunichte. In dem Bereich der zwischenmenschlichen Zuneigung gibt es folglich doch keine Autorität, die den Kuss maßregeln kann.

Eduard Mörike wird als Vertreter des **Biedermeier** angesehen. Das Biedermeier ist eine Stilrichtung, etwa 1815 bis 1850, die der Klassik und Romantik folgte. Es ist gekennzeichnet durch eine Hinwendung zu **Privatem** und **Alltäglichem**, wohingegen die „großen“ Themen wie beispielsweise Politik oder Religion nicht aufgegriffen wurden. Zu Beginn der Industrialisierung und politischer Veränderungen wollten die Dichter des Biedermeier nicht Stellung beziehen. Das Provokante war ihnen fremd. So konzentrierte sich auch Mörike auf seine eigene Heimat und nahm lieber Motive aus dem Alltag in seine Gedichte auf. Die Idylle – hier die Liebe zu einem Mädchen – wird ohne Konflikte beschrieben. Der einzige „negative“ Aspekt der Liebe ist der Schmerz, der jedoch einen festen Bestandteil des Phänomens Liebe ausmacht

Schluss

Beide Gedichte repräsentieren typische Vertreter ihrer Zeit: Paul Fleming greift in seinem Gedicht den Wunsch nach Ordnung auf. Jedoch lässt sich im Falle des Küssens keine Anleitung, die für alle verbindlich ist, finden. Eduard Mörike bleibt bei seinem Gedicht in der Rolle des Liebhabers zur Zeit des Biedermeier. Eine Anspielung auf die Bibel bekräftigt die Aussage, dass die Liebe von der Epoche, von Macht oder Intelligenz unabhängig ist.

Deutsch (Baden-Württemberg): Übungsaufgabe 9
Interpretation eines literarischen Prosatextes

Angelika Mechtel (1943–2000): **Katrin**

Ich habe seine Kinder geboren. Ich habe mich eingeordnet. Ich habe versucht, ihn zu sehen, wie ich sah, daß meine Mutter ihren Mann gesehen hatte. Ich habe gelernt, Windeln zu waschen, Kinder zu trösten und Ordnung zu halten.

Ich habe einmal Mathematik und Latein gelernt, Physik und Französisch. Ich war eine mittelmäßige Schülerin. Ich habe mich streicheln lassen und schlagen. Ich habe zurückgeschlagen; habe gelernt, daß er mir überlegen ist.

Ich habe meinen Leib beobachtet, wie er anschwoll. Ich habe die Geburten überstanden; habe mir gesagt, dafür bist du eine Frau. Ich habe mir zugeredet, ich wollte glücklich sein. Ich habe ihn zur Arbeit geschickt und das Essen gekocht.

Ich habe seine Angst gesehen, als ich im Fieber lag, und seine Ungeduld, wenn das Baby schrie.

Ich habe zugelassen, daß er meine Mutter fortschickte, weil sie in der Ein-Zimmer-Wohnung die Windeln am Ofen trocknete und die Milch vors Fenster stellte. Ich habe gelernt, daß er sagen durfte, was er dachte: Was sollen die Leute von uns denken? Ich habe nichts begriffen. Ich habe mich eingelebt.

Ich habe nach seinem Ärger gefragt. Ich habe ihm zugehört; habe seinen Chef begrüßt, Kollegen bewirtet.

Ich habe mich von seiner Mutter belehren lassen. Ich war freundlich zu ihr. Ich habe von ihr gelernt, wie er gewohnt war zu leben und was er am liebsten aß. Ich habe mich darauf eingestellt. Ich habe mir sagen lassen, wie sie ihre Kinder erzogen hat. Ich habe meinen Kindern beigebracht, bitte zu sagen und danke, einen Knicks zu machen oder einen Diener, die schöne Hand zu geben und Weihnachtslieder zu singen. Ich habe ihren Sohn kennengelernt. Ich habe Angst gehabt.

Ich habe versucht, verständig zu sein und Nachsicht zu üben. Ich habe die Fehler bei mir gesucht. Ich habe immer gehofft, daß er auch mein großer Bruder sein könnte. Davon habe ich ihm nie etwas gesagt.

Ich habe ihm gesagt, daß ich ihn liebe. Ich habe Zärtlichkeit gelernt; habe die Kinder in Schutz genommen, wenn er wütend war; habe gelernt, daß er wütend sein durfte. Ich habe es mir erklären können. Ich bin nicht verzweifelt. Ich habe mir gesagt, daß ich glücklich bin.

Ich war glücklich, wenn er mich in seinen Armen begrub, wenn er freundlich war. Ich habe ihn trösten können, habe ihm Mut zugesprochen. Ich hatte mir einen sanften Mann gewünscht. Ich habe in geschlossenen Räumen geweint. Ich habe gewußt, daß Depressionen krankhaft sind. Ich habe mich allein gefühlt. Ich habe mir Mut gemacht. Ich habe gesehen, wie meine Hände den Händen meiner Mutter ähnlich wurden; habe mir gesagt, daß die täglichen Niederlagen nichts sind gegen meine Zuneigung. Ich habe mich nicht gefragt.

Wir haben die Anfänge überstanden. Ich habe gelernt, mit seinen Ängsten zu leben. Ich habe ihn geweckt, wenn er nachts in seinen Träumen schrie, habe ihm gesagt: Ich bin es. Ich habe mir seine Träume erzählen lassen. Ich habe zugehört. Ich habe gelernt, auch seine Schwester zu sein. Ich habe mir sagen lassen, daß ich eine mütterliche Ausstrahlung hätte. Ich habe mir gedacht, du mußt warm und weich sein wie ein Muttertier; du mußt eine Höhle sein. Ich habe unsere Kinder geliebt. Zuflucht, habe ich gedacht. Ich habe mich preisgeben wollen, aber ich habe es nicht gekonnt. Ich habe mich schuldig gefühlt.

Ich habe mir vorgestellt, daß es vorübergeht, daß wir älter werden und ruhiger. Ich habe gelernt, daß ich einen Mann nicht mehr ändern kann. Ich habe mich nicht daran gehalten.

Ich habe gelernt, Latein zu vergessen und die höhere Mathematik.

Ich habe ihm Mut zugesprochen, als er arbeitslos wurde. Ich habe gelernt, Umzüge zu organisieren, Wohnungen einzurichten und mit dem Geld auszukommen. Ich habe die Krankheiten unserer Kinder überstanden. Ich habe Träume gehabt.

Ich habe Tabletten geschluckt gegen Kopfschmerzen, Tabletten gegen Schlaflosigkeit; ich habe Rückenschmerzen behandeln lassen und Blutarmut. Ich war eine Schlafwandlerin.

Ich habe streiten gelernt; habe Grabenkämpfe geführt. Ich bin in die Verweigerung gegangen, ich habe kein Wort mehr mit ihm gesprochen. Ich bin wütend geworden, wenn er wütend war. Ich habe mir gewünscht, daß die Kinder schnell groß werden.

Ich habe kapituliert, habe mir die Pulsadern aufgeschnitten, aber ich habe nicht sterben wollen. Ich habe es zugelassen, daß er mir den Arm abband; daß er für den Hausarzt einen Unfall erfand. Ich habe gehofft, daß einer fragen würde.

Ich habe mich selbst gefragt.

Wir haben es überstanden. Ich habe ihm den beruflichen Erfolg gewünscht. Ich habe um zwei Kindergartenplätze gekämpft; habe die Oberschwester mit Geschenken bestochen. Ich habe die Pille genommen. Ich habe mir gesagt: Du kannst keine Angst mehr haben. Ich habe meine Gefühle abgewehrt; ich habe eine Grenze gezogen. Ich habe nicht mehr zugelassen, daß mich einer verletzt.

Ich habe Schreibmaschine schreiben gelernt und Stenografie. Ich habe eine Arbeit angenommen. Ich habe Selbstvertrauen gewinnen wollen. Ich habe Geld nach Hause gebracht. Zu Weihnachten habe ich einen Kreislaufkollaps überwunden.

Ich habe halbtags gearbeitet wegen der Kinder.

Wir haben uns Urlaub leisten können und Anschaffungen. Wir sind vorangekommen. Ich habe nicht auf die Zeit geschaut. Ich habe gesagt: Die Neunzig-Stunden-Woche bringt mich nicht um.

Meine Hoffnungen habe ich nicht aufgegeben, ich habe sie verschüttet.

Wir haben ein Haus gebaut; haben die Kinder aufs Gymnasium geschickt. Wir sind dem Elternbeirat beigetreten. Wir haben uns engagiert, wo wir selbst betroffen waren. Wir haben es vermieden, Erinnerungen nachzuhängen. Ich habe mich arrangiert; habe gelernt, mit seinem Temperament umzugehen. Ich bin nicht untergegangen. Ich habe wieder Latein und Mathematik gelernt, als die Kinder es lernten.

Ich habe es nicht aufgegeben, mich von meinem Glück zu überzeugen. Ich bin hartnäckig gewesen. Ich habe es für mich behalten. Unsere Tochter habe ich zum Protest erzogen.

Ich habe gelernt, allein zu sein.

Gestern habe ich meine Tochter in Begleitung eines jungen Mannes gesehen. Ich habe ihm davon erzählt. Ich habe gesagt: Sie ist dir ähnlicher als mir. Ich habe mich gefragt, ob das eine Chance ist.

Aus: Mechtel, Angelika: Die Träume der Füchsin. Erzählungen. Stuttgart: Deutsche Verlagsanstalt 1976, S. 7–11.

Aufgabenstellung

Interpretieren Sie den Text.

Hinweise und Tipps

Die **Arbeitsanweisung** verlangt eine **Interpretation** des Textes, ohne besondere Untersuchungsaspekte vorzugeben. Sie müssen also den Text unter inhaltlichen, formalen und sprachlichen Gesichtspunkten deuten. Dabei sollten Sie Überlegungen darüber anstellen, welcher **Textsorte** der Text zuzuordnen wäre: Es handelt sich um eine Erzählung mit Elementen der Kurzgeschichte. Der Text ist sprachlich bzw. formal nicht sehr ergiebig, was allerdings nicht auf das Unvermögen der Autorin zurückgeht, sondern ein gezieltes Mittel darstellt, um eine bestimmte Wirkung hervorzurufen. Sie müssen somit versuchen, die Eintönigkeit in Satzbau und Wortwahl in Beziehung zum Inhalt, der Lebensgeschichte einer Frau, zu setzen. Es ist nicht sinnvoll, alle von Katrin aufgelisteten biografischen Stationen zu wiederholen, da Ihre Inhaltsangabe in diesem Fall zu weitschweifig würde. Vielmehr sollten Sie Ereignisse zusammenfassen bzw. exemplarisch anführen. Wenden Sie sich ausführlich der **Titelfigur** zu: Charakterisieren Sie sie und interpretieren Sie ihre Entwicklung aspektorientiert, wobei Sie auch auf den Titel eingehen sollten. Katrin ist ein typisches Beispiel für eine Frau, die sich am **Rollenbild** vergangener Generationen orientiert, ihr mangelt es an Selbstbewusstsein, sie leugnet ihre eigenen Bedürfnisse, erfüllt fremde Erwartungen, hat ein übersteigertes Schuldgefühl, leidet physisch wie psychisch und verklärt die Realität. Versäumen Sie es nicht, am und mit dem Text zu arbeiten, indem Sie **zitieren** bzw. auf Textstellen **verweisen**. Sie werden sich sicher fragen, warum die Protagonistin trotz des hohen Leidensdrucks nicht die nahe liegende **Konsequenz** zieht, sich von ihrem Mann scheiden zu lassen. Versuchen Sie, eine Antwort darauf zu geben unter Beachtung der Sozialisation der Figur.

Lösungsvorschlag in Grundzügen

Einleitung
Autorin, Titel, Erscheinungsjahr, Thema

Katrin ist die literarische **Titelfigur** der Erzählung von Angelika Mechtel, die 1976 im Band *Die Träume der Füchsin* erschienen ist. Sie ist die typische Vertreterin eines konservativen Frauenbildes. Mechtel lässt ihre Protagonistin in **zwei Teilen** aus ihrem Leben erzählen: Im ersten Teil (Z. 1–52) geht es um ihre Ehe, die sich am Rollenverhalten vergangener Generationen orientiert, und im zweiten Teil (Z. 53–83) wird deutlich, dass ihr Emanzipationsversuch wenig erfolgreich ist.

begründete Gattungszuordnung

Der Text ist eine **Erzählung** mit Merkmalen der **Kurzgeschichte**. Eine Figur, Katrin, steht im Mittelpunkt. Der Leser wird, was ein typisches Merkmal der Kurzgeschichte ist, in die Handlung geworfen mit der Aussage: „Ich habe seine Kinder geboren." (Z. 1) Katrin schildert aus der **Ich-Perspektive**, wie sich ihr Leben an der Seite ihres Mannes, also eine größere zeitliche Spanne, gestaltet hat, was eher auf eine Erzählung hindeuten würde. Dabei werden einerseits typische Stationen im Leben eines Paares, wie Kinderkriegen, Umzüge, Hausbau, Erwerbstätigkeit, aufgegriffen. Andererseits jedoch spielen psychische Momente der Frau, die gewöhnlich unsichtbar für Außenstehende ablaufen, wie Angst, Unsicherheit, Widerstand, Suizidversuch, eine entscheidende Rolle. Katrin wird älter, unternimmt währenddessen Versuche, sich zu emanzipieren, was jedoch nicht gelingt. Sie hat sich im Verlauf der Handlung nicht wesentlich verändert, was ebenso auf die Textsorte der Kurzgeschichte deutet wie auch die offene Schlussgestaltung. Der Text endet mit der Hoffnung, dass es Katrins Tochter einmal besser gelingen werde, ein selbstbestimmtes Leben zu führen.

Der **Zeitraum**, in dem Katrins Lebensgeschichte spielt, umfasst mehrere Jahre. Er beginnt mit der Geburt der Kinder und endet damit, dass sie „gestern" ihre Tochter in Begleitung eines jungen Mannes gesehen hat. Die Tochter ist demnach inzwischen in dem Alter, in dem man gewöhnlich den ersten Freund hat, vielleicht 14 oder 15. Zudem verweist die Hauptfigur auf Ereignisse, die länger zurückliegen, wie ihre eigene Schulzeit.

Die Autorin lässt ihre Hauptfigur als Ich-Erzählerin **monologisch** überwiegend im **Perfekt** aus deren Leben erzählen. Sie bedient sich vorwiegend des parataktischen **Satzbaus**, wodurch die Aussagen recht kurzatmig dargeboten werden. Es scheint ein unablässiger Erzählstrom zu sein, mit dem Katrin einem Gesprächspartner leicht auf die Nerven gehen würde. Er spiegelt die **Monotonie** ihres Lebens wider. Der Text wird durch die oben erwähnten zwei Teile strukturiert. Er ist geprägt von **Anaphern**, **Parallelismen** sowie **Wiederholungen** der immer gleichen Personal- und Possessivpronomen *ich, er, ihm, meine, seine*.

formale Besonderheiten: syntaktisch, rhetorisch

Die Hauptfigur heißt **Katrin**, ein Name, den viele Eltern in den 1960er- und 1970er-Jahren schön fanden und für ihre kleinen Mädchen ausgesucht haben. Dies könnte darauf hinweisen, dass das Schicksal Katrins verallgemeinerbar ist. So wie ihr ging und geht es vielen anderen Frauen. Der Name beginnt mit dem Buchstaben K. Auch die berühmten drei Bereiche, die traditionell den Frauen zugewiesen wurden und womöglich auch noch werden, beginnen mit K: Kinder, Küche, Kirche. Insofern assoziiert der Leser mit dem Titel eine **konservative Allerweltsfrau**.

Charakterisierung der Hauptfigur: Name

Katrin ist verheiratet und Mutter. Sie sei „eine mittelmäßige Schülerin" (Z. 5) gewesen, habe „einmal Mathematik und Latein gelernt, Physik und Französisch" (Z. 4). Die Fächer stehen eher im Stundenplan eines Gymnasiums, woraus man schließen könnte, dass Katrin dort gelernt hat und intelligent ist. Sie kann ihren Kindern, als sie selbst am Gymnasium sind, bei den Hausaufgaben helfen (vgl. Z. 76 f.). Offensichtlich **fehlt** es **ihr an Selbstbewusstsein**, denn sie hat sich in ihren Entscheidungen immer nach anderen gerichtet, v. a. nach ihrem Mann und dessen Mutter. Sie erfüllt stets fremde Erwartungen. Ihre erste Feststellung lautet, sie „habe *seine* Kinder geboren." (Z. 1) Das ist, wenn es keine flapsige Bemerkung sein soll, die provokante Aussage einer Mutter, durch die der Leser emotional sofort ins Thema eingeführt wird. Ihr **Mann dominiert das Familienleben**, wie es jahrhundertelang üblich gewesen ist. Er scheint sie sogar geschlagen zu haben, woraus sie gelernt habe, dass er ihr überlegen sei (vgl. Z. 5 f.). Sie fügt sich, passt sich seinen Wünschen und Bedürfnissen an, ordnet sich bedingungslos unter, wie sie es von ihren Eltern vorgelebt bekommen hat: „Ich habe versucht, ihn zu sehen, wie ich sah, daß meine Mutter ihren Mann gesehen hatte." (Z. 1 f.) Mit dem häufig verwendeten Verb „lernen" (u. a. Z. 2, 4, 6, 13, 27, 38) verrät die Ich-Erzählerin, dass sie sich erst in ihre Rolle „einleben" (vgl. Z. 15) musste.

Fremdbestimmung

Sie hält den Mund, wenn reden besser wäre. Innerhalb der Beziehung scheint es **kaum echte Kommunikation** zu geben und wenn, dann stehen die Befindlichkeiten ihres Mannes zur Diskussion, z. B. fragt sie nach *seinem* Ärger (vgl. Z. 16) oder nach *seinen* Träumen, wenn er nachts schreit (vgl. Z. 40), spricht *ihm* Mut zu, als er arbeitslos wird (vgl. Z. 48). Sie lässt sich belehren, z. B. von seiner Mutter, und verbietet sich in ihrer Sehnsucht nach Harmonie, die doch nur eine Scheinharmonie sein kann, Ehr-

gestörte Kommunikation

lichkeit sowie die Äußerung eigener Wünsche. Wenn sie nicht mit ihm spricht, so glaubt sie, sei das eine Art der Rebellion. Streiten, das zu jeder Beziehung gehört und reinigend wie ein Gewitter sein kann, endet in „Grabenkämpfe[n]“ (Z. 53), d. h., jeder wirft dem anderen Argumente, die ihm später leidtun, an den Kopf, ohne auf den anderen zu hören. Viele Worte werden verbraucht, ohne ein Vorankommen zu ermöglichen, und beide gehen verletzt aus der Krise. **Angepasstes Verhalten** gibt sie ihrerseits an die Kinder weiter, indem sie Erziehungsprinzipien der Schwiegermutter übernimmt, die Wert auf altmodische Höflichkeitsformen wie Knicks und Diener legt (vgl. Z. 21 f.).

traditionelle Rollenbilder

Die Familie funktioniert auf der Basis, dass er das Geld verdient und sie die Kinder versorgt. Sie hat „ihn zur Arbeit geschickt und das Essen gekocht.“ (Z. 9) So kann sich das Paar einen bescheidenen Wohlstand leisten, ein Haus bauen, die Kinder im Gymnasium lernen lassen und in den Urlaub fahren. Dass es auch Krisen übersteht, ist vor allem der Hauptfigur zu verdanken, denn sie kommt selbst in einer engen Einraumwohnung mit zwei Kindern zurecht, lässt zu, dass er ihre eigene Mutter fortschickt, die der Tochter im Haushalt ein wenig unter die Arme greifen will (vgl. Z. 12 f.), geht sparsam mit dem wenigen Geld um und organisiert Umzüge. Später trägt sie durch eigene Arbeit zum Einkommen der Familie bei. Was sie nach Hause bringt, ist Geld, kein Selbstvertrauen, wie sie gehofft hat (vgl. Z. 69 ff.).

Katrins emotionale Situation

Katrin **leugnet eigene Bedürfnisse**. Gleich im zweiten Satz der Erzählung heißt es: „Ich habe mich eingeordnet.“ (Z. 1) Sie macht sich vor, selbst nicht so wichtig zu sein. Ihre Kinder nimmt sie in Schutz, wenn er wütend ist, und will glauben, dass das ein normales Verhalten für einen Mann bzw. Vater sei. Wie ein Almosen nimmt sie Zärtlichkeiten entgegen, wenn er sie einmal in „seinen Armen begrub, wenn er freundlich war“ (Z. 31), und redet sich in diesen wenigen Augenblicken ein, glücklich zu sein. Die Metapher „in den Armen begraben“ artikuliert Katrins **Sehnsucht nach Geborgenheit**, sie möchte einen Freund oder Bruder an ihrer Seite, Qualitäten die ihr Mann ihr nicht geben kann oder will, wohingegen sie sich einbildet, im richtigen Moment schwesterlich zu reagieren (vgl. Z. 40 f.). Es ist fraglich, ob er ihr sensibles Eingehen auf seine Ängste überhaupt registriert. Von eigenen **Träumen** spricht sie wie über alles andere, was ihr wichtig ist, im Perfekt, sie hat sie „gehabt“ (Z. 50) und begräbt sie von Anfang an. Sie vergisst Latein und Mathematik (vgl. Z. 47), die eine Voraussetzung dafür wären, weiter zu lernen, ein Studium zu absolvieren und einen akademischen Beruf anzustreben. In der Bemerkung „Ich habe mir vorgestellt, daß es vorübergeht, daß wir älter werden und ruhiger“ (Z. 45) liegt Resignation.

Glück als Einbildung

Katrin sehnt sich nach **Glück**, sie nimmt sich vor bzw. redet sich ein, glücklich zu sein (vgl. Z. 8 und 29 f.), und hat es nicht aufgegeben, sich von ihrem Glück zu überzeugen (vgl. Z. 78). Was für Katrin allerdings wirkliches Glück sein könnte, erfährt der Leser nicht. Sicher hängt es eng mit der Sehnsucht nach **Anerkennung**, der Akzeptanz ihrer Person zusammen. Das was sie tut, für den Mann, für die Kinder, scheint selbstverständlich. Aber sie fühlt sich allein und ausgenutzt, hat ihre Hoffnungen zwar nicht aufgegeben, aber „verschüttet“ (vgl. Z. 72). Man fragt sich, wo dabei der Unterschied ist. Sie rückt sich die Realität so zurecht, damit sie damit leben kann. Zudem macht sich ein übersteigertes **Schuldbewusstsein** bemerkbar: „Ich habe die Fehler bei mir gesucht“ (Z. 24 f.) und „Ich habe mich schuldig gefühlt“ (Z. 44), was sich offensichtlich auf alles, was um sie herum geschieht, bezieht. Für ihre Kinder will sie „Muttertier“ (Z. 42) und „eine Höhle“ (Z. 43) sein. „Ich habe unsere Kinder geliebt. Zuflucht, habe ich gedacht“ (Z. 43), wobei nicht klar wird, wer für wen Zuflucht sein soll, sie für ihre Kinder oder die Kinder für sie. Die Protagonistin erträgt klaglos **körperliche Leiden** und glaubt, das gehöre zum Frausein. Sie übersteht die Geburten, Fieber, schluckt Tabletten gegen Kopfschmerzen und Schlaflosigkeit, lässt Rückenschmerzen und Blutarmut behandeln, schlafwandelt, bekommt einen Kreislaufkollaps, was kein Wunder ist bei einer Neunzig-Stunden-Woche. Sie spürt das Älterwerden: „Ich habe gesehen, wie meine Hände den Händen meiner Mutter ähnlich wurden“ (Z. 34 f.). Die **psychischen Leiden** Angst, Depressionen, Einsamkeit, Unterlegenheits- und Schuldgefühle sowie Wut führen schließlich dazu, dass sie sich die Pulsadern aufschneidet. Es ist zu vermuten, dass sie nicht wirklich sterben, sondern damit ein Zeichen setzen wollte: Seht her, mir geht es schlecht, helft mir! Aber der Ehemann, der sie rechtzeitig findet, bindet den Arm ab und belügt den Arzt. Keiner fragt nach den wahren Ursachen.

Scheitern eines Ausbruchsversuchs

Katrins **Emanzipation bleibt ein Versuch**. Sie probiert, ohne sonderlichen Erfolg, ihrem Ehemann Widerstand entgegenzusetzen, sie spricht für eine Zeit nicht mit ihm, führt „Grabenkämpfe“ (Z. 53), lässt Gefühle zu, handelt in Ansätzen selbstbestimmt, indem sie die Pille nimmt, um keine weiteren Kinder auf die Welt zu bringen, und geht arbeiten. Ihr Aufschrei in Form des Suizidversuchs verhallt ungehört. Die permanente Wiederholung des Personalpronomens „Ich“ ist trügerisch: Katrin hat sich zu keinem Zeitpunkt ihres Lebens selbst verwirklichen können. Der Ton ihrer Lebenserzählung, mit der sie eine Art Bilanz zieht, schwankt daher auch zwischen Frustration und Resignation: Sie blickt auf ein **fremdbestimmtes**, letztlich **einsames Leben** zurück.

Der Leser gewinnt im Verlauf der Erzählung das traurige Gefühl, dass das, was Katrin in einem Leben durchmacht, ausreichend wäre für drei Leben. Einem schlimmen Ereignis folgt ein noch schlimmeres und sie kann sich nicht dagegen wehren. Kurzzeitig hat man den Eindruck, dass sich die Beziehung der beiden verbessert, nämlich in den wenigen Zeilen, als aus dem ständigen „Ich“ ein „**Wir**“ wird (Z. 69 und Z. 74 f.). Die Familie leistet sich Urlaub und Anschaffungen, sie baut ein Haus, schickt die Kinder aufs Gymnasium, engagiert sich im Elternbeirat. Außenstehende würden sie, vielleicht sogar neidvoll, eine glückliche Familie nennen. Das positive Bild nach außen würde Befürchtungen des Mannes „Was sollen die Leute von uns denken?“ (Z. 14) zerstreuen. Der Satz „Wir haben es vermieden, Erinnerungen nachzuhängen“ (Z. 74 f.) rückt das schöne Bild zurecht: Es ist nur die **Fassade**, die die Leute zu sehen bekommen.

Erwartungen an die nächste Generation

Die Protagonistin greift schließlich zu einem Mittel, dessen sich viele Eltern bedienen: Sie projiziert ihre **Hoffnungen auf die Tochter**. Die soll nun das verwirklichen, was ihr selbst nicht vergönnt gewesen ist. Katrin sagt zufrieden oder vielleicht triumphierend zu ihrem Mann: „Sie ist dir ähnlicher als mir.“ (Z. 82) Die Tochter könnte die Erste sein, die aus einer langen Reihe von Frauen ausbricht, die immer wieder das alte Rollenbild ihrer Mütter und Großmütter übernommen haben. Die Mutter fragt sich jedoch zu Recht, ob das eine Chance sei. Was ist gewonnen, wenn nun anstatt des Mannes die Frau die Beziehung dominiert? Der richtige Weg wäre der, dass die Partner in einer Beziehung gleichberechtigt sind, dass sie gemeinsam planen, Chancen gleichermaßen wahrnehmen und jeder seine Lebensziele verfolgt. Rechtlich wäre das möglich. Im **Grundgesetz**, Artikel 3, steht seit 1949 der Satz: Männer und Frauen sind gleichberechtigt. Aber es galt weiterhin das Ideal einer kinderreichen Familie, welche die Mutter als **fleißige und aufopferungsvolle Hausfrau** treu umsorgte. Diesem **Idealbild** entspricht Katrin. Es ist ihr wenig möglich, daraus einfach auszubrechen. Sie rebelliert, sie jammert, sie hadert mit den Gegebenheiten, aber sie hat es durch ihre **Sozialisation** kaum in der Hand, ein selbstbestimmtes Leben zu beginnen. Ihren Kindern sollte dies schon eher gelingen.

Handlungsalternative

Immerhin könnte sie sich scheiden lassen und mit den Kindern in eine Wohnung ziehen. Je nachdem, zu welchem Zeitpunkt sie das tun würde, hätte sie es leichter oder schwerer nach ihrer Entscheidung. Wenn die Kinder aus dem Gröbsten heraus sind, könnte sie arbeiten und sich ihren Lebensunterhalt selbst verdienen. Würde sie sich früher zu dem Schritt entschließen, dann hätte sie als alleinerziehende Mutter mit mehr Schwierigkeiten zu kämpfen. Was Katrin davon abhält, kann man nur vermuten. Vielleicht das verminderte Ansehen innerhalb der Gesellschaft, die geschmälerte Lebensqualität, vielleicht ist sie einfach nicht mutig genug.

Schluss
Aktualität des Textes

Katrin ist ein typisches Beispiel dafür, wie **Tradition** einen Menschen in seiner Entwicklung hemmen bzw. einschränken kann. Es ist noch immer so, dass Frauen in Deutschland für die gleiche Tätigkeit im Schnitt 23 % weniger verdienen als ihre männlichen Kollegen. Sie bekommen auch seltener Sonderzahlungen, wie Urlaubs- oder Weihnachtsgeld, bzw. werden mit weniger Geld am Gewinn des Unternehmens beteiligt. Katrin hat um zwei Kindergartenplätze gekämpft und die Oberschwester bestochen, um arbeiten gehen zu können. Noch immer ist es wegen fehlender Kita-Plätze schwierig für Mütter, Kind und Karriere unter einen Hut zu bringen. Der Kampf um Gleichbehandlung dauert an. Katrins Tochter wird es vermutlich besser gelingen, die Vorteile der Gleichberechtigung für sich zu nutzen und sie in ihrer Beziehung zu leben.

Deutsch (Baden-Württemberg): Übungsaufgabe 10
Interpretation zu einem literarischen Prosatext

Josef Roding (geb. 1929): Überholte Perspektiven

Der junge Mann mit dem daumenbreiten Backenbart schlug eine Mappe auf, nahm ein einziges, großformatiges Foto heraus und sagte: „Da!"
„Ei der Daus!", rief der Redakteur. Er liebte es, antiquierte Redewendungen schnoddrig zu verstreuen. „Da haben wir aber etwas Exquisites."
Der junge Mann blickte stolz auf seine Arbeit. „Braucht gar keine Unterschrift, das Bild. Die Perspektive macht's. Ich hatte Glück. Als die Soldaten am Minister vorbeidefilierten, stand der Einbeinige an der Bordsteinkante. Ich habe zwischen Bein und Krücke hindurch die paradierenden Männer schnappen können. Es war Gegenlicht. Der Krüppel steht wie eine düstere Silhouette vor den strammen Marschierern."
„Sagen Sie nicht Krüppel, Teurer. Klingt so hart. Sagen Sie besser: Versehrter, Verehrter! Nanu, I am a poet and I didn't know it! Haha! Versehrter, Verehrter reimt sich." Der Redakteur nahm das Foto aus der Lichtwolke der Schreibtischleuchte. „Saubere Arbeit", nickte er. „Ausgezeichnete Idee. Ich bin sicher, daß wir das Ding in unsere Festausgabe nehmen können. An exponierter Stelle. Als Aufmacher. Von den Sachen, die Sie uns in den letzten zwei Jahren hereingegeben haben, ist dieses Foto der dickste Hund. Ich muß noch das Material für die Jubiläumsnummer verwursten. Aber verlassen Sie sich drauf: Ihre Arbeit kommt ganz groß. Nächste Woche haben Sie Belege, cheerio!"
Der junge Mann wartete nicht bis zur nächsten Woche. Daß die Zeitung zum erstenmal eins seiner Fotos in großer Aufmachung bringen wollte, erregte ihn. Mit diesem Bild würde er vorrücken, sich in die Reihe der bewunderten älteren Kollegen stellen, die in den avantgardistischen Kunstzeitschriften standen, die unsere Zeit röntgen. Als er den feuchten, glänzenden Karton aus dem Fixierbad nahm, wußte er, daß er es geschafft hatte. Daß sein Blick geschärft war.
Am Donnerstag war Umbruch der Wochenendausgabe. Am Freitag war der Fotograf in der Redaktion.
„Ah, superb, daß Sie kommen, edler Recke", sagte der Redakteur und breitete seine Arme aus. „Ihr Meisterstück ist drin. Schauen Sie!" Der Redakteur faltete genüßlich die Beilage auseinander. Das steife Papier gleißte. „Hier, dreispaltig, und über die halbe Seite. Zufrieden?"
„Verdammt!", sagte der junge Mann leise. „Was haben Sie mit meiner Arbeit gemacht?" Langsam würgte er das Blatt. Das Papier lärmte aufgeregt. „Nu nu nu", brummelte der Redakteur. „Lassen Sie sich erzählen. Stuhl? – Nee? Zigarette? – Auch nee? Also: der Boß wollte nicht an die Chose ran. Wäre überholt, die Kiste, sagte er. Damals, gleich nach der Niederlage, hätte man so etwas bringen können. Aber jetzt hätten wir uns zu einer Familienlektüre ausgewachsen. Da könnten wir den Abonnenten nicht mehr zumuten, beim wohlverdienten Abendstündchen mit solch tristen Sachen belastet zu werden. Verstehen Sie?" „Nein", sagte der Backenbärtige.
„Wohlgemerkt, das sagte der Chef. Sie hören doch hoffentlich, daß ich im Konjunktiv spreche. Und Sie wissen doch, wie ich Ihnen gewogen bin, ehrlich. Wenn der Kriegsversehrte nicht im Vordergrund wäre, käme das Bild gut an. Weil es technisch perfekt ist, das Bild. So hat er Ihr Foto gelobt. Na, und weil ich doch weiß, wie sehr Sie den Kies nötig haben", der Redakteur rieb Daumen und Zeigefinger aneinander, „da habe ich 'ne kleine Änderung vorgeschlagen. Den Ritter von der traurigen Gestalt im Vordergrund hinaus und die hübsche Kleine im Dirndl dafür rein. So ist die Komposition des Fotos nicht gestört, und das Bild paßt nun auch zur Unterschrift: ‚Wenn die Soldaten durch die Stadt marschieren …' Beide Bilder sind ja von Ihrer Künstlerhand, Maestro! Das schicke,

winkende Mädchen haben Sie uns mal vor einem Jahr gebracht. ‚Dorfschönheit auf der Brücke' oder so ähnlich. Und unsere Klischierer[1] sind auf Draht. Die haben das doch präzise hingefummelt. Das merkt kein Mensch, daß an dem Foto etwas geändert ist. Gucken Sie doch mal genau hin!"

Der Redakteur begann zu schwitzen. Er reichte dem Backenbärtigen ein neues Zeitungsexemplar.

„Wirklich", flüsterte der junge Mann jetzt und starrte auf das retuschierte Idyll. „Das merkt kein Mensch." Er wischte das Blatt vom Tisch. „Ist die Zeitung schon ausgedruckt?", fragte er.

„Ja", sagte der Redakteur rasch. „Heute nacht die halbe Million Exemplare ausgespuckt. Fix und fertig. Unser Laden funktioniert."

„Das tut er", sagte der junge Mann. „Wahrhaftig, das tut er."

„Nun machen Sie mal nicht so ein trauriges Gesicht, Mylord", sagte der Redakteur. „Ich hätte mir schließlich die Mühe mit Ihren Bildern gar nicht zu machen brauchen, sondern ein anderes nehmen können. Zudem sieht die sanfte Schwingung von einem Paar Mädchenbeinen ästhetischer aus als das deprimierende Krückengerüst, das Sie mit den uniformierten Jungs geknipst haben. Na?"

Der Junge sagte nichts.

Der Redakteur wurde eifrig. „Aber hier, ein Pflästerchen auf Ihre ach so tiefe Seelenwunde. Ich habe die Honoraranweisung für Sie schon ausstellen lassen. Schauen Sie mal auf diesen Abschnitt. Dreistellige Zahl. Ist das denn nichts, Marie?"

Aus: Reding, Josef. Nennt mich nicht Nigger. Kurzgeschichten aus zwei Jahrzehnten. Recklinghausen: Georg Bitter Verlag 1978, S. 150–152.

Erläuterung

1 von klischieren: eine Zeichnung auf die Druckplatte übertragen und ätzen

Aufgabenstellung

Interpretieren Sie den Text.

Hinweise und Tipps

Die Arbeitsanweisung erfordert eine umfassende **Interpretation**. Beginnen Sie Ihre Darstellung mit der Erschließung des Textes nach den Ihnen bekannten Vorgaben wie Inhaltsangabe, Textsorte, Figurencharakterisierung bzw. -konstellation, Zeit- und Raumgestaltung, Erzählverhalten und der sprachlichen Betrachtung.

Die Quellenangabe gibt bereits vor, dass Sie es mit einer **Kurzgeschichte** zu tun haben. Weisen Sie diese Tatsache anhand von einschlägigen **Merkmalen** nach. Auch das **Verhältnis von Titel und Text** sollten Sie berücksichtigen.

Mit den **sprachlichen Mitteln**, die der Autor verwendet, können Sie dann zur **Deutung** überleiten; auf keinen Fall sollten Sie diese bloß benennen. Wörtliche Rede, Metaphern, Personifikationen, Vergleiche etc. tragen wesentlich zur Gesamtaussage bei. Sicher werden Sie auch erkennen, dass die beiden Protagonisten nicht die gleiche Sprache sprechen.

Die **Intention des Autors** besteht im Wesentlichen darin zu zeigen, wie die Wahrheit auf recht einfache Weise manipuliert werden kann; der Betroffene ist kaum in der Lage, dem entgegenzuhalten. Die **Macht des Geldes** klingt ebenso an wie die **Verantwortung der Medien**. Auch wenn die Geschichte im vergangenen Jahrhundert spielt, ist das Thema noch immer bzw. gerade heute ein viel diskutiertes Problem.

Lösungsvorschlag in Grundzügen

Einleitung

Was haben Maler, Fotografen und Schriftsteller gemeinsam? Sie haben alle mit dem **Begriff der Perspektive** zu tun, allerdings in ganz verschiedenen Bedeutungen bzw. Zusammenhängen: Der Maler kennt Perspektiven als Methoden beim Zeichnen, z. B. die Kavaliersperspektive. Dem Fotografen gefällt es, das eine Motiv aus der Frosch-, das andere aus der Vogelperspektive abzulichten. Der Schriftsteller muss sich vor dem Schreiben eines Textes über die Erzählperspektive im Klaren sein.

Josef Reding greift in seiner Kurzgeschichte *Überholte Perspektiven*, 1978 erschienen im Band *Nennt mich nicht Nigger*, verschiedene **Perspektivbegriffe** auf: Für die Hauptfigur, einen jungen Fotografen, ist ein von ihm geschossenes Foto aus genau der richtigen Perspektive aufgenommen, in seiner Aussage stark und zudem technisch perfekt. Er verspricht sich damit gute Aussichten für seine Karriere. Der zuständige Zeitungsredakteur verteidigt aber die Meinung seines Chefs, das Motiv sei in seiner Aussage überholt, und erlaubt sich eine entscheidende Korrektur. Dem Fotografen eröffnen sich nun zwei Möglichkeiten, zwei Perspektiven: ein künstlerisch hochwertiges Foto in seiner ursprünglichen Form verteidigen oder die „weichgespülte" Version des Geldes wegen absegnen.

Hauptteil
Inhaltsangabe

Der Fotograf reicht in einer Zeitungsredaktion, im Übrigen nicht zum ersten Mal, eine Fotografie ein. Er ist stolz auf dieses ausdrucksstarke Werk und hegt Hoffnungen auf Verbreitung, Publicity und künstlerische Anerkennung. Das **Foto** zeigt eine Militärparade im Hintergrund, einen einbeinigen Mann im Vordergrund, und transportiert damit eine **kriegskritische Botschaft**. Der Redakteur verspricht, es in der nächsten Ausgabe groß herauszubringen. Einige Tage später präsentiert er dem Fotografen die Zeitungsseite: Im Hintergrund ist immer noch die Militärparade zu sehen, doch im Vordergrund steht – statt des Verwundeten – nun ein hübsches, winkendes Mädchen im Dirndl. Der junge Mann ist entsetzt über die vorgenommenen **Veränderungen an seinem Bild**, kann aber nichts mehr rückgängig machen, da die Ausgabe schon fertig gedruckt ist. Mit einem fürstlichen Honorar versucht der Redakteur ihn zu besänftigen.

Gattungszuordnung: Merkmale der Kurzgeschichte

Der Text **beginnt unvermittelt** mit dem Präsentieren des Fotos durch den Fotografen und **endet abrupt** mit dem Geldangebot des Redakteurs. Der Leser weiß nicht, ob der junge Mann das Honorar annimmt, ob er seine Bilder weiterhin Zeitungsredaktionen anbieten wird oder wie es generell mit ihm als Künstler weitergeht. Die beiden Figuren tragen **keine Namen** und stehen **exemplarisch** für die jeweilige Berufsgruppe bzw. für einen Charakter. Reding zeigt in seinen *Überholte[n] Perspektiven* somit ein kurzes (Lehr-)Stück aus dem Leben zweier Menschen, das sich genauso gut auch in anderen Situationen oder Gesellschaftsfeldern abspielen könnte. All diese Elemente können als **typische Merkmale einer Kurzgeschichte** verstanden werden.

Charakterisierung der beiden Figuren:
– der Fotograf

Der Fotograf wird als „junge[r] Mann mit […] daumenbreite[m] Backenbart" (Z. 1) eingeführt, der **professionell** arbeitet. So hat er eine Mappe dabei, aus der er ein großformatiges Foto zieht (vgl. Z. 1 f.). Von der Qualität seiner Arbeit wirkt er **überzeugt**, denn für die Präsentation seines Werkes meint er zunächst nur ein einziges Wort („Da!", Z. 2) aufwenden zu müssen. Dies suggeriert: Das Foto ist perfekt, jeder sieht das, es muss in der

Zeitung erscheinen. Seiner Meinung nach brauche es auch gar keinen Titel, es würde sich durch das gelungene Motiv und die gewählte Perspektive selbst erklären (vgl. Z. 5). Dann erzählt er dem Redakteur **eifrig**, wie er die Soldaten, die am Minister vorbeidefiliert seien, bei Gegenlicht aufgenommen habe, zwischen Bein und Krücke eines an der Bordsteinkante stehenden „Krüppel[s]" hindurch (vgl. Z. 6 ff.).

Der Fotograf kann es kaum erwarten, sein Bild in der Zeitung zu sehen, und **„erregt"** (Z. 19) malt er sich aus, wie er sich in die Reihe bewunderter älterer Kollegen stellen werde, die Fotos in den avantgardistischen Kunstzeitschriften veröffentlicht und die Zeit „[ge]röntg[t]" hätten (vgl. Z. 19–21). Mit dieser Metapher offenbart er einen **hohen Anspruch an sich selbst:** Er will keine nichtssagenden Bildchen abliefern, sondern Kunstwerke, die sich am Puls der Zeit orientieren und eine tiefere Aussage, einen Appell beinhalten. Als er die Zeitungsseite mit seinem veränderten Foto sieht, ist er dementsprechend **enttäuscht**, **verletzt**, **fast zornig**, was durch den Fluch „Verdammt!" (Z. 30) offensichtlich wird. Das Mädchen im Dirndl, das nun im Vordergrund steht und auch noch winkt, verfälscht die Aussage grundlegend in dem Sinn, dass sie erstens die Blicke der Rezipienten auf sich zieht und von den Soldaten ablenkt und zweitens eine positive Sicht auf die Militärparade insgesamt bedingt. Die Soldatenformation wirkt plötzlich harmlos. Die Tatsache, dass das hineinmontierte Motiv aus einem seiner früher eingereichten Fotos stammt (vgl. Z. 46 f.), besänftigt den Fotografen nicht. Den grundlegenden Unterschied zwischen den Bildern erfasst der junge Mann sofort und **wehrt sich gegen die Verfälschung** – jedoch vergebens, denn die gesamte Ausgabe ist bereits gedruckt. Am Ende ist er **perplex und sprachlos** (vgl. Z. 64). Seine Reaktion, als der Redakteur ihm die Honoraranweisung mit einem dreistelligen Betrag zeigt, lässt sich nur erahnen, da die Geschichte offen endet. Der Eindruck, den man von dem jungen Mann gewonnen hat, lässt vermuten, dass es ihm nicht ums Geld geht, sondern um seine **Anerkennung als Künstler**, die er aber von diesem Zeitungsmitarbeiter wohl nie erhalten wird.

Der Redakteur wird mit dem veralteten Ausruf „Ei der Daus!" (Z. 3) eingeführt. Er **liebt antiquierte Wendungen**, die er in seine Rede streut, ob sie passen oder nicht. Später folgen u. a. „superb" (Z. 26) oder „wie ich Ihnen gewogen bin" (Z. 39). Den jungen Mann spricht er mit „Teurer" (Z. 10), „Verehrter" (Z. 10 f.), „edler Recke" (Z. 26), „Maestro" (Z. 46) sowie „Mylord" (Z. 59) an. Das wirkt nicht gebildet, sondern **eingebildet**, übertrieben und albern. Sofort nachdem der junge Fotograf sein Bild kommentiert hat, wird er gemaßregelt, dass er nicht „Krüppel" sagen solle, das klinge so hart. Daraus spricht allerdings kein Mensch mit Mitgefühl, sondern der **routinierte Zeitungsmacher**. Die zynische Betitelung des Behinderten als „Ritter von der traurigen Gestalt" (Z. 43), eine Anspielung auf Don Quichote, verstärkt diesen Eindruck später noch. Seine Art ist schnoddrig, selbstgefällig und unsympathisch. Auch wie es in der Redaktion zugeht, lässt sich heraushören: Da wird Material „verwurste[t]" (Z. 16), gute Projekte werden als „das Ding" (Z. 13), „der dickste Hund" (Z. 15), „Chose" oder „Kiste" (Z. 33) **abgewertet**, die Tätigkeit des Fotografierens vielsagend als „[K]nips[en]" (Z. 63) bezeichnet. Die Klischierer, die Veränderungen an Fotos „präzise hingefummelt" (Z. 48 f.) bekämen, die kein Mensch bemerke, seien auf Draht. Der Mann stellt sich insgesamt

– der Redakteur

als **Gönner** dar, der statt des Fotos des jungen Fotografen auch irgendein anderes hätte nehmen können. Jedoch hat er nicht im Auge, den Künstler in ihm zu fördern, sondern eine **verkäufliche Auflage zu produzieren**. Die Honoraranweisung präsentiert er so, als müsste ihm der Fotograf auf Knien dafür danken. Nur ein einziges Mal zeigt der Redakteur authentische Züge oder einen Anflug von schlechtem Gewissen, als er beginnt „zu schwitzen“ (Z. 51). Aber schnell fängt er sich und spricht über die Höhe der Auflage und das Honorar, was sein **medien- und profitorientiertes Verhalten** erneut bestätigt.

Erzählzeit und -verhalten

Die **Handlung** spielt sich an zwei Tagen jeweils **in der Zeitungsredaktion** ab, mit einem Zwischenraum von weniger als einer Woche. Insofern ist sie **gerafft** erzählt. Jedoch besteht sie zu maßgeblichen Teilen aus den nahezu **zeitdeckenden** Gesprächen zwischen dem Fotografen und dem Redakteur. Zu Beginn agiert ein **auktorialer Erzähler**, beispielsweise kommentiert er die seltsame Sprach-Vorliebe des Redakteurs mit „Er liebte es, antiquierte Redewendungen schnoddrig zu verstreuen.“ (Z. 3 f.) Später lässt der Autor **die Figuren** in den zwei Dialogen **für sich sprechen**, wodurch sich der Leser selbst ein Bild von ihnen machen kann. Die **wörtliche Rede** wird in den meisten Fällen mit dem Verb „sagen“ eingeleitet, kommentiert durch Adjektive wie „leise“ (Z. 30) oder „rasch“ (Z. 56). Die **Sympathien des Lesers** für die Figuren liegen ganz eindeutig bei dem jungen Fotografen, auch wenn seine **Redeanteile** geringer sind. Er bleibt wortkarg, sagt und fragt nur das für ihn Wichtige, wodurch er als besonnen und ernst gekennzeichnet wird. Die Szene beherrscht jeweils der Redakteur. Seine Anteile bestehen aus Redeschwällen. Er formuliert mehrere kurze Hauptsätze hintereinander (Z. 14 ff.), selten Satzgefüge, häufig Ellipsen oder Einwortsätze (Z. 32, 43 f.) und wirkt dadurch überspannt, gehetzt, zynisch und arrogant.

sprachliche Gestaltung der Dialoge

Die beiden Dialoge (Z. 1–17 und Z. 26–67) leben besonders von ihren **sprachlichen Besonderheiten**. Neben den scheinethischen **Phrasen** und **antiquierten** bzw. **fremdsprachlichen Redewendungen** („I am a poet and I didn’t know it!“, Z. 11; „cheerio!“, Z. 17; „Maestro!“, Z. 46; „Mylord“, Z. 59) des Redakteurs setzt der Autor weitere Mittel ein: Der Redakteur nimmt das Foto „aus der Lichtwolke der Schreibtischleuchte“ (Z. 12). Er bemerkt durchaus dessen hohe künstlerische Qualität, entscheidet aber im selben Moment, dass es für seine redaktionellen Zwecke nicht zu gebrauchen sein wird und nimmt es folgerichtig **metaphorisch** aus dem Licht; so entzieht er es der Aufmerksamkeit. Der junge Mann begibt sich nach wenigen Tagen wieder in die Redaktion, um zu sehen, was aus seinem Projekt geworden sei. Der Redakteur präsentiert ihm das „Meisterstück“ (Z. 27), worauf „[d]as steife Papier gleißte“ (Z. 28), also unangenehm stark glänzt. Der Karton, den der Fotograf vorher im Labor aus dem Fixierbad genommen hat, „glänzte“ (Z. 22) dagegen angenehm. Der Leser ahnt nach der bedrohlich klingenden Beschreibung schon den negativen Fortgang der Handlung. Selbst das Papier wehrt sich anscheinend gegen die Verfälschung, indem es sich steif macht. Es kann nichts dafür, trotzdem „würgte [der Fotograf] das Blatt. Das Papier lärmte aufgeregt.“ (Z. 31) Vom Autor **personifiziert**, wird es gewürgt, als hätte es einen Hals, und es protestiert dagegen mit Lärm. Somit entladen sich Enttäuschung und Empörung des jungen Mannes am Papier, die er wohl lieber am Verursacher des Machwerkes selbst ausgelebt hätte. Weitere auffällige sprachliche Mittel sind die **Wortschöpfung** „Seelenwunde“ (Z. 65 f.), die mit einem „Pflästerchen“ (Z. 65) in Form einer Honoraranweisung behandelt werden soll. Der **Diminutiv** zeigt, wie wenig ernst der Redakteur die künstlerischen und moralischen Bedenken des Fotografen nimmt. Dass die Seelenwunde **ironisch** als „ach so tief[…]“ bezeichnet wird, zeugt von Zynismus und Arroganz. Die **Vergleiche** „wie eine düstere Silhouette“ (Z. 9) und „die sanfte Schwingung von einem Paar Mädchenbeinen ästhetischer als das deprimierende Krückengerüst“ (Z. 61 f.) veranschaulichen die Veränderungen im Foto. Die **Alliteration** bzw. der **Reim** „Versehrter, Verehrter!“ (Z. 10 f.) verdeutlicht einmal mehr die aufgesetzte Redeweise des Redakteurs. **Abwertende Ausdrücke** wie „Kies“ (Z. 41), „Kleine“ (Z. 44) oder „Laden“ (Z. 57) zeugen von seiner Überheblichkeit bzw. fehlendem Respekt anderen Menschen gegenüber.

Untersuchung der Kommunikation: Missverständnisse

Die beiden Protagonisten sprechen nicht dieselbe Sprache: Wenn der Redakteur dem Fotografen beispielsweise verspricht: „Ihre Arbeit kommt ganz groß.“ (Z. 17), meint er tatsächlich, dass das Foto groß, z. B. dreispaltig, über die halbe Zeitungsseite (vgl. Z. 28 f.) erscheint. Der junge Mann dagegen rechnet sich nach diesen Worten eher aus, dass er mit seiner Arbeit groß herauskommt, d. h. als Künstler wahrgenommen wird. Als der Zeitungsmann die Veränderungen im Bild präsentiert und stolz darauf verweist, dass diese kein Mensch bemerke, bestätigt dies der Fotograf mit „Wirklich […] Das merkt kein Mensch.“ (Z. 53 f.), bringt damit aber seinen Schrecken zum Ausdruck. Er findet es eben gerade beunruhigend, wenn Leser der Zeitung nicht bemerken, dass an einem Foto Veränderungen vorgenommen worden sind. Der Redakteur ist wiederum stolz darauf, dass der „Laden funktioniert“ (Z. 57), währenddessen die zweimalige Bestätigung des jungen Mannes „Das tut er […] Wahrhaftig, das tut er.“ (Z. 58) vielleicht seine Zweifel und Besorgnis darüber anmeldet, welche Möglichkeiten sich in Zukunft durch solche technischen Raffinessen wohl noch eröffnen mögen.

Handlungszeit

Die Geschichte spielt im **vorigen Jahrhundert**, was man leicht an verschiedenen Indizien bemerkt: Der Fotograf entwickelt seine Fotos im Labor, zieht „feuchten, glänzenden Karton aus dem Fixierbad“ (Z. 22) und bewahrt sie großformatig in einer Mappe auf. Heute ist die chemische Entwicklung von Fotos zwar nicht gänzlich abgeschafft, doch werden sie fast nur noch digital produziert. Das Motiv der marschierenden Soldaten mag damals noch Zündstoff für Diskussionen über vergangene Kriege gewesen sein, da der Zweite Weltkrieg, von Deutschland ausgelöst, noch nicht so lange zurückgelegen hat. Heute defilieren (also: ziehen) Soldaten nur noch selten durch die Stadt bzw. an Ministern vorbei. Diskussionen stoßen eher Bilder mit Soldaten in anderen Ländern an (z. B. im Nahen Osten), die die eigene Bevölkerung bekämpfen. Auch den Klischierer gibt es als Berufsbezeichnung nicht mehr. Heute erledigt der Mediengestalter entsprechende Aufgaben am Computer. Mit ‚**Klischee**‘ bezeichnet man außerdem eine überkommene Vorstellung oder ein **eingefahrenes Denkschema**, eine abgedroschene Redensart oder vorgeprägte Ausdrucksweise, kurz: eine überholte Perspektive.

Deutung des Titels

Die „überholten Perspektiven“ – der Autor verwendet den Plural – im **Titel** sind **mehrdeutig:** Sie beziehen sich einmal auf das **Foto**, das etwas zeigt, was den Lesern angeblich nicht mehr zugemutet werden könne, da sich das Blatt zur Familienlektüre ausgewachsen habe. Beim wohlverdienten Abendstündchen könne man diese nicht mit solchen tristen Sachen belasten, so der „Boß“ (vgl. Z. 33–36). Anti-Kriegs-Botschaften seien also „überholt“. Für den Betrachter hätten sich im ursprünglichen Foto die Figuren zu einem Ganzen gefügt, nämlich in dem Sinn, dass der Einbeinige im Vordergrund ein **Kriegsopfer** darstellt und die Soldaten im Hintergrund solche Kriegsopfer werden könnten, wenn sie in den Kampf geschickt würden oder welche verursachen, wenn sie schießen. Über den Inhalt des Bildes wird geurteilt: „Damals, gleich nach der Niederlage, hätte man so etwas bringen können.“ (Z. 33 f.) Dies ist eine Anspielung auf das Ende des Zweiten Weltkrieges 1945 in Deutschland, in dessen Folge es viele solcher Kriegsversehrter gegeben hat. Die Bildunterschrift „Wenn die Soldaten durch die Stadt marschieren …“ (Z. 45 f.) hätte zu beiden Varianten gepasst, aber die Fortsetzung des Konditionalsatzes hätte in Gedanken der Leser jeweils entscheidend anders gelautet, nämlich zunächst „… könnte es sein, dass sie bald in den Kampf geschickt und Opfer werden wie der da im Vordergrund“ oder jetzt: „… erfreuen sich die Mädchen an den strammen Kerlen und winken ihnen zu.“

grundsätzliche Problematik: Kunst vs. Geld

Der Titel ist auch **ironisch** gemeint, denn **ambitionierte Fotos mit künstlerischem Wert** sind nie unzeitgemäß. Seit 1955 vergibt die Stiftung „World Press Photo“ jedes Jahr Preise für die besten Pressefotos, die dann in einer Wanderausstellung und in einem Jahrbuch veröffentlicht werden. Die **überholte Perspektive** hat derjenige, der solche Bilder ablehnt oder, noch schlimmer, verfälscht. Ein Zwiespalt zwischen Autoren und Rezipienten klingt an: Inwiefern hängt die Qualität eines Mediums von dem ab, was die Leser, Zuschauer oder Zuhörer sich wünschen bzw. inwiefern verwirklichen die Autoren ihre eigenen Intentionen ohne Rücksicht auf Wünsche? Das Abhängigkeitsverhältnis zwischen Autoren bzw. Medien und Konsumenten ist ständig präsent, sie beeinflussen sich immer gegenseitig. Man kann auch an verschiedene **Lebenseinstellungen** denken: Ist es mittlerweile „überholt“, der Wahrheit und dem Anspruch von Kunst zuliebe auf Umsatz und Honorar zu verzichten?

Ein **Fotograf** hat als Künstler gegenüber den Betrachtern seiner Bilder eine **Verantwortung**. Das ist dem Protagonisten bei Reding bewusst – wir erfahren, dass er sich an Kollegen orientiert, die ihre Werke in avantgardistischen Kunstzeitschriften veröffentlicht haben. Sie gehören zu einer der politischen und künstlerischen Bewegungen, die eine starke Orientierung an der **Idee des Fortschritts** gemeinsam haben und sich durch besondere **Radikalität gegenüber politischen Verhältnissen oder ästhetischen Normen** auszeichnen.

Der Redakteur in der Kurzgeschichte verkörpert dagegen den Typus des Geschäftsmannes, der glaubt, dass man **alles mit Geld regeln** könne und dass alle Menschen käuflich seien. Symbolisch reibt er Daumen und Zeigefinger aneinander (vgl. Z. 42), das Zeichen für Geld, was den Fotografen aber (anscheinend) nicht beeindruckt.

Indem bei Reding eine Figur auf einem Foto ausgetauscht wird, wird die **Wahrheit manipuliert**. Zunächst scheint es sich jeweils nur um einen kleinen Eingriff in die Bildkomposition zu handeln, doch die Wirkung auf den Rezipienten ist mächtig. Aus der Aussageabsicht, dem Appell des Malers, die vor den Schrecken eines Krieges warnt, wird ein eindimensionales Bildchen: ein winkendes Mädchen im Dirndl. So wird Wahrheit verschleiert, ja sogar **ins Gegenteil verkehrt**.

Schriftliche Abiturprüfung Deutsch (Baden-Württemberg): Übungsaufgabe 11
Essay

Aufgabenstellung
Schreiben Sie unter Verwendung des folgenden Dossiers einen Essay zu dem Thema „Kurz die Welt retten oder der Natur den Rest geben: Mensch und Natur heute“.

Material 1

Tim Bendzko: Nur noch kurz die Welt retten

Ich wär so gern dabei gewesen, doch ich hab viel zu viel zu tun, lass uns später weiter reden. Da draußen brauchen sie mich jetzt, die Situation wird unterschätzt. Und vielleicht hängt unser Leben davon ab. Ich weiß es ist dir ernst, du kannst mich hier grad nicht entbehren, nur keine Angst, ich bleib nicht allzu lange fern.

Refrain:
Muss nur noch kurz die Welt retten, danach flieg ich zu dir.
Noch 148 Mails checken, wer weiß, was mir dann noch passiert, denn es passiert so viel.
Muss nur noch kurz die Welt retten und gleich danach bin ich wieder bei dir.
Irgendwie bin ich spät dran, fang schon mal mit dem Essen an. Ich stoß dann später dazu. Du fragst wieso weshalb warum, ich sag, wer sowas fragt, ist dumm. Denn du scheinst wohl nicht zu wissen, was ich tu. Ne ganz besondere Mission, lass mich dich mit Details verschonen. Genug gesagt, genug Information.

Refrain:
Muss nur noch kurz die Welt retten, danach flieg ich zu dir.
Noch 148 Mails checken, wer weiß, was mir dann noch passiert, denn es passiert so viel.
Muss nur noch kurz die Welt retten und gleich danach bin ich wieder bei dir.
Die Zeit läuft mir davon, zu warten wäre eine Schande für die ganze Weltbevölkerung. Ich muss jetzt los, sonst gibt's die große Katastrophe, merkst du nicht, dass wir in Not sind?

Refrain:
Ich muss jetzt echt die Welt retten [...].

Material 2

© Roger Schmidt

Material 3

Die Natur kommt zu sich selbst nur im Menschen. Nur in ihm erfüllt sich ihr Sinn. Außer dem Menschen ist kein Geschöpf fähig, das vielfältige Wechselspiel im ökologischen Haushalt zu verstehen, zu respektieren oder auch zu zerstören. Er ist und bleibt der einzige, der aufgrund seiner besonderen Ausstattung dieses Geschehen in seine Verantwortung zu nehmen imstande ist. Darum ist der „Alleinvertretungsanspruch der Menschheit für den Kosmos" nicht eine „dumme und anmaßende Parole der Macht", sondern die präzise Bestimmung der Würde des Menschen, durch den allein auch Wert und Würde der Natur gewährleistet werden können.

Aus: Alfons Auer: Im Konfliktfall gilt der Vorrang der Ökologie vor der Ökonomie. Der Bürger im Staat, 35. Jg., Heft 3, 9/1985, S. 175 (gekürzt).

Material 4

Im Laufe des 20. Jahrhunderts wird die Vorstellung von der Natur als dem Heilen und Ganzen angesichts der Erfahrungen von totalem Krieg und Völkermord und später vor dem Hintergrund der fortschreitenden industriellen Naturzerstörung vollends fragwürdig. Wie die Gedichte von Brecht, Eich, Huchel, Fried, Kunert und Becker zeigen, kann die Natur nun erst recht nicht mehr glaubhaft als eigene, abgeschlossene Sphäre vorgestellt werden, die eine Zuflucht vor den Unbilden der modernen Kultur und Gesellschaft gewährt. Und selbst da, wo sie weiterhin Züge des Schönen und Unversehrten trägt, erscheint sie meist doch nur als etwas Verlorenes, von fern Erinnertes, bisweilen gar als trügerische Illusion.

Aus: Ulrich Kittstein: Deutsche Naturlyrik. Ihre Geschichte in Einzelanalysen, Darmstadt: Wissenschaftliche Buchgesellschaft 2009, S. 312.

Material 5

Naturzerstörung: Forscher warnen vor Reaktionen auf den Klimawandel

[...] **Negative Folgen alternativer Energien**

Auch der Ausbau der Nutzung regenerativer Energien muss der Umwelt nicht immer gut tun, betonen die Wissenschaftler. Der Bau von Dämmen zur Nutzung der Wasserkraft etwa könne schwere Schäden in den Süßwasser-Ökosystemen nach sich ziehen, ganz zu schweigen von der Überflutung ganzer Täler. Auch die falsche Vorstellung, dass Biosprit die Treibhausgas-Emissionen senke, werde noch immer als Grund vorgeschoben, große Regenwald-Gebiete abzuholzen und etwa für den Zuckerrohr-Anbau zu nutzen.

Historische Beispiele hätten gezeigt, welche Folgen menschliche Wanderungsbewegungen haben können, so die Forscher. So sei es gegen Ende des vergangenen Jahrhunderts in Burkina Faso zu klimabedingter Migration gekommen. Das habe zu einem 13-prozentigen Rückgang der Waldbedeckung geführt, weil neue Ackerflächen benötigt worden seien. In Ghana wiederum habe die Dezimierung der Fischvorkommen zu einer verstärkten Jagd auf Affen geführt.

Ein weiteres Beispiel sei der Tsunami in Südasien, der 2004 mehrere Hunderttausend Menschen das Leben kostete. Zwar hatte der Tsunami selbst nichts mit dem Klimawandel zu tun. „Aber viele der Reaktionen, die er in Gang gesetzt hat, sind vergleichbar mit denen auf extreme Wetterereignisse", meint Turner. Die tropischen Wälder, etwa in der Region Aceh, hätten durch die anschließende Suche nach Baumaterialien und durch die schlechte Wahl neuer Gebäude-Standorte schwere Schäden genommen.

„Das kann uns eine Lehre sein", so Turner. „Wenn wir uns nicht das ganze Bild, sondern nur kleine Teile anschauen, könnten wir mit unserer Reaktion [bei] der Artenvielfalt und den Ökosystemen mehr Schaden anrichten als der Klimawandel selbst."

http://www.spiegel.de/wissenschaft/natur/naturzerstoerung-forscher-warnen-vor-reaktionen-auf-den-klimawandel-a-710903.html (09.08.2010)

Hinweise und Tipps

Ein Essay behandelt eine über einen konkreten Anlass hinausgehende Problematik in Form eines **subjektiven Gedankenspaziergangs**. Dabei wird das Thema umkreist im **Wechselspiel von Assoziation und Reflexion**, wodurch sich auf einer Metaebene eine eigene Sicht der Problematik ergibt. Ein **roter Faden**, der den Leser durch den Text geleitet, ist dabei unverzichtbar. Ebenso bietet sich eine **Eröffnungssituation** an, auf die man im Verlauf des Essays oder spätestens am Ende zurückkommen kann, um den Gedankenflug in einer **Kreisbewegung** zum Abschluss zu bringen. Dabei ist gegebenenfalls auf eine in sich stimmige Zeitstruktur zu achten. Der Schluss kann eine **differenzierte**, **auch provokante Positionierung** beinhalten. Er kann allerdings auch **offen** bleiben, um dem Leser ein Weiterdenken zu ermöglichen. Stilistisch sind alle Ebenen der Textproduktion denkbar, **deskriptiv**, **appellativ**, **reflexiv**, **expressiv oder narrativ**. Alle Stilmittel, insbesondere auch der fiktionalen Textproduktion (Bilder, Wortspiele, Assoziationen, rhetorische Figuren etc.), sind erlaubt, solange sie **funktional für den Inhalt** sind. Selbst gezielte Stilbrüche oder originelle Geistesblitze sind in diesem Sinne möglich. Der souveräne Umgang mit **Bildungs- und Fachwissen** aus persönlicher Perspektive ist erwünscht. Zur Unterstützung erhalten Sie Hintergrundinformationen in Form eines **Dossiers**. Dieses besteht aus diversen Materialien (z. B. journalistische Texte, Cartoons, Bilder, Grafiken, Statistiken, fiktionale Kurztexte, kurze Interviews etc.), deren Hauptgedanken Sie für die Anfertigung Ihres Essays verwenden können, aber nicht müssen.

Lösungsvorschlag in Grundzügen

Kurz die Welt retten oder der Natur den Rest geben: Mensch und Natur heute

„Muss nur noch kurz die Welt retten und gleich danach bin ich wieder bei dir. Die Zeit läuft mir davon, zu warten wäre eine Schande für die ganze Weltbevölkerung. Ich muss jetzt los, sonst gibt's die große Katastrophe, merkst du nicht, dass wir in Not sind", klang es aus den Lautsprechern des Schnellimbisses neulich abends in einem der großen Freizeitparks. Ich saß bei meinem Cheeseburger und hatte nicht nur ein vages Gefühl, dass die vielen Verpackungen und Becher, die auf dem Tisch standen, nicht gerade den geeigneten Beitrag zu diesem Weltrettungsprogramm leisteten. Ich lasse den Tag Revue passieren:

Eröffnungssituation
Bezug zu Material 1
Liedauszug
Assoziationen, Gefühle

Was für ein Vormittag heute in diesem Vergnügungseldorado! Eine Attraktion nach der anderen, Wasserrutschen, Achterbahnen, Loopings bis zum Abwinken. Immer höher und immer schneller! Und die Massen strömen, können gar nicht genug von diesem Geschwindigkeitsrausch bekommen. Was wohl die Stromkosten pro Tag für einen solchen Freizeitpark ausmachen? Oder sollte ich besser fragen: pro Stunde? Dazu all die sonstigen Anlagen, die mit großem Energieaufwand betrieben werden, angefangen von den Wildwasserkanälen und endend bei den Fritteusen in den Schnellimbissrestaurants. Dafür reisen alle Gäste selbstverständlich mit umweltfreundlichen Autos an. Der riesige Parkplatz ist völlig überfüllt: jede Familie im eigenen Auto! Dazu Busse in unüberschaubarer Anzahl, ja, sogar per Flugzeug werden die Amüsierwilligen über den nahegelegenen Flugplatz herangeschafft. So viel Energiebedarf für ein paar Stunden Action und Fun, Ausstieg aus dem Alltagsleben? Ich komme ins Grübeln.

Rückblende
Tempuswechsel
Atmosphäre
Zeitfaden
rhetorische Fragen
Ironie
expressiv

Neulich habe ich irgendwo gelesen, dass die Menschen immer nur das in ihrem Leben sehen, was sie eben sehen (wollen). Der Blick aufs Ganze fehlt! Platons berühmtes Höhlengleichnis hat dies schon thematisiert: Es führt uns im wahrsten Sinne des Wortes „vor Augen", wie der Mensch sich ein „Bild" von der Wirklichkeit macht, weil er nur deren Schatten wahrzunehmen in der Lage ist. Oder nehmen wir den Aufklärungsphilosophen Leibniz, der behauptet hat, dass der Mensch mit seinem verengten Blickfeld das göttliche Universum nur ausschnitthaft wahrnehmen kann. Der Gesamtzusammenhang bleibt ihm verborgen.

reflexiv
Bildungswissen
Bild

So schaffen wir heute Freizeitanlagen auf der grünen Wiese, weil wir unsere freie Regenerationszeit möglichst intensiv und konzentriert genießen wollen; die grüne Wiese als solche im Ökosystem interessiert uns dabei weniger. Um die Natur wirklich zu schonen, fahren wir mit Biosprit. Dass dieser auf Kosten von abgeholzten Regenwäldern produziert wird, sehen wir nicht, weil wir die Gesamtzusammenhänge nicht reflektieren. Wir bauen möglichst neue energieeffiziente Behausungen, möglichst Einfamilienhäuser, weil die alten Häuser zu teuer im Betrieb geworden sind; dass dies den Landverbrauch steigert, ist zunächst einmal zweitrangig. So war es und so wird es leider bleiben: Was der Mensch sich an vermeintlich segensreichem Fortschritt ausdenkt, und sei es noch so gut gemeint – die Natur zieht immer den Kürzeren. Man könnte fast glauben, dass der Schöpfer tatsächlich einen Webfehler in seiner Schöpfung übersehen hat, wie sonst ließe sich das Ausmaß an Umweltzerstörung durch den Menschen erklären, dem wir uns heute ausgesetzt sehen!

Aktualisierung
roter Faden
Bezug zu Material 5
Ambivalenz
Bezug zu Material 2

Ich erinnere mich an zwei Bibelstellen aus der Schöpfungsgeschichte. Die eine erklärt den Menschen ausdrücklich zum Herrscher über die Erde, die er sich „untertan“ machen soll; die andere sieht ihn als Bebauer und Bewahrer der Natur. Warum wohl hat sich die erste Interpretation im Laufe der Menschheitsgeschichte durchgesetzt und ist die zweite eher in den Hintergrund getreten? Man sollte doch davon ausgehen dürfen, dass der Mensch, die vermeintliche Krone der Schöpfung, so viel Bewusstsein und Würde haben müsste, dass er seine eigenen Lebensgrundlagen nicht zerstört! Albert Schweizer hat einmal gesagt, das Höchste, was der Mensch darf, ist „zur Erkenntnis der Ehrfurcht vor dem Leben“ zu gelangen, „aus der Unwissenheit heraustreten, in der die übrige Kreatur schmachtet“. Und dann beschreibt er sehr eindrucksvoll, wie der Mensch, eben weil er mitleidsfähig sei, über der übrigen Natur stehe, deren Gesetz vom erbarmungslosen Willen zum Leben geprägt sei. Viele weniger emotional geprägte Wissenschaftler glauben, dass es nur dem Menschen mit seinen spezifisch menschlichen Fähigkeiten möglich ist, bewusst Verantwortung für die Erhaltung unserer Natur zu übernehmen. Doch offenbar fehlt uns Menschen dafür der notwendige Durchblick oder, besser gesagt, der notwendige Überblick. Letztlich haben wir immer nur an uns selbst gedacht, an unser eigenes Wohlbefinden im Augenblick, ganz so wie die vielen Freizeitparkbesucher, die im Hier und Jetzt ihr kurzes Glück suchen, ohne über den Preis dieses Glücks weiter nachzudenken.

Gedanken-spaziergang
rhetorische Frage
Bildungswissen, Zitat
Bezug zu Material 3: Fachwissen
roter Faden

Am späten Mittag meines Aufenthalts werden auf einem der vielen Plätze zum Ausruhen die Grillgeräte angeworfen. Es dampft und stinkt; Familienväter stehen da in Schürzen mit Aufschriften wie „Hier kocht der Chef“, Mütter packen Salatboxen (Tupperware) aus, Kinder trampeln mit zugestöpselten Ohren übers Grün und essen kleine Snacks gegen den großen Hunger; die Verpackungen lassen sie liegen. Der ganze Platz sieht aus wie eine Müllhalde. Am Rande eines Rastplatzes lege ich mich erschöpft von den vielen Freizeitaktionen auf die Wiese. Schnell dämmere ich weg und sehe unzählige Kids in Markenkleidung mit zugestöpselten Ohren über eine Wiese toben. Es herrscht gespentische Stille. Alle sind abgekapselt von Natur und Umwelt. Sie leben nur noch in ihren Kopfhörern und in dem, was aus diesen herausdröhnt. Albtraumgebeutelt wache ich auf.

Zeitfaden
Atmosphäre
Ironie
narrativ
Werbeslogan-parodie
Tagtraum
szenische Gestaltung
Wortspiel

Andrerseits: Haben wir nicht auch das Recht, einfach einmal „abzuschalten“ und unseren Spaß zu haben? Müssen wir alles, was wir tun, gleich in den großen Zusammenhang stellen und moralisch hinterfragen? Und außerdem, wenn ich auf meinen Spaß verzichte, wer garantiert mir, dass andere dies genauso tun? Alltagsbeispiel Mülltrennung: Was nutzen mir meine besten Absichten, wenn mein Nachbar all seinen Abfall kreuz und quer in eine Tonne wirft? Nachher muss ohnehin alles noch einmal getrennt werden, was sich dann auch noch auf die Müllgebühren negativ auswirkt, die alle bezahlen müssen. Und überhaupt, was bringt mein guter Wille, wenn die Mehrheit in der Gesellschaft sich Ohrstöpsel aufsetzt und rücksichtslos in den Tag hinein lebt? Soll ich fortwährend den Spaßverderber spielen? Kein Bock!

Antithese
rhetorische Fragen
Aktualisierung
Bild
Stilbruch

Stopp! Hier darf der Mensch seine Denkfähigkeit ruhig einmal einsetzen. Natürlich dürfen wir unseren Spaß haben, doch da, wo der Spaß zu Lasten aller geht, hört er auf. Wir sollten aus der Vergangenheit gelernt haben, welche Folgen menschliche Zerstörungswut, ob kriegerischer oder indus-

Emphase
reflexiv

trieller Art, für unsere Lebensbedingungen gehabt hat. Nicht von ungefähr gibt es beinahe kein modernes Gedicht mehr (abgesehen von trivialen Volksmusik- und Schlagertexten vielleicht), das uns noch eine heile Natur anbietet, mit der wir uns problemlos identifizieren könnten. Die heutigen Naturgedichte sind eher Zeugnisse für das verloren gegangene Vertrauensverhältnis des Menschen zur Umwelt, die uns so rein gar keine Beruhigung zu verschaffen vermögen. Wir Menschen können und müssen über unseren Horizont hinaus denken und verantwortungsvoll handeln, damit wir wenigstens den Rest Natur, der uns geblieben ist, bewahren für unsere Nachkommen. Das bedarf vor allem einer ganzen Portion persönlichen Durchhaltewillens, „kurz" wird sich die Welt ohnehin nicht retten lassen, wie das in dem eben ausklingenden Lied beschrieben worden ist. Wir leben nun einmal nicht in einer Welt des Schlagers; schon gar nicht in der der sogenannten „Volksmusik", wo der Wald ganz grün, die Wiese bunt und blumig ist, die Bienlein summen und der Himmel immer blau ist. Immerhin singt Tim Bendzko in seinem gerade beliebten Hit „Nur noch kurz die Welt retten" nicht von dieser künstlichen Idylle; er sieht die Welt als rettungsbedürftig an. Und er ruft zur Aktion auf, auch wenn zu bezweifeln ist, dass unserer zerstörten Lebenswelt durch „Mails checken" geholfen werden kann. Vielleicht wäre es besser, darüber nachzudenken, ob nicht gerade dieses technizistische Verhältnis zur Welt als Flucht vor der wirklichen Tat zu sehen ist. Aber das hatten wir schon einmal …

Bezug zu Material 4
appellativ
Exkurs
Alliterationen
roter Faden
Kreisbewegung

Es geht dem Abend entgegen. Ich habe es nicht mehr geschafft, noch eine größere Attraktion in Form einer Wasserachterbahn zu besuchen. Jetzt sitze ich in einem schön gemütlichen Riesenrad und lasse meinen Blick über die Landschaft schweifen. Grüne Wiesen, weite Felder und wirklich beeindruckende Bäume bis zum Horizont, auch Waldstücke sind dabei. Dahinter ein rot schimmernder Sonnenuntergang. Es gibt sie noch, die Idylle, manchmal fast zu schön, um wahr zu sein! Wie würde die Natur eigentlich sein, wenn es uns Menschen nicht geben würde? Ruhe und Frieden würde herrschen, sagen die einen; ein nicht enden wollender Kampf um die Existenz würde sein, glauben die anderen. Die menschliche Zivilisation habe alle Natur zerstört, behauptet Rousseau; der Mensch im vorstaatlichen Naturzustand „ist dem Menschen ein Wolf", sagt Thomas Hobbes. Schon mein Blick auf die Landschaft zeigt mir, dass beides zusammen existieren kann: Es gibt naturbelassenen Wald und es gibt fruchtbare Felder nebeneinander! Warum hat unser Denken so oft Ausschließlichkeitscharakter?

Zeitfaden
Situation
Atmosphäre
deskriptiv und
expressiv
reflexiv
Dialektik:
Antithesen –
Synthese
appellativ

Erich Kästner hat gesagt: „Es gibt nichts Gutes, außer man tut es." Wirklich ethisches Verhalten denkt und redet also nicht nur, sondern ist ein Akt der Tat! Aristoteles hat dies übrigens auch schon gewusst mit seiner Vorstellung von der „praktischen Philosophie". Wenn immer mehr Menschen den Willen aufbringen, nicht nur über unsere Umwelt zu räsonieren, sondern entsprechend zu handeln und vor allem bewusster zu leben, dann wird es schließlich die Mehrheit in der Gesellschaft sein, die sich für die Natur einsetzt! Dass dabei das Denken weiter eine zentrale Rolle spielen muss, liegt auf der Hand! Wie anders können Menschen überzeugt werden, dass sie ihr Verhalten ändern sollen? Nur, es muss gerade heute, nachdem wir durch unsere Lebensweise unseren Planeten immer weiter zerstört haben, ganzheitlich und verantwortungsvoll in die Zukunft gerichtet sein. Wir müssen lernen, uns als einen Teil der Natur zu sehen, und wir müssen

Zitat
Bildungswissen
Ausblick
persönliches Urteil
expressiv
rhetorische Frage

Verantwortung übernehmen für die nachfolgenden Generationen. Da wird es schon notwendig sein zu fragen, ob wir unseren Enkeln und Urenkeln beispielsweise einen Berg von ungesichertem Atommüll hinterlassen wollen und ob wir von der gentechnischen Manipulation des menschlichen Erbguts nicht doch lieber Abstand nehmen wollen.

aktuelle Beispiele

Fachwissen

Ja, dachte ich, als ich meinen Pappbecher im Schnellimbiss am Abend zusammenknüllte und mit dem Geschirr vorschriftsmäßig entsorgte, heute habe ich meinen Spaß gehabt, aber das reicht auch wieder für das nächste halbe Jahr! Und vielleicht komme ich das nächste Mal mit der Bahn – die fährt nämlich bis direkt vor den Haupteingang des Freizeitparks. – Nein, eigentlich war ich schon entschlossen, das Auto das nächste Mal stehen zu lassen – nicht nur für den Weg zum Freizeitpark.

roter Faden

Rückkehr zur Ausgangssituation

expressiv

Weiterdenken für den Leser

Schriftliche Abiturprüfung Deutsch (Baden-Württemberg): Übungsaufgabe 12
Essay

Aufgabenstellung

„Digitale Demenz" und „Dumm 3.0" – Verblöden wir am Computer? Verfassen Sie auf der Grundlage des Dossiers einen Essay zu diesem Thema.

Material 1

Charlotte Theile: Surfen für Anfänger

Immer mehr Drei- bis Fünfjährige gehen über iPads und Smartphones ins Internet, wie eine neue Studie zeigt. Die Geräte sind schließlich kinderleicht zu bedienen. Aber sind die Inhalte für Kleinkinder geeignet? […]

Eine Studie aus Österreich hat den Internetkonsum Drei- bis Sechsjähriger untersucht und festgestellt: In mehr als zwei Dritteln der befragten Familien haben Vorschulkinder mit internetfähigen Geräten zu tun. 52 Prozent der Kinder waren schon im Netz, 41 Prozent sogar regelmäßig. Spiele, Videos und Fotos seien bei den Kleinsten besonders beliebt, sagt Bernhard Jungwirth, Leiter des österreichischen Instituts für Telekommunikation Öiat, das die Studie zum „Safer Internet Day" am 5. Februar veröffentlicht hat. Am höchsten sei die Nutzung, wenn ein Tablet im Haus sei.

In Deutschland ist eine ähnliche Entwicklung zu beobachten wie in Jungwirths Studie, wenn auch der Anteil der Kleinkinder hierzulande geringer ist. Die KIM-Studie des Medienpädagogischen Forschungsbunds Südwest untersucht seit mehr als zehn Jahren, wie Kinder mit Computer und Internet umgehen. 2013 wird erstmals die Gruppe der zwei bis fünf Jahre alten Kinder behandelt. Bisher begann die Untersuchung bei Sechsjährigen. Für KIM-Forscher Thomas Rathgeb ist die frühe Nutzung durchaus problematisch. „Kinderleichte Bedienung" bedeute nicht, „dass die Inhalte auch für Kinder geeignet sind."

Wie viel und vor allem ab wann Internet-Angebote sinnvoll sind – darüber gibt es unterschiedliche Auffassungen. Der Ulmer Hirnforscher Manfred Spitzer warnt: „Zu frühe Internet-Nutzung macht Kinder dumm." Er befürchtet, dass es dadurch zu schlechterer Konzentrationsfähigkeit und verlangsamtem Denken kommt, und rät, Kinder unter drei Jahren nie „vor Bildschirme zu setzen."

Das abschreckende Bild blasser Kleinkinder, die im Schummerlicht eines Monitors geparkt werden, habe mit der Realität wenig zu tun, findet Medienpädagoge Stefan Aufenanger von der Universität Mainz. Der 63-Jährige beobachtet begeistert, wie seine Enkel, fünf und acht Jahre alt, das Netz erkunden. „Wir können online ‚Das verrückte Labyrinth' gegeneinander spielen, ich in Mainz und sie in den Niederlanden." Außerdem gebe es „tolle Angebote", mit denen Kinder selbstständig das Netz entdecken können, die Suchmaschinen fragfinn.de und blinde-kuh.de etwa.

Wichtig sei jedoch, dass Eltern kleine Kinder im Netz begleiten, sie bei ihren ersten Schritten an die Hand nehmen. Sonst drohen eventuell hohe Kosten, außerdem sind die Inhalte nicht immer geeignet. „Wer seinem Kind eine App zum Spielen gibt, sollte sie ausprobiert haben", fordert Aufenanger. […]

http://jetzt.sueddeutsche.de/texte/anzeigen/565764 (05.02.2013)

Material 2

DUMM 3.0: „Wenn Sie sich zum Affen machen wollen …“

Markus Reiter beschreibt im Buch „Dumm 3.0“, wie Twitter, Blogs und Social Networks „unsere Kultur bedrohen“. Im Interview erzählt er, warum er nicht an das Netz glaubt.

ZEIT ONLINE: Wer ist denn Ihrer Meinung nach Dumm 3.0?

MARKUS REITER: Im Netz lässt sich schwierig herausfinden, wer dumm ist und wer nicht. Das ist ja genau das Problem. In der alten Welt der Medien gab es Gatekeeper, also zum Beispiel Journalisten, die versuchten, das Gute und das weniger Gute, das Richtige und das Falsche zu trennen. Und wenn es diese Institutionen eines Tages nicht mehr gibt, dann müssen Sie all das selber machen. Und vor dieser unglaublichen Menge an Informationen werden viele kapitulieren.

ZEIT ONLINE: Aber findet im Netz nicht vielmehr eine unglaubliche Demokratisierung statt?

MARKUS REITER: Ich glaube, dass das eine Täuschung ist. Letztlich werden sich im Netz jene soziodemografischen Eliten behaupten, die sich auch in der alten Welt behauptet haben. Also die Zahl der mit Relevanz bloggenden Münchner Taxifahrer mit Migrationshintergrund oder der bloggenden Kriegerwitwen ist beschränkt. Wenn Sie sich anschauen, wer im Netz relevante Kultur oder Information produziert, dann sind das Leute, die entweder in den alten Medien bereits Erfolg hatten, oder die in den alten Medien Erfolg gehabt hätten, wenn es das Internet nicht gegeben hätte.

ZEIT ONLINE: Was ist denn mit YouTube, wo in der Minute 24 Stunden Videomaterial hochgeladen werden, größtenteils kleine, selbst produzierte Filmaufnahmen. Ist es nicht toll, dass das alles dort auch sein Publikum findet?

MARKUS REITER: Wenn Sie sich im Netz zum Affen machen wollen, haben Sie immer ein Publikum. Aber das ist ja nichts, was eine gesellschaftliche Relevanz bekäme. Wenn Sie so wollen: Sie haben Brot und Spiele. Und im Moment hat die gesellschaftliche Elite den Vorteil, dass sie die Spiele noch nicht einmal selber bieten muss, sondern dass die Leute sie selbst veranstalten.

ZEIT ONLINE: Wo ist das Problem?

MARKUS REITER: Ich wende mich im Wesentlichen gegen die Heilserwartung, die Internetapologeten[1] oder selbst ernannte Evangelisten an das Internet stellen. Also gegen den Glauben, dass das Internet emanzipatorisch wirke und dass jetzt neue Möglichkeiten der Demokratisierung bestünden. Es ist hier schlicht ein Machtkampf im Gange zwischen den Eliten der alten Medien und denjenigen, die an die Fleischtöpfe wollen.

ZEIT ONLINE: Fördert das Netz nicht aber gesellschaftliche Lernprozesse, indem es mehr Menschen ermöglicht, sich Gehör zu verschaffen und aktiv zu partizipieren?

MARKUS REITER: Die allermeisten Menschen partizipieren ja gar nicht. Wenn Sie schauen, wie viele Leute beispielsweise zu der gewaltigen Internet-Enzyklopädie Wikipedia beitragen, dann haben wir es mit wesentlich weniger als einem Prozent zu tun. Es gibt Schätzungen, dass ein paar Hundert Menschen den allergrößten Teil der Inhalte beitragen.

http://www.zeit.de/digital/internet/2010-03/markus-reiter-dumm-3.0/komplettansicht
Interview: Tina Klopp; Zeit Online (19.03.2010)

Erläuterung

1 Apologet: jemand, der mit seiner ganzen Überzeugung hinter einer Auffassung bzw. Lehre steht und diese mit Nachdruck vertritt

Material 3

Material 4

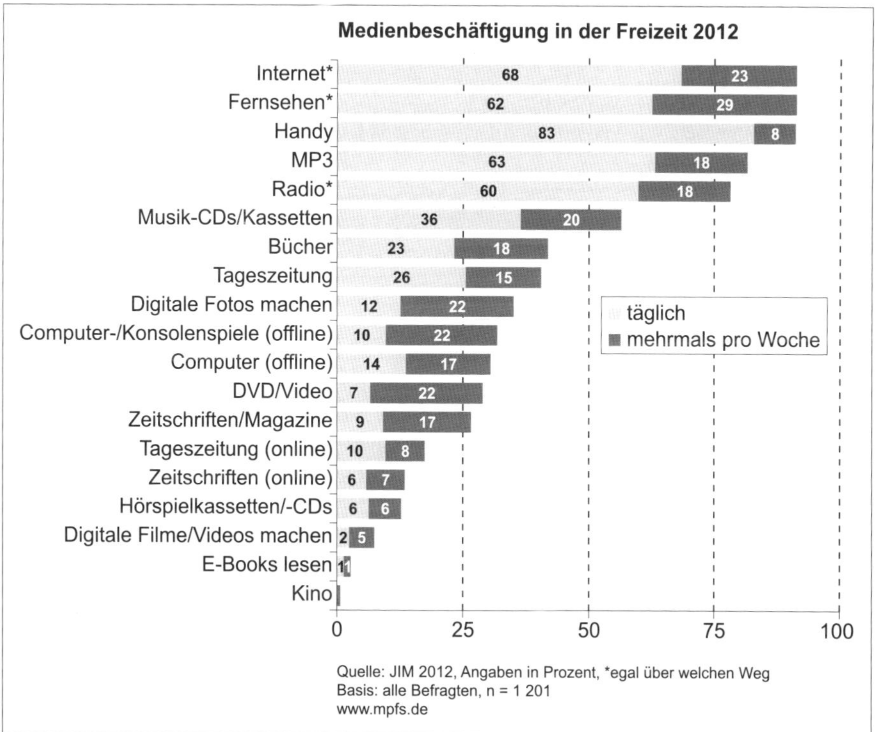

http://www.mpfs.de/index.php?id=535

Material 5

Sprichwörter und Redensarten

Die Dummheit ist die sonderbarste aller Krankheiten. Der Kranke leidet niemals an ihr. Aber die anderen leiden.
Paul-Henri Spaak

Computer = Die intelligentesten Idioten, die es gibt.
Norman Mailer (*1923), amerik. Schriftsteller

Der Computer ist ein mechanischer Hohlkopf.
Peter F. Drucker (*1909), amerik. Managementlehrer u. -berater

Material 6

Studie: Computer machen Schüler schlauer

Wenn Kinder und Jugendliche in virtuelle Welten abtauchen, wird es Eltern oft mulmig. Viele fürchten, die ständige Hockerei am PC wirke sich negativ auf schulische Leistungen aus. Eine neue Studie gibt Entwarnung.
Demnach erzielen Kinder, die Web und PC intensiv nutzen, bessere Schulnoten als Mitschüler, die den Computer gar nicht oder selten anschalten. Wenn Kinder Offline-Lernsoftware sehr intensiv nutzen, schneiden 67 Prozent in Mathematik, 69 Prozent in Deutsch und 42 Prozent in Fremdsprachen mit „sehr gut“ oder „gut“ ab. Deutlich seltener kommen überdurchschnittliche Noten bei den Nichtnutzern vor: 55 Prozent glänzen in Mathematik, 53 Prozent in Deutsch und 35 Prozent in Fremdsprachen. Das hat die Sonderstudie „Bildung via Internet: Wie vernetzt sind Deutschlands Kinder?“ von Fujitsu Siemens Computers (FSC) und der Initiative D 21 ergeben.

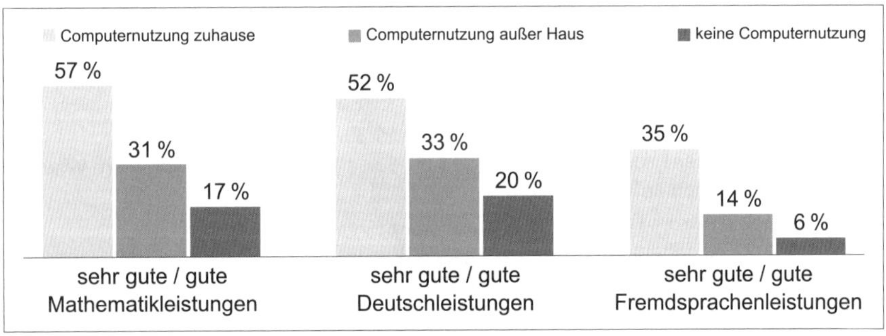

Online lernt es sich besser

Online-Lernangebote fördern die sprachlichen Fähigkeiten der Schüler anscheinend in besonderem Maße: Während nur 49 Prozent der Nichtnutzer überdurchschnittliche Deutschnoten erhalten, steigt der Anteil auf 71 Prozent, wenn Online-Lernsoftware sehr intensiv genutzt wird. Bei Fremdsprachen ist der Unterschied noch deutlicher: 56 Prozent der regelmäßigen Nutzer, aber nur 30 Prozent der Nichtnutzer schließen das Fach mit „sehr gut“ oder „gut“ ab. „Sobald Kinder zu Hause einen Zugang zu den digitalen Medien haben, steigt die Leistung in Mathematik, Deutsch und den Fremdsprachen“, resümiert FSC-Marketing-Chefin Barbara Schädler.

Selbst Spielernaturen profitieren vom Bildungspotential des Webs: Viele Online-Spiele und Hintergrundinfos sind ausschließlich in Englisch erhältlich, so dass Gamer ihre Fremdsprachenkenntnisse aktivieren müssen. „Da ist es nicht verwunderlich, dass bei intensiver Nutzung eher gute bis sehr gute Fremdsprachenleistungen erzielt werden", erläutert Schädler, die das Ergebnis nicht als Freibrief für grenzenlose Computerspiel-Sessions verstanden wissen will.

Wissen vernetzen

„Kinder, die intensiv auf dem PC spielen, bringen tendenziell weniger gute Schulnoten nach Hause", warnt sie. In Mathematik und Deutsch seien die Noten der Kinder mit durchschnittlichem Spielverhalten am besten. „Eltern sollten Computerspiele daher in Maßen zulassen."

http://www.focus.de/schule/familie/medien-tipps/tid-11805/studie-computer-machen-schueler-schlauer_aid_332642.html; Focus online (14.09.2008)
Autorin: Monika Holthoff-Stenger

Material 7

Definition

Eine **Demenz**, lat. *Demens* „ohne Geist" bzw. *Mens* = Verstand, *de* = abnehmend) ist ein Defizit in kognitiven, emotionalen und sozialen Fähigkeiten, das zu einer Beeinträchtigung sozialer und beruflicher Funktionen führt und meist mit einer diagnostizierbaren Erkrankung des Gehirns einhergeht. Vor allem ist das Kurzzeitgedächtnis, ferner das Denkvermögen, die Sprache und die Motorik, bei einigen Formen auch die Persönlichkeitsstruktur betroffen. Maßgeblich ist der Verlust bereits erworbener Denkfähigkeiten im Unterschied zur angeborenen Minderbegabung. Heute sind verschiedene Ursachen von Demenzen geklärt; einige Formen können in gewissem Umfang behandelt werden, das heißt, die Symptome können im Anfangsstadium einer Demenz verzögert werden. Die am häufigsten auftretende Form der Demenz ist die Alzheimer-Krankheit. Eine Demenz kann auf ganz verschiedenen Ursachen beruhen; für die Therapie ist die Klärung dieser Unterscheidungsmerkmale wichtig.

Wikipedia, 07.05. 2013

Material 8

Bei einer Untersuchung an jüngeren Berufstätigen wurde festgestellt, dass schon mehr als 60 % über Vergesslichkeit klagen, etwa sich nicht die eigene Telefonnummer oder die PIN merken, ein Gedicht im Kopf zu behalten oder die Frage „Was habe ich heute Mittag gegessen?". Als eine der Ursachen für diese Veränderung der Merkfähigkeit wird die steigende Informationsflut vermutet […].
Dazu Manfred Spitzer (Buchempfehlung: „Digitale Demenz. Wie wir uns und unsere Kinder um den Verstand bringen"): Wer Informationen googelt, speichert die Erkenntnisse mit geringer Wahrscheinlichkeit im Gehirn ab, wer sich im Chat austausche, statt Face to Face mit einem Gegenüber darüber zu sprechen, merkt sich Inhalte nicht so gut. Da im Internet zudem mehr gelogen und betrogen wird als in der realen Welt, arbeitet das menschliche Gehirn nicht mehr in der gleichen Weise präzise. Dieser oberflächliche Vorgang hemmt die Gehirn-Bildung langfristig, sodass verfrüht Symptome einer Demenz eintreten, wobei das Problem der digitalen Demenz in den nächsten Jahrzehnten deutlich zunehmen wird.

http://lernen.lerntipp.at/247/digitale-demenz, 12.06. 2013

Hinweise und Tipps

Bei dem Essay wird Ihnen ein **Dossier** aus unterschiedlichen Materialien zu einem Thema vorgelegt, z. B. journalistische Texte (Berichte, Reportagen, Interviews usw.), Grafiken aller Art, Bilder, aber auch Aphorismen, Sprichwörter und Zitate von Aussagen berühmter Persönlichkeiten oder Ausschnitte aus literarischen Werken. Das Dossier dient als Grundlage für die Auseinandersetzung mit dem Thema des Essays, es ersetzt in der Prüfungssituation die eigene Recherche nach relevantem Material. Darüber hinaus soll das Dossier Sie dazu anregen, eigenes Vorwissen zum Thema zu aktivieren, Assoziationen zu bilden und Ideen zu entwickeln.
Nach der gründlichen Lektüre der Dossier-Materialien (Lesen mit Stift, Markieren, Anbringen von Randnotizen) sollten Sie für jeden Dossierteil eine kurze Zusammenfassung der zentralen Aussagen notieren. Auch wenn solche **Abstracts** als Prüfungsleistung nicht verlangt und bewertet werden, empfiehlt sich dieser Arbeitsschritt, um sich die Facetten des Themas bewusst zu machen. In einem weiteren Schritt hat sich das **Cluster** als Verarbeitungsform bewährt: Entwickeln Sie einen Ideenstern mit eigenen Gedanken, Ideen, Fragen zum Thema usw. Durch Strukturierung des Clusters und der zentralen Aussagen aus den Dossiermaterialien erhalten Sie eine Mindmap, die auch als Gliederungshilfe für den zu schreibenden Aufsatz geeignet ist, denn der Essay soll eine Art assoziativer „Gedankenspaziergang" sein, auf den Sie Ihre Leser in unterhaltsamer, anschaulicher und gleichzeitig anspruchsvoller Schreibweise mitnehmen.
Persönliche **Positionsbestimmung** und **Aufforderung zur Meinungsbildung** sind die Hauptanliegen eines Essays. Dazu eignet sich ein Sprachstil, der im Unterschied zur präzise und sachlich argumentierenden (textgebundenen) Erörterung von **Subjektivität** geprägt ist: Schilderungen, Provokationen, das Spiel mit dem Klang der Wörter und der Bedeutung der Begriffe, Ironie und Witz, Anspielungen und Wortneuschöpfungen sind, immer mit Maß und Ziel, ausdrücklich erlaubt.
Dennoch müssen Sie darauf achten, dass Ihr Essay einen **roten Faden** hat, den der Leser erkennt. Deshalb empfiehlt es sich, einen Schreibplan zu erstellen, in dem Sie bereits berücksichtigen, an welchen Stellen im Aufsatz Materialien aus dem Dossier integriert werden sollen. Achten Sie beim Verfassen Ihres Essays darauf, dass die geplante Gliederung auch im Layout des Textes sichtbar wird.
Sprachliche Richtigkeit ist, wie bei allen Aufsätzen, auch für den Essay ein Bewertungskriterium.

Lösungsvorschlag in Grundzügen

„Digitale Demenz" und „Dumm 3.0" – Verblöden wir am Computer?

Begriffserläuterung „Demenz" (Bezug zu Material 1)

Eine Demenz ist ein „Defizit in kognitiven, emotionalen und sozialen Fähigkeiten, das zu einer Beeinträchtigung sozialer und beruflicher Funktionen führt und meist mit einer diagnostizierbaren Erkrankung des Gehirns einhergeht. Vor allem ist das Kurzzeitgedächtnis, ferner das Denkvermögen, die Sprache und die Motorik, bei einigen Formen auch die Persönlichkeitsstruktur betroffen."

Assoziationen zum Begriff „Demenz"

Mit dieser Erläuterung umschreibt das Internetlexikon Wikipedia eine **Krankheit**, von der in unserer alternden Gesellschaft immer mehr Menschen betroffen sind. Wir alle haben sofort die passenden **Bilder** dazu parat: der freundliche Herr aus der Nachbarschaft, der bei jeder Begegnung am Gartenzaun die immer gleiche Geschichte mehrfach hintereinander erzählt, die auf Ordnung bedachte Hausfrau, die ihren Geldbeutel immer öfter verlegt und ihn eines Tages im Kühlschrank wiederfindet, die Oma, die im Hochsommer im Pelzmantel spazieren geht, der unsicher tappende Greis, der mit erloschenem Blick seinen Rollator durch die düsteren Gänge eines Pflegeheims schiebt. Demenz – ein **Fluch**, der jeden treffen kann in einer Gesellschaft, die den Menschen, statistisch gesehen, eine immer höhere Lebenserwartung in Aussicht stellt.

Vor diesem Hintergrund liest sich der Titel des Buches „Digitale Demenz" des Ulmer Hirnforschers und Psychiaters Manfred Spitzer als polemische **Provokation:** Nicht um krankhafte Veränderungen im Hirn alter Menschen geht es, sondern darum, so der Untertitel, „Wie wir uns und unsere Kinder um den Verstand bringen" – und zwar mit Computer & Co. Spitzer outet sich nicht zum ersten Mal als vehementer Kritiker von Bildschirmmedien, denen er einen fatalen Einfluss auf die mentale, psychische und soziale Gesundheit gerade der jungen Generation unterstellt. „Digitale Demenz", so kann man analog zur Definition von Wikipedia formulieren, ist ein durch den Gebrauch von Bildschirmmedien hervorgerufenes „Defizit in kognitiven, emotionalen und sozialen Fähigkeiten", welches „das Kurzzeitgedächtnis, ferner das Denkvermögen, die Sprache und die Motorik, bei einigen Formen auch die Persönlichkeitsstruktur" betrifft. Von dieser „Krankheit" werden, so lässt sich Spitzers Buchtitel weiter ausdeuten, vor allem Kinder und Jugendliche befallen, und schuld daran sind nicht biologische Abbauprozesse, sondern bewusste (Miss-)Handlungen der Erwachsenen. Mit dem Stichwort „Digitale Demenz" stellt sich ein **Horrorszenario** vor dem inneren Auge ein, das den Vergleich mit den oben skizzierten Momentaufnahmen von Alzheimer-Patienten nicht scheuen muss: Säuglinge, die mit starrem Blick auf ein Foto im iPad schauen, anstatt mit allen Sinnen aktiv ihre Umwelt zu erkunden, Kleinkinder, die in der Kita isoliert vor Videospielkonsolen kauern, anstatt draußen zu toben und ihre Kräfte zu erproben, Schüler, die ziellos und tumb im Internet herumirren, anstatt konzentriert an anspruchsvollen Denkaufgaben zu arbeiten, Jugendliche, die ihren Tag mit Killerspielen am Computer verbringen und dabei emotional abstumpfen und schließlich Amok laufen. Da drängt sich die Frage auf: **Wie sieht** für diese Gesellschaft **die Zukunft aus**, wenn bei den Alten der Verstand nachlässt und die Jungen von vornherein verblöden?

Buchtitel „Digitale Demenz": eine Provokation (Bezug zu Material 1 und 8)

Übertragung der Definition „Demenz" auf „digitale Demenz" Beispiele

daraus resultierende Frage

Das Bild ist zugespitzt, ganz wie es Herrn Spitzer – nomen est omen – gefallen würde. Aber auch andere Kritiker schildern die Auswirkungen von Medienkonsum auf unsere Gesellschaft nicht weniger pointiert. So bezweifelt der Journalist und Medienberater Markus Reiter in seinem Buch mit dem plakativen Titel „**Dumm 3.0**" die viel beschworene „Demokratisierung", die das Internet weltweit bewirkt haben soll. Für eine Täuschung hält er die Auffassung, dass Internet und social media zur Überwindung sozialer und kultureller Spaltungen in der Gesellschaft beitrügen. Ganz im Gegenteil, er behauptet: „Wenn Sie sich anschauen, wer im Netz relevante Kultur oder Information produziert, dann sind das Leute, die entweder in den alten Medien bereits Erfolg hatten, oder die in den alten Medien Erfolg gehabt hätten, wenn es das Internet nicht gegeben hätte." Auch die Einwände der Interviewerin von ZEIT-online weist er zurück: Die allermeisten Menschen partizipierten nicht aktiv an emanzipatorischen Prozessen im Netz und würden **sich „zum Affen machen"**, wenn sie Filme, Fotos, Nachrichten ohne jede gesellschaftliche Relevanz ins Internet stellen. Eine **Karikatur** illustriert diesen Gedanken: Computer und Internet, so könnte man das Bild deuten, vollenden die **Evolution der Spezies Mensch**

(Bezug zu Material 2)

im **homo digitalis**, der dem Affen wieder verdächtig nahekommt. Durch die Nutzung von Geräten mit höchster künstlicher Intelligenz wird der Mensch „dumm 3.0": Krumm und gebeugt vor dem Bildschirm sitzend verbringt er sein Leben und lässt alle körperlichen und geistigen Fähigkeiten verkümmern, die ihm der aufrechte Gang einst ermöglicht hat.

Karikatur (Bezug zu Material 3)

Zu einer **konträren Einschätzung** gelangt die Studie „Bildung via Internet: Wie vernetzt sind Deutschlands Kinder?": „**Computer machen Schüler schlauer**", so lautet das Fazit einer Untersuchung von Fujitsu Siemens Computers (FSC) und der Initiative D 21, über die focus-online berichtet. Demnach erzielen Kinder, die Internet und PC „intensiv nutzen" und mit Lernsoftware trainieren, in den Hauptfächern Deutsch, Mathematik und Fremdsprachen bessere Leistungen als ihre Klassenkameraden, die den Computer nicht oder selten nutzen. Balkendiagramme visualisieren die Befunde – und sollen ihre Glaubwürdigkeit untermauern. Dass die FSC-Marketing-Chefin Barbara Schädler zu einem so positiven Fazit kommt, ist allerdings nicht verwunderlich, vertritt sie doch die wirtschaftlichen Interessen der Computerindustrie. Dennoch versäumt sie es nicht, **vor exzessivem Medienkonsum**, z. B. von Computerspielen, **zu warnen**.

Gegenposition:
– empirische Untersuchung (Bezug zu Material 6: Statistik)

Relativierung: ökonomische Interessen der Auftraggeber

Was stimmt denn nun? Werden wir immer dümmer durch Computer, Internet & Co? Oder steigt die Aussicht auf Bildungsgerechtigkeit und Intelligenz für alle?

Die Antwort ist, wie so häufig, **kein entweder – oder**. Entscheidend scheinen eher folgende Fragen: Welches Maß an Medien ist dem Menschen zuträglich? Welche Bindungen und Verbindungen geht er mit der verfügbaren Technik ein? Zu welchen Zwecken nutzt er künstliche Intelligenz?

Zwischenfazit: Fragen

Dass Babys und Kleinkinder eine **anregungsreiche reale Umwelt** brauchen, um sich körperlich, geistig und sozial gesund entwickeln zu können, steht außer Frage. Niemand will den Teddybären durchs iPad, den Beißring durch eine spezielle App und die über dem Kinderwagen baumelnden bunten Kugeln und Figuren durch einen Videofilm ersetzen. Aber schon im Vorschulalter können die digitalen Medien eine Bereicherung und Erweiterung des Lebensumfelds bieten. So berichtet der Medienpädagoge Stefan Aufenanger von der Universität Mainz begeistert davon, wie er dank Internet gegen seine fünf und acht Jahre alten Enkelkinder das Computerspiel „Das verrückte Labyrinth" spielt, er in Mainz, die Kinder in den Niederlanden. Zudem hält er Suchmaschinen für sinnvoll, die auf die Bedürfnisse und die Denkweise von Kindern eingestellt sind, z. B. fragfinn.de und blinde-kuh.de. Allerdings, so betont auch Aufenanger, ist es wichtig, dass die Kinder bei ihren ersten Schritten im Netz von den Erwachsenen **begleitet und geführt** werden. Der Verführung, aus der kinderleichten Bedienbarkeit der modernen Hard- und Software die Kindertauglichkeit ihrer Inhalte abzuleiten, müssen sich verantwortungsvolle Eltern widersetzen. Dass der unkontrollierte Umgang mit digitalen Medien bei Vorschulkindern durchaus problematisch ist, meint auch der KIM-Forscher Thomas Rathgeb, der 2013 in einer neuen Studie des Medienpädagogischen Forschungsbunds Südwest erstmals die Gruppe der zwei bis fünf Jahre alten Kinder untersucht. **Konzentrationsprobleme**, **oberflächliches Denken**, verkürzte Aufmerksamkeitsspannen sind die häufig beobachtete Kehrseite intensiver Mediennutzung bei Kindern und Jugendlichen.

Betrachtung der Realität: einige Szenen

Position von Medienpädagogen (Bezug zu Material 1)

Ob diese Entwicklung auf „digitale Demenz“ hinausläuft oder zum Phänomen „dumm 3.0“ führt – die **zunehmende mediale Durchdringung des Alltagslebens** lässt sich durch solche kulturkritischen Warnungen sicher nicht aufhalten. Längst rangieren Internet, Fernsehen und Handy im Medienmix der Jugendlichen an erster Stelle (vgl. JIM Studie 2012). Smartphone, Laptop und Tablet gehören in allen Altersklassen ganz selbstverständlich zum Lebensstil und helfen Probleme zu lösen, an die sich noch vor Kurzem nur Experten herangewagt hätten. Den Angehörigen unserer Generation, den **digital natives**, **stellt sich** Manfred Spitzers **Frage nach der digitalen Demenz also gar nicht**, ganz im Gegenteil: Durch digitale Medien können wir die kognitiven, emotionalen und sozialen Fähigkeiten weiterentwickeln, die wir für die Anforderungen unserer Lebenswelt brauchen. Wenn wir uns über Facebook vernetzen, wenn wir uns in englischsprachigen Chatrooms treffen, wenn wir durch Computeranimationen komplexe naturwissenschaftliche Zusammenhänge begreifen, dann führen die neuen Medien nicht in die „digitale Demenz“, sondern tragen ganz im Gegenteil dazu bei, dass wir unseren Lebensraum erweitern, uns Weltwissen aneignen und selbst Wissen generieren. Warum sollten wir auf diese Möglichkeiten verzichten? Was ist dagegen einzuwenden, dass wir Informationen bei Bedarf über das Smartphone recherchieren, anstatt eine Bibliothek aufzusuchen oder im Großen Brockhaus aus dem Bücherschrank der Eltern nachschlagen, sofern es einen solchen gibt? Was spricht dagegen, dass wir die Möglichkeit ortsungebundener Kommunikation nutzen, um Freundschaften zu pflegen und Communitys zu bilden? Was sollte uns daran hindern, virtuelle Welten zu erkunden und im Spiel unsere Identität immer neu zu konstruieren? Bei allen Formen des Web 2.0 ist nämlich nicht nur passiver Konsum gefragt, sondern **aktives Mitmachen**, bei dem das Gehirn in Schwung kommt.

Wiederaufnahme der Fragestellung

Medien gehören zum heutigen Lebensstil (Bezug zu Material 4)

persönliche Positionierung aus der Perspektive von digital natives

rhetorische Fragen

Die Gefahr, dass wir uns durch digitale Medien „um den Verstand bringen“, sehe ich weniger im drohenden Verlust von Konzentrationsvermögen und Denkfähigkeit, sondern in den **Anforderungen der sogenannten „Wissensgesellschaft“**, die sich bei genauerem Hinsehen als „Wissenskonsumgesellschaft“ erweist. Wenn das komplette Wissen der Welt jederzeit per Mausklick verfügbar ist, wie findet man dann Orientierung? Wenn jedes Smartphone in Sekundenschnelle eine uferlose Informationsflut liefert, wie soll man da unterscheiden, was wichtig und was unwichtig ist? Der freie Zugang zu den Wissensbeständen der Welt führt dazu, dass wir über immer mehr Informationen verfügen und immer weniger wissen, wozu wir diese brauchen. Bildung im Sinne des Leitspruchs der Aufklärung, *Sapere aude*, zu erwerben, wird immer schwieriger. Droht also doch eine digitale Demenz, die unser Denkvermögen einschränkt?

Problemaufriss

Infragestellung der eigenen Position

Ja und nein! Natürlich wissen wir, dass der **Computer** „ein **mechanischer Hohlkopf**“ (Peter F. Drucker) ist, und wir erfahren tagtäglich, dass elektronische Geräte „die intelligentesten Idioten [sind], die es gibt“. Wie bei allen Medien kommt es auf den richtigen **Umgang** mit ihnen an, und der muss von klein auf gelernt und trainiert werden.

Fazit: Es kommt auf den richtigen Umgang an (Bezug zu Material 5)

Im Zeitalter der Aufklärung konnten etwa 80 % der Bevölkerung weder lesen noch schreiben. Der **Zugang zur Bildung**, deren Leitmedium das gedruckte Buch war, musste gegen kirchliche Macht und weltliche Fürstenherrschaft hart erkämpft werden. Heute, da im Prinzip allen das gesamte Weltwissen zur Verfügung steht, geht es darum, sich durch gezielte **Selektion von Wissen** und bewusste **Abwehr überflüssiger Informationen** von einer allmächtigen Datenindustrie zu emanzipieren.

Vergleich mit Bildung in früherer Epoche

Wie kann das gelingen? Sicher nicht durch bewahrpädagogische Verhinderungsstrategien, wie sie Herr Spitzer propagiert, sondern durch die Ausbildung klarer Wertvorstellungen davon, wie das richtige und gute Leben der Zukunft aussehen soll. Nach wie vor ist es eine der wichtigsten Aufgaben der Gesellschaft, die nachwachsende Generation zu kritischem Denken zu befähigen. Dazu gehört heute auch, dass Kinder und Jugendliche frühzeitig lernen, mit den Medien ihrer Zeit reflektiert umzugehen, damit sie deren Möglichkeiten und Grenzen einschätzen und sie zur Gestaltung der Zukunft nutzen können.

Ausblick: Erziehung zu Werten, kritischem Denken

Schriftliche Abiturprüfung Deutsch (Baden-Württemberg): Übungsaufgabe 13
Essay

Aufgabenstellung
Schreiben Sie auf der Grundlage des vorgelegten Dossiers einen Essay mit dem Titel „**Vom Umgang mit Neid**“

Material 1:

Leonardo da Vinci – Der Pfirsichbaum

Ein Pfirsichbaum, der neben einem Nußbaum lebte, betrachtete voll Neid die mit Nüssen beladenen Zweige seines Nachbarn.
Warum darf er so viele Früchte tragen, dachte er, und ich so wenige? Das ist nicht gerecht. Ich will versuchen, es ihm gleichzutun.
„Übernimm dich nicht“, sagte ein junger Pflaumenbaum, der seine Gedanken las. „Siehst du nicht, was für mächtige Zweige der Nußbaum hat, was für einen Stamm? Jeder muß seiner Kraft gemäß geben. Denke daran, gute Pfirsiche zu geben. Nicht die Quantität, die Qualität wiegt!“
Aber der Pfirsichbaum platzte vor Neid und wollte nicht hören. Er hieß seine Wurzeln, mehr Substanz aus der Erde zu ziehen, seine Fasern, mehr Saft aufzunehmen, seine Zweige, mehr Blüten zu treiben, seine Blüten, sich in mehr Früchte zu verwandeln, bis er schließlich, als seine Zeit kam, von Kopf bis Fuß mit Pfirsichen beladen war.
Aber die reifenden Pfirsiche nahmen zu an Gewicht, und die Zweige konnten sie nicht mehr tragen; auch der Stamm konnte alle diese von Pfirsichen überfüllten Zweige nicht mehr halten. Ächzend bog sich der Pfirsichbaum, und dann, mit großem Krachen, spaltete sich der Stamm, und alle Pfirsiche rollten dem Nußbaum vor die Füße.

Aus: Leonardo da Vinci: Fabeln. Hrsg. von Bruno Nardini, übersetzt von Rudolf Hagelstange. Würzburg: Arena Verlag 1973.

Material 2:

Martin Seel – Neid

Die Tugend der Bewunderung unterhält eine interessante Liaison[1] mit dem Neid. Wer nämlich bewundern kann, vermag neidlos neidisch zu sein. Dieser Anwandlung wohnt keinerlei Missgunst bei. „Ich beneide dich um deine Gelassenheit“, sagen wir manchmal, und stellen uns vor, auch wir hätten mehr von diesem Temperament. Ob es sich um Geduld, Energie, Disziplin oder um Besitztümer wie Ferienhäuser oder Jacketts mit Streifenmuster handelt, man begehrt das, was andere haben, ohne sich doch zu wünschen, diese hätten es nicht. Man würde es nehmen, aber will es ihnen keineswegs nehmen. Respekt für alle wird in der neidlosen Bewunderung von wenigen geübt. Man muss auch gönnen können – nicht nur sich selbst, sondern denen, die haben, was wir nicht haben.
Die aggressiv Neidischen sehen das anders. Sie halten den Vergleich nicht aus. Sie vergleichen sich mit den anderen und neiden ihnen alles, wodurch sie vermeintlich oder tatsächlich besser dastehen. Oder doch fast alles. Einige der immateriellen Güter lassen sie beiseite, denn was nützte es, Ulrichs Frohsinn zu haben, wenn man sein Ferienhaus nicht hätte. Glück, Glanz und Ruhm missgönnt der Neidische allen, die sich darin sonnen dürfen. Er nimmt ihnen ihren Nimbus[2] oder Wohlstand nicht deshalb übel, weil sie sich ihn ergaunert hätten (denn das wäre ein Grund zur Empörung), sondern einfach, weil sie haben, was er nicht hat. Wenn er nur könnte, würde er sich alles das nehmen, was freilich seinen Reiz nur hätte, wenn er es den anderen abnehmen könnte. Denen, die vom Neid

zerfressen sind, wäre es weit lieber, dass keiner diese Güter hat, als dass irgendein anderer sie hat. Phantasien der Zerstörung geben sie sich nur zu gern hin.
[…] Der generöse[3] und der aggressive Neid haben dieselbe Wurzel. Da man sich eine Gesellschaft ohne den generösen kaum wird wünschen wollen, wird man nicht davon träumen dürfen, den aggressiven einmal ein für alle Mal losgeworden zu sein. Eine Gesellschaft ohne Neid wird es nicht geben, vielleicht aber eine, in der Neid und Gier nicht das Sagen haben.

Aus: Martin Seel: 111 Tugenden – 111 Laster. Eine philosophische Revue. S. Fischer Verlag: Frankfurt/M. 2011, S. 113–115

Worterklärungen:
1 Liaison: Verbindung
2 Nimbus: besonderes Ansehen
3 generös: großzügig

Material 3:

„Missgunst gehört zum Berufsalltag"

Neid kann produktiv machen – wenn Konkurrenz gesund gesteuert wird. Was Führungskräfte zu beachten haben, erklärt die Arbeitspsychologin Julia Belting im Interview.

ZEIT ONLINE: Frau Belting, Sie haben sich mit Konkurrenzverhalten am Arbeitsplatz beschäftigt. Gehört Konkurrenz zum Arbeitsalltag?

JULIA BELTING: Ja. Generell kann man sagen, dass Neid, Missgunst und Konkurrenz zum Berufsalltag in jeder Branche und in jedem Unternehmen gehören. Wo Menschen zusammen arbeiten, gibt es auch Konkurrenz. Und sie lässt sich auch positiv steuern.

ZEIT ONLINE: Konkurrenz hat einen erheblichen Einfluss auf das Arbeitsklima.

BELTING: Das stimmt, aber das muss nicht zum Nachteil werden. Konkurrenz bedeutet Wettbewerb, sie ist wichtig für wirtschaftlichen Erfolg. Wir wissen, dass Unternehmen mit Monopolstellung weniger innovativ sind und kostenintensiver produzieren als Unternehmen, die im Wettbewerb stehen. Das lässt sich auch auf das Individuum übertragen: Studien zeigen, dass Mitarbeiter produktiver, leistungsfähiger und kreativer sind, wenn sie in einem Umfeld arbeiten, in dem es viele andere leistungsstarke Mitarbeiter gibt. Manche Unternehmen fördern deshalb den Wettbewerb unter den Mitarbeitern, durch Bonuszahlungen oder Auszeichnungen für die besten Mitarbeiter. Gesunde Konkurrenz führt dazu, dass sich Mitarbeiter angespornt fühlen. […]
Schädliche Konkurrenz kann aber auch in einer gesunden Wettbewerbssituation entstehen, denn jeder Mensch geht unterschiedlich mit Konkurrenz um. Die einen sehen sie als sportliche Herausforderung, die anderen fühlen sich dadurch bedroht. Die Angst ist umso stärker, je mehr auf dem Spiel steht: die Versetzung, die Bonuszahlung oder sogar der Job.

ZEIT ONLINE: Wie zeigt sich schädliche Konkurrenz?

BELTING: Wenn Neid und Missgunst verleugnet werden und nicht mehr auf der Sachebene, sondern auf der Beziehungsebene mit unfairen Mitteln ausgetragen werden. Dann kann es zu Mobbing kommen. Das beginnt meist recht harmlos: Wichtige Informationen werden nicht mehr weitergegeben, ein Kollege klaut dem anderen die Idee oder lässt ihn absichtlich bei einer Präsentation unerwähnt. Dieses Verhalten zielt darauf ab, den Konkurrenten auszubremsen. Manchmal äußern die Konkurrenten Zweifel an der Kompetenz des anderen – und organisieren sich schließlich Unterstützer. Es schaukelt sich dann ein Konflikt hoch. [...]

ZEIT ONLINE: Sollten Führungskräfte Konkurrenzsituationen bewusst schüren?

BELTING: Auch das kann ein Instrument zur Mitarbeiterführung sein, wenn der Wettbewerb kein Schädigungspotential entfalten kann. In der Werbebranche beispielsweise wird das häufig genutzt, wenn ein Wettbewerb für die beste Kampagnen-Idee ausgeschrieben wird. Wenn Mitarbeiter um die besten Ideen streiten, ist die Möglichkeit begrenzt, den anderen oder den Kunden zu schaden. Anders sieht es aus, wenn beispielsweise Anlageberater eine bestimmte Anzahl an Abschlüssen erzielen müssen. Verantwortungsvolle Führungskräfte überlegen genau, unter welchen Umständen sie Konkurrenz fördern.

Quelle: ZEIT ONLINE vom 01.03.2012; http://www.zeit.de/karriere/beruf/2012-02/interview-konkurrenz-belting; Zugriff 30. 7. 2012; Interview: Tina Groll

Material 4:

Joseph Epstein – Die Jugend, Gott verdamm sie!

Unter den vielen Dingen, die in den Augen der Welt generell als beneidenswert gelten, gibt es vielleicht nur eins, das nahezu einhellige Zustimmung findet: Jugend. Selbst der Hochherzigste wird bisweilen nicht umhin können, die Jungen zu beneiden, und sei es auch nur um der unbestreitbaren Tatsache willen, dass die wichtigsten Karten des Lebens – die noch vor ihnen liegenden Jahre – nun einmal in ihrer Hand sind. Ich möchte nicht noch mal jung sein, sagt man gerne, was aber wahrscheinlich nichts anderes heißt, als dass man, wenn vielleicht auch unbewusst, die eigene Lebensmüdigkeit zum Ausdruck bringt.

Natürlich sind junge Menschen selbst nicht neidisch auf die Jugend – sie finden andere Dinge beneidenswert: Reichtum, Status, Erfahrung, Macht –, aber fast niemand, der allmählich in die mittleren Jahre kommt, kann die strahlende Jugend ohne einen sehnsüchtigen Seufzer betrachten, der allzu leicht in Neid umschlägt. In den meisten Fällen ist dieser Neid auf die Jugend eher allgemein und harmlos, doch gelegentlich kann er auch sehr unmittelbar und ziemlich bösartig werden.

Die Jungen haben Gesundheit, Energie, feste, wohlproportionierte Körper und normalerweise kaum eine Ahnung, dass das Leben endlich ist. Fast scheint es zwecklos, sie daran zu erinnern, dass die Mortalität letzten Berechnungen zufolge noch immer bei hundert Prozent liegt. Als ich vor vielen Jahren das staatliche Programm zur Bekämpfung der Armut in Little Rock, Arkansas, leitete, arbeiteten wir auch ein sogenanntes Pflegegroßeltern-Programm aus, in dessen Rahmen sich ärmere Mitbürger der älteren Generation ein wenig Geld verdienen konnten, indem sie auf Kinder aufpassten, wenn deren Eltern bei der Arbeit waren. Allerdings stellte sich heraus, dass die Alten von den ganz Jungen nicht immer wirklich angetan waren – um ehrlich zu sein, eigentlich in den seltensten Fällen. Meistens hatten sie sogar eine regelrechte Aversion gegen diese kleinen Kreaturen, die sich noch auf der Erde tummeln würden, wenn sie, die Älteren, schon längst unter ihr lägen. Da das Programm den Neid der Alten auf die Jungen nicht berücksichtigt hatte, erwies es sich letzten Endes als Fehlschlag.

Manchmal fragt man sich, ob der sogenannte Generationenkonflikt, der etwa alle zwanzig Jahre in erneuerter Version wieder aufflammt, nicht weniger ein Konflikt ist als vielmehr eine emotional aufgeladene Beziehung, die seitens der älteren Generation durch Neid entfacht und geschürt wird – einen Neid, in dem oft auch Bedauern mitschwingt.

Aus: Joseph Epstein: Neid. Die böseste Todsünde. Übersetzt von Matthias Wolf. Verlag Klaus Wagenbach: Berlin 2010, S. 54f.

Hinweise und Tipps

Ein Essay stellt den Versuch eines Verfassers dar, auf eine zentrale Frage Antworten zu finden. Der Text spiegelt seinen Gedankengang wider, nähert sich der Thematik aus unterschiedlichen Seiten an und kann durchaus assoziativ und sprunghaft angelegt sein. Auch wenn Sie also den Neid aus ganz unterschiedlichen Perspektiven in den Blick nehmen, muss ein **roter Faden** erkennbar bleiben, damit der Leser in der Lage ist, Ihren Überlegungen zu folgen. Sprachliche Mittel wie die Verwendung von Metaphern, Vergleichen, Zitaten oder ein abwechslungsreicher Satzbau, zu dem auch Fragen oder Ellipsen zählen, sollen die Lektüre möglichst anregend und spannend gestalten. Sie sollten also Ihr Augenmerk auf zwei Schwerpunkte richten: 1. Wie wollen Sie sich dem vorgegebenen Thema inhaltlich annähern, welche Aspekte wollen Sie berücksichtigen? 2. Wie stellen Sie Ihre Überlegungen sprachlich möglichst geschickt dar?

Von zentraler Bedeutung ist die Phase der **Stoffsammlung**, bei der Ihnen das vorgelegte Dossier hilft. Notieren Sie zunächst spontan alle Assoziationen, die Sie mit dem Thema „Neid" verbinden. Lesen Sie dann gründlich die Materialien des Dossiers, unterstreichen Sie wichtige Aussagen und machen Sie am Rand kurze Notizen.

Die Dossiermaterialien beleuchten einzelne Aspekte des Phänomens Neid und bieten Ihnen Bausteine, die Sie in Ihrem **Essay** verwenden können (aber nicht müssen). Beachten Sie die exakte Formulierung der **Überschrift:** Es wird nicht nur nach der Empfindung Neid gefragt, sondern auch nach dem Umgang damit. Dazu können Reaktionen von Beneideten zählen, aber auch Möglichkeiten, wie der Neidische mit diesem Gefühl fertigwird, oder denkbare gesellschaftliche Maßnahmen, um den Neid abzustellen. Wie Sie das Thema inhaltlich füllen, bleibt Ihnen überlassen. Suchen Sie in jedem Fall nach weiteren Punkten zu der Problemstellung und notieren Sie alle Ideen in Form eines **Clusters**. Achten Sie darauf, nicht zu abstrakt zu bleiben, sondern sammeln Sie auch **konkrete Beispiele**, die Ihren Essay lebendig machen. Dies können neidische Personen aus der Geschichte oder der Literatur sein oder aber auch allgemeingesellschaftliche Diskussionsthemen. Ihre in dem Cluster erfasste Stoffsammlung sollten Sie vor der Niederschrift in einem **Schreibplan** ordnen. Verwenden Sie besondere Mühe auf den **Einstieg**, mit dem Sie die Aufmerksamkeit des Lesers gewinnen wollen. Hier empfiehlt es sich, eine ganz bestimmte Situation auszumalen oder aber ein griffiges Beispiel herauszustellen. Überlegen Sie schon vorab, an welcher Stelle Sie auffällige **sprachliche Mittel** verwenden wollen, wo Sie vielleicht ein Zitat einfließen lassen können oder wo Sie den Gedankengang bewusst abbrechen und neu ansetzen wollen. Am **Schluss** besteht die Option, in einer Kreisbewegung die Gedanken Ihres Einstiegs aufzugreifen. Oder Sie schließen mit einer Sentenz oder geben einen Anstoß, der den Leser zum Nachdenken bringen soll.

Lösungsvorschlag in Grundzügen

Vom Umgang mit Neid

„Spieglein, Spieglein an der Wand, wer ist die Schönste im ganzen Land?" – „Frau Königin, Ihr seid die Schönste hier, aber Schneewittchen ist tausendmal schöner als Ihr." Dieses Schönheitsurteil kann die böse Königin aus Grimms Märchen *Schneewittchen* nicht auf sich sitzen lassen und sie lässt nichts unversucht, um dem schönen Mädchen den Garaus zu machen. Ihr Neid treibt sie zu immer neuen Mordanschlägen, für die sie zuletzt selbst mit dem Tod bezahlt.

Einstieg
Beispiel: Märchen

Neid ist es auch, der den Pfirsichbaum in Leonardo da Vincis Fabel dazu bringt, sich zu überanstrengen. Er will unbedingt dem Nussbaum nacheifern und dessen Ertrag erzielen, worüber er seine eigenen Grenzen vergisst. So mobilisiert er all seine Kräfte, um möglichst viele Früchte hervorzubringen, doch sind Stamm und Äste dem Gewicht nicht gewachsen. Die Moral von der Geschicht: Auch hier wird der Neider gestraft und stirbt.

Beispiel: Fabel
Bezug zu Material 1

Zwei alte Erzählungen über Neid, zwei indirekte Warnungen vor einer Empfindung, die als verwerflich und gefährlich dargestellt wird. Dass Neid krank macht, weiß auch der Volksmund: Man ist gelb oder grün vor Neid oder gar von Neid zerfressen. Das Schimpfwort „Neidhammel" schließlich rückt das Gefühl in die Nähe der Dummheit, die man traditionell Schafen zuschreibt.

Neid in Sprichwörtern

Doch was genau bedeutet Neid? Muss er immer schädlich und negativ sein? Neid richtet sich stets auf etwas, das ein anderer hat. Es kann sich um den sozialen Status, materiellen Besitz, bestimmte Privilegien, den Lebensstil oder besondere Fähigkeiten handeln. Dabei lassen sich, so Martin Seel, durchaus zwei Erscheinungsformen unterscheiden. Der generöse Neid ist gleichbedeutend mit neidloser Bewunderung – man gesteht dem anderen seine jeweiligen Gaben oder Güter zu; zwar würde man sie gerne selbst haben, doch ohne sie dem anderen nehmen zu wollen. Die negative Spielart dagegen hat aggressive, destruktive Züge und grenzt an Missgunst. Man gönnt dem anderen seinen Besitz nicht und würde ihm diesen am liebsten wegnehmen, wenn nicht sogar zerstören. Ein drastisches Beispiel für einen zur Besessenheit gesteigerten Neid führt der Spielfilm *Amadeus* vor, der fiktive und reale geschichtliche Ereignisse verwebt: Der Hofkomponist Antonio Salieri verkraftet es nicht, dass der junge Mozart ihm an Talent und Erfolg himmelweit überlegen ist, und treibt seinen Konkurrenten aus Neid in den Tod.

Definition von Neid
Bezug zu Material 2

Filmbeispiel

Kaum einer ist frei von Neid. Auch ich habe mich schon dabei ertappt, wie ich neidisch war auf die neuesten Trendsneakers meines Mitschülers, auf die Beliebtheit eines anderen, den Urlaub einer Freundin auf den Malediven. Das Ungeheuer Neid wird eben nicht nur durch materielle Besitztümer geweckt, auch persönliche Vorzüge rufen es auf den Plan. Und nicht nur ich, also der Einzelne, wird ein Opfer dieses Ungeheuers. Auch die ganze Gesellschaft ist anfällig dafür. Besonders Deutschland wird oft als Neidgesellschaft bezeichnet. Dies zeigen die regelmäßig aufflammenden Neiddebatten, die um die Frage nach sozialer Gerechtigkeit kreisen und die durch das Bekanntwerden hoher Gehälter oder Abfindungen für Vorstandsvorsitzende oder Manager neuen Zündstoff erhalten. Die Emotionen kochen hoch, wenn ein zum Rücktritt gezwungener Bundespräsident einen lebenslangen Ehrensold erhält oder ein Pleite-Manager mit einem „goldenen Handschlag" verabschiedet wird. In der Schweiz wurde nun sogar auf Votum des Volkes ein Gesetz zur Begrenzung von Managergehältern eingeführt.

persönlicher Bezug (konkrete Beispiele)

Neid auf individueller und gesellschaftlicher Ebene

„Was hat er, was ich nicht habe?" – Hinter jener Begehrlichkeit stecken Unzufriedenheit und das Empfinden eigener Minderwertigkeit: Man fühlt sich zu kurz gekommen, man entdeckt beim Gegenüber Dinge, die man bei sich selbst vermisst. Aber auch Verlorenes provoziert Neid: Erwachsene beneiden junge Menschen um deren Jugend und alles, was damit einhergeht: Gesundheit, Fitness, Unbedarftheit, Zukunft. Gerne würden die

thematischer Sprung: Gründe für Neid
Bezug zu Material 4

meisten das Rad der Zeit zurückdrehen und die Weichen ihres Lebens neu stellen. Alles auf Anfang? – Ein Ding der Unmöglichkeit. Und so bleibt eine leichte Missgunst gegenüber jenen, die am Start stehen und sich gar nicht bewusst sind, wie beneidenswert sie sind.

Neid scheint eine anthropologische Grundkonstante zu sein, eine schlechte Eigenschaft, die seit jeher das Wesen des Menschen prägt. Im Alten Testament erschlägt Kain seinen Bruder Abel, da er ihn um Gottes Segen beneidet. Joseph wird von seinen Brüdern ausgesetzt, da sie es nicht ertragen können, dass ihr Vater Jakob ihn bevorzugt. Im griechischen Mythos fürchtete man den Neid der Götter. Wer aus der Masse herausstach – sei es durch Schönheit, sei es durch Klugheit –, musste die Strafe der Himmlischen fürchten. Davon erzählt auch Schillers Ballade *Der Ring des Polykrates:* Als Polykrates sich seines Glückes und seines Vermögens rühmt, warnt ihn ein Freund vor dem Neid der Götter und rät ihm, zur Besänftigung dieser seinen teuersten Schatz im Meer zu versenken. Polykrates wirft beunruhigt seinen Lieblingsring in die Fluten, doch präsentiert ihm alsbald sein Koch einen gefangenen Fisch, in dessen Bauch eben jener Ring liegt. Polykrates kann seinem Schicksal nicht entfliehen: Die göttliche Strafe ist unabwendbar.

Fazit: Neid als typisch menschlich
Rückblick: Beispiele aus Bibel und Mythos

Doch wie schützt man sich vor Neid? Wie geht man mit diesem Unbehagen um? Im Mittelalter fürchtete man den bösen Blick, der als Zeichen des Neids galt und dem man eine unheilvolle, verhexende Wirkung zuschrieb. Um diesen Blick zu bannen, behängte man sich mit Amuletten – diese Form des Aberglaubens ist heute noch in nordafrikanischen Kulturen anzutreffen. Auch die christliche Theologie fordert, den Neid zu bekämpfen – wenn auch nicht mit magischen Mitteln, sondern mit der Nächstenliebe. Liebe ich meinen Nächsten wie mich selbst, gönne ich ihm sein Hab und Gut. Den Neid verteufelte man als Laster, bis er schließlich als eine der sieben Todsünden und als Fahrkarte zur Hölle galt.

Frage nach dem Umgang mit Neid
Rückblick II: Mittelalter

christliche Sichtweise

Und manchmal kann man aus dem Laster auch eine Tugend machen: Der Neid wird zur positiven Triebkraft, zum Stimulans, wenn man ihn gezielt und in Maßen einsetzt, etwa um den Wettbewerb zu fördern. In Unternehmen ist man sich dieser leistungssteigernden Wirkung bewusst und lässt Mitarbeiter um Bonuszahlungen oder Prämierungen konkurrieren. Neid als Impuls, sich selber weiterzuentwickeln. Freilich macht er nur produktiv, solange er nicht umschlägt in Missgunst oder den Wunsch, den anderen zu schädigen. Führungskräfte sollten also nicht leichtfertig Mitarbeiter gegeneinander ausspielen. Auch die Werbung hat den Neid als Motivationsfaktor für sich entdeckt, wenn sich in einem TV-Spot zwei Business-Männer gegenseitig mit Statussymbolen zu übertrumpfen versuchen: „Mein Haus, mein Auto, mein Pferd!"

thematischer Sprung: Nutzen von Neid
Bezug zu Material 3

Beispiel: Werbung

Auf gesellschaftlicher Ebene gab es immer wieder Überlegungen, den Neid durch eine gerechtere soziale Ordnung, durch Umverteilungen zu eliminieren. Karl Marx etwa sah im Kapitalismus eine wesentliche Ursache für Neid. Seine Folgerung: Gleicher Besitz für alle beseitigt auch Neid und Missgunst. Diese These greift aber zu kurz. Mein Mitmensch und ich können beide eine Yacht besitzen – und noch immer ließen sich Anlässe zum Neidisch-Sein finden: weil er tollere Partys auf seiner Yacht feiert, weil er besser navigieren kann, weil ihm die Kapitänsuniform besser steht ... Dem Neid sind keine Grenzen gesetzt. Er ist und bleibt eine zutiefst mensch-

gesellschaftliche Maßnahmen gegen Neid

liche Eigenschaft, die unabhängig von den Rahmenbedingungen auftritt. Will man ihm beikommen, muss man bei sich selbst ansetzen.

Die böse Königin fühlt sich erst durch die Gegenüberstellung mit Schneewittchen nicht mehr schön genug. Der Pfirsichbaum aus da Vincis Fabel empfindet sich erst aufgrund seiner Beobachtung des Nussbaumes als nicht genügend. Da Neid immer aus einem Vergleich resultiert, gilt es, nicht den Besitz oder die Fähigkeiten eines anderen als Maßstab zu betrachten, an dem ich mein eigenes Leben messe. Auch sollte man stets bedenken, dass man nicht in den Beneideten hineinschauen, also nicht beurteilen kann, ob es ihm wirklich besser geht. Ein gesundes Selbstwertgefühl ist die Voraussetzung dafür, dem anderen etwas zu gönnen.

Rückbezug auf Beispiele des Einstiegs

Schlussfolgerungen

Den Neid kann also nur jeder selbst bändigen. Und dies ist nicht nur im Interesse des Beneideten, der mit den feindlichen Gefühlen umgehen muss, sondern auch im Interesse jedes Einzelnen. Wie das Märchen sowie die Fabel zu Beginn gezeigt haben, schadet der Neider vor allem sich selbst. Aufgrund seiner Missgunst steht er sich selbst im Weg und ist nicht in der Lage, seine eigenen Talente und Güter wertzuschätzen.

Doch so sehr man sich auch bemüht, vollends wird sich der Neid nie beseitigen lassen. Nicht umsonst schrieb Molière: „Die Neider sterben wohl, doch nimmermehr der Neid.“

Schluss: Sentenz

Deutsch (Baden-Württemberg): Abiturprüfung 2009
Aufgabe 4: Interpretationsaufsatz zu einem Gedicht oder Gedichtvergleich

Thema:
Hermann Hesse (1877–1962): **Der Liebende** (erschienen 1921)
Dagmar Nick (* 1926): **Früher** (erschienen 1996)

Der Liebende

Nun liegt dein Freund wach in der milden Nacht,
Noch warm von dir, noch voll von deinem Duft,
Von deinem Blick und Haar und Kuss – o Mitternacht,
O Mond und Stern und blaue Nebelluft!
In dich, Geliebte, steigt mein Traum
Tief wie in Meer, Gebirg und Kluft hinein,
Verspritzt in Brandung und verweht zu Schaum,
Ist Sonne, Wurzel, Tier,
Nur um bei dir,
Um nah bei dir zu sein.
Saturn kreist fern und Mond, ich seh sie nicht,
Seh nur in Blumenblässe dein Gesicht,
Und lache still und weine trunken,
Nicht Glück, nicht Leid ist mehr,
Nur du, nur ich und du, versunken
Ins tiefe All, ins tiefe Meer,
Darein sind wir verloren,
Drin sterben wir und werden neugeboren.

Aus: Hermann Hesse: Gesammelte Werke, Bd. 1. Frankfurt a. M.: Suhrkamp 1970, S. 82

Früher

Früher liebten wir uns
über dem Abgrund, wo anderntags
der Orientexpress von der Brücke
sprengte; die Wüsten Arabiens
durchrasten wir ohne Kompass und
kamen doch auf den erkorenen
Gipfel, betraten die Arche,
die keine Planken mehr hatte,
und kreuzten damit übers Meer;
bei der Ankunft im Hafen
der Albatrosse steckte der Frühling
uns an, und wir phosphoreszierten
mit den Hinterleibern der Leuchtkäfer
um die Wette; eine einzige
steingemeißelte Quetzalfeder
genügte uns, abzuheben
von dieser Welt. Früher
liebten wir uns.

Aus: Dagmar Nick: Wegmarken. Ausgewählte Gedichte.
Aachen: Rimbaud 2003 (2. Aufl.), S. 19

Worterklärung
Zeile 12: phosphoreszieren: im Dunkeln nachleuchten
Zeile 15: Quetzalfeder: Schmuckfeder eines mittelamerikanischen Vogels

Arbeitsanweisung
Interpretieren und vergleichen Sie die Gedichte.

Hinweise und Tipps

Thema: Liebeslyrik
Was heißt hier Liebe? Diese Frage kann als Leitfaden für die Interpretation von Liebesgedichten immer wieder neu gestellt und beantwortet werden. In Liebesgedichten verarbeiten Dichter und Dichterinnen eine existenzielle Grunderfahrung des Menschen, die sowohl zeitloses Phänomen als auch zeitbedingte Erfahrung ist. Was wir unter „Liebe" verstehen, hängt auch davon ab, in welcher Epoche und in welchem Kulturkreis wir leben, von welchen Haltungen und Wertvorstellungen unsere Umwelt geprägt ist, welche individuellen und gesellschaftlichen Erfahrungen wir machen. Die „Spielarten der Liebe" schlagen sich auch in der Dichtung nieder.
Epochenkenntnisse können bei der Interpretation von Liebesgedichten hilfreich sein, da es grundsätzlich von Vorteil ist, wenn man über eine rein werkimmanente Betrachtung hinaus auch vom geschichtlichen Hintergrund eines Textes her argumentieren kann. Bei der Vorbereitung auf den Aufgabentyp Gedichtinterpretation ist es deshalb ratsam, literatur- und mentalitätsgeschichtliches Orientierungswissen aufzufrischen.
Achten Sie aber darauf, Texte nicht vorschnell im Hinblick auf typische Epochenmerkmale zu verengen. Der erste Zugang zum Text sollte immer ein sehr genaues, aufmerksames textnahes Lesen sein.

Aufgabentyp Gedichtvergleich
Beim Aufgabentyp „Gedichtvergleich" im Themenbereich „Liebeslyrik vom Barock bis zur Gegenwart" werden Ihnen zwei Texte vorgelegt, die Sie im Hinblick auf **Gemeinsamkeiten und Unterschiede** analysieren und deuten sollen. Dabei müssen Sie herausarbeiten, wie das Thema Liebe in den unterschiedlichen Gedichten entfaltet wird.
Achten Sie darauf, dass Sie jedes Gedicht zunächst für sich wirken lassen und **erste Verstehenshypothesen** bilden. Ein zu schneller Vergleich verstellt den Blick auf die Eigenart der Texte und birgt die Gefahr einer Fehlinterpretation.
Versuchen Sie, die Texte sehr genau wahrzunehmen und visualisieren Sie alles, was Ihnen auffällt, indem Sie farbige Markierungen und Unterstreichungen anbringen, mit Pfeilen und Linien Verbindungen, z. B. zwischen Schlüsselbegriffen, herstellen und grafische Symbole an den Rand zeichnen. Beachten Sie nicht nur Semantik und Bildlichkeit der Sprache, sondern auch klangliche Phänomene (Reim, Alliterationen, Assonanzen usw.). Die Vorstellung, wie die Texte gesprochen werden könnten, hilft Ihnen dabei.
Die Aufgabenformulierung *Interpretieren und vergleichen Sie* lässt Ihnen einen **methodischen Spielraum**, den Sie nutzen sollten. Arbeiten Sie aber auch hier zielorientiert, z. B. indem Sie vorab einen **Schreibplan** erstellen.
Bei Gedichtinterpretationen wird von Ihnen erwartet, dass Sie über fachspezifische und methodische Kenntnisse und Fertigkeiten verfügen und dabei eine angemessene Fachsprache anwenden. Achten Sie darauf, die verwendeten **Fachtermini funktional für die Deutung** der Texte zu **nutzen**, d. h. Inhalt, Sprache und Struktur aufeinander zu beziehen. Die isolierte Aufzählung von im Text vorkommenden Stilmitteln stellt noch keine Interpretationsleistung dar.

Lösungsvorschlag in Grundzügen

„Liebe ist die Sehnsucht nach der Ganzheit, und das Streben nach der Ganzheit wird Liebe genannt."

Einleitung

In diesem **Definitionsversuch des Phänomens Liebe**, der vom antiken Philosophen Platon stammt, wird deutlich, dass die Liebe eine Utopie ist. Zu allen Zeiten streben Menschen dem Ideal der Ganzheit nach, immer wieder erleben sie jedoch, wie vergänglich die Liebe ist. Mythos und Realität können auf Dauer nicht in Einklang gebracht werden.

kurze Vorstellung der beiden Texte

In den Gedichten *Der Liebende* und *Früher* werden diese beiden konträren Facetten der Liebe beleuchtet. In Hermann Hesses Gedicht, das 1921 erschienen ist, spricht ein liebender Mann vom tiefen Erlebnis einer unio mystica, in Dagmar Nicks Gedicht aus dem Jahr 1996 hält eine Frau Rückblick auf die aufregende Zeit eines endgültig vergangenen Liebesabenteuers. Wie diese unterschiedlichen, ja widersprüchlichen Erfahrungen mit der Liebe in den Texten verarbeitet und dichterisch gestaltet werden, soll im Folgenden untersucht werden.

„Der Liebende"

Hermann Hesses Gedicht, das aus einer Strophe mit 18 unterschiedlich langen, gereimten Versen besteht, entwirft das **Szenario einer romantischen Situation**, in der sich zwei Menschen begegnen: Mondlicht und Sternenhimmel, eine milde Nacht, der Duft der Geliebten, blaue Nebelluft – all dies sind Requisiten, die der Leser aus der Literatur der Romantik kennt. Das Gedicht beschränkt sich auf die **Perspektive des Mannes**, wie schon im **Titel** deutlich wird: *Der Liebende*. Zunächst nimmt sich dieser Liebende von außen wahr, spricht von sich selbst in der dritten Person als „Freund" der Geliebten, an die er sich wendet: „Nun liegt dein Freund wach in der milden Nacht, / Noch warm von dir, noch voll von deinem Duft, / Von deinem Blick und Haar und Kuss – o Mitternacht, / O Mond und Stern und blaue Nebelluft!" Noch ganz unter dem Eindruck der nächtlichen Liebesvereinigung, deren körperlich-sinnliche Seite (V. 2–3) mit dem Verweis auf die Wärme und den Duft, auf „Blick und Haar und Kuss" der Geliebten – Topoi, die an barocke Liebeslyrik erinnern – konkret beschrieben wird, sieht der Sprecher sich in den Kosmos, das „tiefe All", und die Natur eingebunden. Dass er von einer im Wortsinn erfüllten Liebe spricht, kommt besonders in den Adjektiven „warm" und „voll" zum Ausdruck, seine euphorische Stimmung schlägt sich in den Ausrufen „o Mitternacht, / O Mond und Stern und blaue Nebelluft!" (V. 4f.) nieder. Was in dieser Situation fehlt, ist die Antwort der Geliebten. Ist sie nicht mehr da? Schläft sie schon? Oder teilt der Geliebte ihr nicht mit, was er denkt, sind seine Worte ein innerer Monolog, den er nicht laut ausspricht?

Mann spricht nach Liebesnacht zur Geliebten

erneute Vereinigung im Traum

Auch beim **Wechsel in die erste Person Singular** (V. 5, „mein Traum") bleibt die Kommunikation einseitig, der Liebende spricht monologisch, auch wenn er sich an die – wohl schlafende – Geliebte wendet: „In dich, Geliebte, steigt mein Traum / Tief wie in Meer, Gebirg und Kluft hinein, / Verspritzt in Brandung und verweht zu Schaum, / Ist Sonne, Wurzel, Tier, / Nur um bei dir, / Um nah bei dir zu sein." (V. 5–7). Im **Traum** ist der lyrische Sprecher ganz eng mit der Geliebten verbunden, sein Traum „steigt" in sie hinein, versetzt ihn in einen Zustand der **Ekstase**. Im Traum, so könnte man vermuten, wiederholt er die **körperliche Vereinigung** mit ihr, entdeckt noch einmal die geheimnisvollen Nischen ihres Körpers, die metaphorisch verschlüsselt als „Meer, Gebirg und Kluft“ angedeutet werden. Die Liebe zu ihr erlebt der Liebende als körperlich erfüllend, ja als wild und stürmisch (vgl. die Bilder „[v]erspritzt in Brandung und verweht zu Schaum“), sie gibt seinem Leben Licht und Halt („Ist Sonne, Wurzel“), verbindet ihn mit dem Kreatürlichen („[…] Tier“). Die Liebe – oder der Traum von der Liebe – umfasst alle Dimensionen des Daseins, überwindet Widersprüche und Gegensätze, sorgt für Spannung (vgl. die Syntax), die auf ein Zusammensein mit der Geliebten zielt. Die Sehnsucht nach Nähe wird so intensiv erlebt, dass der lyrische Sprecher seinen Wunsch zweimal zum Ausdruck bringt (vgl. die Correctio „Nur um bei dir, / Um nah bei dir zu sein“, V. 9 f.).

Aber der Geliebte schläft nicht ein, sein Traum bleibt Wachtraum, von dem er wieder in die konkrete Situation zurückkehrt und sich der Geliebten ganz real zuwendet. Er weiß um die Geschehnisse am nächtlichen Himmel, wo Planeten und Gestirne kreisen – „Saturn kreist fern und Mond“ (V. 11) –, aber er nimmt sie nicht wahr – „ich seh sie nicht“ –, **blendet** also die **äußere Realität aus**, um sich der Geliebten zuzuwenden, deren Gesicht ihm durch das Mondlicht „in Blumenblässe“ erscheint („Seh nur in Blumenblässe dein Gesicht“, V. 12). Zum ersten Mal spricht er als Ich, von Person zu Person. Die Hinwendung zur schlafenden Geliebten versetzt ihn in einen Zustand, in dem alle **Widersprüche des Lebens aufgehoben** sind: Lachen und Weinen (V. 13), Glück und Leid (V. 14), All und Meer (V. 16), Sterben und neu Geborenwerden (V. 17). Die Liebe wird als zeitlose **unio mystica** erfahren, die sich mit den Kategorien des Verstandes nicht mehr erfassen lässt. Diese Erfahrung spiegelt sich in der Sprache der Verse wider: Oxymoron, Antithesen, Klimax sind die Stilmittel, mit denen der Dichter zum Ausdruck bringt, was die Liebe vermag: Sie isoliert die Liebenden von der sie umgebenden Welt – „Nur du, nur ich und du“ (V. 15) – und verschmilzt sie zum „[W]ir“ (V. 17). In dieser vollkommenen Liebesvereinigung, die zwar das „tiefe All“ und das „tiefe Meer“, nicht aber die Erde, auf der die Menschen leben müssen, umfasst, droht jedoch auch die Gefahr des Selbstverlusts. Das lyrische Ich sieht darin – zumindest in der gegenwärtigen Liebeserfahrung – vor allem die Chance auf eine Neugeburt („Drin sterben wir und werden neugeboren“, V. 18), die den Verlust des Ich auf einer höheren Ebene aufhebt. Wer liebt, so könnte man die Botschaft des Gedichts von Hermann Hesse lesen, muss einen Teil seiner Autonomie und seines alten Lebens aufgeben, bekommt aber die Chance eines neuen, reicheren, erfüllteren Lebens. Dies ist zumindest die Erfahrung des Liebenden, denn die Perspektive der Geliebten wird in Hesses Gedicht ausgespart.

Ausblenden der äußeren Realität

völlige Einheit der Liebenden

„Früher“

Auch in Dagmar Nicks Gedicht spricht ein lyrisches Ich von erfüllter Liebe, allerdings in der Vergangenheit, im Rückblick: „Früher“, so signalisiert bereits der lakonische **Titel** des Gedichts, der im ersten Vers wieder aufgenommen wird, „liebten wir uns“. Das lyrische Subjekt, das wohl wie die Autorin eine Frau ist, wählt als Perspektive jedoch nicht die Form der 1. Person Singular, Ich, sondern spricht durchgehend im Plural. Obwohl die Liebesbeziehung beendet ist, spricht es von **„wir“**, in einer Personalform, die Ich und Du zusammenfasst. Klingt hier eine Sehnsucht nach der verlorenen Gemeinschaft durch? Oder ist die Erinnerung noch so lebendig, dass sie die Gegenwart bestimmt?

Auf jeden Fall ist die vergangene **Liebesbeziehung** sehr **ungewöhnlich**, wenn nicht sogar **exzentrisch**, denn es ist von gefährlichen Gegenden und Orten und von extremen Aktionen die Rede, die dieser Beziehung offensichtlich ihren Reiz verliehen. Auch der Rhythmus des reimlosen Gedichts, das abgesehen vom Schlusssatz nur aus einem einzigen langen Satz über 17 Zeilen hinweg besteht, der durch Zeilenbrüche in Verse gegliedert wird, entspricht dem rasanten Tempo und dem gefährlichen Charakter dieser Liebe.

Erinnerung an vergangene exzentrische Liebe

„Früher liebten wir uns / über dem Abgrund, wo anderntags / der Orientexpress von der Brücke / sprengte" (V. 1–4). Wer sich über dem Abgrund bewegt, schwebt stets in der Gefahr abzustürzen, und auch die Brücke bietet nur eine trügerische Sicherheit, wenn „anderntags / der Orientexpress von der Brücke / sprengte". Diese Beziehung, so sagen die Bilder, hat von **Grenzerfahrungen und Abenteuern** gelebt. Erinnert wird von der **lyrischen Sprecherin** deshalb auch nicht der Alltag der Liebe, sondern nur der intensiv gelebte Augenblick, der von erotischem Verlangen und sexueller Befriedigung dominiert ist: „die Wüsten Arabiens / durchrasten wir ohne Kompass und / kamen doch auf den erkorenen / Gipfel" (V. 4–7). Selbst die an die biblische Geschichte von Noah erinnernde „Arche", die die Liebenden betreten, hat ihre Schutzfunktion verloren, denn sie hat „keine Planken mehr" (V. 8), wird aber dennoch – oder gerade deswegen – von dem Paar dazu genutzt, übers Meer zu kreuzen (V. 9). Wasser gilt in der Psychoanalyse als Symbol der Lebenstriebe und der Sexualität, sodass man das Meer als Bild für ein ungeheuer tiefes, unendliches Begehren der beiden Liebenden deuten kann. Jedoch kann auch die „Ankunft im Hafen" (V. 10), der üblicherweise ein Ort des Verweilens ist, die Liebenden nicht zu einer vertieften und dauerhaften Beziehung führen, denn es ist ein „Hafen der Albatrosse", der Sturmvögel mit ihrem eleganten Flug, die auf Unruhe und Unrast verweisen. Dort werden die Liebenden vom Frühling „angesteckt" (vgl. V. 11), der hier als Jahreszeit des Erwachens der Liebe personifiziert wird: Er – der Frühling – ist offensichtlich in der Lage, die Liebe wie eine Krankheit zu verbreiten, aber die Liebenden werden nicht von Fieber geschwächt, sondern „phosphoreszierten / mit den Hinterleibern der Leuchtkäfer / um die Wette" (V. 12 ff.). Auch hier wird deutlich, dass das lyrische Subjekt von **erotischer, körperlicher Liebe** spricht, denn das Bild der Leuchtkäfer verweist eindeutig auf das Paarungsverhalten dieser Insektenart, die Leuchtsignale aussendet, damit männliche und weibliche Tiere zur Paarung zueinanderfinden. **Exaltiert und exotisch** fallen auch die **Bilder** der letzten Verse des Gedichts aus, in denen sich das lyrische Ich an den Höhepunkt der Liebe erinnert: „eine einzige / steingemeißelte Quetzalfeder / genügte uns, abzuheben / von dieser Welt" (V. 14–17). Voller Widersprüche und Gegensätze sind diese Verse, denn das Leichte (die Feder) wird schwer (Stein), das Natürliche zur Kunst (gemeißelt), das Flüchtige dauerhaft (vgl. in Stein gemeißelt, d. h. für die Nachwelt bewahrt). Die auf solche Weise erfahrene Liebe führt die Liebenden zum **Verlust der Bodenhaftung**, die Quetzalfeder „genügte uns, abzuheben / von dieser Welt."

Spiel mit der Gefahr

Wasser-Metaphorik

Betonung der körperlichen Liebe

Aber die Liebe ist nicht von Dauer. Das Gedicht endet, wie es begonnen hat, mit der Erinnerung „Früher / liebten wir uns" (V. 17 f.). Durch die wörtliche Wiederholung erhält diese Erkenntnis eine Endgültigkeit, die im krassen Gegensatz zur abenteuerlichen Leichtigkeit des Liebeserlebnisses

Verlust der Liebe

steht. Der Leser / die Leserin muss dieses „Früher" zur Kenntnis nehmen, fragt jedoch unwillkürlich: Und was ist jetzt? Gibt es die Beziehung noch, nur ohne Liebe? Wie empfindet die lyrische Sprecherin den Verlust dieser Liebe? Gibt es eventuell schon ein anderes Du, mit dem sie eine neue Beziehung aufbaut?

All diese **Fragen** lässt das Gedicht **offen** und regt gerade dadurch zum Nachdenken darüber an, ob diese Liebe eine typische Erscheinung unserer postmodernen Spaß- und Erlebnisgesellschaft ist, in der Paare in flüchtigen, oft wechselnden Beziehungen leben und keine dauerhaften Lebens- und Liebesformen mehr ausbilden können oder wollen.

Vergleich der Gedichte

Hesses Gedicht geht noch davon aus, dass Menschen in der Liebe von der Sehnsucht nach Ganzheit beseelt sind, die im Ideal der romantischen Liebe ihren Ausdruck findet: Erst die Liebe verleiht dem Leben Sinn, in der Zweierbeziehung finden die Individuen zu einer höheren Existenzweise.

Unterschiede und Gemeinsamkeiten

Die unterschiedlichen Konstruktionen des Begriffs „Liebe" spiegeln sich auch in Sprache und Form der Texte wider. Romantische „Requisiten" – so z. B. Mond und Sterne, Duft, Meer, Gebirg und Kluft – prägen die Situation des Liebenden in Hesses Gedicht, während das lyrische Subjekt in Dagmar Nicks *Früher* Szenarien von fernen, exotischen Ländern (Orientexpress, Wüsten Arabiens, Albatrosse) entwirft. Der Wunsch nach Nähe zur Geliebten ist in Hesses Gedicht zentral, was durch die zweimalige Wiederholung („Nur um bei dir, / um nah bei dir zu sein.") genau in der Mitte des Textes (Vers 9 und 10 von insgesamt 18 Versen), am Ende des ersten syntaktischen Spannungsbogens auch formal unterstrichen wird. Dem **Ideal romantischer Liebe** entsprechend ist diese Liebesbeziehung insofern exklusiv, als sie alles andere ausschließt, überwindet, aufhebt: „Nur du, nur ich und du, versunken / Ins tiefe All, ins tiefe Meer" (V. 15f.). Nicht in der Ferne, im **flüchtigen Abenteuer**, im „Abheben" von dieser Welt, wie in Dagmar Nicks *Früher*, suchen die Liebenden Glück und Erfüllung, sondern in der tiefsten, alle Gegensätze vereinigenden Verschmelzung von Ich und Du. Die Liebe hat hier einen fast schon religiösen Charakter, sie ist Tod und Auferstehung zu einem neuen Leben.

Hesse: romantische Liebe

versus …

Von dieser Dimension der Liebe ist bei Dagmar Nick nicht die Rede. Liebe wird als verlockendes Abenteuer beschrieben, in dem die Liebenden schnelle Befriedigung suchen und ihren Hunger nach stets neuen Erlebnissen stillen wollen. Der Rastlosigkeit der letztlich brüchigen Liebesbeziehung entsprechen auf formaler Ebene die Zeilensprünge am Ende der meisten Verse, die Syntax (Vers 1 bis 17 ist ein einziger Satz), zahlreiche, Dynamik erzeugende Bewegungsverben (rasen, kreuzen, abheben), Negationen (V. 5: „ohne Kompass", V. 7: „keine Planken") und Widersprüche („ohne Kompass / und kamen doch auf den erkorenen / Gipfel", V. 5ff.; übers Meer kreuzen in einer Arche ohne Planken).

Nick: kurzlebiges erotisches Abenteuer

In **beiden Gedichten** ist von **intensiven, übersteigerten, ja ekstatischen Liebesbeziehungen** die Rede. Der Liebende in Hesses Gedicht spricht aus einer gegenwärtigen Situation heraus, die er kraft der Liebe transzendiert. Auch im Gedicht von Nick erinnert das lyrische Subjekt sich an das Erlebnis, „abzuheben / von dieser Welt" (V. 16f.). Im Kontext der vorausgegangenen Verse, die in recht unverschlüsselten Bildern vom Paarungsverhalten in der Natur die Liebe auf ihre animalisch-sexuelle Dimension

zwei übersteigerte Beziehungen

reduzieren – die Liebenden „phosphoreszierten / mit den Hinterleibern der Leuchtkäfer / um die Wette“ (V. 12ff.) – erhält dieses Abheben von der Welt jedoch eine völlig andere Bedeutung. Nicht die Erfahrung der Transzendenz ist es, von der berichtet wird, sondern der Flow sexueller Befriedigung. Dies legt auch die Deutung nahe, dass das Fehlen eines Du und eines Ich auf die fehlende personale Beziehung der Liebespartner hinweist, die zwar im Liebesakt zur Einheit, zum „Wir“ verschmelzen, sich jedoch in ihrer Individualität gegenseitig nicht wahrnehmen. Handelt es sich hier vielleicht um einen One-Night-Stand, um ein flüchtiges Abenteuer, eine Affäre? Obwohl Hesses Gedicht von einer einzigen Liebesnacht spricht, kommt dieser Verdacht hier nirgends auf, denn der Leser erfährt, was die Beziehung der beiden Liebenden über Erotik und Sexualität hinaus ausmacht: Es sind Freundschaft (vgl. V. 1: „dein Freund“), Wärme, die Wahrnehmung der Geliebten (Blick, Haar, Kuss, Gesicht), die Sehnsucht nach Nähe.

Schlussgedanke: Mythos der ewigen Liebe

Für die Lyrikerin Dagmar Nick ist dieses kulturelle Ideal der romantischen Liebe, das in Hermann Hesses Gedicht aus den 20er-Jahren des vergangenen Jahrhunderts noch wirksam ist, offensichtlich passé. Der **Mythos der ewigen Liebe** lebt allerdings **auch in der postmodernen Erlebnisgesellschaft** weiter. Trotz sexueller Freizügigkeit und der vielfältigen Spielräume für die eigene Lebensgestaltung träumen nach wie vor Frauen und Männer von der einen, einzigen und ewigen Liebe. Der Erfolg von Liebesdramen wie z. B. der Film *Titanic* (1997), die ein Millionenpublikum anziehen, beweist dies.

Deutsch (Baden-Württemberg): Abiturprüfung 2009
Aufgabe 5: Analyse und Erörterung nicht fiktionaler Texte (auch mit gestalterischer Teilaufgabe) – Schwerpunkt: Analyse

Thema: Matthias Drobinski: Der Verlust der Zeit

In den Tagen zwischen Weihnachten und dem Dreikönigsfest muss man Bayern lieben. Dann passiert nämlich nichts im Land, dann ist *stade Zeit*. In den Büros gähnt die Leere, Telefonate landen im Nirwana, die Handwerker sind ausgewandert. Es gibt Sitzplätze in der U-Bahn, und selbst die Handpuppen des politischen Theaters spielen nur das kleine Programm. Natürlich: Auch anderswo nehmen die Leute jetzt ihren Resturlaub, und auch in Bayern sind die Kaufhäuser voll schlecht gelaunter Menschen. Aber nur hier liegt etwas über dem Land. Es hält den Atem an, es steht da wie ein verhoffendes Reh im Wald. Ab Montag geht das Leben weiter; doch ein paar Tage lang haben die Leute Zeit, es bleibt ihnen gar nichts anderes übrig. Es ist die beste Zeit für den Familienkrach. Oder es öffnet sich der Raum für die glücklichen Momente des Zweckfreien.

Glücklich, weil sie so selten geworden sind. Dabei hatten die Deutschen, die Bewohner der Industriestaaten, noch nie so viel Zeit wie heute. Wer jetzt 40 ist, kann damit rechnen, weitere 40 Jahre zu leben; die Hälfte der Kinder, die heute geboren werden, wird 90 Jahre alt, sagen die Statistiker. [...]

Doch zu den Grundwahrnehmungen in den industrialisierten Gesellschaften gehört die Zeitnot, der Verlust der Zeit – ausgenommen sind jene Arbeitslose, denen sich die ungenutzten Monate, Tage, Stunden auf die Seele legen. Der Internet-Buchhändler Amazon bietet mehr als 300 Zeit-Ratgeber an, Hilfen zur Jagd nach der verlorenen Zeit. Denn es ist tatsächlich wie in Michael Endes Kinderroman *Momo*: Die Zeit, die durch schnellere Zug- und Flugverbindungen gespart wird, durch Taschencomputer, die demnächst untereinander die Termine ihrer Besitzer ausmachen, oder durch selbstkochende Tiefkühlkost – die verschwindet einfach, weil kein Raum fürs Zweckfreie entsteht, sondern ein neuer zeitverbrauchender Zweck hinzukommt.

Man kann jetzt zu Hause die E-Mails aus dem Büro lesen, jeder kann jeden zu jeder Zeit anrufen oder eine Botschaft per SMS schicken; man kann schon jetzt ungeachtet aller Ladenschluss-Debatten zu beinahe jeder Zeit einkaufen, Sport treiben, sich zerstreuen. Eigentlich könnte so das Leben leichter werden: Man kann von zu Hause aus arbeiten und in der Sonne sitzend telefonieren, mit lieben Menschen Kurzbotschaften tauschen und sich zum Kneipenbesuch verabreden. Doch stattdessen entstehen merkwürdige Multitasking-Existenzen, die gleichzeitig und ununterbrochen Jobs erledigen, Kinder erziehen, Internetbekanntschaften knüpfen und ins Kino gehen. Multitasking-Existenzen sind gesellschaftlich anerkannt und von der Wirtschaft gewünscht; sie entsprechen dem Idealbild vom flexibilisierten Menschen, der am Sonntag arbeitet, weil er ja am Mittwoch frei macht. (Unter Journalisten gibt es sie besonders häufig.)

Der Verlust der Zeit ist vor allem der Verlust an gemeinsam verbrachter Zeit und an kollektiven Auszeiten – auch das macht die stade Zeit einzig. Wer sonntags arbeitet und mittwochs frei macht, der hat alleine frei; Schichtarbeiter wissen, wie nervend das werden kann. Weil die komplizierten Zeitabläufe der Vielfach-Verpflichteten sich immer seltener einander anpassen lassen, nimmt die allein verbrachte Zeit zu, der kollektiv zu nutzende Freiraum ab. Kollektive Freizeit war oft genug einengend, schmeckte nach Sonntagslangeweile und juckte wie eine wollene Kirchgangshose. Inzwischen aber wird das Vakuum spürbar, das entsteht, wenn zu viele der gemeinsamen Räume verloren gehen.

Die Frage, wie sich die knappe Zeit vorm Tod nutzen lässt, wie also mit der Zeitarmut umzugehen ist, war die Frage des heiligen Benedikt, der seinen Mönchen eine klare Zeiteinteilung verordnete; es war die Frage der protestantischen Ethik, der Zeitverschwendung Sünde war. Wie der Zeitwohlstand in einer beschleunigten Welt zu nutzen ist, ist eine neue Frage. Ihre erste große Zeit hatte sie in den 80er Jahren. [...]

Aus dieser Zeit stammt auch der schlechte Ruf der Langsamkeitspropheten: Ihre Vorstellungen waren romantisch, sie kamen alternativ gewandet in Latzhose und Schlabberkleid daher, und sie waren aus der Mode, als klar wurde, dass der Reichtum an Zeit schlicht mit Geld erkauft werden muss. Dabei ist der Umgang mit der Zeit ein echtes Zukunftsthema: Die Beschleunigungsprozesse werden weitergehen, der Druck auf den Einzelnen wird wachsen, seine Lebenszeit als überall gleichzeitig handelndes Wesen zu verbringen. Es sind derzeit interessanterweise Ökonomen, die von der Beschleunigungsfalle reden, in die zum Beispiel die Computer- und Softwarebranche zu tappen droht, die ausrechnen, wie viel der Fluch der permanenten Unterbrechung kostet, wenn vor lauter Anrufen, E-Mails und Internetausflügen Angestellte nicht mehr zum Arbeiten kommen.

Doch die Beschleunigungsfalle kann überall zuschnappen.

Der Verlust der gemeinsamen freien Zeit wird oft als Frage der persönlichen Moral angesehen: Nimm dir frei, hetze nicht so, mach mal wieder was mit deinen Kindern. Das ist alles richtig. Aber es ist auch eine Aufgabe der Politik, stade Zeiten, Zeiten des dem unmittelbaren Zweck Entzogenen zu bewahren und zu schaffen. Man muss gar nicht religiös sein, um den arbeitsfreien Feiertag zu schätzen. Man muss kein Ausstiegsromantiker sein, um es richtig zu finden, Teilzeitarbeit und Sabbatjahre öffentlich zu unterstützen. Gemeinsame Zeiten halten die Gesellschaft zusammen, sie sind der Boden, auf dem Kultur und Religion entstehen, Dinge, ohne die Gemeinwesen nicht existieren können. [...]

Aus: Süddeutsche Zeitung, Nr. 4 (5./6./7. Januar 2007), S. 4

Worterklärungen

Z. 2: stade: still, ruhig
Z. 7: verhoffend: verharrend, stehen bleibend zum Horchen (Jägersprache)

Arbeitsanweisungen

– Arbeiten Sie die Kernaussagen des Textes heraus und analysieren Sie seine sprachliche Gestaltung.

Wählen Sie **eine** der folgenden beiden Arbeitsanweisungen:

– Der „Umgang mit der Zeit" ist „ein echtes Zukunftsthema" (Z. 51).
Prüfen Sie die Gültigkeit dieser These.

oder

– Gehen Sie von folgender Annahme aus:
Sie haben den Text von Matthias Drobinski gelesen und möchten sich dazu äußern. Verfassen Sie einen Leserbrief, in dem Sie sich ausführlich mit seinem Beitrag auseinandersetzen.

Maßgeblich für die Beurteilung des Aufsatzes ist das Ganze der erbrachten Leistung. Der Schwerpunkt liegt auf der ersten Teilaufgabe.

Hinweise und Tipps

Teilaufgabe 1

Beim Aufgabentyp *Analyse und Erörterung nicht fiktionaler Texte* wird Ihnen häufig ein journalistischer Text vorgelegt. Deshalb sollten Sie bei Ihrer Vorbereitung auf das schriftliche Abitur Ihr Wissen über das Medium Zeitung auffrischen und sich über das Spektrum journalistischer Textsorten kundig machen. Hilfreich ist eine grobe Orientierung an folgender Einteilung in:

- tatsachenbetonte Textsorten, wie Nachricht, Interview, Bericht, Meldung, Reportage etc.
- meinungsbetonte Textsorten, wie Kritik, Karikatur, Glosse, Leitartikel, Kommentar etc.
- fantasiebetonte Textsorten, wie Feuilleton, Zeitungsroman etc.

Der vorliegende Artikel „Der Verlust der Zeit" gehört in die Kategorie der meinungsbildenden Textsorten und entspricht im Wesentlichen den Kriterien eines Leitartikels, enthält aber auch essayistische Elemente.

Autor des Textes ist Matthias Drobinski (geb. 1964), der nach einem Studium der Geschichte, katholischen Theologie und Germanistik in Gießen und Mainz eine Ausbildung an der renommierten Hamburger Henri-Nannen-Journalistenschule absolvierte. Seit 1997 ist Dobrinski bei der *Süddeutschen Zeitung* als Redakteur im Ressort Innenpolitik tätig und für den Bereich Religionen und Kirchen zuständig.

Drobinski beschäftigt sich in seinem Leitartikel mit einem aktuellen Thema, das sowohl für den Einzelnen als auch für die Gesellschaft bedeutsam ist: Der Verlust der Zeit. Im Zentrum steht dabei seine Kritik an der von ihm beobachteten zunehmenden Individualisierung der Zeitgestaltung, die er als prägendes Merkmal unserer modernen Gesellschaft sieht. Der Umgang mit der Zeit ist nach Drobinski eine Herausforderung der Zukunft.

Im ersten Aufgabenteil sollen Sie die Kernaussagen des Textes herausarbeiten und seine sprachliche Gestaltung analysieren. Da der Schwerpunkt der Gesamtaufgabe auf diesem ersten Teil liegt, sollten Sie den Text zunächst sehr sorgfältig mit Stift und Textmarker lesen und ihn einer detaillierten Untersuchung unterziehen.

Teilaufgabe 2

Bei der zweiten Teilaufgabe haben Sie die Wahl zwischen zwei Aufgabenvarianten, die von Ihnen eine Auseinandersetzung mit Drobinskis Position erwarten:

- eine klassische Erörterungsaufgabe, bei der Sie die Gültigkeit der Thesen prüfen sollen,
- eine gestaltende Aufgabe, bei der Sie sich im Format des Leserbriefs mit dem Beitrag Drobinskis auseinandersetzen sollen.

Für beide Aufgabenvarianten ist es gleichermaßen wichtig, dass Sie Ihre Position argumentativ stützen. Das Verfassen eines Leserbriefs geht jedoch von einer subjektiven Perspektive aus, die einen größeren stilistischen und inhaltlichen Gestaltungsspielraum eröffnet als die Erörterung. Sie können in Ihrem Leserbrief z. B. nur besonders wichtige Einzelaussagen des Leitartikels herausgreifen und Ihren Standpunkt pointiert zuspitzen. Bedenken Sie auch, dass der zu schreibende Leserbrief ebenfalls eine journalistische Textsorte ist und nur dann Chancen auf Veröffentlichung hat, wenn er einen für die Zeitungsleser interessanten und prägnanten Beitrag zur öffentlichen Diskussion des Themas leistet.

Wichtig bei beiden Aufgaben ist es, dass Sie einen begründeten eigenen Standpunkt zu der Frage entwickeln, wie ein sinnvoller individueller und gesellschaftlicher Umgang mit der Zeit heute und in Zukunft aussehen könnte.

Lösungsvorschlag in Grundzügen

Einleitung

Ein Blick in die Aktenkoffer berufstätiger Menschen und in die Rucksäcke von Schülerinnen und Schülern zeigt: Ohne einen ausgefeilten Terminplaner, am besten in elektronischer Form, läuft heute gar nichts mehr. Der Umgang mit Zeit ist in unserer Gesellschaft ein wichtiges Thema, das den Manager genauso beschäftigt wie die Hausfrau oder die berufstätige Mutter. Ratgeber zum Zeitmanagement schlagen die verschiedensten Methoden vor, wie man die Flut der Termine am effizientesten organisieren kann und unterschiedliche Aufgaben nach Wichtigkeit und Dringlichkeit zu unterscheiden lernt, um mehr Zeit zu gewinnen. Auch für Schülerinnen und Schüler, ja selbst schon für Kindergartenkinder gibt es ein reichhaltiges Angebot von Kalendern, die dabei helfen sollen, die zur Verfügung stehende Zeit effizient einzuteilen.

Vorstellung des Textes

Trotzdem, so stellt der Journalist Matthias Drobinski in seinem Leitartikel in der *Süddeutschen Zeitung* fest, wird Zeit für die Menschen von heute zu einem immer knapperen Gut. „Der Verlust der Zeit" lautet dementsprechend die Titelzeile des Textes, der in der Ausgabe vom 5./6./7. Januar 2007 erschienen ist.

Thema/Kerngedanken

Drobinski stellt fest, dass sich in diesen Tagen zwischen Weihnachten und dem Dreikönigsfest etwas Seltenes ereigne: Es ist, wie man in Bayern sagt, „stade", d. h. stille, ruhige Zeit, in der nichts passiert und die gerade dadurch Raum „für die glücklichen Momente des Zweckfreien" (Z. 10) eröffne.

positive Bewertung kollektiver Auszeiten – Kritik am Umgang mit Zeit in modernen Gesellschaften

Damit wird deutlich, wo sich Drobinski positioniert: Die Erfahrung einer **kollektiven Atempause zwischen den Jahren** wird von ihm **positiv** bewertet. Er nimmt sie im weiteren Verlauf des Artikels zum Ausgangspunkt für eine kritische Bestandsaufnahme des heutigen Umgangs mit der Zeit: „Stade Zeit" sei in industrialisierten Gesellschaften wie der unseren ein Ausnahmezustand, denn zu deren Grundwahrnehmungen gehöre ganz im Gegenteil „die Zeitnot, der Verlust der Zeit" (Z. 15 f.), auch wenn bei objektiver Betrachtung die verfügbare Lebenszeit des Einzelnen ständig zunehme. Drobinski belegt die Gültigkeit dieser persönlichen Einschätzung mit dem Hinweis auf die nachweisbar hohe Zahl von **Zeit-Ratgebern**, die der Internet-Buchhändler Amazon anbietet, und verweist darauf, dass lediglich Arbeitslose, die aus dem Produktionsprozess ausgeschlossen sind, eine andere Zeitwahrnehmung hätten. Den offensichtlichen Widerspruch zwischen der Erfahrung von subjektiv empfundener Zeit<u>not</u> und objektivem Zeit<u>gewinn</u> durch technische Innovationen, z. B. im Reiseverkehr und im Haushalt, versucht Drobinski mit einer weiteren Behauptung aufzulösen: Durch die auf diese Weise gesparte Zeit entstehe „kein Raum fürs Zweckfreie" (Z. 22), sondern es komme dafür „ein neuer zeitverbrauchender Zweck" (Z. 22 f.) hinzu. Bestes Beispiel für die moderne Lebensweise seien „merkwürdige **Multitasking-Existenzen**" (Z. 29 f.), also Menschen, die ihre Zeit nutzen, indem sie dank der Möglichkeiten moderner Technologien stets mehrere Aufgaben aus verschiedenen Lebensbereichen gleichzeitig erledigen. Drobinski beklagt, dass diese Art des Umgangs mit Zeit nicht nur gesellschaftlich anerkannt und ökonomisch gewünscht sei, sondern zum „Idealbild vom flexibilisierten Menschen" (Z. 32 f.) erklärt werde.

Widerspruch: Gefühl der Zeitnot – Mehr an Lebenszeit

der flexibilisierte Mensch – ein fragwürdiges Ideal

Aus der Orientierung an diesem, von ihm als falsch erkannten, Leitbild ergebe sich der zunehmende „Verlust an gemeinsam verbrachter Zeit und an kollektiven Auszeiten" (Z. 35 f.) – ein spezifisches Merkmal unserer Gegenwart, in der sich die Zeitabläufe der Einzelnen nicht mehr ohne Weiteres koordinieren lassen.

Drobinski räumt zwar ein, dass die **in der Vergangenheit übliche kollektive Freizeit**, wie z. B. der sonntägliche Kirchgang, nicht per se als sinnvoll empfunden wurde. Jedoch entstehe durch das zunehmende Verschwinden solcher gemeinsamen Zeiterfahrungen ein **Vakuum**, das neu gefüllt werden müsse. „Wie der Zeitwohlstand in einer beschleunigten Welt zu nutzen ist" (Z. 46), sei heute die Frage, während es in früheren Zeiten darum gegangen sei, die „knappe Zeit vorm Tod" (Z. 43) zu nutzen, also mit Zeitarmut umzugehen – eine Frage, die über Jahrhunderte hinweg auch eine religiöse Dimension hatte, wie sich an der benediktinischen Ordensregel des Mittelalters mit ihrer klaren Zeiteinteilung (ora et labora) ebenso wie an der protestantischen Ethik zeige, für die Zeitverschwendung Sünde war (Z. 44 ff.).

zunehmendes Vakuum an gemeinsamen Zeiterfahrungen

Der Umgang mit der Zeit sei aber nicht nur ein Thema der Gegenwart, das erstmals in den 80er-Jahren des 20. Jahrhunderts von romantischen „Langsamkeitspropheten" (Z. 48) entdeckt wurde, sondern „ein echtes Zukunftsthema" (Z. 51). Drobinski ist davon überzeugt, dass sich die **Beschleunigungsprozesse der Gesellschaft fortsetzen** und den Druck auf den Einzelnen erhöhen werden, „seine Lebenszeit als überall gleichzeitig handelndes Wesen zu verbringen" (Z. 53). Gerade die Ökonomen, die das Idealbild des flexibilisierten Menschen entworfen haben, sprächen heute von der „**Beschleunigungsfalle**" (Z. 54), von der ganz besonders Unternehmen der IT-Branche zunehmend bedroht seien, „wenn vor lauter Anrufen, E-Mails und Internetausflügen Angestellte nicht mehr zum Arbeiten kommen" (Z. 56 f.).

Zeit – ein echtes Zukunftsthema

Drobinskis Leitartikel gipfelt in einem doppelten **Appell an den Einzelnen und an die gesellschaftlich Verantwortlichen**. Die Entscheidung, sich dem allgemeinen Zeitdruck und der zunehmenden Individualisierung der Zeit- und Lebensgestaltung zu widersetzen, sei nicht primär die Frage der persönlichen Moral, sondern „auch eine Aufgabe der Politik, stade Zeiten […] zu bewahren und zu schaffen" (Z. 61 f.). **Gemeinsame Zeit** ist nach Dobrinskis Überzeugung die **Grundlage für den Zusammenhalt** einer Gesellschaft, auf der Kultur und Religion entstehen können.

Appell an den Einzelnen und an die Politik

Drobinskis Leitartikel „Der Verlust der Zeit" enthält sachlich begründete Thesen und Argumente, ist aber zum Teil auch **provozierend** formuliert und fordert damit den Leser zu einer persönlichen Stellungnahme heraus.

In der Einleitung seines Textes entwirft Drobinski ein Szenario, das zunächst vor allem seine Münchner Leserschaft anspricht, etwa durch den Dialektbegriff „stad" und den Hinweis auf die besondere Situation in Bayern, das eine traditionell kirchlich orientierte Bevölkerung hat. Die **bildliche Sprache**, insbesondere Metaphern und Vergleiche, die die Vorstellungskraft jedes Lesers anregen – z. B. „in den Büros gähnt die Leere" (Z. 2), „die Handpuppen des politischen Theaters spielen nur das kleine Programm" (Z. 4 f.), „wie ein verhoffendes Reh im Wald" (Z. 7) – weist aber auch über den regionalen Rahmen hinaus.

regionale und überregionale Bezüge

Drobinski entfaltet seine These vom Verlust der Zeit einerseits **sachlich:** Er belegt seine Aussagen mit statistischen Zahlen (Z. 12 f., 18), verweist auf Tatsachen, die niemand bestreiten kann (z. B. im Abschnitt Z. 24–34), und benennt zentrale Merkmale des modernen Lebens (z. B. Schichtarbeit, Z. 37). Andererseits versucht er seine Leser **mit sprachlichen Mitteln zu beeinflussen**, die einen stark meinungsbildenden Charakter haben: Imperative (s. letzter Abschnitt, Z. 60 ff.), Ironie (z. B. Z. 48 f.: „Langsamkeitspropheten"), Neologismen (z. B. Z. 38: „Vielfach-Verpflichtete"), Wiederholungen (z. B. mehrfache Formulierung der These, die „stade" Zeit sei selten, einzig usw., vgl. Z. 1 f., 35 f., 61 f.).

Leserlenkung

Am Ende des Leitartikels wird Drobinskis **Selbstverständnis als wertkonservativer Journalist** deutlich, der an einem traditionellen Begriff von Kultur und Religion festhält.

Erörterung Variante 1

Der Verlust der Zeit – ein Zukunftsthema?

Ist unser Umgang mit der Zeit tatsächlich ein „echtes Zukunftsthema"? Die Frage muss vermutlich bejaht werden, auch wenn sich in der gegenwärtigen Finanzkrise immer klarer abzeichnet, dass wir trotz hoch entwickelter Technik nicht in der Lage sind, die Zukunft zu berechnen und künftige Entwicklungen sicher zu prognostizieren.

prinzipielle Zustimmung

Bei einer kritischen Analyse unserer gegenwärtigen Verhältnisse wird schnell deutlich, dass Drobinskis **These vom Verlust der Zeit** zumindest im Kern **gerechtfertigt** ist.

weitere Beispiele: Zeitdruck bei Kindern und Jugendlichen, Freizeitstress

Beschleunigungsprozesse und „Multitaskingexistenzen" mit all ihren negativen Auswirkungen kann man nicht nur im Wirtschafts- und Berufsleben feststellen – Drobinski nennt hier exemplarisch einige Berufsgruppen, darunter die Journalisten und die Computer-Branche –, auch das Leben von Schülerinnen und Schülern, ja selbst schon von Kindergarten- und Vorschulkindern ist heute von **Zeitdruck** geprägt. Babys werden punktgenau in der Krippe abgeliefert, damit Vater und Mutter rechtzeitig am Arbeitsplatz erscheinen können, nach dem Kindergarten oder dem Schulunterricht steht die Musik-, Turn- oder Ballettstunde auf dem Programm und am Wochenende fährt die Familie, sofern sie zu den Besserverdienern gehört, mit dem fertig gepackten Wohnmobil zu einem Freizeitevent, bei dem es für die Erwachsenen und die Kinder spezielle Angebote gibt. Wer diesen **Freizeitstress** aus finanziellen Gründen nicht mitmachen kann, füllt seine Zeit jedoch nicht automatisch gemeinsam aus, sondern sitzt möglicherweise allein vor dem eigenen Fernseher oder Computer.

Zeit in der Schule

Die verschiedenen Ansprüche der modernen Welt in Einklang zu bringen, ist eine Aufgabe, die Kindern und Jugendlichen oft besonders schwer fällt. Denn so sehr die Freizeit auch individuell gestaltet werden kann, **Schule und Kindergarten** geben nach wie vor ein klar geregeltes **Zeitraster** vor. Es nützt wenig, sich am Montag auf die Wochenendaktivitäten und die fehlende Zeit fürs Lernen oder Schlafen zu berufen, wenn der Lehrer die Mathehausaufgabe einfordert oder im Sport für den Cooper-Test trainiert wird. In der Schule gibt es zwar keine „stade" Zeit, aber doch **viel gemeinsame Zeit**, der man sich im Grunde genommen auch nicht verweigern oder entziehen kann.

Zeitmanagement als Unterrichtsthema

Daraus ergibt sich, dass „**Zeitmanagement**" schon früh gelernt werden muss, um die allgemein gültigen Anforderungen der Schule und die individuellen Erwartungen der Familie und des Freundeskreises „unter einen Hut" zu bringen. Tatsächlich wird inzwischen im Gymnasium unter dem Stichwort „**Selbstkompetenz**" vermittelt, wie man einen Terminkalender führt, ein Referat plant oder zu welchen Tageszeiten man besonders leicht und effizient lernt. Besonders in der Oberstufe kommt für viele Schüler ein weiterer „Zeitfresser" hinzu: der **Freizeitjob**, wie wir Schüler euphemistisch unsere bezahlten Nebentätigkeiten bezeichnen, mit denen wir wiederum unsere Freizeitvergnügungen oder das eigene Auto finanzieren.

Zeitfresser Freizeitjobs

Effizienzdenken hat längst auch **in der Bildungspolitik** Einzug gehalten. Die Verkürzung der gymnasialen Schulzeit von neun auf acht Jahre (**G8**) mit der daraus resultierenden Entwicklung zur Ganztagsschule und der Bologna-Prozess, der zu einer Vereinheitlichung von Studiengängen und zur Struktur der Bachelor- und Master-Abschlüsse an den Hochschulen führt, sind Beweis dafür.

Verkürzung von Schul- und Studienzeiten

Ist das Leben deshalb notwendigerweise völlig verplant? Hat man schon als Jugendlicher keinen Handlungsspielraum mehr? Sind wir alle gezwungen, eine fremdbestimmte Multitasking-Existenz zu führen und in die „Beschleunigungsfalle" zu tappen, die Drobinski überall zuschnappen sieht (Z. 54 ff.)?

Meiner Ansicht nach zieht Drobinski aus seinen Beobachtungen **zu einseitige Schlüsse**. Er übersieht oder verschweigt, dass „der Verlust der Zeit" auch einen **Gewinn an Freiheiten** mit sich gebracht hat, den viele Menschen sinnvoll zu nutzen wissen, und dass gerade durch die Individualisierung der Zeitgestaltung **neue Räume gemeinsamer Zeit** entstehen.

Kritik an Drobinskis Thesen

„Verlust" an Zeit führt zu neuen Freiheiten

Während früher Ganztagsarbeit und festgelegte Arbeitszeiten vor allem die Frauen vor die Alternative *Beruf oder Familie* stellte, ist es heute dank flexibler Arbeitszeiten und unterschiedlicher Arbeitszeitmodelle möglich, **Berufstätigkeit und Kindererziehung** zwischen Mann und Frau aufzuteilen. Alte Rollenmuster wurden und werden aufgegeben, es entsteht mehr **Gerechtigkeit unter den Geschlechtern**. Gerade die Möglichkeit, sonntags zu arbeiten und mittwochs frei zu machen (vgl. Z. 33), schränkt den „kollektiv zu nutzende[n] Freiraum" (Z. 39 f.) nicht nur ein, sondern schafft auch neue Formen kollektiver Zeit. Bestes Beispiel dafür sind alle jene Väter, die gerade die Zeit besonders intensiv erleben, die sie in Abwesenheit der berufstätigen Mutter gemeinsam mit ihren Kindern verbringen.

neue Formen kollektiver Freizeit

Auch ältere Arbeitnehmer profitieren von den vielfältigen Möglichkeiten, den Übergang in den Ruhestand flexibel zu gestalten, z. B. durch Altersteilzeit oder vorzeitige Pensionierung. Dadurch eröffnen sich nicht nur **persönliche Entfaltungsmöglichkeiten**, z. B. auf kulturellem oder künstlerischem Gebiet – wieder Klavier spielen, mehr Romane lesen, ein Senioren-Studium aufnehmen, endlich Reisen machen, – es werden auch Kräfte frei, die die Individuen wieder in die Gesellschaft einbringen können, etwa durch **ehrenamtliches Engagement**.

Dem Beschleunigungsdruck, den Drobinski beklagt, kann man sich meiner Überzeugung nach auch entziehen, indem man **persönliche Prioritäten** setzt. In vielen Berufsgruppen, z. B. im Lehrberuf, aber immer mehr auch unter Ärzten, insbesondere Ärztinnen, nimmt der Anteil an **Teilzeitbeschäftigten** zu. Für die Einzelnen bedeutet dies oft einen zumindest zeitweisen Verzicht auf Aufstiegsmöglichkeiten, Karriere und Geld, den sie bewusst in Kauf nehmen, weil sie den Gewinn an Freizeit und Freiheit höher bewerten. Nach meiner Beobachtung ist es keineswegs zwingend, dass für die gesparte Zeit immer „ein neuer zeitverbrauchender Zweck hinzukommt" (Z. 22 f.), wie Drobinski pauschal behauptet. Und warum sollten Eltern die gewonnene Freizeit nicht nutzen, um mit den Kindern etwas zu unternehmen und sich nicht nur um die reine „Versorgung" zu

man kann Prioritäten setzen

kümmern? Dass es in einer Familie gemeinsame und individuelle Interessen und Unternehmungen gibt, ist meiner Erfahrung nach eine Grundbedingung für ein glückliches Familienleben.

Kritik an der einseitigen negativen Einschätzung der neuen Medien

Auch **Drobinskis Einschätzung der neuen digitalen Medien** halte ich für **einseitig**. Sicher besteht die Gefahr, durch Handy, Blackberry und E-Mail unter den Druck der permanenten Verfügbarkeit zu geraten, und es ist mir bewusst, dass viele Manager in verantwortlicher Position dem meist wenig entgegensetzen können. Allerdings eröffnen diese modernen Technologien auch **neue Optionen**, z. B. von zu Hause aus arbeiten zu können. Ob sich daraus eine Multitaskingexistenz entwickelt, kann der Einzelne zumindest mitbestimmen, z. B. in dem er sich selbst „stade" Zeit verordnet, den PC und das Handy ausschaltet und es akzeptiert, auch einmal für Stunden, Tage oder gar Wochen nicht „online" zu sein.

es gibt noch kollektive Freizeit, z. B. in Vereinen

Drobinski lebt in der Großstadt, wo viele seiner Beobachtungen wahrscheinlich eher zutreffen als in ländlichen Gebieten. Dort gibt es, ob in Bayern oder Baden-Württemberg, auch im 21. Jahrhundert noch ein **reges Vereinsleben**. Die Menschen verbringen ihre Freizeit – trotz individuell unterschiedlicher Zeitfenster – immer noch zu einem beträchtlichen Teil zusammen, und selbst den sonntäglichen Kirchgang gibt es noch – auch wenn die juckende Wollhose inzwischen von Jeans abgelöst wurde.

Zukunftsthema: neue Zeitfülle, bedingt durch veränderte ökonomische Lage

Ob das auch in Zukunft so bleiben wird, lässt sich wohl nur schwer abschätzen. Gleichwohl ist das **Thema Zeit** auch aus meiner Sicht **zukunftsrelevant** und wird uns in den nächsten Jahren und Jahrzehnten beschäftigen. Vielleicht kommen die Gefahren für unsere Gesellschaft aber weniger vom Verlust der Zeit als von einer **neuen Zeitfülle:** Die globale Wirtschafts- und Finanzkrise, die unsere industrialisierten Gesellschaften bedroht, sorgt seit Monaten für Kurzarbeit, Stellenstreichungen und steigende Arbeitslosenzahlen. „Stade Zeit" auch unter diesen Bedingungen individuell sinnvoll und sozial verantwortlich zu füllen, das halte ich für ein echtes Zukunftsthema.

Variante 2: Leserbrief

großer Gestaltungsspielraum

*Da Leserbriefe sehr individuelle Auseinandersetzungen mit einem Zeitungsartikel sind, gibt es bei dieser Aufgabe einen **großen Gestaltungsspielraum**. Deshalb wird hier auf einen ausformulierten Lösungsvorschlag verzichtet. Stattdessen sollen verschiedene Ansätze skizziert werden, die Sie selbstständig auf der Grundlage der oben vorgebrachten Argumente ausführen können.*

3 Anfangsmöglichkeiten

1. ***Sie schließen sich Drobinski voll und ganz an** und untermauern seine Position durch weitere Beispiele, insbesondere aus Ihrem eigenen Erfahrungsbereich:*
   Matthias Drobinski spricht mir aus der Seele! In der Tat erlebe auch ich um mich herum nur noch Menschen, die alles gleichzeitig machen: Beim Zähneputzen werden isometrische Übungen absolviert, gefrühstückt wird auf dem Weg ins Büro, während des Telefongesprächs mit der Freundin sucht man noch schnell ein paar Informationen im Internet. Wie schrecklich! → Position mit Argumenten untermauern
2. *Sie stimmen Drobinski im Kern zu, haben aber auch **Einwände und Gegenargumente:***
   Im Leitartikel von Matthias Drobinski wird in der Tat ein Thema angesprochen, das uns alle angeht: Wie halten wir es mit dem kostbaren Gut

der Zeit? Als Schülerin, die in einigen Wochen das Abitur in der Tasche hat, kann ich vieles von dem bestätigen, was Drobinski beobachtet … Allerdings möchte ich zu bedenken geben, dass wir Jugendliche uns dem Beschleunigungsdruck nur schwer entziehen können. … → Argumente / Belege / Beispiele
Im Unterschied zu Drobinski sehe ich in den Errungenschaften der Technik vor allem viele Vorteile → Argumente / Belege / Beispiele

3. *Sie nehmen die* ***Gegenposition*** *zu Drobinski ein und formulieren Ihren Standpunkt pointiert, evtl. sogar polemisch:*
Herrn Drobinskis Leitartikel über den „Verlust der Zeit" beschwört einmal wieder den Untergang des Abendlandes herauf – und das, weil wir uns mehr und mehr dem „Idealbild des flexibilisierten Menschen" annähern und gleichzeitig Jobs erledigen und ins Kino gehen! Ich frage mich: Was ist eigentlich dagegen einzuwenden, wenn man multitaskingfähig ist? Drobinski gehört ganz offensichtlich einer Generation an, die den Anforderungen der modernen Welt nicht mehr gewachsen ist und deshalb alles verteufelt, was für uns Jüngere längst selbstverständlich ist: … → Argumente / Belege / Beispiele

Deutsch (Baden-Württemberg): Abiturprüfung 2010
Aufgabe 4: Interpretationsaufsatz zu einem Gedicht oder Gedichtvergleich

Thema:
Rainer Maria Rilke (1875–1926): **Die Liebende** (erschienen 1906)
Volker Braun (*1939): **Hingebung** (erschienen 1974)

Die Liebende

Ja ich sehne mich nach dir. Ich gleite
mich verlierend selbst mir aus der Hand,
ohne Hoffnung, daß ich Das bestreite,
was zu mir kommt wie aus deiner Seite
ernst und unbeirrt und unverwandt.

… jene Zeiten: O wie war ich Eines,
nichts was rief und nichts was mich verriet;
meine Stille war wie eines Steines,
über den der Bach sein Murmeln zieht.

Aber jetzt in diesen Frühlingswochen
hat mich etwas langsam abgebrochen
von dem unbewußten dunkeln Jahr.
Etwas hat mein armes warmes Leben
irgendeinem in die Hand gegeben,
der nicht weiß was ich noch gestern war.

Aus: Rainer Maria Rilke: Werke, Bd. I, 1: Gedicht-Zyklen. Frankfurt a. M. 1980, S. 133 f.

Hingebung

Wie der Sommer kommt!
Die Abende sind warm und lang.
Ich bin ganz ruhig. Wir sitzen im Gesträuch
Reden uns aus uns heraus.
In seinen Gedanken plötzlich
Finde ich meine.

Die Wiesen liegen in ihrem Duft
Der strömt durch uns durch.
Die Bäume stehen in seltsamen Gruppen
Wie Liebende. Sie werden ganz dunkel.
Ich küß ihn, er küßt mich vom Fuß zur Stirn
Meinen ganzen Leib
Nehm ich nun ein.

Alle Natur
Ist mit dem gleichen beschäftigt.
Das zu denken ist schön.
Ich geb mich ihm hin
Und gehör doch mir. Nach meinem Sinn
Geht nun mein Tag.

Aus: Volker Braun: Gegen die symmetrische Welt. Gedichte. Frankfurt a. M.: Suhrkamp 1974, S. 14.

Arbeitsanweisung
Interpretieren und vergleichen Sie die Gedichte.

Hinweise und Tipps

Thema: Liebeslyrik

Die Liebe ist eines der wirkungsmächtigsten Konstrukte der Menschheit. Mythen und Märchen, Romane und Erzählungen, Balladen und Lieder erzählen von ihr. In der Gattung der Lyrik ist sie eines der zentralen Themen, das über die Jahrhunderte immer wieder einen neuen Ausdruck findet.

Im Unterricht wird mit dem Thema Liebeslyrik, ausgehend von exemplarischen Liebesgedichten, häufig ein Überblick über die Epochen der deutschen Literatur verbunden, d. h. sogenanntes literaturgeschichtliches Orientierungswissen vermittelt. Dabei soll reflektiert werden, dass jeder Text in der Spannung einer doppelten Historizität steht: Er ist Zeugnis seiner Zeit, löst sich im Prozess der Rezeption jedoch von den Bedingungen seiner Entstehung und wird jedes Mal neu lebendig, wenn ein Leser ihn unter den für ihn geltenden Voraussetzungen zu verstehen versucht. Verstehen ist in diesem Sinn ein aktiver und dialogischer Prozess, in dem der Leser den Text ernst nimmt, ihn genau liest, seine Hintergründe, Produktionsvoraussetzungen, historische Gebundenheit berücksichtigt, aber zugleich auch über sich selbst, seine Lebenswelt, seine Verstehensbemühungen und -probleme nachdenkt.

In engem Zusammenhang mit der Geschichte der Literatur steht die sogenannte Mentalitätsgeschichte: Was denken, fühlen, erleben, erhoffen sich Menschen zu einer bestimmten Zeit? Welche Bilder von Mann und Frau, vom Wesen und den Formen der Liebe, vom Individuum und der Gemeinschaft prägen das Leben, die Kunst, die Literatur? Solche Fragen können Ihnen bei der Erschließung von Liebesgedichten weiterhelfen.

Überprüfen Sie bei den Liebesgedichten, die Ihnen in einer Klausur vorgelegt werden, jedoch immer, ob und inwieweit eine literaturgeschichtliche Einordnung der Texte zu deren Verständnis beitragen kann, und gehen Sie auf keinen Fall den Weg der Deduktion, also vom Wissen über die Epoche zum Text. Ausgangspunkt ist immer der Text.

Aufgabentyp Gedichtvergleich

Beim Aufgabentyp „Gedichtvergleich" im Themenbereich „Liebeslyrik vom Barock bis zur Gegenwart" werden Ihnen zwei Texte vorgelegt, die Sie im Hinblick auf **Gemeinsamkeiten und Unterschiede** analysieren und deuten sollen. Dabei müssen Sie herausarbeiten, wie das Thema Liebe in den unterschiedlichen Gedichten entfaltet wird.

Achten Sie darauf, dass Sie jedes Gedicht zunächst für sich wirken lassen und **erste Verstehenshypothesen** bilden. Ein zu schneller Vergleich verstellt den Blick auf die Eigenart der Texte und birgt die Gefahr einer Fehlinterpretation.

Versuchen Sie, die Texte sehr genau wahrzunehmen, und visualisieren Sie alles, was Ihnen auffällt, indem Sie farbige Markierungen und Unterstreichungen anbringen, mit Pfeilen und Linien Verbindungen, z. B. zwischen Schlüsselbegriffen, herstellen und grafische Symbole an den Rand zeichnen. Beachten Sie nicht nur Semantik und Bildlichkeit der Sprache, sondern auch klangliche Phänomene (Reim, Alliterationen, Assonanzen usw.). Die Vorstellung, wie die Texte gesprochen werden könnten, hilft Ihnen dabei.

Die Aufgabenformulierung *Interpretieren und vergleichen Sie* lässt Ihnen einen **methodischen Spielraum**, den Sie nutzen sollten. Arbeiten Sie aber auch hier zielorientiert, z. B. indem Sie vorab einen **Schreibplan** erstellen.

Bei Gedichtinterpretationen wird von Ihnen erwartet, dass Sie über fachspezifische und methodische Kenntnisse und Fertigkeiten verfügen und dabei eine angemessene Fachsprache anwenden. Achten Sie darauf, die verwendeten **Fachtermini funktional für die Deutung** der Texte zu **nutzen**, d. h. Inhalt, Sprache und Struktur aufeinander zu beziehen. Die isolierte Aufzählung von im Text vorkommenden Stilmitteln stellt noch keine Interpretationsleistung dar.

Lösungsvorschlag in Grundzügen

Einleitung

Die Kunst des Liebens ist der Titel eines wichtigen Werks des Philosophen und Psychologen Erich Fromm. In der Vereinigung mit anderen Menschen, so Fromms These, kann der Einzelne die Zufälligkeit und Einsamkeit seiner Existenz überwinden und letztlich seelisch gesund bleiben. Die höchste Erfüllung findet der Mensch in der Liebe. Sie „lässt ihn das Gefühl von Isolation und Getrenntsein überwinden, erlaubt ihm aber, sich selbst treu zu bleiben und seine Integrität, sein So-Sein zu bewahren. In der Liebe ereignet sich das Paradox, dass zwei Wesen eins werden und doch zwei bleiben.“ (Fromm, Erich: Die Kunst des Liebens, Ullstein 1977) Von dieser Erfahrung sprechen auf unterschiedliche Weise auch die beiden Gedichte *Die Liebende* von Rainer Maria Rilke und *Hingebung* von Volker Braun.

Rainer Maria Rilke: Die Liebende

Rainer Maria Rilke, der als bedeutender deutscher Lyriker des frühen 20. Jahrhunderts gilt, lässt in seinem Gedicht aus dem Jahre 1906 ein **weibliches lyrisches Ich** zu Wort kommen. „Die Liebende“, Sprecherin des Gedichts, beschreibt eine Erfahrung, die ihr Lebensgefühl grundlegend verändert: Die unabweisbare Sehnsucht nach einem geliebten Du birgt die Gefahr des Selbstverlusts, eröffnet aber gleichzeitig die Chance zum Aufbruch in ein neues Leben.

Aufbau des Gedichts

Form: fiktiver Monolog, Hinwendung zu einem Du

In drei Strophen von ungleicher Länge (5 Verse, 4 Verse, 6 Verse) und mit unterschiedlichen Reimschemata (abaab, cdcd, eefggf) entfaltet sich ein **fiktiver Monolog** des lyrischen Ichs. Gleich zum Auftakt des Gedichts wendet sich die Sprecherin an ein nirgendwo näher bestimmtes Du, das sie vermisst: „Ja ich sehne mich nach dir.“ (V. 1) Das bestätigende „Ja“ verweist darauf, dass sie schon länger mit sich selbst im Gespräch ist und ihre Lage zu klären versucht, indem sie in einer Art Selbstvergewisserung ihre **Sehnsucht** als nicht mehr abzustreitende Tatsache anerkennt.

1. Strophe: Sehnsucht nach dem Du, Gefahr des Selbstverlusts

Diese Sehnsucht ist mit der **Angst vor Kontrollverlust** und mit Unsicherheit verbunden. Sie wirft das Ich auf sich selbst zurück (s. die reflexiven Verben *sich sehnen* [„Ich sehne mich“, V. 1] und *sich verlieren* [„mich verlierend“, V. 2]) und birgt zugleich die Gefahr des Selbstverlusts, die im Bild des Sich-aus-der-Hand-Gleitens deutlich wird. Schlussendlich führt die Sehnsucht das lyrische Ich zu der Erkenntnis, dass es der starken **Anziehungskraft des Geliebten** nicht entkommen kann. Es ist ein unbestimmtes Etwas („was zu mir kommt wie aus deiner Seite“, V. 4), das sich nicht leugnen lässt („ohne Hoffnung, dass ich Das bestreite“, V. 3), und es wird von der Liebenden als „ernst und unbeirrt und unverwandt“ (V. 5) wahrgenommen, ohne dass sie in der Lage ist, es genauer zu fassen oder gar konkret zu benennen.

2. Strophe: Erinnerung an die verlorene Einheit mit sich selbst

In der **Vergangenheit** war dies anders: „… jene Zeiten: O wie war ich Eines“ (V. 6). Der Ausruf „O“ klingt wie eine Klage, aus der die Sehnsucht nach der verlorenen Einheit mit sich selbst spricht. Diese weit zurückliegende Existenzweise war jedoch auch durch Mangel gekennzeichnet: Die zweifache Negation – „nichts was rief und nichts was mich verriet“ (V. 7) – und die Prädikate „rufen“ und „verraten“ weisen darauf hin, dass das Ich früher in einer Situation der **Beziehungslosigkeit** gelebt hat. Verstärkt wird dieser Eindruck durch den Hinweis auf die nun ebenfalls der Vergangenheit angehörende „Stille“ (V. 8) des lyrischen Ichs, die mit dem Bild des „Steines, / über den der Bach sein Murmeln zieht" (V. 8f.) zum Ausdruck gebracht wird. Die Übereinstimmung mit sich selbst, das „Eines"-Sein hatte einen hohen Preis: Bewegungslosigkeit, Isolation, Kälte, ja vielleicht Versteinerung oder Depression.

3. Strophe: veränderter Zustand in der Gegenwart

Vergangenheit und Gegenwart werden in der **dritten Strophe** zusammengeführt. Mit der Konjunktion „aber" setzt das lyrische Ich ein Signal, dass sich inzwischen alles verändert hat: „Aber jetzt in diesen Frühlingswochen / hat mich etwas langsam abgebrochen / von dem unbewußten dunkeln Jahr." (V. 10–12) Aus dem Gefühl, sich selbst aus der Hand zu gleiten (V. 1f.), ist die **Sicherheit** geworden, einem anderen „in die Hand gegeben" (V. 14) zu sein. Wie schon in der ersten und zweiten Strophe wird die Beziehung zum Geliebten jedoch nicht näher beschrieben. Es ist ein zweimal genanntes unbestimmtes „Etwas" (V. 11 und 13), das bei der Liebenden jetzt im Frühling, der Jahreszeit des Aufbruchs und des Aufblühens, eine Entwicklung in Gang setzt, die es offensichtlich selbst noch nicht erklären und fassen kann. Der **Geliebte** selbst, wer auch immer es sein mag, bleibt **namenlos**, ja erscheint geradezu beliebig, auswechselbar, worauf das Indefinitpronomen „irgendeinem" (V. 14) verweist, und er weiß wenig von der Liebenden und ihrer Vergangenheit (V. 15).

Vorstellung von Liebe im Gedicht

Das Gedicht entwirft eine Vorstellung von **Liebe**, die trotz Sehnsucht nach dem Du sehr **ichbezogen und monologisch** bleibt. Dies zeigt sich formal in der Dominanz von Personal- und Possessivpronomina in der 1. Person Singular (zwölf Mal) gegenüber lediglich zweimaligem Vorkommen der 2. Person in der ersten Strophe (V. 1 „dir", V. 4 „deiner"). In der letzten und längsten Strophe schließlich gibt es überhaupt kein Du, keinen Ansprechpartner mehr, es ist nur noch von „etwas" und „irgendeinem" die Rede.

kritische Fragen an den Text

Rainer Maria Rilke ist ein großer Lyriker, dem die deutsche Literatur wunderbare Sprachkunstwerke wie z. B. *Der Panther* und *Herbsttag* verdankt, die man noch heute in jeder Gedichtanthologie und jedem Lesebuch findet. Im vorliegenden Gedicht stellt sich der Leser jedoch einige kritische Fragen:

Welche Bedeutung haben die Bilder des Gedichts? In der ersten Strophe spricht das lyrische Ich von etwas „was zu mir kommt wie aus deiner Seite" (V. 4) und löst damit **Assoziationen zum biblischen Schöpfungsmythos** aus: Eva wird aus Adams Rippe, also aus seiner Seite, geschnitten. Dieser Deutungsversuch, der an der Idee der ursprünglichen Einheit von Mann und Frau ansetzt, führt jedoch nicht weiter. Für das lyrische Ich ist es nicht einmal sicher, dass die wahrgenommenen starken Gefühle tatsächlich vom geliebten Du ausgehen, es ist ein „als ob", sonst wäre der Vergleichspartikel „wie" nicht nötig.

Auch in der zweiten Strophe wird in einem Parallelismus ein **Vergleich** gezogen: „meine Stille war wie eines Steines". Soll dieser Verstoß gegen die Regeln der Grammatik – korrekt wäre: meine Stille war wie die eines Steines – als Stilmittel gedeutet werden? Welche Funktion hat es dann? Die **Metapher des Abbrechens**, die in Strophe 3 den Gegensatz von Vergangenheit und Gegenwart verdeutlichen soll, verdankt sich wohl dem Zwang zum Reim (Frühlingswochen – abgebrochen). Ihr Sinn ist schwer zu erschließen: Wie kann ein Mensch von einer Zeitspanne „langsam abgebrochen" (V. 11) werden? Auch der semantische Gegensatz des adverbial gebrauchten Adjektivs „langsam“, das auf eine eher bedächtige Entwicklung verweist, und des Verbs „abbrechen“, zu dessen Bedeutungsmerkmalen die Schnelligkeit und Abruptheit einer oft aggressiven Handlung gehört, bleibt rätselhaft.

Primat der Form?

Der etwas banal klingende Binnenreim in Vers 13 – „mein armes warmes Leben“ – wirft die Frage auf, was am Leben der Sprecherin denn so arm ist. Auch hier kommt der Verdacht auf, dass dem Streben nach Form Priorität eingeräumt wurde.

Schließlich stellen sich beim Leser des 21. Jahrhunderts auch Zweifel ein, ob der männliche Verfasser des Gedichts sich in ein weibliches lyrisches Ich eindenken und einfühlen konnte. Die Konstruktionen von Weiblichkeit und von Liebe aus der Sicht der Frau erscheinen zumindest aus heutiger Sicht sehr von männlicher Selbstbezüglichkeit und Dominanz geprägt.

Volker Braun: Hingebung

Eine ganz andere Vorstellung von Liebe zeigt sich in Volker Brauns Gedicht *Hingebung* von 1974. Auch hier lässt ein männlicher Dichter ein **weibliches lyrisches Ich** sprechen. In drei reimlosen, unterschiedlich langen Strophen, deren Verse ohne Metrum sich rhythmisch der Prosa nähern, wird aus der Perspektive einer Frau ein **Liebeserlebnis** geschildert, das seinen Höhepunkt in der sexuellen Vereinigung der beiden Liebenden findet.

1. Strophe: harmonisches Zusammensein von Mann und Frau in der Natur

Die Zweisamkeit der beiden Personen, von denen man nicht erfährt, ob sie bereits länger ein Paar sind, ist **in die Natur eingebettet:** „Wie der Sommer kommt! / Die Abende sind warm und lang.“ Der freudige Ausruf (V. 1) und die Schilderung einer allseits bekannten Situation (V. 2) nehmen den Leser mit ins Geschehen und lassen ihn von Beginn an am Erlebnis dieser Begegnung teilhaben.

Das Zusammensein der beiden ist vor dem Hintergrund des sommerlichen Abends zunächst ganz unspektakulär und alltäglich („Ich bin ganz ruhig.“, V. 3). Sie finden sich zusammen, um zu reden, sich mitzuteilen, was sie denken und erleben („Wir sitzen im Gesträuch / Reden uns aus uns heraus.“, V. 3f.). Die Frau entdeckt dabei eine große geistige **Übereinstimmung mit dem Mann:** „In seinen Gedanken plötzlich / Finde ich meine.“ (V. 5f.)

2. Strophe: gegenseitige Liebesbezeugungen

Auch in der zweiten Strophe spielt die **sommerliche Natur** eine große Rolle. Sie ist nicht nur das Szenario für die Vereinigung von Ich und Du im Wir (vgl. V. 8, Personalpronomen „uns“), nicht nur Raum für sinnliches Erleben („Die Wiesen liegen in ihrem Duft / Der strömt durch uns durch.“, V. 7f.), sondern auch **Projektionsfläche für die Gefühlslage** des lyrischen Ichs: „Die Bäume stehen in seltsamen Gruppen / Wie Liebende“ (V. 9f.). Aber erst in der Dunkelheit (V. 10: „Sie werden ganz dunkel.“) werden die Frau und der Mann ein Paar und küssen sich. Auch wenn die Frau dabei den ersten Schritt macht („Ich küß ihn“, V. 11) und der Mann mit einem Sturm der Zärtlichkeit antwortet („er küßt mich vom Fuß zur Stirn“, V. 11), entsteht daraus weder von ihrer noch von seiner Seite irgendein Dominanz- oder Führungsanspruch, sondern ein **auf Gegenseitigkeit beruhendes Liebesspiel**, das bei der Liebenden mit dem Gefühl höchster Selbsterfüllung verbunden ist. Die liebevolle Wahrnehmung durch den anderen führt zu einer **gesteigerten Wahrnehmung der eigenen Person:** „Meinen ganzen Leib / Nehm ich nun ein." (V. 12f.)

Der Blick der Liebenden weitet sich in der dritten Strophe auf die ganze Natur („Alle Natur", V. 14) aus, die „mit dem gleichen beschäftigt" (V. 15) ist, eine Entdeckung, die sie mit Glück erfüllt: „Das zu denken ist schön." (V. 16).

3. Strophe: Hingebung ohne Selbstaufgabe

Die **sexuelle Hingabe** an den Geliebten ist nicht nur ein bewusster und selbstbestimmter Akt der Liebenden („Ich geb mich ihm hin / Und gehör doch mir"), sie ordnet sich auch in kosmische Zusammenhänge ein und gibt der Sprecherin des Gedichts von daher Sicherheit.

Der Akt der „Hingebung", der dem Gedicht den Titel gibt, bedeutet für die Sprecherin nicht den Verlust der Eigenständigkeit, nicht Selbstaufgabe, sondern **Selbstvergewisserung in der Begegnung mit dem Du:** „Nach meinem Sinn / Geht nun mein Tag." (V. 18f.) Die Liebe ist Erweiterung und Bestärkung der Individualität und weist über die Gegenwart hinaus.

Vergleich der beiden Gedichte

In **Volker Brauns Gedicht** *Hingebung* wird konkret geschildert, was Erich Fromm als Paradox der Liebe bezeichnet: Zwei Wesen werden eins und bleiben doch zwei.
Das Gedicht kommt ohne Reim und Metrum aus, die Sätze sind parataktisch, die Wortwahl ist einfach, oft alltagssprachlich. Und dennoch wirkt das Gedicht poetisch: Naturbilder, Vergleiche, eindrückliche Wiederholungen, aber auch eine Rhythmisierung der Sätze durch bewusst gesetzte Zeilenumbrüche, die sinntragende Wörter akzentuieren, heben den Text über die Alltagssprache hinaus und „verdichten" seine Aussage.

Rainer Maria Rilkes Gedicht ist stärker strukturiert und weist viele Merkmale lyrischen Sprechens auf (Metrum, Reim, Binnenreim, Assonanzen, Metaphern, Antithese). Es entwirft, sicherlich auch **zeitbedingt**, ein ganz **anderes Bild von Liebe**. Die Sehnsucht des lyrischen Ichs nach dem Du löst zwar seine Einsamkeit und Abkapselung ab, birgt aber zugleich die Gefahr des Selbstverlusts. Nicht von Liebe, geistiger und körperlicher Begegnung, Verständnis füreinander, gegenseitiger Hingabe ist hier die Rede, sondern von einer undefinierbaren Macht, einem Etwas, das das lyrische Ich einer ebenso unbestimmten Person („irgendeinem", V. 14) überantwortet.

Die Sprecherin in Volker Brauns Gedicht ist eine moderne, kommunikative, selbst denkende und auch in der Liebe aktiv handelnde Frau; Rilkes lyrisches Ich bleibt dagegen einem traditionellen Rollenverständnis verhaftet, das der Frau Passivität und Hingabe zuschreibt. Ein Austauschen der beiden Titel könnte man sich deshalb gut vorstellen.

Deutsch (Baden-Württemberg): Abiturprüfung 2010
Aufgabe 5: Analyse und Erörterung nicht fiktionaler Texte (auch mit gestalterischer Teilaufgabe) – Schwerpunkt: Erörterung

Thema: Detlef Esslinger: Ein rasend flüchtiges Gut

Es ist dies ein überaus seltsames Gut. Kaufen kann man es nirgendwo. Aber eine Redewendung lautet, dass man es geschenkt bekommen kann. Fast alle Menschen besitzen es; aber ohne es zu merken. Dass es da war, registrieren sie erst, wenn sie es einmal verloren haben. Und es handelt sich möglicherweise um die einzige Ressource auf der Welt, die sich durch ihren Gebrauch vermehrt – und durch Nicht-Gebrauch reduziert.

Ohne Vertrauen geht gar nichts. Annette Baier, die neuseeländische Moralphilosophin, die die längste Zeit ihres Lebens an der Universität Pittsburgh lehrte, hat dafür einen passenden Vergleich gefunden. „Wir bewohnen ein Klima des Vertrauens, so wie wir in der Atmosphäre leben", sagt Baier. „Wir nehmen es wahr wie die Luft, nämlich erst dann, wenn es knapp wird oder verschmutzt ist."

Der Vergleich ist deshalb so geeignet, weil in ihm zweierlei zum Ausdruck kommt: das Unverzichtbare und das Unmerkliche. Unverzichtbar ist Vertrauen, weil niemand in der Lage ist, sein Leben nur auf sich gestellt zu führen. Wir bewohnen Häuser, die andere für uns gebaut haben. Wir setzen uns in die U-Bahn in der selbstverständlichen Erwartung, auf diese Weise in zwei Minuten vom Stachus zum Odeonsplatz gebracht zu werden. Wir essen das Fleisch von Tieren, die andere für uns erst gezüchtet und dann geschlachtet haben.

Unmerklich ist das Vertrauen, weil es selbstverständlich geschenkt wird. Wer verschwendet vor dem Einzug schon einen Gedanken darauf, ob durch die Wasserleitung tatsächlich Wasser fließt und nicht Gas? Wer erwägt schon, sich lieber fern zu halten von dem Menschen, der neben einem auf die U-Bahn wartet; weil es doch sein könnte, dass er einen gleich auf die Gleise schubst? Vertrauen heißt, Zweifel gar nicht erst zuzulassen – damit wir uns in der Welt überhaupt aufhalten können. Permanente und unbestimmte Angst sowie ein im Wortsinn lähmendes Entsetzen würden unsere Tage prägen, wären wir nicht mit Vertrauen ausgerüstet. Wir *wissen* nicht, dass die Kuh, deren Fleisch wir auf dem Teller haben, kein BSE hatte. Als Nicht-Bauern und Nicht-Veterinäre können wir das gar nicht wissen. Vertrauen ist eine eigenartige Überzeugung, sagt der Soziologe Diego Gambetta aus Oxford – eine Überzeugung, „die nicht auf Beweisen, sondern auf einem Mangel an Gegenbeweisen gründet." Also beißen wir rein. […]

Ohne Vertrauen geht nichts, aber Vertrauen alleine kann auch keine Grundlage sein. Es gibt mehrere Varianten des Vertrauens. Da schenkt einer Vertrauen, weil er beim anderen seit langem eine Übereinstimmung zwischen dessen Worten und Taten feststellt. […] Darüber hinaus gibt es das Vertrauen, dem man sich mehr oder weniger ausliefern muss. In einer technisierten und spezialisierten Welt mag jeder Mensch Fachmann auf einem oder zwei Gebieten sein. Heißt aber zugleich: Auf 734 anderen Gebieten ist er es nicht. Keiner kann alles können. Also benutzt er diese Hängebrücke. Wird schon tragen. Also bringt er seinen alten Computer zum Wertstoffhof. Wird schon sauber recycelt werden.

Es gibt noch eine weitere Variante des Vertrauens. Sie ist möglicherweise ursächlich für die Krise, in die die Weltwirtschaft geraten ist, oder auch die Welt als solche, um es leicht pathetisch auszudrücken. Gemeint ist: das blinde Vertrauen. Diktatoren und Gangsterchefs verlangen von ihren Untertanen diese Form von Blindheit – dass die ihnen zu Willen sind, ohne nachzudenken. […]

Vertrauen bedeutet, anderen die Gelegenheit zur Verletzung einzuräumen. „Aber sogleich zeigt man sich zuversichtlich, dass sie diese Gelegenheit nicht nutzen werden", sagt Moralphilosophin Baier. Weil man einander kennt, weil der jeweils andere ähnliche Interessen hat wie man selbst, weil es immer noch ein nächstes Mal gibt. Blindes Vertrauen hingegen bedeutet, andere zum Betrug einzuladen, oder sich zum Selbstbetrug.

Vertrauen ist durch nichts in der Welt zu ersetzen, daran führt keine Erkenntnis vorbei. Generationen von Philosophen, Diktatoren und Kaufleuten haben nach Alternativen gesucht, aber keine gefunden. Zwang? Beruht darauf, dass man wenigstens denjenigen vertrauen kann, die für einen die Zwangshandlungen ausüben. Versprechen? Sie unterstellen, dass dem anderen mein weiteres Vertrauen in ihn wichtig ist. Verträge? Sie vertrauen darauf, dass der andere im Zweifel in der Lage sein wird, einen von ihm angerichteten Schaden zu ersetzen.

Wie man es auch dreht und wendet: Am Ende landet man doch wieder beim Vertrauen. Alle Alternativen sind in Wahrheit wenig mehr als Ergänzungen. Es kommt also darauf an, das gesunde vom blinden Vertrauen zu unterscheiden. Das eine hilft uns in der Welt, das andere ist ziemlich oft gemeingefährlich.

Aus: Süddeutsche Zeitung vom 22. Dezember 2008, S. 30.

Worterklärung

Z. 15: Stachus: Karlsplatz in München

Arbeitsanweisungen

- Arbeiten Sie die Kernaussagen des Textauszugs heraus.

Wählen Sie **eine** der folgenden beiden Arbeitsanweisungen:

- Erörtern Sie, von den Ausführungen des Autors ausgehend, Möglichkeiten und Grenzen von Vertrauen in der heutigen Zeit.

  oder

- Gehen Sie von folgender Annahme aus:
  Die SMV Ihrer Schule veranstaltet für Schülerinnen und Schüler der Kursstufe einen Diskussionsabend, überschrieben mit „Probleme unserer modernen Welt“.
  Verfassen Sie eine Rede zum Thema „Vertrauen – ein Wert auf dem Prüfstand“.

Maßgeblich für die Beurteilung des Aufsatzes ist das Ganze der erbrachten Leistung. Der Schwerpunkt liegt auf der zweiten Teilaufgabe.

Hinweise und Tipps

Teilaufgabe 1

Diese Aufgabe dient zunächst der Textsicherung. Sie soll aber auch eine Argumentationsgrundlage und einen kritischen Bezugspunkt für die Erörterung bereitstellen, auf der dann der Schwerpunkt liegen soll. Verlangt ist keine ausführliche Textanalyse, wohl aber die Kernaussagen herauszuarbeiten. Das bedeutet: Sie müssen sich auf das Wesentliche beschränken. Die wesentlichen Thesen sollten *klar und eigenständig formuliert* werden, wobei Sie auf zentrale Formulierungen des Textes zitierend zurückgreifen können. Der *argumentative Zusammenhang* der Thesen sollte deutlich werden, d. h., es muss der Aufbau der Argumentation nachvollziehbar sein und es sollte auch formuliert werden, welche Sprechakte im Text vollzogen werden („erläutert", „fordert", „belegt am Beispiel von …" usw.). Dazu können Sie, auch wenn keine ausführliche Analyse der sprachlichen Form verlangt ist, die *Sprache heranziehen*; in diesem Text arbeitet der Autor beispielsweise immer wieder mit umgangssprachlichen Formulierungen, um seiner These von der alltäglichen Selbstverständlichkeit des Vertrauens Nachdruck zu verleihen.

Um den argumentativen Status des Gesamttextes zu klären, ist ein Blick auf die *Textsorte* hilfreich: Ist es ein eher informierender Text? Eine polemische Stellungnahme in einem bestimmten Diskussionskontext? Ein reflektierender oder auch utopischer Text des Feuilletons? Eventuell helfen auch *Erscheinungsort und -zeitpunkt* weiter. Dass der vorliegende Text kurz vor Weihnachten erschienen ist, kann man so lesen, dass es hier weniger um eine aktuelle Debatte geht als vielmehr um eine allgemeine Besinnung, es handelt sich um einen philosophischen Essay.

Ansonsten gelten natürlich die *Sprachnormen der Inhaltsangabe*: sachlicher Stil, Herstellen von Zusammenhängen durch geeignete Konjunktionen, begriffliche Zusammenfassung von Gedankengängen, Verwendung von Präsens/Perfekt und indirekter Rede.

Detlev Esslinger, Jahrgang 1964, hat Volkswirtschaft studiert und ist seit 1991 Redakteur bei der Süddeutschen Zeitung. Er leitet das Ressort Medien. Eine wirtschaftliche oder medienspezifische Zuspitzung des Themas ist jedoch nicht erkennbar.

Teilaufgabe 2

Da der Schwerpunkt auf dieser Teilaufgabe liegt, sollte sie natürlich auch den größeren Textumfang bei der Bearbeitung aufweisen. Es stehen, wie häufig, zwei Alternativen zur Wahl: ein Erörterungsaufsatz oder eine gestaltende Aufgabe, hier eine Rede. Am Beginn muss immer eine genaue Analyse der Aufgabenstellung stehen.

Die **Erörterung** von „Möglichkeiten und Grenzen von Vertrauen in der heutigen Zeit" lässt sehr viele Freiheiten. Sie soll „von den Ausführungen des Autors ausgehen[ ]". Das bietet in diesem Falle jedoch keine konkrete Leitlinie, zielt der Text doch sehr allgemein auf die Unumgänglichkeit von Vertrauen in menschlichen Beziehungen ab. Er bietet mit der Absage an das „blinde Vertrauen" nur eine sehr vage Eingrenzung und bleibt im Fazit recht pauschal. Die Gefahr besteht hier, den Text wegen seiner Allgemeinheit nicht zu problematisieren und ihn lediglich zu illustrieren. Man sollte daher auf zwei Dinge achten: eine *klare Problematisierung* des Textes und – wie immer beim Erörterungsaufsatz – die deutliche *Formulierung einer erkenntnisleitenden Fragestellung*. Die Problematisierung könnte beispielsweise bei der Allgemeinheit der Überlegungen einhaken und auf Präzisierung abheben. Sie könnte die behauptete Selbstverständlichkeit des Vertrauens infrage stellen und die Notwendigkeit einer Bemühung um Vertrauen untersuchen. Sie könnte nach den Voraussetzungen von Vertrauen fragen und von da aus auch mögliche Grenzen des Vertrauens jenseits des genannten blinden Vertrauens ausloten. Sie könnte Vertrauen zu Einzelpersonen von Vertrauen zu Gruppen oder Institutionen unterscheiden und nach den Differenzen fragen etc. Wichtiger noch als sonst ist in diesem Falle eine *eigenständige Begriffsbestimmung*, um überhaupt eine Basis für eine kritische Auseinandersetzung zu gewinnen. Dies ist im Falle eines philosophisch durchaus anspruchsvollen Begriffs wie „Vertrauen" keine ganz einfache Aufgabe, der im Lösungsvorschlag einiger Raum gegeben wird. Die erkenntnisleitende Fragestellung sollte dann an einigen aktuellen Beispielfeldern erläutert werden. Die Auswahl sollte einschlägig sein und in der Abfolge einen roten Faden erkennen lassen. Durch die Aufgabenstellung wird nahegelegt, zunächst die Möglichkeiten des Vertrauens zu erläutern und diese dann einzugrenzen. Die Frage, ob dies eine lineare oder eine dialektische Erörterung ist, ist in diesem Falle nicht ohne Weiteres zu beantworten: Je nach erkenntnisleitender Fragestellung ist beides möglich. Es zeigt sich an diesem Thema deutlich, dass wichtiger als ein abstrakter Formalismus die Ergiebigkeit der Ausführungen ist. Im Lösungsvorschlag wird eine Struktur gewählt, die sich dem Essay nähert und vom privaten in den öffentlichen Bereich übergeht. Nicht zuletzt ist wichtig, am Ende auf die Fragestellung zurückzukommen und das Fazit auf sie hin zu formulieren.

Die zweite Alternative, die **gestaltende Aufgabe**, lässt mehr Freiheiten bei der Zuspitzung zu. Inhaltlich ist die Fragestellung ähnlich offen gehalten wie in der Erörterung, sodass sich hier keine wesentlichen inhaltlichen Divergenzen ergeben. Wichtig ist die Beachtung der Kommunikationssituation. Reden sind Gattungen der Mündlichkeit, verlangen also eine etwas weniger kondensierte Formulierung, einen bewussten Einsatz rhetorischer Mittel, sprechende Beispiele und vor allem auch eine deutliche Hörerführung mit klarem Ohröffner und bündigem Fazit. Sie erlauben eine subjektivere Schwerpunktsetzung und auch einen deutlichen Appell – wenn man zu diesem Thema denn einen hat.

Lösungsvorschlag in Grundzügen

Einleitung mit Andeutung einer möglichen Problematisierung

„Vertrauen ist gut, Kontrolle ist besser." Wenn dieser – Lenin wohl nicht ganz zu Recht zugeschriebene – Satz fällt, dann kann man sich häufig des Eindrucks nicht erwehren, mit dem ach so guten Vertrauen könne es nicht weit her sein. Ja, ist Vertrauen nicht ein schönes Ideal, dem im echten Leben enge Grenzen gesetzt sind – außer vielleicht bei einigen naiven, leichtgläubigen Idealisten?

Teilaufgabe 1: Herausarbeiten der Kernaussagen des Textes
argumentative Stoßrichtung des Textes, Definition von Vertrauen unter Berücksichtigung der sprachlichen Form

„Ein rasend flüchtiges Gut" überschreibt Detlev Esslinger seinen Artikel über die grundlegende Bedeutung des Vertrauens und über seine Grenzen, der kurz vor Weihnachten 2008 in der Süddeutschen Zeitung erschienen ist. Auch wenn die Überschrift skeptisch klingt, Esslingers Antwort ist optimistisch. Nachdem er in einer spannungserzeugenden Einleitung einige paradoxale Aspekte des Vertrauens aufgeführt hat, formuliert Esslinger die zentrale These, **Vertrauen** sei für das menschliche Zusammenleben eine unverzichtbare **Grundvoraussetzung:** „Ohne Vertrauen geht gar nichts." (Z. 6) Mit der umgangssprachlichen Formulierung wie auch dem zitierten Vergleich des Vertrauens mit der „Atmosphäre" (Z. 9) stellt er zwei Aspekte des Vertrauens heraus. Zum einen wird die Unverzichtbarkeit des Vertrauens betont und mit Beispielen aus einer arbeitsteiligen Gesellschaft erläutert. Zum anderen sei Vertrauen „selbstverständlich" (Z. 18), denn es bestehe darin, Zweifel erst gar nicht aufkommen zu lassen; dies belegt Esslinger ex negativo durch Beispiele, die zeigen sollen, dass Zweifel als eine Grundhaltung weder gelebt werden könne noch durchzuhalten sei.

Abgrenzung gegen Entartungsformen und Fazit

Diese fundamentale Bedeutung des Vertrauens wird nun differenziert und eingegrenzt. Esslinger unterscheidet zunächst Vertrauen aufgrund persönlicher Erfahrung von einem Zwang zum Vertrauen, der sich aus den Grenzen der je eigenen Fähigkeiten in einer spezialisierten Gesellschaft ergebe. Vollends ins Negative schlage das **„blinde Vertrauen"** (Z. 40) um. Es liefere sich anderen – „Diktatoren und Gangsterchefs" werden plakativ genannt (Z. 40 f.) – kritiklos aus und mache sich damit **verletzlich**. Dennoch betont Esslinger, dass das Vertrauen unhintergehbar bleibe, weil mögliche Alternativen wie „Zwang“, „Versprechen“ oder „Verträge“ (Z. 50 ff.) letztlich wiederum vom Vertrauen in das Gegenüber oder zumindest in Erfüllungsgehilfen ermöglicht würden. Es komme, resümiert Esslinger, auf die Urteilskraft an, „das gesunde vom blinden Vertrauen zu unterscheiden.“ (Z. 57)

Teilaufgabe 2: erste Alternative: Erörterung

Überleitung und Formulierung einer erkenntnisleitenden Fragestellung

Damit bringt Esslinger eine ganze Reihe grundlegender Überlegungen zur Sprache. Im Ganzen indes erscheint seine Argumentation ein wenig holzschnittartig, sein Fazit bleibt entsprechend vage. Vor allem stellt sich die Frage, inwiefern Vertrauen „unverzichtbar“ und „selbstverständlich“ (Z. 12, 18) oder inwiefern es nicht vielmehr ein Ideal menschlicher Beziehungen ist, das immer wieder gepflegt, vielleicht auch bewusst kontrolliert werden muss. Dazu ist zunächst einmal ein genauerer Blick auf den Begriff des Vertrauens notwendig, der insbesondere seine Voraussetzungen klärt. Davon ausgehend lassen sich dann exemplarisch die Möglichkeiten und Grenzen von Vertrauen in der Familie, in der Schule sowie im wirtschaftlichen und politischen Bereich konkretisieren.

Begriff des Vertrauens

Anknüpfung beim Sprachgebrauch

Vertrauen ist ein **vielschichtiger Begriff**. Eine erste Annäherung ermöglicht das Wort selbst. In Vertrauen steckt „trauen“: jemandem nahe sein und sich ihm öffnen wie bei angetrauten Ehepartnern; auch sich etwas trauen, ein Wagnis eingehen; dies bedeutet wiederum, die Situation einschätzen zu können, aber auch über sie im Ungewissen zu sein; und das heißt schließlich auch, sich das Wagnis zuzutrauen, Mut, Selbstvertrauen zu haben.

Vertrauen als Grundlage von sozialen Beziehungen

Vertrauen ist eine **Grundhaltung des sozialen Wesens Mensch**. Vertrauen setze ich in jemanden und habe damit gleichsam einen Ankerpunkt im Gegenüber. Ich kann ihm dann etwas anvertrauen, weil ich erwarte, dass es in seiner Obhut gut aufgehoben ist. Ich kann dann vor allem mich ihm anvertrauen – zunächst in dem wörtlichen Sinne, dass ich ihn ins Vertrauen ziehe, mich ihm öffne und ihm etwas mitteile und dabei auf sein Verständnis, sein Entgegenkommen, nicht zuletzt oft auch seine Diskretion zähle, weiter aber auch in dem übertragenen Sinne, dass ich mich ihm öffne für eine Beziehung mit ihm. Vertrauen ist grundlegend für menschliche Beziehungen, es ist in diesem Sinne, wie auch Esslinger zu Recht herausstellt, unverzichtbar. Wenn Thomas Hobbes von einem grundlegenden Gegeneinander ausgeht, das in einem Gesellschaftsvertrag aufgehoben wird, dann muss man immer schon ein Vertrauen in diesen Vertrag unterstellen.

Offenheit als Definiens und ihre Implikationen

Diese Offenheit setzt einige **Bedingungen** voraus. Basis des Vertrauens sind nicht nur gemeinsame Interessen, wie Esslinger sagt (Z. 45 f.), sondern eine **grundlegende Achtung**, mit der ich dem anderen begegne. Sie ermöglicht Nähe und Beziehung. Dabei unterstelle ich, dass der andere mir ebenfalls mit Achtung begegnet; Vertrauen beruht auf Gegenseitigkeit, auf **Symmetrie**. Indem ich mich für den anderen öffne, lasse ich auch offen, wie er handeln wird, lasse ihm also **Freiheit**. Dabei rechne ich damit, dass er seine Handlungsspielräume im gegenseitigen Sinne nutzen und sich solidarisch verhalten wird. Daher sind alle Formen von **Macht** für das Vertrauen **gefährlich**, denn je mehr Macht jemand über mich hat, desto mehr wird die Öffnung zur Selbstauslieferung; umgekehrt: Wer Macht hat

– Eltern, Lehrer, Staat, usw. –, der hat eine besondere Verantwortung, wenn es um das Herstellen von Vertrauen geht. Und schließlich ist Vertrauen nicht anders als **freiwillig** zu denken: Vertrauen schenkt man; ein Zwang zum Vertrauen, wie ihn Esslinger an einer Stelle (Z. 33) unterstellt, scheint widersinnig.

Auf der anderen Seite heißt sich jemandem öffnen immer auch, ein **Wagnis** einzugehen, indem ich mich in meiner ganze Person jemandem anvertraue. Das tue ich in der Regel nicht blindlings, sondern ich habe **Erfahrungen** gemacht und gehe davon aus, dass sich die anderen – oder allgemein die Welt – nicht gänzlich überraschend verhalten werden. Durch bewährte Erfahrungen im Umgang mit ihnen bin ich mit ihnen vertraut, ich kann ihnen eine gewisse **Zuverlässigkeit** unterstellen. Vertrauen ist nicht eine bloße vage Hoffnung, sondern gründet in konkretem Umgang, einem Wissen und Können; je dünner diese Erfahrungen, desto blinder wird das Vertrauen – soweit es überhaupt noch besteht. Diese Erfahrungen sind häufig wiederum von Menschen oder Institutionen vermittelt, die eine bewährte Autorität haben, wie etwa die Wissenschaften.

Zuverlässigkeit als zweites Definiens

Vertrauen bezieht sich auf die **Zukunft**, genauer gesagt auf unsere Erwartungen von ihr. Da herrscht eine grundlegende Unsicherheit, die über die von Esslinger in Anschlag gebrachten Wissensgrenzen des Einzelnen in einer spezialisierten Gesellschaft (vgl. Z. 34 ff.) weit hinausgeht. Vertrauen ist eine Möglichkeit, mit dieser Offenheit der Zukunft umzugehen. Je mehr es sich bewährt, desto größer ist auch das **Vertrauen in uns selbst**, desto positiver ist unser Bild von uns selbst, von anderen, von der Welt. Auf der anderen Seite kann auch ein **gesundes Misstrauen** eine zuverlässige Orientierung sein. Gerade wenn die Verhältnisse notorisch unsicher sind, ist allen, die genau Bescheid zu wissen vorgeben, mit Misstrauen zu begegnen. In diesem Sinne sind Vertrauen und Misstrauen kein Widerspruch, sondern zwei Seiten der Zukunftsorientierung.

Selbstvertrauen angesichts einer offenen Zukunft, Orientierung durch Vertrauen und Misstrauen

Aus diesen Überlegungen wird auch klar, dass Vertrauen eine **dynamische Größe** ist; unsere Erfahrungen ändern sich genauso wie die Beziehungen zu Menschen. Beziehungen stellen sich nicht von selbst her, sondern müssen gepflegt werden – und mit ihnen das Vertrauen. Das Wagnis des Vertrauens kann enttäuscht werden und muss sich immer wieder neu bewähren.

Vertrauen als dynamische Kategorie

Vertrauen, so könnte man zusammenfassen, ist eine Grundhaltung, in der sich Offenheit und Zuverlässigkeit verbinden, die sich dynamisch entwickelt und auf Symmetrie der Beziehungen angewiesen ist. Gefährdet wird sie durch Macht und mangelnde Transparenz.

Zusammenfassen der Arbeitsdefinition

Inwiefern Vertrauen grundlegend für das menschliche Zusammenleben ist, inwiefern es einer verantwortungsvollen Pflege bedarf und wo seine Gefährdungen und Grenzen liegen, das soll nun exemplarisch für den direkten privaten Umgang wie auch für das öffentliche Leben mit seiner größeren Distanz untersucht werden.

Überleitung zu den Beispielfeldern; Vertiefung der Problematisierung

Eine große Rolle spielt das Vertrauen im **Zusammenleben der Familie**. Die Psychologie spricht vom **Urvertrauen**, von der Erfahrung einer grundlegenden Zuverlässigkeit, die eine emotional stabile Persönlichkeit herauszubilden erlaube und aus diesem Selbstvertrauen heraus einen offenen Umgang mit anderen ermögliche. Hier sind zuverlässige Bezugspersonen unabdingbar. Die Familie ist vielleicht der Bereich, wo das Vertrauen

Vertrauen in der Familie: Urvertrauen und grundlegende Bedeutung der Familie am tiefsten ausgeprägt sein kann, weil hier die Nähe am größten, die Erfahrungen, die man miteinander macht, am intensivsten sind. Die **Eltern** können ihren Kindern einen **Raum der Geborgenheit** und der Zuverlässigkeit geben, auf sie können die Kinder vertrauen. Sie sind darüber hinaus auch wichtige **Vermittler von Erfahrungen** und ermöglichen durch diese Orientierung auf vielen Gebieten, dass ihre Kinder einen vertrauensvollen Umgang mit Freunden, in der Schule usw. pflegen.

Grenzen des Vertrauens

Das Vertrauen in der Familie hat indes seine eigenen Anforderungen und **Grenzen**. Die offensichtlichsten – und unspezifischsten – sind natürlich die Fälle, wo **Egoismus** oder gar **Gewalt** herrschen und dadurch die Basis jedes Vertrauens zerstört, ja den Kindern schlimmstenfalls kein Urvertrauen, sondern geradezu eine Urangst vermittelt wird. Hier zeigt sich deutlich, dass die Herstellung von Vertrauen auch eine **moralische Forderung** ist – und leider zu oft keine Selbstverständlichkeit.

Entwicklung, Modifikationen, Pflege des Vertrauens

Daneben aber sind zwei weitere Aspekte interessant. Einmal zeigt sich in der Familie, dass **Vertrauen** dynamisch ist und **gepflegt werden muss**. Mit zunehmendem Alter der Kinder heißt Vertrauen der Eltern: Freiräume zu ermöglichen, nicht alles zu kontrollieren, den Jugendlichen Eigenverantwortung zuzutrauen und sie damit in ihrem Selbstvertrauen zu stärken, ihnen aber zugleich immer noch einen Rückzugsraum anzubieten. Für die Kinder heißt es umgekehrt, die anvertraute Verantwortung wahrzunehmen, d. h., z. B. zum vereinbarten Zeitpunkt in ansprechbarem Zustand aus der Disco nach Hause zu kommen oder bei einer verhauenen Klassenarbeit offen mit den Eltern zu sprechen und auf Hilfe zu vertrauen. Beide Seiten müssen immer wieder die gemeinsame Vertrauensbasis herstellen.

Vertrauen in einer hierarchischen Beziehung

Das ist nicht immer einfach, weil – das wäre der andere Punkt – die Beziehung in einer Familie zunächst **hierarchisch** ist. Die **Eltern** haben eine **Machtposition**, was der Gegenseitigkeit und der Offenheit von Vertrauen zunächst nicht entgegenkommt; und die elterliche Kontrolle, auch wenn sie bis zu einem gewissen Punkt nötig ist, ist hier dem Vertrauen nicht unbedingt förderlich. Diese Machtposition impliziert eine besondere Verantwortung für das Vertrauen. Die Voraussetzungen für einen vertrauensvollen Umgang sind in dieser Hinsicht in einer echten Freundschaft besser – ja, diese ist vielleicht ein Idealmodell für gegenseitiges Vertrauen.

Vertrauen in der Schule

Wichtig ist das Vertrauen auch in der **Schule**. Für das Thema Vertrauen ist diese ein einschlägiges Beispiel, weil sie einerseits eine öffentliche Institution ist, andererseits aber deutlich vom direkten Kontakt lebt. Generell kann man aber sagen, dass ein Klima des Vertrauens dann herrscht, wenn alle – Schüler, Lehrer, Schulleitung und auch die Eltern – offen miteinander umgehen und Probleme im Austausch miteinander lösen, ohne Angst haben zu müssen, dass Kritik etwa nur zur Benachteiligung bei der Notenvergabe führt. Das Vertrauen beruht auch hier auf **Gegenseitigkeit**. Die Schule muss zuverlässig ihre Aufgabe erfüllen, d. h. Schüler und Eltern sollten das Gefühl haben, dass die Schule einen guten, fachlich und menschlich ertragreichen Unterricht organisiert und offen für individuelle Sorgen und Probleme ist; umgekehrt brauchen Lehrer und Schulleitung das Gefühl, dass Schüler und auch die Eltern engagiert und offen an der Bildung mitarbeiten.

Man kann in diesem Zusammenhang die Frage stellen, ob Vertrauen in die Schule nur auf Vertrauen in Personen beruht. Das lässt sich an der Funktion der **Vertrauenslehrerinnen und -lehrer** festmachen. Sie werden gewählt, d. h., aufgrund ihrer Erfahrung bringen die Schüler bestimmten Lehrern ein besonderes Vertrauen entgegen, ein Vertrauen, dass diese Lehrer ihre Anliegen verstehen und vertreten, im Zweifel auch diskret sind und im Extremfall – man denke etwa an die Fälle sexueller Nötigung, die gerade publik werden – auch gegen die eigenen Kollegen und für die Schüler handeln. Dieses Vertrauen ist zunächst eines in bestimmte Personen, schließlich taugt nicht jeder zum Vertrauenslehrer. Auf der anderen Seite stellt die Schule die Funktion des Vertrauenslehrers zu Verfügung und sorgt dafür, dass ein Stück Vertrauen in die Schule als Institution hergestellt wird, weil hier die Macht Einzelner ein Stück weit kontrolliert und die Interessen der Schwächeren gewahrt werden.

Vertrauen zwischen Personen – Vertrauensbildung durch Institutionen

Im **beruflichen Bereich** spielen persönliche Beziehungen eine andere Rolle, was die Frage aufwirft, welche Bedeutung Vertrauen hier zukommt und wie es hergestellt wird. Noch vergleichsweise eng an die persönliche Beziehung und damit auch an das persönliche Vertrauen gebunden ist das Verhältnis von Arbeitgeber und Arbeitnehmer. Es wird durch die gegenseitige Prüfung im Einstellungsgespräch begründet und entwickelt sich im Laufe der Karriere. Dem Vertrauen ist es sicher nicht zuträglich, wenn Firmen ihre Mitarbeiter durch Videokameras **überwachen** oder aber wenn angeblich das Vertrauensverhältnis durch den Bagatelldiebstahl von sechs für den Müll bestimmten Maultaschen erschüttert wird, wie dies jüngst bei einer Konstanzer Altenpflegerin der Fall war. Auf der anderen Seite sind **Unterschlagungen** oder **Korruption** ein mehr als hinreichender Anlass für Kontrolle. Die Abwägung, wie weit hier Mitarbeitern vertraut werden kann, ohne Vertrauen nach außen zu verspielen, ist sicher nicht ganz einfach, aber letztlich wohl nur im Einzelfall zu leisten.

Vertrauen im öffentlichen Bereich

Berufsleben: Arbeitgeber und Arbeitnehmer

Im **wirtschaftlichen Leben** wird bei jedem Kaufvertrag darauf vertraut, dass der Verkäufer liefert und der Käufer bezahlt. Das ist von der normalen Erfahrung bestätigt, es entspricht den Interessen der Beteiligten – sonst hätten sie sich ja nicht geeinigt – und es ist letztlich auch rechtlich abgesichert durch die zum Teil komplexen Regelungen des Privatrechts. Dass dieses Vertrauen weitgehend **anonym** gegeben wird, zeigt sich auf der Käuferseite darin, dass auch No-Name-Produkte und Aktionsware gekauft und damit auf ein Mindestmaß an Qualität vertraut wird, ohne im Zeitalter anonymer Massenproduktion den Produzenten zu kennen. Die Einführung von **Marken** als Name für eine bestimmte Qualität ist ein Versuch, einen Rest quasi persönlichen Vertrauens zu installieren. Anonymität zeigen aber auch die inzwischen weit verbreiteten Vorabüberweisungen bei Käufen über das Internet, die andererseits von Verkäuferseite ein Misstrauen zum Ausdruck bringen. Deutlich gerechtfertigt erscheint dieses Misstrauen im Falle einer drohenden Insolvenz, wo Verkäufer und Dienstleister nur noch gegen Barzahlung liefern. Und kein Anlass zu übermäßigem Vertrauensvorschuss dürfte es auch sein, wenn der Verkäufer den Käufer berät, wie es bei Anlageberatern von Banken der Fall ist; dass diese bisweilen eher Bank und Boni verpflichtet sind als dem Kundenwohl, dürfte sich mittlerweile herumgesprochen haben.

Wirtschaftsleben: Kaufverträge, Qualität, Zahlung, Beratung

Der letzte **Garant für Rechtsicherheit** und damit auch für Vertrauen in anonymen Beziehungen ist der **Staat**, der als Rechtsstaat die Rechte des Einzelnen zuverlässig und wirksam schützt. Durch die Rechtsgleichheit schafft er eine Voraussetzung für Vertrauen, das ja immer auf Gegenseitigkeit beruht. Zugleich muss der Bürger darauf vertrauen können, dass das staatliche Gewaltmonopol sich nicht einfach und willkürlich gegen ihn richtet – sonst reagiert er am Ende wie Kleists Michael Kohlhaas, der sein Vertrauen in den Rechtsstaat enttäuscht sieht und durch diese Unzuverlässigkeit das Recht in die eigenen Hände nehmen zu müssen glaubt. Dazu dient etwa die **Gewaltenteilung**, also die wechselseitige Kontrolle der Institutionen. Dazu dient – Stichwort Offenheit – die **Transparenz**, wie sie u. a. durch die Medien hergestellt wird, deren Vertrauenskapital in ihrer Glaubwürdigkeit und Unabhängigkeit besteht. Dazu dient schließlich auch die **demokratische Legitimation**, die wiederum auf wirksame Kontrolle durch Wähl- und Abwählbarkeit und auf Transparenz aufgrund der Rechenschaftspflicht zielt. Wo dies fehlt, da wird der Staat zu einer monströsen Übermacht, so wie sie Kafkas Josef K. erfährt.

Vertrauen zu staatlichen Institutionen: Rechtsstaat

Hier entsteht das Vertrauen in die Institutionen gerade durch Kontrolle, der die sie repräsentierenden Politikerinnen und Politiker unterworfen werden. Man kann dies als eine **Form institutionalisierten Misstrauens** sehen, das gerade erst das Vertrauen der Bürger dem Staat gegenüber ermöglicht, indem es dafür sorgt, dass die Amtsträger die Funktionen des Staates möglichst gut erfüllen und nicht den eigenen Interessen zuarbeiten. Die Vertrauenswürdigkeit von Politikern hängt letztlich davon ab, inwieweit sie als Sachwalter des Gemeinwohls wahrgenommen werden. Umgekehrt darf der Staat nicht nur vom Vertrauen in die Politiker abhängig sein – sonst schlägt Politik(er)verdrossenheit in Staatsverdrossenheit um. Hier muss die Selbstkontrolle der Institutionen greifen.

Vertrauen in Politiker – Vertrauensbildung durch Selbstkontrolle der Institutionen

Das gilt auch und gerade angesichts einer Gefahr, die in der Tat das Vertrauen, auf dem alle **offenen Gesellschaften** basieren, zu unterwandern geeignet ist: angesichts des Terrors. Die **nackte Gewalt des Terrors** zerstört Vertrauen, weil er ein normales menschliches Miteinander durch eine völlig unberechenbare physische Bedrohung vergiftet. Am deutlichsten wird dies bei Selbstmordattentätern, die noch das vermeintlich Selbstverständlichste, den eigenen Überlebenswillen, verneinen. Der Terror trifft alle Mitglieder einer offenen Gesellschaft – und eben deshalb sollte diese sich nicht durch radikalisierte Terrorabwehr zu deren Erfüllungsgehilfen machen. Eine angemessene Reaktion muss immer darauf achten, die Zuverlässigkeit beim Schutz der Bürger nicht in unkontrollierte Machtbefugnisse umkippen zu lassen, die dann die Offenheit und damit das Vertrauen untergraben, denn genau darauf zielt der Terror ab.

Terror als Attacke auf Vertrauen als Grundlage einer offenen Gesellschaft

Das ist leicht gesagt und im Einzelnen nicht immer leicht abzuwägen. Hier wie überall gilt: Vertrauen bedarf einer genauen Einschätzung des Einzelfalls und insbesondere einer Einschätzung der eigenen Erfahrungen, um nicht blind zu werden. Es bedarf der Zuverlässigkeit. Es bedarf der Kontrolle allenfalls als Selbstkontrolle von Macht, in der Familie genauso wie in der Schule, der Wirtschaft, der Politik. Vertrauen ist in der Tat ein „rasend flüchtiges Gut“: ein Ideal des Zusammenlebens, das gepflegt, erhalten und immer wieder neu hergestellt werden muss.

Fazit:

Bezug auf die aufgeworfene Problematisierung

Deutsch (Baden-Württemberg): Abiturprüfung 2011
Aufgabe 4: Interpretationsaufsatz zu einem Gedicht oder Gedichtvergleich

Thema:
Else Lasker-Schüler (1869–1945): **DIR** (erschienen 1902)
Hans Magnus Enzensberger (*1929): **trennung** (erschienen 1960)

DIR

Drum wein ich,
Daß bei deinem Kuß
Ich so nichts empfinde
Und ins Leere versinken muß.
Tausend Abgründe
Sind nicht so tief,
Wie diese große Leere.
Ich sinne im engsten Dunkel der Nacht,
Wie ich dirs ganz leise sage,
Doch ich habe nicht den Mut.
Ich wollte, es käme ein Südenwind,
Der dirs herübertrage,
Damit es nicht gar voll Kälte kläng
Und er dirs warm in die Seele säng
Kaum merklich durch dein Blut.

Aus: Else Lasker-Schüler: Gedichte 1902–1943. Frankfurt a. M.: Suhrkamp 1959

trennung

der himmel soll zwischen dir und mir
zerschnitten sein,
und zerschnitten die weiße fahne,
in die wir uns hüllten im schlaf,
schön aneinandergebäumt
und belaubt mit zukunft.

es ist montag geworden

ein wind soll kommen
und aus den kronen raufen
ihr grünes gedächtnis,
ein schnee soll kommen
und kein rauch überm haus,
und die zeit zerschnitten,
der himmel, daß herausfährt
die kalte geduldige asche,
und sich auf dein haupt setzt,
und auf mein haupt setzt:
der zerschnittene schnee.

Aus: Hans Magnus Enzensberger: Landessprache. Frankfurt a. M.: Suhrkamp 1960, S. 78

Arbeitsanweisung

Interpretieren und vergleichen Sie die beiden Gedichte.

Hinweise und Tipps

Thema: Liebeslyrik

„Die Liebe ist stumm, nur die Poesie kann für sie sprechen.“ In diesen Worten des romantischen Dichters Novalis wird deutlich, warum die Literatur voller Liebesdramen, -romane und -gedichte ist. In welchen Worten aber drückt der Dichter die Liebe aus? Gibt es ein immer gültiges Repertoire an sprachlichen Formeln für die Liebe oder muss jede Zeit ihre eigene Sprache finden? Oder ist die Liebe selbst gar kein reales Gefühl, sondern ein Konstrukt, das kulturell und historisch bedingt ist, ein Kommunikationscode mit ganz eigenen Regeln, wie der Soziologe Niklas Luhmann behauptet?
Bei der Analyse und Interpretation von Liebeslyrik müssen solche Fragen immer mit bedacht werden. Dabei können Kenntnisse über den Epochenhintergrund hilfreich sein. Wichtiger ist es jedoch, sich ganz auf die Texte, auf die Poesie, die für die ‚stumme Liebe' spricht, einzulassen.

Interpretationsaufsatz zu einem Gedicht oder Gedichtvergleich

Beim Aufgabentyp IV, „Interpretationsaufsatz zu einem Gedicht oder Gedichtvergleich“, werden Ihnen meist zwei motivgleiche Texte zur vergleichenden Untersuchung vorgelegt. Achten Sie darauf, jedes Gedicht zunächst für sich wirken zu lassen und erste Deutungshypothesen zu bilden, bevor Sie die beiden Texte miteinander vergleichen. So können Sie die Gefahr einer Fehlinterpretation vermeiden.
Der erste Arbeitsschritt bei jeder Textinterpretation ist das genaue Lesen mit Stift und Textmarker. Hier können Sie wichtige Vorarbeit leisten, die Sie beim anschließenden Verfassen des Konzepts und der Reinschrift entlastet, z. B. durch farbige Markierungen und Unterstreichungen formaler Auffälligkeiten, Visualisierung von Querbezügen durch Pfeile und Linien, Randnotizen zum Festhalten spontaner Assoziationen usw. Denken Sie daran, dass Dichtung sich durch eine besonders „dichte“ Sprache auszeichnet, die sich auf unterschiedlichen Ebenen zeigt: semantisch (Bedeutungsebene), metaphorisch (Ebene der Bildlichkeit), symbolisch (Ebene der übertragenen Bedeutung, oft kulturell festgelegt), phonetisch (Ebene der Laute, z. B. Reim, Alliterationen, Assonanzen usw.), syntaktisch (Ebene des Satzbaus, z. B. Hypotaxe vs. Parataxe, Satzbrüche, verkürzte oder unvollständige Sätze).
Auch wenn die Operatoren *interpretieren und vergleichen* Ihnen methodisch viel Freiheit lassen, sollten Sie zielgerichtet arbeiten. Ein Schreibplan bzw. eine Gliederung hilft Ihnen, stets die Übersicht zu behalten und Ihren Schreibprozess auf das angestrebte Ergebnis hinzusteuern. Für vergleichende Interpretationen hat sich folgende Struktur bewährt: Nach einer thematischen Einleitung mit knapper Vorstellung der vorgelegten Texte (die vier „T“: Textautor, Texttitel, Textgattung bzw. -sorte, Textthema) werden die Texte nacheinander einzeln interpretiert und anschließend verglichen. Dabei sollen wichtige Gemeinsamkeiten und Unterschiede herausgearbeitet werden. Ein abschließendes Fazit, in das auch Ihre persönliche Bewertung der Gedichte einfließen kann, rundet den Aufsatz ab.
Wie bei jedem Interpretationsaufsatz wird von Ihnen erwartet, dass Sie über fachspezifische inhaltliche und methodische Kompetenzen verfügen. Dazu gehört auch die funktionale Verwendung einer angemessenen Fachsprache. Dabei gilt: Eine reine Benennung sprachlicher Mittel mit passenden Fachtermini oder gar eine Aufzählung von im Text vorkommenden Stilfiguren ist noch keine Interpretationsleistung. Weniger ist hier oft mehr.
Auch mit literaturgeschichtlichem Hintergrundwissen sollten Sie eher vorsichtig umgehen, um eine Verengung der Texte auf sogenannte „Epochenmerkmale“ zu vermeiden. Epochenbegriffe sind Konstrukte, mit denen versucht wird, die Vielfalt der literarischen Zeugnisse einer Zeit zu ordnen. Seit dem Beginn des 20. Jahrhunderts löst sich der Begriff der Epoche auf, weil unterschiedliche Strömungen und Tendenzen miteinander konkurrieren, sich ergänzen, parallel laufen usw. Selbst wenn Sie einen Autor oder eine Autorin sicher in eine bestimmte Epoche einordnen können – Else Lasker-Schüler z. B. gilt als bedeutende Vertreterin des Expressionismus –, muss dieses Wissen für die Interpretation des konkreten Einzeltextes nicht richtungsweisend sein.

Lösungsvorschlag in Grundzügen

Einleitung

Trennung in Liebe – geht das? Wenn eine Liebe zu Ende ist, wenn zwei auseinandergehen, der eine den anderen verlässt, dann beginnt oft erst das „ganz normale Chaos der Liebe“. Mit der Erfahrung **von Liebesverlust und Abschied** befassen sich auch die beiden Gedichte von Else Lasker-Schüler, *DIR*, und Hans Magnus Enzensberger, *trennung*. In vergleichender Analyse soll untersucht werden, wie der Dichter und die Dichterin das Ende einer Liebe emotional verarbeiten und literarisch gestalten.

„DIR“

„DIR“ – drei Großbuchstaben, ein einziges Wort, das persönliche Fürwort im Dativ – das ist der **Titel des Gedichts** von Else Lasker-Schüler (1869–1945). In 15 Versen unterschiedlicher Länge, die ohne Strophenstruktur, festes Metrum und regelmäßiges Reimschema auskommen, beklagt das lyrische Ich den Verlust seiner Empfindungen für das Du. Aber das Du wird nur in Gedanken angesprochen, das Bekenntnis, dass die Liebe zu Ende geht, wird dem Wind anvertraut, damit er ihm die Botschaft möglichst schonend überbringen möge.

Befindlichkeit des lyrischen Ich

Das Gedicht beginnt unvermittelt mit der lapidaren **Feststellung** der lyrischen Sprecherin, dass ihr alle Empfindungen und Gefühle für den Geliebten abhandengekommen sind und einer **großen inneren Leere** Platz gemacht haben: „Drum wein ich, / Daß bei deinem Kuß / Ich so nichts empfinde / Und ins Leere versinken muß.“ (V. 1–4) Aus diesen Versen spricht sowohl die **Trauer** über den Verlust der Liebe – „Drum wein ich“ – als auch eine gewisse **Verwunderung**, die in der Verstärkung der Aussage durch die Abtönungspartikel „so“ – „Daß […] / Ich so nichts empfinde“ – zum Ausdruck kommt. Auch wird deutlich, dass die Sprecherin des Gedichts diesen Vorgängen machtlos gegenübersteht, ja willenlos ausgeliefert ist, denn sie muss „ins Leere versinken“ (V. 4).

Metaphorik

Die **Metapher der Leere** wird in den folgenden Versen weiter entfaltet und sie verdeutlicht, wie sehr die Sprecherin selbst sich durch den Verlust der Liebe bedroht fühlt, denn „Tausend Abgründe / Sind nicht so tief, / Wie diese große Leere.“ (V. 5–7) Abgründe tun sich in der Natur auf, etwa beim Überqueren einer tiefen Schlucht mit einem reißenden Gebirgsbach. Wer vor dem Abgrund steht, befindet sich in **Lebensgefahr**, droht abzustürzen oder unterzugehen – im übertragenen Sinn auch seelisch.

Achse des Gedichts

Schlimmer noch als die „[t]ausend Abgründe“, von denen das lyrische Ich spricht, ist jedoch die „große Leere“, die es angesichts der erkalteten Gefühle empfindet. Aus dieser Leere resultiert ein Gefühl der **Beklemmung und Isolation**, das im folgenden **Vers (V. 8)**, der **Zentrum** und Achse des Gedichts ist, in Worte gefasst wird: „Ich sinne im engsten Dunkel der Nacht“. Ist schon das „Dunkel der Nacht“ im realen und übertragenen Sinn bedrohlich, so wird diese Wirkung durch die Beifügung des Adjektivs „eng“ – etymologisch mit dem Wort „Angst“ verwandt – in der Steigerungsform noch intensiviert. Auch das Verb, das die lyrische Sprecherin für ihre Überlegungen wählt, verrät ihre seelische Not: **„sinnen“** ist Synonym für „nachdenken“ im Sinne von „grübeln“. Wer grübelt, hat niemanden, dem er sich mitteilen kann oder will. Grübeln gilt als negative Form des Nachdenkens, die in eine Endlosschleife quälender Gedanken führt und uns davon abhält, uns auf die Gegenwart zu konzentrieren und anstehende Probleme zu lösen. Genau dies widerfährt auch dem lyrischen Ich:

Es hat nicht den Mut, dem Geliebten die Wahrheit über das Ende der Liebe ins Gesicht zu sagen, weil es ihn schonen, ihm nicht wehtun will. Das Ergebnis des Sinnierens darüber, „[w]ie ich dirs ganz leise sage“ (V. 9), und die Konsequenz aus der Feststellung „[d]och ich habe nicht den Mut“ (V. 10) sind deshalb nicht der Versuch, das Problem zu lösen, sondern eine **Verlagerung der Entscheidung in die irreale Welt der Wünsche**. So sind die letzten fünf Verse des Gedichts folgerichtig im Konjunktiv verfasst. Die lyrische Sprecherin delegiert die Übermittlung ihrer Botschaft an einen „Südenwind“ (V. 11) und hofft, dass dieser mit seiner Wärme die Seele des Du erreiche und ihm helfen möge, die Erkaltung ihrer Gefühle unbeschadet zu verarbeiten. Wie sehr die Sprecherin ihre Verantwortung verdrängt, wird auch im Satzbau deutlich. Während bis zum Vers 11 das *Ich* Agens der meisten Aussagen war (Ausnahme: V. 5–7), übernehmen in den letzten fünf Versen der „Südenwind“ und (V. 13–15) ein unbestimmtes *Es* die Funktion des Subjekts. Dennoch könnte man vermuten, dass sich in dieser Haltung der Sprecherin nicht nur fehlender Mut zur Wahrheit zeigt, sondern auch ein **Rest von Zärtlichkeit und Zuneigung**. Die Botschaft, dass ihre Gefühle erkaltet sind und sie bei seinem Kuss „so nichts empfinde[t]“ (V. 3), soll dem – ehemals? – Geliebten „nicht gar voll Kälte“ klingen und „warm in die Seele“, „[k]aum merklich durch [s]ein Blut“ (V. 13–15) gesungen werden. Auch wenn die heiße Liebe erloschen ist, bleibt doch der Wunsch nach Rücksichtnahme und Fürsorge und vielleicht die Hoffnung auf seelische Nähe und Gleichklang (vgl. das Reimpaar „kläng“/ „säng“, V. 13/14) bestehen.

irreale Wünsche statt aktiver Problemlösung

fehlender Mut zur Wahrheit

Auch in dem Gedicht von Hans Magnus **Enzensberger** (*1929) spricht ein lyrisches Ich vom Ende einer Liebe. Der **Wunsch nach „trennung“** wird allerdings nicht beklagt, sondern in einer **aggressiven Sprache** geäußert.

„trennung“ Wunsch nach Trennung

Das Gedicht bilden zwei unterschiedlich lange Strophen, zwischen denen isoliert ein einzelner Vers (V. 7) steht. Die insgesamt 18 Verse sind bis auf zwei Wortwiederholungen (V. 8 und V. 11, V. 16 und V. 17) reimlos, ein regelmäßiges Metrum ist nicht zu erkennen. Dennoch zeigt sich ein gewisser **Wille zur formalen Gestaltung:** Der Dichter schreibt konsequent klein und verstößt damit bewusst gegen sprachliche Normen; eine gesuchte Wortwahl, sprachliche Neuschöpfungen und rhetorische Figuren (z. B. Chiasmus V. 1–3, Parallelismus V. 8 und V. 11) kontrastieren mit Satzbrüchen und assoziativen Reihungen; schließlich setzt der alleinstehende Vers 7 den Titel des Gedichts, „trennung“, formal um, indem er den Text in zwei Teile trennt, die Strophen quasi auseinanderreißt.

Form des Gedichts

So auseinandergerissen soll auch das Paar werden, das der Sprecher des Gedichts einst mit der Geliebten gebildet hat: „der himmel soll zwischen dir und mir / zerschnitten sein, / und zerschnitten die weiße fahne, / in die wir uns hüllten im schlaf, / schön aneinandergebäumt / und belaubt mit zukunft.“ (V. 1–6) Die traditionelle Bedeutung der Himmelsmetapher, die auf die existenzielle Geborgenheit des Menschen in der Liebe verweist, wird gleich im ersten Vers des Gedichts in ihr Gegenteil verkehrt. Der Himmel über den Liebenden soll nach dem Willen des lyrischen Ich „zerschnitten sein“, ebenso wie die „weiße fahne“, das Zeichen des Friedens zwischen kämpfenden Parteien. **Harmonie, Gemeinsamkeit und Intimität gehören der Vergangenheit an**, als die Liebenden sich im Schlaf in diese Fahne hüllten (vgl. V. 4), „schön aneinandergebäumt“ (V. 5) eroti-

aggressive Sprache

sche Nähe suchten und daran glaubten, dass die Beziehung wie ein Baum weiter wachsen würde („belaubt mit zukunft“, V. 6).

Achse des Gedichts

Doch „es ist montag geworden“ (V. 7) und auf einmal ist alles anders. Ist es der **Alltag**, der die Liebenden eingeholt hat? In den Wünschen, die das lyrische Ich in der zweiten Strophe des Gedichts äußert, wird auf jeden Fall deutlich, dass es **der Liebe keine Chance** mehr geben will. „[E]in wind“ (V. 8) und „ein schnee“ (V. 11) sollen kommen und die Erinnerung an die Liebe vernichten, das „grüne gedächtnis“ „aus den kronen raufen“ (V. 9/10) und alles, was vom gemeinsamen Leben übrig ist, auslöschen wie das Feuer des gemeinsamen Herdes, denn es soll „kein rauch überm haus“ (V. 12) aufsteigen. Auch die Zeit soll „zerschnitten“ sein oder werden, ebenso wie der Himmel (vgl. V. 14; Wiederaufnahme des Motivs von V. 1). Das lyrische Ich spricht in **assoziativen Bildern**, die syntaktisch nicht immer zugeordnet werden können. Auf wen bezieht sich „ihr grünes gedächtnis“ (V. 10)? Ist es das Gedächtnis der Liebenden, die hier mit den Kronen (V. 9) eines Baumes gleichgesetzt werden? Zeigt sich tatsächlich „kein rauch überm haus“ (V. 12) oder ist auch diese Aussage ein Wunsch oder gar ein Befehl: So soll es sein!? Auch das surreale Bild der „kalte[n] geduldige[n] asche“, die „herausfährt“ aus dem Himmel (V. 14/15), weckt zwar Assoziationen, etwa an eine verlassene Feuerstelle am heimischen Herd als Zeichen für die erloschene Liebesglut, lässt sich aber letztlich **nicht völlig entschlüsseln:** „geduldig“ kennen wir als Attribut für den Menschen und sein Verhalten, nicht jedoch für Asche, den festen Rückstand aus der Verbrennung organischen Materials.

Metaphorik

Die **Metapher der Asche** wird in den Versen 14 bis 17 in einem konkreten Bild weitergeführt und auf eine symbolische Ebene gehoben: „daß herausfährt / die kalte geduldige asche, / und sich auf dein haupt setzt, / und auf mein haupt setzt“. In vielen Kulturen gilt Asche als **Zeichen der Buße und Reinigung**; die Christen beginnen z. B. die Fastenzeit am Aschermittwoch mit der Segnung der Gläubigen durch das Aufzeichnen eines Aschekreuzes; Phönix, der ebenfalls ein Symbol für Reinigung, Reinheit und Wiedergeburt ist, entsteht alle 500 Jahre aus seiner eigenen Asche neu. Vor diesem Hintergrund erhebt sich die Frage, ob die ehemals Liebenden aus ihrer Beziehung ebenfalls gereinigt und geläutert hervorgehen, zumal auch der Schnee als Symbol der Reinheit gedeutet werden kann. Der letzte Vers, der durch den vorangestellten Doppelpunkt den Stellenwert eines **Fazits** erhält, macht aber noch einmal unmissverständlich klar, dass es für diese Beziehung nach dem Willen des lyrischen Ich keine Chance mehr gibt: Mit dem syntaktisch nicht eingebundenen Hinweis „der zerschnittene schnee“ (V. 18) endet das Gedicht.

Fazit: Die Liebe hat keine Chance mehr

Vergleich der Gedichte

DIR und *trennung* – in beiden Texten geht es um das **Ende einer Liebe**. Beide Texte können insofern als „modern“ gelten, als sie auf Strophe, Metrum und Reim weitgehend verzichten und eine expressive Sprache verwenden.

Vergleich der Sprache

Jedoch unterscheiden sie sich im **Sprachduktus**, den die lyrischen Sprecher für die Verarbeitung ihrer Emotionen und Erfahrungen verwenden. Der **einfühlsame, behutsame und zurückhaltende Sprechgestus** des lyrischen Ich in ***DIR*** steht in scharfem Kontrast zu dem ganz offen **aggressiven Ton** des – wohl, wie der Autor, männlichen – Sprechers in ***trennung***. Das Partizip Perfekt des Verbs „zerschneiden“, das eine destruktive

Tätigkeit bezeichnet, kommt dort viermal vor (V. 2, 3, 13, 18,). Auch die Alltagssprache kennt dieses Bild: Wir sprechen vom „zerschnittenen Tischtuch“, wenn zwei Lebenspartner sich im Unfrieden trennen. Das lyrische Ich weitet den metaphorischen Bereich jedoch aus und intensiviert den Eindruck seiner aggressiven Stimmungslage, allerdings auf Kosten der Klarheit: „zerschnitten“ sollen der Himmel, die „weiße fahne“ (V. 3), ja sogar die Zeit (V. 13) und schließlich der Schnee (V. 18) sein – wie soll sich der Leser das vorstellen, was soll er darunter verstehen?

Vergleich der Sprecher und ihrer Haltung zum Du

Aggressiv, ja geradezu gebieterisch wirkt auch die mehrmalige Verwendung des modalen Hilfsverbs „sollen“ (V. 1, 8, 11). **Allein der Wille des Sprechers** zählt, ihm sollen Himmel und Erde, Natur und Mensch gehorchen; was die Partnerin fühlt und hofft, denkt und plant, interessiert ihn offensichtlich nicht. Ist das lyrische Ich etwa herzlos? Man könnte es vermuten, denn in diesem Liebesgedicht kommen **weder Herz noch Seele** vor, als einziger Teil des menschlichen Körpers wird der **Kopf**, Sitz der Gedanken, – „dein haupt“, „mein haupt“ (V. 16, 17) – genannt. Dass das lyrische Ich die Trennung vom Du keineswegs rational verarbeiten kann, sondern verdrängen will, erkennt der Leser jedoch an Gedankensprüngen, Satzbrüchen, unvollständiger Syntax und einer assoziativen Metaphorik, die als Anzeichen innerer Verstörung gedeutet werden können.

Rolle der Natur

Im Gedicht *DIR* hingegen bekennt sich die Sprecherin offen zu ihrer **Trauer über die verlorene Liebe**. Auch wenn sie sich in die Innenwelt ihrer Gedanken und Empfindungen zurückzieht und in Depression zu versinken droht, kann sie sich empathisch in das Du einfühlen. Wie bei Enzensberger werden die Kräfte der Natur beschworen: Doch während dort das lyrische Ich wünscht, dass der „wind“ (V. 8) die Trennung besiegelt, ist der Ton der Sprecherin bei Lasker-Schüler viel versöhnlicher. Die Natur in Gestalt des lauen Südwinds ruft sie an, um dem ehemals Geliebten die Botschaft vom Erkalten ihrer Liebe möglichst sanft zu überbringen, destruktive Absichten liegen ihr fern. Trotz seelischen Kummers gelingt es ihr, ihre Gedanken und Wünsche in hypotaktischen, mehrere Verse umfassenden Satzgebilden logisch zu entwickeln, durch Adverbien und Konjunktionen („drum“ V. 1, „daß“ V. 2, „wie“ V. 9, „doch“ V. 10, „damit“ V. 13) klar zu strukturieren und melodisch zu gestalten (vgl. die auffallend vielen Assonanzen im letzten Satzgefüge V. 10–15, insbesondere auf die Umlaute *ü* und *ä* und den Vokal *e*). So muss das Ende der Liebe wohl auch nicht endgültig sein, denn die Bindung an das – immer noch liebende? – Du ist noch nicht zerstört.

Thema:
Richard Kämmerlings: Flatrate-Mentalität – Ausweitung der Trinkzone

Im späten Mittelalter waren die Weinbrunnen eine gängige Form der Herrscherrepräsentation. Bei Königskrönungen wurden sie – in bester Innenstadtlage – aufgestellt und spendeten für ein paar Stunden unbegrenzten Alkoholgenuss. Mit Fug und Recht kann man das als Flatrate-Saufen avant la lettre bezeichnen. Das waren aber Ausnahmesituationen. Heute neigt jeder Exzess dazu, zum Normalzustand zu werden. In vielen deutschen Städten ist das unkontrollierte, unlimitierte Trinken, vor allem unter Jugendlichen, zu einem ernsthaften sozialen Problem geworden.

Verschiedene Kommunen, beispielsweise Freiburg, Marburg oder Magdeburg, haben darauf mit zeitlich und räumlich begrenzten Konsumverboten reagiert. An Wochenenden darf in bestimmten Innenstadtvierteln nicht mehr öffentlich Alkohol konsumiert werden. Gerade war jedoch ein Freiburger Jurastudent mit seiner Klage gegen die lokale Regelung vor dem Baden-Württembergischen Verwaltungsgerichtshof erfolgreich; die Folgen des Urteils sind abzuwarten. Just in Baden-Württemberg aber hat die Landesregierung kürzlich ein nächtliches Alkoholverkaufsverbot für Tankstellen, Kioske und Supermärkte beschlossen, um das sogenannte Vorglühen zu bekämpfen, das besonders in entlegenen Gegenden „Shell Select" oder „Aral Stores" am Wochenende zu beliebten Party-Treffpunkten macht.

Solche Verbote passen scheinbar nicht mehr in unsere Zeit. Sie kollidieren mit der stetigen Ausweitung von vermeintlichen Freiheitsräumen in vielen Bereichen des Alltags, der zuletzt allein das Rauchverbot zuwiderlief. Dort konnte man aber leicht mit den gesundheitlichen Folgen für Unbeteiligte argumentieren. Beim Alkoholverbot ist schwerer zu vermitteln, warum die Ausschweifungen einiger, die damit vor allem sich selbst schädigen, die Rechte aller einschränken sollen.

Jenseits von rechtlichen Fragen liegt hier ein grundsätzliches Problem. In der Konsumsphäre hat sich ein Mentalitätswandel vollzogen, der keineswegs allein von der jungen Generation getragen wird. Freiheit wird zunehmend verstanden als unbegrenzter Zugang zu Konsumangeboten aller Art. Dass der Begriff „Flatrate-Saufen" der Mobilfunk- und Internetwelt entlehnt ist, ist kein Zufall. Eine Werbekampagne für einen Mobilfunkanbieter verspricht „unbegrenzte Redefreiheit" und meint damit natürlich nur einen besonders günstigen Abrechnungsmodus. Im Online-Shopping ist längst eine Norm ständiger Verfügbarkeit gesetzt, die die ganze Welt des Handels kontaminiert. Downloaden kann man immer und überall. Warum nicht alles andere auch?

Während früher nicht nur auf dem Dorf samstags mittags um zwölf Uhr dreißig der Rollladen herunterging, ist es inzwischen selbstverständlich geworden, in Innenstädten bis Mitternacht einkaufen zu können. Manche „Spätverkäufe" oder „Trinkhallen" ähneln heute Weinfachgeschäften. In Berlin-Mitte gehört das Samstagabend-Shoppen bei Dussmann zum Lebensstil dazu. Die Sonntagsruhe ist trotz gegenteiliger Beteuerungen in vielen Großstädten längst von Ausnahmen durchlöchert.

Die Entwicklung des Privatfernsehens zu einer dem Internet analogen, ständig verfügbaren Videothek und die zunehmende Verbreitung mobilen Zugangs zum Netz mit all seinen Konsumangeboten (einschließlich deren jeweiligen Suchtpotentialen) haben einen Sog entwickelt, der auch alle anderen Lebensbereiche verändert. Immer mehr Museen öffnen auch abends, veranstalten „Lange Nächte", als könnte man zu dieser Zeit nichts anderes tun, als Ausstellungen zu besuchen. Sozialer Fortschritt scheint sich zu definieren als Aufhebung von Schranken. Telos ist die ort- und zeitlose Garantie sofortiger Bedürfnisbefriedigung.

Die vielen Ausweitungen der Konsumzone haben inzwischen einen Sprung von der Quantität in die Qualität vollzogen. Wenn Rollenspieler in virtuellen Welten jedes reale Zeitgefühl verlieren – Kennzeichen von Suchtkrankheiten im Netz ist ja unter anderem die Entkopplung von „normalen“ Essens- und Schlafzeiten –, so bewegt sich die Gesellschaft als Ganzes immer weiter in die Richtung einer Aufhebung von Rhythmus und Zeitstrukturen zugunsten der ewigen Gegenwart unbegrenzten Zugriffs auf alles. Dass man an einem bestimmten Ort etwas, also eine Information, einen Artikel oder eben ein Bier, nicht kriegt (oder kein Netz hat, um es sich wenigstens schon einmal zu bestellen), wird nicht mehr als normale und naturgegebene Einschränkung empfunden, sondern als Rückständigkeit, die überwunden werden muss und wird.

Wir alle tragen diese Entwicklung mit. Wer kein Handy besitzt oder seine Mails nicht täglich abruft, dem droht in manchen Kreisen die soziale Ächtung. Mit der Möglichkeit, ständig zu kommunizieren, geht automatisch auch die Pflicht dazu einher. Wer spricht, wird auch angesprochen; mit den Kommunikationsradien wächst die Erreichbarkeit für Werbung. Unterhaltung ist überall und mit ihr die Verführung zu Flucht und Sucht. Warum man in dieser Welt des unendlichen Spaßes dann ausgerechnet den Alkohol auf der Gasse verbieten will, will den restlos befreiten Konsumenten dann nicht mehr einleuchten.

Aus: Frankfurter Allgemeine Zeitung vom 30. 7. 2009

Worterklärung

Z. 4: avant la lettre (sinngemäß): seiner Zeit voraus
Z. 16: „Shell Select“, „Aral Stores“: Tankstellen mit Verkauf
Z. 31: kontaminiert: verseucht
Z. 45: Telos: Ziel

Arbeitsanweisungen

- Arbeiten Sie die Position heraus, die der Autor hier vertritt.

Wählen Sie **eine** der folgenden beiden Arbeitsanweisungen:

- Setzen Sie sich mit Kämmerlings Ausführungen kritisch auseinander.

  oder

- Gehen Sie von folgender Annahme aus:
  Der Jugendgemeinderat Ihrer Kommune veranstaltet einen Diskussionsabend zu „Neuere Entwicklungen in unserer Gesellschaft“.

  Verfassen Sie eine Rede zum Thema:
  „Sozialer Fortschritt durch Aufhebung von Schranken?“

Maßgeblich für die Beurteilung des Aufsatzes ist das Ganze der erbrachten Leistung. Der Schwerpunkt liegt auf der zweiten Teilaufgabe.

Hinweise und Tipps

Erwartet wird wie bei allen Abiturthemen ein zusammenhängender Aufsatz mit einer Einleitung, die Interesse weckt und ins Thema einführt, mit einer kurzen Wiedergabe des Textes in seinen Kernthesen (Teilaufgabe 1), mit einer ausführlichen Erörterung (Teilaufgabe 2) und einem Fazit, das sich aus der Erörterung ergibt (Zusammenfassung, Konsequenzen, Appell, …).

Teilaufgabe 1
Die erste Teilaufgabe hat zwei Funktionen: Sie dient der Sicherung des Textverständnisses und bietet eine Grundlage für die Argumentation, die hier dezidiert als kritische Stellungnahme gefordert ist (vgl. Teilaufgabe 2). Die Formulierung der Aufgabe verlangt keine ausführliche Textanalyse, sondern eine Beschränkung auf die wesentlichen Punkte. Die Kernaussagen des Textes sollten **klar** und auch **eigenständig** formuliert werden; zentrale Formulierungen können zitiert werden. Im vorliegenden Fall kündigt die Wendung „ein grundsätzliches Problem" (Z. 24) die zentrale These an. Da der Text einige sehr ausführliche Beispiele bringt (Alkoholkonsum in der Öffentlichkeit, drohende Auflösung eines gesellschaftsübergreifenden Wochenrhythmus), kann man die abstrakte Grundthese des Textes leicht übersehen.
Wichtig ist, dass der **Argumentationszusammenhang** klar wird, d. h., der Stellenwert einzelner Passagen für die These des Textes sollte verdeutlicht werden. Dazu ist eine explizite Benennung der Sprechakte hilfreich, also zu sagen, ob der Autor an einer Stelle etwas „erläutert", „feststellt", „durch ein Beispiel belegt", „hinzufügt", „zusammenfasst" usw.
Um die Stoßrichtung des Textes insgesamt besser einschätzen zu können, sollten Sie auch einen Blick auf die **Textsorte**, den **Erscheinungsort** und den **Erscheinungszeitpunkt** werfen. Dieser Text entstammt, wie man vermuten kann, dem Feuilleton, er behandelt ein Problem, das aktuell, aber nicht akut ist und das mit dem Blick auf eine „Mentalität" keine unmittelbare politische Lösung verlangt. Dies lässt sich auch am Erscheinen Ende Juli, mithin in der Ferienzeit, ablesen, wo eine größere Distanz zum Alltag, aber auch die Muße für allgemeinere Fragen unterstellt werden kann. Die Adressatenschaft der FAZ als einer großen deutschen Qualitätszeitung mit konservativem Profil ist die wertbewusste, gebildete bürgerliche Mittelschicht. Dies lässt sich im Übrigen auch an der **Sprache** festmachen: Der Autor formuliert anspruchsvoll, baut eine Distanz zum Jargon der Internetgeneration auf (vgl. etwa Z. 58) und bedient zum Teil Klischees (vgl. Z. 39 f.). Diese Beobachtungen kann man durchaus schon in der Wiedergabe des Textes ansprechen, sie sind aber auch für die Teilaufgabe 2 relevant.
Schließlich gelten die Sprachnormen der Inhaltsangabe: sachlicher Stil, Herstellen von Zusammenhängen durch geeignete Konjunktionen, begriffliche Zusammenfassung von Gedankengängen, Verwendung von Präsens/Perfekt und indirekter Rede.

Teilaufgabe 2
Wie immer ist ein Blick auf die Aufgabenstellung der erste wichtige Schritt. Sie gibt vor, dass dieser Teil des Aufsatzes der *„Schwerpunkt"* sein, also breiten Raum einnehmen sollte. Zum anderen ist eine **kritische Auseinandersetzung** mit den Thesen des Autors verlangt, d. h. ein deutlicher und mehrschichtiger Bezug auf den vorliegenden Text. Dies wiederum impliziert, dass Bezüge durch genaue **Belege** untermauert werden sollten. „[S]ich mit Kämmerlings Ausführungen kritisch" auseinanderzusetzen muss nicht notwendigerweise heißen, eine direkte Gegenposition einzunehmen; wichtig ist aber, dass in Ihrem Aufsatz eine eigenständige Position entfaltet wird, die Ihrem Text einen roten Faden gibt, und dass nicht nur punktuell zu einzelnen Aspekten Stellung bezogen wird. Der Text insgesamt sollte problematisiert werden. Er lädt an vielen Stellen zum Widerspruch ein; ein eindeutiges Ergebnis der Erörterung wird jedoch weder vom Text noch von der Aufgabenstellung nahegelegt.
Eine zusätzliche Schwierigkeit beim vorliegenden Text besteht darin, dass Kämmerlings verschiedene Phänomene aus der Alltagskultur von vornherein zugespitzt deutet. Dass es etwa Alkoholexzesse im öffentlichen Raum gibt, ist ein Faktum, dass Kommunen darauf mit Ver-

boten reagieren, ebenso; ob dies aber als Beleg für die These einer Allverfügbarkeitserwartung taugt, ist eine ganz andere Frage. Hier muss eine Problematisierung schon bei der Deutung dieser Phänomene ansetzen.
Die Aufgabenstellung gibt keine Erörterungsthese aus dem Problembereich des Textes vor. Umso wichtiger ist es, dass Sie selbst die **These des Textes klar formulieren**. Hilfreich kann hier ein Blick auf die Alternative, die Formulierung einer Rede zum Thema „Sozialer Fortschritt durch Aufhebung von Schranken?", sein, weil hier so etwas wie eine mögliche Erörterungsthese formuliert wird.
In jedem Falle hilfreich ist es, eine **erkenntnisleitende Fragestellung** zu formulieren. Dazu gibt es verschiedene Möglichkeiten:

- Man könnte an eine Formulierung denken wie: *„Inwiefern ist Kämmerlings' Überlegungen zuzustimmen?"* Hier wäre eine genaue Benennung der Kernthese äußerst wichtig, sonst besteht die große Gefahr, viele verschiedene Aspekte ohne einen inneren Zusammenhang aufzugreifen; hier geht der rote Faden leicht verloren.
- Denkbar wäre auch: *„Welche Grenzen sollten der Konsumfreiheit sinnvollerweise gesetzt werden?"* Diese Frage zielt eher auf eine Ausarbeitung von Alternativen, die sinnvoll begründet und beurteilt werden müssen. Das ist eine relativ anspruchsvolle Aufgabe.
- In eine ähnliche Richtung geht: *„Wie ist die neuerdings zu beobachtende örtliche und zeitliche Ausweitung von Konsummöglichkeiten zu beurteilen?"* Diese Leitfrage tendiert deutlicher zur Anlage als **dialektische Erörterung** – die dem Thema in jedem Falle angemessen ist! – und bietet den Vorteil, dass hier, ausgehend vom Text, verschiedene Bereiche abgehandelt werden können.
- Näher am Text formuliert wäre der Vorschlag: *„Kann man tatsächlich einen Wandel der Konsummentalität feststellen?"* Diese Frage zielt auf eine Bewertung des Befundes, den Kämmerlings liefert, und auf eine Ergänzung oder Eingrenzung. Diese Fragestellung ist für sich genommen etwas zu kurz, weil keine eigenständige Position entwickelt wird.
- Schließlich könnte gefragt werden: *„Wie ist der festgestellte Mentalitätswandel zu beurteilen?"* Diese Frage läuft auf eine kritische Auseinandersetzung mit den – zumeist impliziten – Wertungen Kämmerlings' hinaus. Sie hängt zum Teil ab von der Klärung dessen, welche Mentalitäten hier beurteilt werden, sodass es naheliegt, die beiden letzten Fragen zu verbinden.

So verfährt auch der Lösungsvorschlag. Er wählt einen etwas komplexeren Aufbau als das Pro-Kontra-Schema und nähert sich dem Ping-Pong-Prinzip, bei dem jedes Argument in seinem Für und Wider beleuchtet wird. Dies setzt voraus, dass man ein Konzept für eine sinnvolle Gliederung hat; der vorliegende Lösungsvorschlag geht von einer kritischen Auseinandersetzung mit Kämmerlings' Diagnose eines Mentalitätswandels aus und wendet sich dann den Bewertungen nebst der Frage zu, welche stichhaltigen Begründungen noch denkbar wären.
Wichtig ist, wie immer bei argumentierenden Texten, dass die begrifflichen Voraussetzungen geklärt werden (z. B. Mentalität, Flatrate als neuer Begriff im Vergleich mit älteren wie dem Pauschalangebot).

Die **Alternative**, die **gestaltende Aufgabe**, gibt einen klaren Redeanlass vor und legt eine Adressatenschaft nahe, in diesem Falle wohl eher Jugendliche und junge Erwachsene (wobei dies nicht zwingend so sein muss). Das Thema der Rede „Sozialer Fortschritt durch Aufhebung von Schranken?" ist als Gegenthese zum Text Kämmerlings' angelegt, der ja den Wandel kritisiert, aber nicht als Fortschritt sieht. Das Thema ist sehr offen, es sollte daher, wie die Erörterung auch, durch eine Leitfrage konkretisiert werden. Wichtig ist, sich klarzumachen, dass eine Rede vom funktionalen Einsatz rhetorischer Mittel und von höreradäquaten Beispielen lebt, die durchaus auch eine manipulative Stoßrichtung verfolgen dürfen. Auch eine klare und explizite Struktur (Einstiegsimpuls, Hinführung zum Thema, klare Hörerführung und deutliches Fazit) ist unerlässlich. Andererseits lässt eine Rede – je nach Redeabsicht – in Aufbau und Begründung mehr Freiheiten.

Lösungsvorschlag in Grundzügen

Einleitung

Ein Wildschwein, das einem kross gebraten in die Arme läuft, Lebkuchenhäuser, umgeben von Bratwurstzäunen, Steine aus Käse, Flüsse von „Milch und Honig", als Krönung ein Jungbrunnen, der ewige Jugend verleiht: Das Schlaraffenland ist ein Paradies, in dem kein Wunsch unbefriedigt bleibt. Pieter Breughel d. Ä. hat es eindrucksvoll gemalt. Und bisweilen beschleicht einen das Gefühl, dass diese Utopie gar nicht mehr hinter den sieben Grießbergen liegt, sondern in den Einkaufsmeilen deutscher Städte vor uns, wo es alles gibt, was man braucht (und ganz vieles, was man nicht braucht). Oder ist dieses Schlaraffenland doch nur – so war es ja ursprünglich gedacht – eine kritische Parodie auf eine materielle Vorstellung des Paradieses?

Teilaufgabe 1: Herausarbeiten der Kernaussagen des Textes

Den Anspruch auf eine ungehemmte Befriedigung von Konsumbedürfnissen kritisiert Richard Kämmerlings im Titel eines zur Ferienzeit 2009 in der FAZ erschienenen Artikels als „Flatrate-Mentalität" und diagnostiziert im Untertitel zugespitzt eine „Ausweitung der Trinkzone". Er zieht zunächst eine Verbindung von der Tradition mittelalterlicher Weinbrunnen zu den Alkoholverboten, die mittlerweile in einigen deutschen Innenstädten gelten. Dass gegen solche Verbote geklagt wird, deutet Kämmerlings als Symptom eines „grundsätzliche[n] Problem[s]" (Z. 24): Im Zuge eines **allgemeinen „Mentalitätswandel[s]"** (Z. 25) werde **„Freiheit** […] zunehmend verstanden **als unbegrenzter Zugang zu Konsumangeboten** aller Art" (Z. 26 f.), als eine „ort- und zeitlose Garantie sofortiger Bedürfnisbefriedigung" und „Aufhebung von Schranken" (Z. 45 f.). Kämmerlings belegt diese These nicht nur mit einem Seitenblick auf die Flatrates der Internet- und Telefonanbieter. Als eine wesentliche Konsequenz der „Flatrate-Mentalität" sieht er eine Erosion gesamtgesellschaftlicher Zeitrhythmisierungen, die sich vor allem in einer Aufweichung des (konsum)freien Wochenendes, im „Privatfernsehen[ ]" (Z. 39) oder in Kulturevents wie langen Museumsnächten zeige. Kämmerlings sieht diese Entwicklung sehr kritisch, ja, er spitzt die Kritik durch wiederholte Vergleiche mit Suchtverhalten zu (vgl. Z. 1–17, 48 ff., 61). Die allgegenwärtigen Konsummöglichkeiten schlügen auf den Einzelnen zurück und drohten, ihn vollständig zu vereinnahmen.

Teilaufgabe 2: erste Alternative: Erörterung

Leitfragen

Wer so zuspitzt, provoziert Fragen. Gibt es ernsthaft Anlass zu düsterem kulturkritischem Lamentieren? Oder haben wir es nicht vielmehr mit einem Wandel zu tun, der aus geänderten Bedürfnissen und technischen Entwicklungen heraus neue, freiere Handlungsmöglichkeiten eröffnet? Aber: Inwieweit trifft diese Diagnose einer „Flatrate-Mentalität" überhaupt zu? Und haben wir es dabei tatsächlich mit einem „Mentalitätswandel" zu tun? Diese beiden Fragen müssen zuerst geklärt werden, um dann die Bewertung der – neuen? – Erscheinungen angehen zu können.

Erster Teil:

Kämmerlings' Diagnose

Definition und Problematisierung von Mentalität

Kämmerlings bezieht sich auf eine **Mentalität**, also eine Geisteshaltung, die als gemeinsame Anschauungsweise Weltsicht und Handeln einer Gruppe von Menschen prägt. Im Blick hat er offensichtlich keine bestimmte Gruppe, sondern die bundesrepublikanische Gegenwartsgesellschaft im Ganzen. Mentalitäten sind also etwas Geistiges, Innerliches – und als solches nicht unmittelbar zugänglich; sie lassen sich z. B. durch Umfragen erkunden oder aus Äußerungen oder Handlungsweisen erschließen. Kämmerlings nutzt nur die letzte Möglichkeit, indem er einige Phänomene der Alltagskultur aufgreift.

kritische Sichtung der Beispiele aus dem Text

Da ist zunächst das lokale **Verbot von öffentlichem Alkoholkonsum**, in der Tat eine relativ neue Erscheinung, die auf Exzesse in der Öffentlichkeit reagiert. Nun ist das Koma-Saufen nicht nur eine Folge des Alkoholkonsums in der Öffentlichkeit, sondern auf privaten Partys ebenso verbreitet. Wichtiger ist die Feststellung, dass, wenn gegen das Verbot geklagt wird, die Beweggründe etwas komplexer sein dürften, als Kämmerlings es unterstellt. Er konstatiert lediglich, dass dies bloß „den restlos befreiten Konsumenten […] nicht mehr einleuchten" wolle (Z. 63). Es geht bei solchen Klagen immer auch um grundlegende Fragen wie z. B. die, inwieweit der Staat die Handlungsfreiheit des Einzelnen im öffentlichen Raum einschränken darf bzw. regeln soll, eine Rechtsfrage, die zu klären an dieser Stelle sinnvoll ist – und die letztlich auch für die hier im Raum stehenden Thesen einschlägig wäre! Darauf komme ich zurück.

Kämmerlings' polemische Strategie rückt die „Flatrate-Mentalität" in die Nähe eines **Suchtverhaltens**. Dies als unsachlich abzutun, wäre einfach; interessanter scheint mir die Frage, was übrig bleibt, wenn man die Zuspitzung abzieht. Es bleibt die Diagnose einer starken Tendenz zum Habenwollen. Man kann diese mit guten Gründen kritisieren; man könnte aber auch überlegen, ob der Fall nicht ähnlich liegt wie bei weichen Drogen, für die Studien zeigen, dass eine Liberalisierung nicht zu einem Anstieg des Konsums führt – der Reiz des Verbotenen fällt als Anreiz weg.
Kämmerlings' wesentlicher Kritikpunkt ist die Tendenz der Gesellschaft „in die Richtung einer **Aufhebung von Rhythmus und Zeitstrukturen**" (Z. 51). Um diese Debatte ist es seit der weitgehenden Liberalisierung des Ladenschlussgesetzes 2006 – das in Baden-Württemberg übrigens ein Verkaufsverbot von Alkoholischem zwischen 22 und fünf Uhr vorschreibt – etwas ruhiger geworden; sie kommt indes immer wieder einmal auf, wenn es z. B. um verkaufsoffene Sonntage geht. Ob die „Sonntagsruhe" tatsächlich „in vielen Großstädten längst von Ausnahmen durchlöchert" ist (Z. 37 f.), wäre zunächst eine Frage für Statistiker. Dass Kämmerlings von Ausnahmen redet, spricht eher für das Gegenteil, nämlich dafür, dass die Sonntagsruhe der Normalfall ist. Auf dem Land dürfte das ohnehin gelten. Auf der anderen Seite ist es sicher so, dass eine hochdifferenzierte Arbeitswelt mit ihren komplexen Abläufen einen flexibleren Umgang mit den individuellen Zeiten erfordert. Einer Krankenschwester die Wochenendschicht als Ausdruck ihrer Mentalität zu unterstellen, trifft deren Befindlichkeit ganz sicher nicht. Das aber bedeutet, dass die Gestaltung von Zeitstrukturen in einer modernen Gesellschaft nicht so einfach als Beleg für einen Mentalitätswandel herangezogen werden kann.

Überleitung

Ein Wandel der Mentalität?

Das Gefühl, dass die Stadt nie schläft, hat sicher auch damit zu tun, dass hier der ständige Betrieb der Infrastruktur, vor allem im Verkehr, ebenso wahrnehmbar wie notwendig ist. Auf der anderen Seite wird die Klage über die Großstadt als vereinnahmender Moloch schon seit dem Expressionismus, also seit mehr als einhundert Jahren geführt. Allgemeiner gefragt: Kann tatsächlich von einem *Wandel* in der Mentalität die Rede sein?

Pauschalangebote

Der Begriff der Flatrate mag ja neu und mit dem Internet aufgekommen sein, der Sache nach gibt es **Pauschalangebote schon länger**, man denke nur an Pauschalreisen, All-inclusive-Kreuzfahrten, Freizeitparks oder Brunches mit dem Versprechen „All you can eat", schließlich eine umfassende Krankenversicherung und ein rund um die Uhr arbeitendes Gesundheitssystem. Wenn man sich in Erinnerung ruft, dass in diesem Zusammenhang die Metapher der Flatrate ja nur für den Anspruch auf ständige Verfügbarkeit steht, dann kann von einer Neuheit des Phänomens umso weniger die Rede sein: die Verfügbarkeit von Straßen, die Verfügbarkeit von fließendem Wasser, die Verfügbarkeit von Strom, die Verfügbarkeit von innerer und äußerer Sicherheit zu jeder Zeit an jedem Ort, all das ist altbekannt. Bei diesen Dingen der elementaren Daseinsvorsorge und der Gewährleistung von Menschenrechten ist die ständige Verfügbarkeit weitgehend gegeben, und niemand würde die Berechtigung ernsthaft in Zweifel ziehen.

Ladenschluss

Dass für den Konsum – der ja immerhin auch den nicht ganz unwichtigen Lebensmitteleinkauf umfasst – das Bedürfnis einer 24-stündigen Rund-um-die-Uhr-Versorgung bestünde, kann man hingegen zurückweisen. Hier hilft zunächst die schlichte Beobachtung weiter, dass der **Rahmen des Ladenschlussgesetzes** überwiegend gar nicht ausgeschöpft wird. Wäre das Bedürfnis nach nächtlichem Einkauf so groß, dann würde dieser, wie es erlaubt wäre, längst flächendeckend angeboten werden. Man darf folgern, dass dieses Bedürfnis sich wohl doch nicht in der allgemeinen Mentalität festgesetzt hat. Dass der Einzelhandel Sonntagsverkäufe prinzipiell gerne sieht, ist sicher richtig, auf der anderen Seite liegt ihr Reiz doch vor allem darin, dass es sich um Sonderaktionen handelt. Daraus lässt sich aber kein allgemeiner Bedarf auf der Konsumentenseite begründen.

Zwischenfazit: Kritik am Text und an seiner Argumentation

Es ist also eine gewisse Skepsis angebracht, inwieweit man von einem allgemeinen „Mentalitätswandel" in der „Konsumsphäre" sprechen kann: Eine Mentalität wird von Kämmerlings kaum belegt, und sie lässt sich wohl auch nicht so ohne Weiteres aufzeigen (zumindest nicht ohne empirische Forschungsdaten). Ein ganz neues Phänomen kommt, wie gesehen, auch nicht in den Blick.

Wirkungsabsicht des Textes und Status der Ausführungen

Aber vielleicht ist das ja auch gar nicht zu erwarten. Ein Zeitungstext ist ja als Teil einer veröffentlichten Meinung immer schon selbst Teil von und Beleg für „Mentalitäten". Das heißt im konkreten Fall: Der Text sucht auf eine drohende, antizipierte Mentalitätsbildung kritisch Einfluss zu nehmen. Das setzt voraus, dass eine solche „Flatrate-Mentalität" drohen könnte. Und an dieser Stelle hilft vielleicht wieder ein Blick auf das Schlaraffenland. Es ist ein mythisches Urbild, ein Archetypus, der eine grundlegende Sehnsucht des Menschen zum Ausdruck bringt. Der Mensch ist ein endliches Wesen, ein Wesen, das immer danach strebt, den momentanen Mangel zu überwinden; dieses Streben wird getrieben von der Utopie, irgendwann einmal anzukommen in einem Zustand der völligen Bedürfnisbefriedigung: im Schlaraffenland. Vor diesem anthropologischen Hintergrund ließe sich Kämmerlings Artikel von seiner **Wirkungsabsicht** her verstehen.

Zweiter Teil: Begründungen

Es bleibt die zweite oben aufgeworfene Frage, ob Kämmerlings Kritik an der unterstellten Flatrate-Mentalität berechtigt ist. Hier muss man unterscheiden zwischen den Begründungen, die der Text gibt (oder eben nicht gibt), und möglichen Begründungsstrategien, die die These dennoch rechtfertigen.

Kämmerlings gibt kaum ausgefeilte Begründungen, sondern arbeitet **fast durchgehend** mit **Andeutungen und Suggestionen**. Da wird als Faktum und ohne irgendeinen Beleg festgestellt, das „unlimitierte Trinken, vor allem unter Jugendlichen, [sei] zu einem ernsthaften sozialen Problem geworden." (Z. 6 f.) Da wird das Privatfernsehen im Sinne der These als eine „ständig verfügbare[ ] Videothek" (Z. 39 f.) gedeutet, was nicht sonderlich plausibel ist. Da wird der unterstellte „Mentalitätswandel" ohne Umschweife als „Problem" eingeführt (Z. 24); aber ist er das? Da werden „Rhythmus und Zeitstrukturen" (Z. 51) als ein unhinterfragter Wert an sich hingestellt. Dies alles hat aber, wie gesagt, zum Teil mit der Funktion dieses Pressetextes zu tun. Als Gegenimpuls in einem Mentalitätsbildungsprozess reicht das Mittel der Suggestion, um darin durch das Schüren vagen Unbehagens irritierend zu wirken.

Suggestion statt Argumentation

Was der Text dabei an Begründungen schuldig bleibt, kompensiert er durch den **Stil**, mit dem er die Behauptungen eloquent vorträgt. Eine Formulierung wie „Flatrate-Saufen avant la lettre" (Z. 4) zeigt exemplarisch das Verfahren: Ein Neologismus („Flatrate") und ein Vulgarismus („Saufen") vermitteln den Eindruck, man sei am Puls der Zeit; eine wohlgesetzte bildungsbürgerliche Fügung („avant la lettre" – no anglicism of course!) sorgt für die Zustimmungsbasis beim Adressaten. Dass dieser **Adressatenkreis** ein **konservativer** ist, lässt sich an vielen bildungssprachlichen Formulierungen und Anspielungen – etwa auf Houellebecqs Roman *Ausweitung der Kampfzone* – festmachen. Auch dass ein vermeintlich offenes „Wir" schon im nächsten Satz durch ein deutlich abwertendes „in manchen Kreisen" (Z. 57 f.) relativiert wird, spricht dafür. Und schließlich spricht auch die Liste der unterstellten Selbstverständlichkeiten für diese Einschätzung: Kämmerlings positioniert sich mit einem kulturkritischen Gestus gegen Phänomene der Jugendkultur und der Spaßgesellschaft (vgl. Z. 62) sowie gegen unkritische Mediennutzung („Privatfernsehen" und „Handy", Z. 39 u. 57) und für „Sonntagsruhe" sowie „Schranken" (Z. 37 u. 45). Man könnte geneigt sein, diese Stil- als bloße Ideologiekritik abzutun; allerdings wird mit der deutlichen Verengung des Adressatenkreises der Geltungsanspruch der Argumentation eingeschränkt.

Stil und seine Funktion

Damit ist die Sache aber noch nicht erledigt. Denn wenn Kämmerlings nur negativ, d. h. *gegen* einen „Mentalitätswandel", gegen die „drei anys" des modernen Marketings – anything anywhere anytime – argumentiert, dann wäre durch die Negation dieser Negation in der Sache noch nichts entschieden.

Überleitung zur Frage nach weiteren Begründungen

Einschlägig für die Gestaltung der „Konsumsphäre" ist die Frage nach den angemessenen Orten und Zeiten. Mit der Herausbildung einer arbeitsteiligen Gesellschaft hat sich auch eine Differenzierung von Orten ergeben: **Orte** des Privaten wie die Wohnung, Orte des Arbeitens wie die Fabriken, Ämter, Schulen, Orte der Öffentlichkeit und des Konsums wie Marktplätze usw. Diese machen unterschiedliche Lebensbereiche wahrnehmbar. Mit der Entwicklung von Kommunikationsmedien ist eine Trennung dieser Orte nach ihrer Funktion nur noch zum Teil nötig – was in vielen Fällen eine Erleichterung ist, etwa wenn man bei einem Home-Office-Tag nicht in den Betrieb muss. Dass die Trennung aber weiterhin besteht, zeigt schon die Tatsache nicht abnehmenden Verkehrs. Die Erscheinung des Feierns im öffentlichen Raum hat sicher zu tun mit dem Verschwimmen

angemessene Orte

der Grenzen zwischen Privatem und Öffentlichem, dem das Internet mit seinen sozialen Netzwerken Vorschub leistet. Es ist richtig, dass hier um der Interessen anderer willen wie auch zum Schutz von Jugendlichen Eingrenzungen nötig sind. Gerade die Abwägung, welche Interessen dabei in welcher Weise auszugleichen sind, ist nicht nur eine Rechtsfrage, sondern es geht auch um die Freiheiten des Einzelnen. Kämmerlings beleuchtet die Frage nach dem angemessenen Ort nur einseitig und unterstellt an diesem Punkt bloß mangelnde Einsicht.

gesellschaftsübergreifende Zeitrhythmisierungen

Interessant ist auch der Blick auf die **Gestaltung von Zeitstrukturen**. Die allgemeine Sonntagsruhe lässt sich in einer säkularisierten Gesellschaft nicht mehr religiös begründen; auch die Notwendigkeit individueller Erholung – die ja auch alle Sonntagsarbeiter brauchen und bekommen – taugt dazu nicht. Wenn oben von den Anforderungen der Arbeitswelt die Rede war, dann stellt sich die Frage, inwieweit der Gang der Maschinen den Gang des Lebens bestimmen soll. Und hier – und das ist dann für die Bestimmung einer Mentalität einschlägig – lässt sich darauf verweisen, dass eine Gesellschaft auch kollektive Zeiten des Innehaltens braucht, Freiräume, in denen der Alltag ruht und in denen gemeinsame private oder öffentliche Aktivitäten möglich sind. Und schließlich ist eine Rhythmisierung der Zeit für ein endliches Wesen wie den Menschen wichtig, der im unabsehbaren Fließen der Zeit einer Orientierung bedarf.

Konsum: öffentlich oder privat?

Kämmerlings rechnet den Bereich des **Konsums** dem öffentlichen Raum und dem Alltag zu. Das ist sicher plausibel, insofern der Wocheneinkauf in der Tat eine alltägliche Pflicht der Daseinsbewältigung ist, die nicht zum Feierabend und in den öffentlichen Raum des Supermarktes gehört. Das ist aber nur eine Seite des Konsums. Auf der anderen Seite kann er nämlich sehr wohl ein **privates Vergnügen** werden. Der Kauf von etwas Nichtalltäglichem, einem Auto z. B. oder einem Schmuckstück, lässt sich als herausgehobenes Erlebnis wahrnehmen. Shopping kann durchaus eine Freizeitaktivität sein – auch und gerade wenn man nichts kauft, sondern nur in den Warenwelten flaniert, die ja immer auch Möglichkeiten der Lebensgestaltung, der Identifikation und des Selbstentwurfs zeigen. Dies hat wenig mit „sofortiger Bedürfnisbefriedigung" (Z. 45 f.) zu tun, denn an diesem Punkt unterscheiden sich Konsummöglichkeit und faktischer Konsum.
Aber gerade *dass* Konsum eine Freizeitbeschäftigung sein kann, spricht bis zu einem gewissen Grad für Kämmerlings' These, denn erstens muss es dazu trivialerweise die Möglichkeit zum Einkauf außerhalb der Arbeitszeit geben und zweitens kann man aus der Tatsache, dass diese Freizeitaktivität inzwischen recht verbreitet ist, die Erwartung ablesen, dass die Möglichkeiten dazu auch hinreichend bestehen.

Konsumkritik

Auf der anderen Seite lässt Kämmerlings eine kritische Distanz zum Konsum erkennen. Seine These von einer kritiklosen Selbstverständlichkeit von Konsummöglichkeiten ist gewissermaßen die Kehrseite einer **Vereinnahmungstendenz des Konsums**. Jeder drohenden Sättigung muss mit dem Erzeugen neuer Wünsche und Bedürfnisse begegnet werden, jede Befriedigung gebiert neue Wünsche. Und dies kann die Welt der Waren vor allem dadurch, dass sie sich an die Stelle anderer Sinnstiftungen setzt: Man kauft kein Auto, sondern Emotionen, ja ein ganzes Lebensgefühl. Vor diesem Hintergrund wird dann Konsum zu einem wesentlichen Weg der Teilhabe an der Gesellschaft. Die „Flatrate-Mentalität" wäre, so gesehen, eine Entlastungsstrategie, die dem Einzelnen das Gefühl gibt, an dieser Konsumgesellschaft jederzeit in vollem Maße teilhaben zu können, unabhängig vom Einkommen. Mit dieser Interpretation der „Flatrate-Mentalität“ hätte Kämmerlings' Impuls eine klarere Stoßrichtung, der man sich durchaus anschließen könnte.

Der Wert des Befriedigungsaufschubes

Eine weitere implizite Norm zeigt sich darin, dass Kämmerlings an öffentlichen Besäufnissen offenbar nicht in erster Linie die gesundheitlichen Folgen, die öffentliche Ruhestörung oder das miserable Vorbild kritisiert, sondern das „Telos [einer] ort- und zeitlose[n] Garantie sofortiger Bedürfnisbefriedigung“ (Z. 45 f.). Spontan würde man einwenden: Was ist daran schlecht? Schließlich ist dies doch ein gleichsam göttlicher Zustand, in dem Wollen und Sein zusammenfallen. Für Kämmerlings' Argumentation ist ein Befriedigungsaufschub eine entscheidende Norm – eine Norm mit einer illustren Ahnenreihe. Einem Prinzen Hettore Gonzaga mitsamt seinem Marinelli aus Lessings *Emilia Galotti*, die das Adelsprivileg sofortiger Bedürfnisbefriedigung verkörpern, wird im bürgerlichen Trauerspiel die bürgerliche Werteordnung von Pflicht und Entsagung entgegengestellt. Nach Norbert Elias ist die **Triebkontrolle** der entscheidende Motor für den „Prozess der Zivilisation“. Diogenes in seiner Tonne sieht in unbefriedigten Bedürfnissen gerade das natürliche Leben, das er, Ahnherr aller Asketen, den Lustbarkeiten eines künstlichen Lebens entgegenstellt. Diese **Askese** setzt den Menschen als ein endliches Wesen voraus, das sich – man kann das von Faust lernen – nicht in Befriedigung, sondern im unzufriedenen Streben danach erfüllt. Übermäßige Befriedigung führt im einfachen Falle zur Trägheit und im schlimmsten zur Hybris, zum tragischen Verfehlen seiner selbst.

moralische Distanz als möglicher Kern der Argumentation

Eine mindestens bedenkenswerte Position – würde sie denn im Text entfaltet. Man muss nicht gleich zum weltabgewandten Asketen werden, um einzusehen, dass ein verantwortliches moralisches Handeln nicht in der distanzlosen Bedürfnisbefriedigung besteht, sondern – um den Begriff Kants heranzuziehen – im Handeln aus **Pflicht**, das gerade zu den Bedürfnissen, eigenen wie fremden, in kritischer Distanz steht. Der Verdacht, dass dieses Ethos verloren gehen könnte, ist vielleicht der unausgesprochene Kern von Kämmerlings' Unbehagen. Denn als grundsätzliches Problem wird ein falsches **Freiheitsverständnis** herausgestellt, eine Reduktion von Freiheit auf Hindernisfreiheit und Handlungsfreiheit (tun können, was man will), „Freiheit [...] verstanden als unbegrenzter Zugang zu Konsumangeboten aller Art“ (Z. 26 f.). So vereinfacht hat das leider einiges von einem argumentativen Pappkameraden, denn solch ein Vulgärhedonismus, solch eine unkritische Verleugnung von Verantwortung wird man kaum je ernsthaft vertreten finden. Gleichwohl erinnert der Artikel an die Anstrengung der **Verantwortung**. Einerseits ist es die private Verantwortung jedes einzelnen, mit den Möglichkeiten des Konsums kritisch umzugehen und, wie Kämmerlings am Ende andeutet, das Handy immer wieder einmal auszuschalten. Es ist aber genauso die gesellschaftliche Verantwortung, die den Vereinnahmungstendenzen der Konsumwelt Grenzen setzt und örtlich wie zeitlich konsumfreie Rückzugsräume sichert; wo diese im einzelnen liegen sollten, bedarf einer schwierigen und mühsamen Aushandlung, die wohl immer nur zu vorläufigen Lösungen führen kann und immer wieder neu politisch erarbeitet werden muss.

Versteht man Kämmerlings im Kern so, dann kann man ihm zustimmen – mag seine Argumentation auch holzschnittartig und polemisch sein, mag sie mit zu vielen Andeutungen, Suggestionen und konservativen Klischees arbeiten, mag sie ihre Grundlagen zu wenig ausführen und mit der „Mentalität" eine problematische Kategorie bemühen. Das Bewusstsein für die mühevolle Verantwortung wachzuhalten, ist ein Anliegen, das Tendenzen zu einlullender Ablenkung abgerungen werden muss. Sonst enden wir wie die Schlaraffen auf dem Gemälde Pieter Breughels, träge darnieder liegend und vor lauter Befriedigung zum Entscheidenden nicht mehr fähig: zur Achtung vor dem Menschen als einem endlichen Wesen.

Fazit

Thema:
Erich Kästner: Ein Beispiel von ewiger Liebe
Erich Fried: Nur nicht

Erich Kästner (1899–1974): **Ein Beispiel von ewiger Liebe**

Im gelben Autobus ging's durch den Ort.
Schnell hinein. Schnell heraus.
Erstes Haus. Letztes Haus.
Fort.

Hab ich den Namen vergessen?
Ob ich ihn überhaupt las?
Es war eine Kleinstadt in Hessen,
zwischen Reben und Gras.

Du standest am Gartenrand,
als du mich plötzlich erblicktest.
Zärtlich hob ich die Hand.
Du nicktest.

Darf ich nicht Du zu dir sagen?
War keine Zeit dazu,
lang um Erlaubnis zu fragen.
Ich sag du.

Ich wünschte so sehnlich,
ich stünde bei dir.
Ging dir's nicht ähnlich?
Ging dir's wie mir?

Der Zufall hat keinen Verstand.
Es heißt, er sei blind.
Er gab und entzog uns hastig die Hand,
wie ein ängstliches Kind.

Ich bin entschlossen, fest daran zu glauben,
daß du die Richtige gewesen wärst.
Du kannst mir diese Illusion nicht rauben,
da du sie nicht erfährst.

Du lehntest lächelnd am grünen Staket.
Es war im Taunus. Es war in Hessen.
Ich habe den Namen des Orts vergessen.
Die Liebe besteht.

Aus: Erich Kästner: Gesammelte Schriften, Bd. 1: Gedichte. Zürich: Atrium 1969, S. 250 f.

Worterklärung
Z. 29: Staket: Zaun mit senkrechten Latten

Erich Fried (1921–1988): **Nur nicht**

Das Leben
wäre
vielleicht einfacher
wenn ich dich
gar nicht getroffen hätte

Weniger Trauer
jedes Mal
wenn wir uns trennen müssen
weniger Angst
vor der nächsten
und übernächsten Trennung

Und auch nicht soviel
von dieser machtlosen Sehnsucht
wenn du nicht da bist
die nur das Unmögliche will
und das sofort
im nächsten Augenblick
und die dann
weil es nicht sein kann
betroffen ist
und schwer atmet

Das Leben
wäre vielleicht
einfacher
wenn ich dich
nicht getroffen hätte
Es wäre nur nicht
mein Leben

Aus: Erich Fried, Es ist was es ist.
Liebesgedichte Angstgedichte Zorngedichte.
Berlin: Wagenbach 2010, S. 24

Arbeitsanweisung

Interpretieren und vergleichen Sie die beiden Gedichte.

Hinweise und Tipps

Nach einer kurzen Einleitung sollten Sie die Gedichte getrennt interpretieren und am Schluss des Aufsatzes die **wesentlichen** Gemeinsamkeiten und Unterschiede benennen.
Die jeweilige Interpretation von Erich Kästners und Erich Frieds Gedicht sollte mit einer **kurzen** Inhaltsbeschreibung beginnen. Wichtig ist die Analyse des formalen Aufbaus, von der sich eventuell schon ein Bezug zum Gesamtinhalt herstellen lässt. Einzelne formale Besonderheiten, z. B. Stilmittel, sind immer im Zusammenhang mit der jeweiligen inhaltlichen Aussage zu behandeln. Mit konsequenter Beobachtung von Form-Inhalt-Bezügen vermeiden Sie die **Gefahr der Paraphrase**, d. h. der reinen Inhaltsumschreibung. Prinzipiell sollte die Interpretation am Text entlang gehen; einzelne Querverweise könnten sinnvoll sein. Formulieren Sie einen aussagekräftigen Schluss.

Lösungsvorschlag in Grundzügen

Einleitung: gegensätzliche Voraussetzungen

Die Grundvoraussetzungen in Erich Kästners Gedicht *Ein Beispiel von ewiger Liebe* und Erich Frieds Gedicht *Nur nicht* sind genau gegensätzlich. Im einen werden mit einer **nicht gelebten** Liebe Fantasien verknüpft, das andere entwirft die Fantasie, dass es zu einer – **tatsächlich gelebten** – Liebe nicht gekommen wäre.

Interpretation des Kästner-Gedichts: Titel

In *Ein Beispiel von ewiger Liebe* geht es um eine Frau, die das lyrische Ich nur flüchtig auf einer Busfahrt vom Fenster aus gesehen hat. Die Überschrift wirkt **ironisch gebrochen** dadurch, dass die beiden Teile nicht recht zusammenpassen: „Ein Beispiel" klingt pedantisch, „ewige Liebe" nach übertriebenem, auch abgedroschenem Pathos.

Formanalyse

Das Gedicht besteht aus acht Strophen mit jeweils vier Versen. Die Strophen sind kreuzweise gereimt, nur die erste und die letzte weisen einen umarmenden Reim auf. Dadurch gewinnen sie den Charakter eines **Rahmens**. Ein bestimmtes Versmaß ist nicht auszumachen, die Zahl der Hebungen schwankt. Durch die freie Rhythmik **nähert sich das Gedicht der Prosa**, was der modernen, zwar halbwegs idyllischen, aber durchaus **alltäglichen Szenerie** entspricht.

ein gewöhnlicher Ort

Die erste Strophe beschreibt die Fahrt eines Postbusses, so gekennzeichnet durch die Farbe Gelb, auf einer Fernstrecke. Er fährt durch „den Ort" (V. 1), der kraft des bestimmten Artikels scheinbar als bekannt vorausgesetzt wird; die Vertrautheit beruht aber wohl auf der Gewöhnlichkeit: **ein Ort wie jeder andere**. Entsprechend scheint sich kein Aufenthalt zu lohnen: „Schnell hinein. Schnell heraus./ Erstes Haus. Letztes Haus." (V. 2/3) Die **Flüchtigkeit der Durchfahrt** wird durch die Ellipse und die anaphorische Wiederholung des Wortes „schnell" betont; die Epipher „Haus" hebt die Beliebigkeit der Häuser hervor. Zwangsläufig sind diese im Nu „[f]ort"; letzteres Wort ist besonders exponiert, da es den ganzen vierten Vers einnimmt, und dadurch schon fast überraschend pointiert.
In der zweiten Strophe fühlt sich das lyrische Ich, das nun auftritt, veranlasst, über den Namen des Ortes nachzugrübeln: ob es ihn vergessen oder erst gar nicht zur Kenntnis genommen habe. Die doppelte Frage vermittelt eine gewisse Dringlichkeit. Der Ort wird nun etwas näher bestimmt als „eine Kleinstadt in Hessen,/ zwischen Reben und Gras" (V. 7/8) – wobei diese Angabe wiederum nicht geeignet ist, ihn als unverwechselbar zu charakterisieren.

doppelte Valenz von „Gartenrand"

Ebenso undefiniert bleibt das lyrische Du, das in der dritten Strophe auftaucht und Augenkontakt zu dem lyrischen Ich gewinnt. Erwähnt werden nur seine Position, sein Blick und eine Geste. Es steht „am Gartenrand" (V. 9), also einerseits in einem **geschützten Raum**, der die Qualität eines **Idylls** hat, andererseits aber **auf das Draußen ausgerichtet**. Es ist, als hätte die betreffende Person erwartungsvoll Ausschau gehalten. Sie scheint nicht überrascht, als das lyrische Ich mit ihr nun auch in gestischen Kontakt tritt. „Zärtlich hob ich die Hand" (V. 11): Durch die Inversion wird die Emotionalität des Ich betont, während das Du nur nickt, also ein zurückhaltendes, wenn auch deutliches Zeichen des **Einverständnisses** gibt.

Diese Strophe umfasst die gesamte Begegnung zwischen den zwei Personen; **der Rest ist Gedankenspiel**. In der vierten Strophe kehrt das lyrische Ich zu seinen Grübeleien zurück beziehungsweise unterhält sich mit der Person, die nur noch in seiner Imagination verfügbar ist. Es stellt ihr die Frage, ob es überhaupt berechtigt sei, sie (eigentlich ohne Bekanntschaft) mit Du anzureden, und verweist auf die Unmöglichkeit, ihre Erlaubnis einzuholen – so als würde dies für sie oder für es selbst irgendeine Rolle spielen. „War keine Zeit dazu,/ lang um Erlaubnis zu fragen" (V. 14/15): Die Ellipse am Satzanfang, die gleichzeitig den Zeitmangel fühlen lässt, verstärkt den Eindruck von locker-vertrautem Umgang mit einer greifbaren Person. Im Kontrast dazu steht die erste Zeile der fünften Strophe: „Ich wünschte so sehnlich,/ ich stünde bei dir." (V. 17/18) Diese Strophe stellt noch einmal einen **Rückblick** dar, wenn „ich wünschte" nicht als Konjunktiv, sondern als Präteritum aufzufassen ist. Ebenfalls auf die Vergangenheit bezieht sich die Frage, ob das lyrische Du etwas Vergleichbares empfunden habe. Die mit einer Anapher eingeleitete Doppelfrage „Ging dir's nicht ähnlich? / Ging dir's wie mir?" (V. 19/20) wirkt wiederum eindringlich; allerdings fragt das lyrische Ich nicht – wie es doch nahe läge –, ob das Du auch weiterhin in Gedanken bei ihm sei.

das Du nur noch in der Imagination

In der sechsten Strophe wird der **Zufall personifiziert**. Indem er und „blind" (V. 22) und ohne Verstand erscheint, erhebt sich die Frage nach dem Sinn des Geschehens. Der Zufall hat den beiden Menschen eine **Chance geboten, die eigentlich keine war**, was metaphorisch dadurch ausgedrückt ist, dass er ihnen die Hand reichte und gleich wieder entzog. Der Vergleich „wie ein ängstliches Kind" lässt sich ohne Weiteres auf das lyrische Ich übertragen, auf dessen Verhältnis zur Wirklichkeit die siebte Strophe einiges Licht wirft. „Ich bin entschlossen, fest daran zu glauben,/ daß du die Richtige gewesen wärst" (V. 25/26): Hier fällt es in den Irrealis der Vergangenheit und **kultiviert eine „Illusion"** (V. 27), die es durchaus als solche erkennt. Die Verszeile 25 sticht als besonders lang heraus, was ihr einen gewissen Nachdruck verleiht. Das lyrische Ich will sich seine Illusion bewahren. Es ist sich bewusst, dass sie einer **Konfrontation mit der Realität wohl nicht standhalten würde**. Alles Wirkliche ist ein Raub (vgl. V. 27) am Reich der Möglichkeiten, und das lyrische Ich scheint die Unversehrtheit desselben vorzuziehen. Prinzipiell könnte es ja die Strecke des gelben Autobusses rekonstruieren, nochmals abfahren und einige infrage kommende Kleinstädte nach der Frau seiner Erinnerung absuchen – aber das steht nicht zur Debatte.

bewusste Kultivierung der Illusion

Man kann sich fragen, ob eine solche **Wirklichkeitsscheu** ans Pathologische grenzt, als Flucht vor einem Leben mit Bindung und Verantwortung, aber der leichte Tonfall des Gedichts deutet nicht auf eine Störung des seelischen Gleichgewichts. Das einzige Wort von emotional starkem Ausdruck, „sehnlich" (V. 17), bezieht sich auf die Vergangenheit; es gibt **keinen Hinweis auf fortdauerndes Leid beziehungsweise Leidverdrängung**. Auch versucht das lyrische Ich nicht, wie bereits erwähnt, sich die Frau in der Gegenwart vorzustellen. Eigentlich hat es bereits mit ihr **abgeschlossen**. Es beschwört in der letzten Strophe noch einmal die Situation der drei ersten herauf – insofern ist der inhaltliche Rahmen etwas breiter angelegt als der formale, durch den umarmenden Reim vorgegebene – und das Bild, das sich ihm für einen Augenblick darbot. „Du lehntest lächelnd am grünen Staket" (V. 29): Die Momentaufnahme wirkt jetzt noch idyllischer, die

leidfreies Gedankenspiel

Gartenatmosphäre betont, der ruhige und heitere Charakter durch die Alliteration von „lehntest lächelnd“ hervorgehoben. Das Lächeln der Frau bedeutet dem lyrischen Ich sicher viel, und man fragt sich, warum es erst jetzt Erwähnung findet. Der Gedanke liegt nahe, dass die Erinnerung das Zurückliegende **bereits verklärt** hat, dass also auch noch das Minimum an **Wirklichkeit von der Illusion überblendet** wird. In einer halben Verszeile setzt das lyrische Ich zu einer etwas konkreteren Ortsangabe an, dann kommt es gleich wieder auf die vagere zurück: „Es war im Taunus. Es war in Hessen.“ (V. 30) Die Zusammengehörigkeit der beiden Sätze wird durch die Anapher hervorgehoben. Das lyrische Ich entscheidet sich für die Variante, es „habe den Namen des Orts vergessen“ (V. 31). All dies akzentuiert die **Belanglosigkeit der Realität** als solcher. Anders als der Ortsname ist das subjektive Bild der Frau nicht entglitten. „Die Liebe besteht“ (V. 32): Der Satz wirkt in seiner lapidaren Feierlichkeit **ironisch**, das Wort „Liebe“ unangemessen in Bezug auf die Erinnerung an eine Frau, die das lyrische Ich nie kennengelernt, an die es nicht einmal Wünsche hat. Die offensichtliche Übertreibung zeigt, dass auch die Illusion mehr **spielerisch** behandelt als schwergenommen wird.

Interpretation von „Nur nicht“: Formanalyse

Das Gedicht *Nur nicht* von Erich Fried handelt von der Liebesbeziehung zweier Menschen, die häufig räumlich voneinander getrennt sind. Es weist eine freie Form ohne Reim und Metrum auf und ist in vier Strophen von fünf, sechs, zehn und sieben Versen gegliedert. Als besonderes Merkmal fällt auf, dass keinerlei Satzzeichen vorhanden sind; Sinneinheiten sind nur durch Vers- und Strophengrenzen markiert.

Inhalt der einzelnen Strophen

Die erste Strophe enthält eine sachliche Aussage: „Das Leben / wäre / vielleicht einfacher / wenn ich dich / gar nicht getroffen hätte“. Die zweite und dritte Strophe führen diese Feststellung näher aus, die vierte greift sie mit leichter Abwandlung auf und fügt etwas Entscheidendes hinzu.

Trauer und Angst

Die zweite Strophe benennt in einem elliptischen, prägnant wirkenden Satz das Problem, von welchem offensichtlich das Leben des lyrischen Ich belastet ist: **häufige Trennungen** vom lyrischen Du. Sie verursachen „Trauer“ (V. 6) und „Angst“ (V. 9). Die Anapher innerhalb der irrealen Vorstellung „weniger Trauer … weniger Angst“ markiert die Zusammengehörigkeit der beiden Gefühle, vielleicht auch eine Steigerung. Die Trauer bezieht sich auf den aktuellen Abschied, die Angst antizipiert mit der nächsten schon gleich die übernächste Trennung (sie folgen in zwei verschiedenen Zeilen aufeinander) und erscheint damit besonders intensiv.

Personifizierung der Sehnsucht

Die dritte Strophe thematisiert den Zeitraum des Getrenntseins. Er ist geprägt von einer „machtlosen Sehnsucht“ (V. 13), die personifiziert wird, indem das **lyrische Ich seine Gefühle auf sie überträgt**. Die Sehnsucht ist es, „die nur das Unmögliche will“ (V. 15). „Nur“ zeigt ihre ausschließliche Konzentration auf das lyrische Du. Ihr Anspruch steigert sich durch den Zusatz „und das sofort“ (V. 16) und noch einmal durch dessen Präzisierung „im nächsten Augenblick“ (V. 17). Jede Wortgruppe erhält dadurch, dass sie eine eigene Zeile einnimmt, besondere Prägnanz. Auch hier vermittelt die Ellipse (ein Prädikat fehlt) **Spontaneität** der Aussage und **Authentizität** der Gefühle. Der personale Charakter der Sehnsucht findet seinen anschaulichsten Ausdruck darin, dass diese „schwer atmet“ (V. 21), Ausdruck einer Problemlast, die offensichtlich immer wieder neu zu begreifen und zu akzeptieren ist.

„Das Leben / wäre vielleicht / einfacher / wenn ich dich / nicht getroffen hätte“: In der vierten Strophe ist der Eingangssatz um das Wort „gar“ verkürzt und wirkt dadurch eine Spur sachlicher und objektiver. Ferner erhält das Wort „einfacher“ als nunmehr einziges in Vers 24 eine exponierte Stellung. Das kontrastierende letzte Verspaar – „Es wäre nur nicht / mein Leben“ – **greift den Titel des Gedichts auf**. „Nur nicht“, einprägsam durch die Alliteration, kennzeichnet hier eine Einschränkung, die offensichtlich von großer Bedeutung ist. Für sich genommen wie in der Überschrift wirken die Worte apotropäisch, das heißt abwehrend; man stellt sich ein Ausrufezeichen dahinter vor. Das lyrische Ich weist den Gedanken an ein Leben ohne das lyrische Du letztlich von sich. Trotz aller Nachteile empfindet es die Beziehung als das, was ihm ganz und gar entspricht. Die Liebe zum lyrischen Du ist **das Besondere in seinem Leben**, sie scheint ihm überhaupt erst einen Sinn zu verleihen. So wird alles Vorangegangene mit einem Schlag entkräftet, das persönliche Schicksal als Bestimmung **vorbehaltlos bejaht**.

Wiederholung und Variation

In beiden Gedichten geht es um räumliche Trennung des lyrischen Ich von einem geliebten Du. In Erich Kästners Gedicht ist dieses dauerhaft, in Erich Frieds nur sporadisch abwesend. Über Gedanken und Gefühle der jeweils Angesprochenen erfährt man so gut wie nichts.

Vergleich der Gedichte

Wie eingangs festgehalten, gehen beide Gedichte von einem **Irrealis der Vergangenheit** aus: „daß du die Richtige gewesen wärst“ (Kästner, V. 26) und „wenn ich dich / gar nicht getroffen hätte“ (Fried, V. 4/5). In Erich Kästners Gedicht handelt es sich dabei tatsächlich um ein **unverbindliches Gedankenspiel**, der Irrealis wird bezeichnenderweise nicht in die Gegenwart geholt. („Dass du die Richtige wärst“ könnte ja unter Umständen Konsequenzen des Handelns nach sich ziehen.) In Erich Frieds Gedicht hingegen hat das Treffen von Ich und Du in der Vergangenheit nicht nur ideelle, sondern **reelle Auswirkungen auf die Gegenwart**. In der Negation wird eigentlich nichts als die Realität beschrieben: Trennungen mit ihren Begleiterscheinungen Trauer, Angst und Sehnsucht. Das lyrische Ich bekennt sich am Ende zu dieser Realität genauso entschieden wie Kästners lyrisches Ich zur Illusion. Der Aufenthalt in einer Scheinwirklichkeit wird bei Kästner aber nicht problematisiert (anders als bei Fried ist die Sehnsucht überwunden), sondern spielerisch gestaltet. Dazu passt die Ironie, die aus der **Mischung von Pathos und Umgangssprache** erwächst. Die **vielen Stilfiguren**, auch die **traditionelle Gedichtform** entsprechen der **Künstlichkeit** des Gedankengebäudes. Erich Frieds Gedicht zeigt angesichts der Herausforderung einer zu meisternden Wirklichkeit eine **schlichtere Sprache** und einen **ernsthaften Grundton**. Unter dem Gesichtspunkt der praktischen Lebenshilfe wäre wohl diesem Gedicht der Vorzug zu geben. *Ein Beispiel von ewiger Liebe* zeichnet sich eher durch Originalität aus.

Deutsch (Baden-Württemberg): Abiturprüfung 2012
Aufgabe 5: Analyse und Erörterung nicht fiktionaler Texte (auch mit gestalterischer Teilaufgabe) – Schwerpunkt: Erörterung

Thema:
Tobias Schall: Der Wettlauf gegen sich selbst

Als die Techniker Krankenkasse 2008 einen Bericht zum Missbrauch des Aufputschmittels Ritalin unter Studenten veröffentlichte, gab es Experten, die davon sprachen, dass man irgendwann Dopingkontrollen vor den Hörsälen vornehmen müsse. Laut einer Umfrage des Wissenschaftsmagazins „Nature" werden von jedem fünften Forscher verschreibungspflichtige Mittel zweckentfremdet. Würden Regeln des Sports übertragen, stünde auch manche Oper auf der Kippe. Bei Kontrollen würde ein Drittel der Orchestermusiker positiv getestet. Eine Befragung von 2 000 Mitgliedern großer Orchester in den USA ergab, dass rund 27 Prozent der Musiker Betablocker einnehmen, 19 Prozent sogar täglich. Im Sport folgt auf dieses Vergehen ein zweijähriges Berufsverbot.

Das mit den neuen Dopingkontrollen ist natürlich ein Witz. Niemand nimmt den Vorschlag ernst, Studenten auf Aufputschmittel zu testen oder einen Musiker 24 Monate von Auftritten auszuschließen, weil er seine Leistung mit Hilfe entsprechender Medikamente erbringt. Aber es stimmt eben auch: Die Musik hat ein Dopingproblem. Und das ist alles andere als lustig.

Der Mensch ist ein einziger Mangel, körperlich eingeschränkt und mit Verfallsdatum versehen. So klug, stark und schnell man auch sein mag, jeder hat sein persönliches Limit. Früher oder später lernt man es kennen. Doch der Mensch ist beseelt vom Streben nach einem perfekten Körper, nach einem Mehr an Fähigkeiten, einem Weniger an Schwächen. Die Folge ist eine Materialschlacht gegen die Natur, ein gesellschaftlich entfesseltes Doping, eine individuelle Exzellenzinitiative. Gefärbte Haare, falsche Wimpern, neue Brüste, gelaserte Augen, ein aufgewecktes Gehirn – ist diese Entwicklung nicht konsequent?

Leistungsdruck mag eine Ursache sein, das medial beeinflusste Schönheitsideal eine andere, aber auch das eigene Streben nach Perfektion spielt eine Rolle. Es ist nicht allein der Wettbewerb mit anderen, sondern auch der mit sich selbst. Ein ganzer Industriezweig beschäftigt sich damit, die Natur zu betrügen. Milliarden werden umgesetzt, um einen unaufhaltsamen Prozess zu verzögern. Mittel gegen Falten, gegen Muskelerschlaffung, kurz: gegen den natürlichen Lauf der Dinge. Seien es Präparate zum Gehirndoping oder Kosmetika.

Es geht dabei auch um ethische und moralische Fragen. Wo ist die Grenze? Sind Mittel gegen Falten erlaubt, psychoaktive Substanzen aber nicht? Schönheitsoperationen ja, Stammzellkuren nein? Wo enden persönliche Eitelkeit und medizinische Notwendigkeit, wo beginnt ein verantwortungsloser Eingriff in die Natur?

Eine radikale Antwort liefert der Transhumanismus. Anhänger dieser angelsächsischen Denkschule propagieren eine Abkehr von der natürlichen Weiterentwicklung des Humanoiden und streben eine Überführung des Menschen in das nächste Zeitalter an. Sie fordern, dass der Mensch sein Schicksal unter Zuhilfenahme aller wissenschaftlichen Optionen selbst in die Hand nehme. Es ist eine Neuschöpfung des Menschen, der Homo sapiens 2.0. Anhänger dieser Philosophie halten es binnen der kommenden 50 Jahre technisch für möglich, in die evolutionäre Entwicklung des Menschen einzugreifen. Das klingt nach Science-Fiction und Cyborgs, auch nach gefährlicher Rassenlehre und Züchtung.

Der Philosoph Michael Sandel von der Harvard-Universität warnt davor, dass wir im Begriff seien, die Demut vor unserem Limit zu verlieren. Andere erinnern hingegen daran, dass das Bemühen, sich zu verbessern, zutiefst menschlich sei.

Es gibt einen Bereich der Gesellschaft, der ganz darauf ausgerichtet ist, Barrieren einzureißen. Citius, altius, fortius (schneller, höher, stärker) ist sein Evangelium: der Hochleistungssport. Es ist die geradezu absurde Situation entstanden, dass jener Bereich, der wie kein anderer auf körperliche Leistungsfähigkeit setzt, sich abkoppelt von der Welt, die ihn umgibt. Der Sport ist – in der Theorie – eine Insel der Seligen inmitten eines Ozeans der Körpermanipulation. Der Sport predigt die reine Lehre. Alles Leistungssteigernde ist verboten, um einen fairen Wettbewerb zu garantieren.
Der Tübinger Soziologe Helmut Digel sagt zu der Schizophrenie: „Außerhalb des Sports wird überall danach geforscht, wie man den menschlichen Körper optimieren kann: das Aussehen, die Intelligenz, sogar die Gene und Organe. Bei dieser Entwicklung darf man sich nicht wundern, dass die Naturwissenschaft den Sport als optimales Laborfeld für sich entdeckt hat. Die Interessen sind in hohem Maße deckungsgleich."
Es gibt kaum ein selektiveres System als den Hochleistungssport. Die Überschreitung von Grenzen ist das Prinzip, das dazu beiträgt, dass dieses System – und damit das Doping – außer Kontrolle gerät. Es ist eine Hybris, an der er unterzugehen droht, weil er nicht weiß, was aus ihm werden soll, wenn der Steigerungsimperativ nicht mehr erfüllt werden kann. Sport ist gnadenlos, er sortiert brutal aus. Kaum ein inhumaneres System ist denkbar als dieses, das den Wert eines Menschen, eines Athleten, allein über dessen Leistungsfähigkeit definiert. Wer nicht mithalten kann, für den gibt es keine Verwendung.
[…] An der Grenze des physiologisch Möglichen lauert der Betrug. Der Dopingexperte Perikles Simon von der Universität Mainz schätzt, dass zwischen 30 und 40 Prozent der Athleten dopen. Ehrgeiz, harte Selektion, öffentlicher Druck – obwohl es im Sport klare Verbote gibt, wirken die Motive so stark wie im Alltag. Doping ist hier wie dort auch eine Frage der Mentalität. […]

In: Stuttgarter Zeitung vom 31. 12. 2010

Worterklärungen

Z. 34/35: humanoid: Als humanoid werden alle Lebensformen und Maschinen bezeichnet, die ein menschliches Erscheinungsbild aufweisen.
Z. 40: Cyborgs: Menschen, bei denen Organe durch technische Geräte ersetzt sind.
Z. 51: Schizophrenie: Bezeichnung für eine psychische Erkrankung (gespaltene Persönlichkeit) – hier bezogen auf eine widersprüchliche, unsinnige, absurde Situation.
Z. 58: Hybris: Vermessenheit, frevelhafter Übermut.

Arbeitsanweisungen

- Arbeiten Sie die Position heraus, die der Autor hier vertritt.

Wählen Sie **eine** der beiden folgenden Arbeitsanweisungen:

- Setzen Sie sich mit Schalls Ausführungen auseinander.

  oder

- Gehen Sie von folgender Annahme aus:
  Ihre Schule veranstaltet einen Projekttag mit dem Titel: „Menschenbilder heute". Sie halten in diesem Rahmen eine Rede zum Thema: „citius, altius, fortius?".
  Verfassen Sie diese Rede unter kritischer Berücksichtigung von Schalls Ausführungen.

Maßgeblich für die Beurteilung des Aufsatzes ist das Ganze der erbrachten Leistung. Der Schwerpunkt liegt auf der zweiten Teilaufgabe.

Hinweise und Tipps

Der Schwerpunkt dieser Aufgabe liegt auf der **zweiten Teilaufgabe**, also entweder auf der **Erörterung** oder auf der **Rede**. Die erste Teilaufgabe dient dazu, einen Leser, der den gegebenen Artikel nicht kennt, über die Kernaussagen des Textes zu informieren. Die Teilaufgabe 1 muss so formuliert sein, dass der Inhalt und der Gedankengang deutlich werden (ohne dass der Leser den Text nachlesen muss). Es genügt nicht, eine nur reproduzierende Inhaltsangabe, die den Text Absatz für Absatz durchgeht und dessen Thesen wiederholt, zu schreiben: Sie müssen die dahinterstehenden Ideen herausarbeiten.

Teilaufgabe 1
Wichtig ist es zu erkennen, dass Schall zwar auch über Doping im Sport redet, dass es ihm aber nicht um die reine Sportproblematik geht. Im Gegenteil: Er versucht, die Beobachtungen aus dem Sport – nämlich dass der Mensch sich selbst verbessern und dass er besser sein will als der andere – auf die Gesellschaft zu übertragen. Die **gleiche Mentalität**, die im **Sport zu Doping** führt, führt in anderen Bereichen zur Einnahme von **leistungssteigernden Pillen** in Schule und Studium, zum Konsum von **Aufputsch- oder Beruhigungsmitteln** im Berufsalltag, zu **Schönheitsoperationen** usw. Diese Parallelität möchte Schall aufzeigen. Daher darf sich Ihre Lösung zu Teilaufgabe 1 nicht nur mit Sport befassen.

Teilaufgabe 2
Auch bei der Erörterung bzw. bei der Rede muss deutlich werden, dass das Thema hier nicht nur die Doping-Problematik im Sport ist. Wenn Menschen sich steigern oder sich – äußerlich – verändern wollen, dann nennt man das zwar nicht „Doping", aber diesem Streben liegt ein ähnlicher Wunsch nach Optimierung zugrunde.
Zur Erörterung: Tobias Schall spricht mehrere Aspekte an, daher gibt es auch verschiedene Möglichkeiten, den Erörterungsaufsatz aufzubauen.
Das **Thema** der zweiten Teilaufgabe ist durch den Artikel gegeben, allerdings nicht als These formuliert. Daher ist **sowohl eine lineare als auch eine dialektische Erörterung** denkbar.

Mögliche Ansatzpunkte für eine lineare Erörterung:
- Linear ist der Aufbau, wenn man die verschiedenen Aspekte von Schalls Beobachtungen erörtert: Sie können beispielsweise die genannten Bereiche (Schule, Alltag, Sport, Aussehen usw.) nach **Wichtigkeit** ordnen und dann jeweils untersuchen, **in welcher Form** sich hier die „Doping-Mentalität" zeigt.
- Sie können auch erörtern, welche **Folgen, Konsequenzen und Alternativen** der Perfektionswahn hat: Der „Wettlauf mit sich selbst" kann ganz banal damit beginnen, dass man sich die Haare färbt. Und er kann in letzter Konsequenz dazu führen, dass man schon Ungeborene genetisch manipuliert.
- Auch denkbar ist es, sich mit den **Gründen** auseinanderzusetzen, warum der Mensch Mängel nicht akzeptieren kann: Man könnte hier die Bedeutung der Medien (insbesondere der Werbung), den äußeren Leistungszwang durch Eltern, Lehrer, Gesellschaft sowie den inneren Erfolgsdruck anführen.

Mögliche Ansatzpunkte für eine dialektische Erörterung:
- Dialektisch wäre die Erörterung, wenn man eine **These herausarbeitet** und diese auf ihre **Richtigkeit überprüft**. Eine geeignete These wäre die Aussage: „Die Menschen haben in ihrem Perfektionsstreben die Demut vor den eigenen Grenzen verloren."
- Ein dialektischer Aufsatz kann auch Schalls **Behauptung infrage stellen**, es sei letztlich die Mentalität, die über das Mitmachen oder Verweigern von „Doping" aller Art entscheidet.
- Man kann ebenfalls dialektisch die **Streitfrage** erörtern, **ob das Perfektionsstreben positiv oder negativ** zu bewerten ist (diese Fragestellung wird hier im Beispielaufsatz gewählt).

Zur gestaltenden Teilaufgabe: Eine Rede muss nicht nur inhaltlich klar strukturiert sein, sondern auch der **Situation** und den **Adressaten** entsprechen. Rein inhaltlich betrachtet sind beide Varianten der zweiten Teilaufgabe einander sehr ähnlich: Es sollten überzeugende Argumente formuliert sein, Beispiele und Belege müssen die Aussage stützen. Eine Rede kann ebenfalls **sowohl dialektisch als auch linear** aufgebaut sein.
Die Rede soll jedoch stilistisch von der sachlichen Erörterung abweichen. Es sind mehr **Stilmittel** erlaubt und gewünscht als in einem Erörterungsaufsatz (beispielsweise Ellipsen, Suggestivfragen, Metaphern, Ironie u. Ä.). Auch **persönliche Bezüge** sind denkbar und bieten sich gerade in der Einleitung an, da Sie hier die Zuhörer für Ihr Anliegen gewinnen müssen. Eine Rede kann darüber hinaus einen **Appell-Charakter** haben, der das Publikum motivieren soll, etwas zu tun oder zu lassen.
In einer Rede können Sie auch Beispiele aus der fiktiven Welt anführen. In **Mythologie und Literatur** finden sich unzählige Figuren, die mit fragwürdigen Mitteln die ihnen gesetzten Grenzen überschreiten wollen: **Prometheus** beispielsweise widersetzt sich gottgegebenen Einschränkungen und bringt den Menschen das Feuer. Dies dient dem Wohle der Menschheit, er selbst wird zwar bestraft, aber auch für seine Rebellion bewundert.
Ein anderes Beispiel ist Goethes **Faust**. Einerseits ist er als Wissenschaftler unzufrieden mit dem Erreichten: Er möchte mehr wissen, als die universitäre Gelehrsamkeit hergibt, und kann seinen eigenen Anforderungen nicht genügen. Die Unzufriedenheit macht ihn angreifbar für Betrug und Verführung, sodass er einen Pakt mit dem Teufel eingeht. Faust lässt sich verjüngen (vergleichbar mit heutigen Schönheitsoperationen), wird liebestoll (Leistungssteigerung durch Potenzmittel?), kann besser fechten, weil Mephisto ihm die Hand führt (Doping?). Die Aussage dieses Dramas: Man kann zwar mit dem Teufel im irdischen Leben scheinbar erfolgreicher sein, aber letztendlich belügt man sich so selbst und schadet anderen. Das wahre Lebensziel – das Streben nach Glück – muss aus eigener Kraft verfolgt werden.

Lösungsvorschlag in Grundzügen

Erste Teilaufgabe

Einleitung

Doping im Sport ist unfair, also verboten. Doch wie sieht es mit der Leistungssteigerung in anderen Bereichen aus? Ist beispielsweise im Studium die Einnahme von Pillen, die die Konzentration verbessern, verwerflich? „Der Wettlauf gegen sich selbst", so der Titel einer **Polemik** von Tobias Schall, erschienen am 31. 12. 2010 in der *Stuttgarter Zeitung*, findet längst nicht nur im Sport statt. Der Mensch möchte auch in anderen Lebensbereichen seine Leistungsfähigkeit steigern sowie sein Aussehen verändern. Schall stellt sich die Frage, inwieweit dieser „Wettlauf", der auch durch die Medizin sowie durch die Medien forciert wird, menschlich oder als unmoralisch anzusehen ist.

Hauptteil

Beobachtung: Leistungssteigerung und Manipulation in vielen Bereichen

Fakt ist: Nicht nur im Sport werden Medikamente missbraucht, um bessere Leistungen zu erbringen. Schall führt dazu einige Beispiele an. Studenten nehmen Ritalin, Musiker Betablocker. Dies geschieht nicht nur in Ausnahmefällen, sondern ist eine alltägliche Selbstverständlichkeit geworden. Das Streben nach körperlicher und geistiger Optimierung, ja sogar nach Perfektion, scheint ein Antrieb zu sein, der die Menschen schon immer dazu brachte, sich zu manipulieren. „Die Folge ist eine Materialschlacht gegen die Natur" (Z. 19). Das beginnt bei Veränderungen im Aussehen (wie zum Beispiel dem Färben der Haare), führt zu versuchten Leistungssteigerungen in Prüfungen durch Medikamente und endet bei genetischen Manipulationen. Schall fragt, wo die Grenze zu ziehen ist.

Als Ursachen für die vielfältigen Manipulationen am eigenen Körper sieht er den Leistungsdruck sowie das durch Medien beeinflusste Schönheitsideal, aber auch das Perfektionsstreben des Menschen.

verschiedene Ursachen

Die extremen Befürworter des Perfektionsstrebens – Anhänger des Transhumanismus – fordern sogar, dass alles wissenschaftlich Mögliche auch angewendet werde, um den Menschen zu optimieren. Nach dieser Logik wären genetische Veränderungen erlaubt, was Schall als Gefahr ansieht: „Das klingt nach Science-Fiction, Cyborgs, auch nach gefährlicher Rassenlehre und Züchtung.“ (Z. 39 f.)

Befürworter: Beispiel Transhumanismus

Der amerikanische Philosoph Michael Sandel dagegen vertritt die Position, dass „wir im Begriff seien, die Demut vor unserem Limit zu verlieren“ (Z. 41 f.). Auch Schall bewertet es kritisch, dass die Menschen so leichtfertig und gedankenlos ihr Aussehen oder ihre intellektuellen Fähigkeiten manipulieren. Der Mensch akzeptiere sich damit nicht als Mängelwesen, dem die Natur Grenzen setzt.

Gegenargument: Mensch verliert Respekt

Im Hochleistungssport ist Doping verboten, weil es hier fair zugehen soll. Aber gerade die dem Wettkampf immanente Anforderung, besser als der andere zu sein und dafür die eigenen Grenzen zu verschieben, verführt zum Betrug.

Widersprüchlichkeit im Hochleistungssport

Es gilt für den Sport wie für den Alltag: Schall nennt es eine „Frage der Mentalität“ (Z. 67), ob man sich dem Leistungsdruck ergibt oder zu seinem Limit steht. Seiner Meinung nach treibt die gleiche Einstellung, die Sportler zu Doping verführt, den Menschen zu Manipulationen der Leistungsfähigkeit in anderen Bereichen. In Schalls Ausführungen steckt der Appell, sich zu fragen, warum diese Manipulation in manchen Fällen verboten und in anderen erlaubt ist. Konkrete Vorschläge, wo die Grenze zu ziehen ist, macht der Verfasser jedoch nicht.

Fazit: eine Frage der Mentalität

Epo im Sport, um den Berg schneller hochradeln zu können, ist Betrug – Alkohol auf der Party, um lockerer zu werden, gilt als „cool“. Die Anabolika-Spritze, um die Kugel weiter stoßen zu können, führt zu Berufsverbot – die Ritalinpille, dank der das Schulkind das lange Stillsitzen durchhält, ist ärztlich angeraten. Das Perfektionsstreben des Menschen hat viele Seiten. Warum können oder wollen die Menschen ihre Grenzen nicht akzeptieren? Warum wollen sie immer anders – also besser – sein, als sie es von Natur aus sind? Wo verläuft die Grenze zwischen vertretbarem Mittel der Leistungssteigerung und inakzeptablem Betrug? Welche guten, welche schlechten Seiten hat unser Streben nach Perfektion?

Zweite Teilaufgabe

These: Perfektionsstreben des Menschen hat viele Seiten

In der Berufswelt wie auch im privaten Bereich zeigt sich immer wieder, dass Menschen mit einem leistungsfähigeren und schöneren Körper begünstigt werden und mehr Erfolg haben. Wer **stärker und attraktiver** ist, hat mehr Chancen, sei es beim anderen Geschlecht, sei es bei der Bewerbung um eine Stelle. Gerade der optische Eindruck beeinflusst das Gegenüber. Dass solche Schönheitsideale keineswegs neu sind, beweist die antike Kunst mit ihren vollendeten Skulpturen weiblicher und männlicher Körper. Heute arbeitet vor allem die Werbeindustrie mit Idealbildern schöner und starker Menschen, denen wir nacheifern. Dieser Optimierungswunsch scheint allzu menschlich zu sein. Und er hat seine positiven Seiten.

Aspekt 1: Streben nach Verbesserung ist urmenschlich

Das Streben nach Verbesserung ist ein natürlicher Antrieb. Nur so konnte sich die Menschheit zivilisatorisch entwickeln. Letztendlich hat dieser Wunsch zu **medizinischen und gesellschaftlichen Fortschritten** geführt. Dies gilt sowohl für das Aussehen als auch für die Leistungsfähigkeit. Man weiß heute, welche Ernährung gesund ist, wie man Kleinkinder in Kreativität, logischem Denken und Konzentration fördern, wie man Nervosität bekämpfen kann. Man weiß, wie der Körper unter Stress arbeitet, wie man – beispielsweise nach einem Unfall – die Muskulatur wieder antrainieren kann. Dieses Wissen ist **sinnvoll**, kann allerdings missbraucht werden: wenn beispielsweise Medikamente im Alltag ins Spiel kommen, die nur für einen Einsatz im Krankheitsfall gedacht sind. Wie weit dürfen die nützlichen Errungenschaften eingesetzt werden: Gibt es nicht doch Grenzen, die wir durch unser Perfektionsstreben überschreiten?

Aspekt 2: Streben nach Verbesserung hat viele sinnvolle Fortschritte gebracht

Wir wollen unsere **körperliche Leistungsfähigkeit** verbessern. Regelmäßiger Sport trägt dazu bei, unsere physische wie auch psychische Gesundheit zu erhalten. Gerade bei Bürojobs ist ein entsprechender körperlicher Ausgleich wichtig. Wettkämpfe bringen meist eine freudige Anspannung mit sich und befriedigen den Ehrgeiz. Dazu muss man trainieren, doch jeder ist unterschiedlich talentiert. Und es kommt vor, dass auch ein Sportler mit großem Talent und viel Trainingsfleiß an seine Grenzen stößt. Ihm fehlen nur ein paar Prozent zum absoluten Erfolg. Da ist die Versuchung groß, mit Doping nachzuhelfen. Es ist eine Illusion zu glauben, dass Sport ohne Doping fair wäre, denn es gibt zu viele individuell unterschiedliche Voraussetzungen. Allerdings wäre es ein Trugschluss zu denken, dass man sich den Kontrollaufwand sparen und Doping freigeben könnte. Dies würde vermutlich zu einem maßlosen Doping führen, das auch vor Kindern und Jugendlichen in Sportvereinen nicht Halt machen würde. Eine sinnvolle Freizeitbeschäftigung wäre diskreditiert, der dem Sport zugrunde liegende Wettkampfgedanke ad absurdum geführt. **Dopingkontrollen** sind richtig und müssen zum Schutze der Sportler durchgeführt werden.

Beispiel Sport

Wir streben danach, unsere **Aufmerksamkeit und Konzentration** zu verbessern, was prinzipiell ein sinnvolles Anliegen ist und in Schule, Studium oder Beruf eine Voraussetzung für Erfolg. Weil man sich nicht genug Schlaf gönnt, braucht man Kaffee oder ähnliche Aufputschmittel, um wach zu werden bzw. zu bleiben. Manche Koffein-Süchtige überschreiten mit ihrer Dosis die bei Sportlern erlaubte Menge bei Weitem. Bei Wettkampfsportlern fällt eine übermäßige Koffein-Dosis unter Doping, die so erbrachte Leistung würde annulliert. Im Alltag werden Berufstätige nicht kontrolliert, eine Steigerung der Konzentrationsfähigkeit wird ohne Bedenken toleriert: Hat schon einmal jemand eine Entscheidung eines Managers deshalb in Zweifel gezogen, weil diese während starken Kaffeekonsums zustande kam? Auch wenn zu viel Koffein zu Magenbeschwerden und Herzklopfen führen kann, richtet **Kaffee** verhältnismäßig wenig Schaden an. Ihn im Alltag zu beschränken, wäre **nicht kontrollierbar**. **Andere Aufputschmittel** dagegen sollten wie Drogen oder starke Medikamente behandelt werden: Sie dürfen nicht frei zugänglich sein.

Beispiel Aufputsch- und Beruhigungsmittel

Wie wäre es mit einer Pille, damit ich mich besser konzentrieren kann? Für viele Schulkinder ist die tägliche **Ritalin**-Dosis Alltag. Allerdings ist auch hier Unterscheidungsvermögen nötig: Leidet ein Kind wirklich unter ADHS und benötigt medikamentöse Unterstützung, um den schulischen Alltag bewältigen sowie die geforderten Leistungen erbringen zu können, oder sind vielleicht andere Ursachen – wie Bewegungsmangel oder falsche Ernährung – für kindliche Verhaltensauffälligkeiten verantwortlich? Es werden kaum Einwände gegen Mittel zur Verbesserung der Konzentration vorgebracht. Immerhin schaden sie nicht dem Konkurrenten, sprich Mitschüler. Oder doch? Denn wenn ein Teil der Klasse oder des Uni-Seminars die Belastung nur mithilfe von Medikamenten erträgt, dann stellt dies eine Wettbewerbsverzerrung dar. Man sollte darüber nachdenken, wie man auf andere Weise den Leistungsdruck mindern kann.

Beispiel Kunst

Ähnliches gilt für den Betablocker-Missbrauch von **Musikern**. Wenn Musiker den Proben- und Aufführungsstress nur mit Beruhigungsmitteln überstehen, dann ist hier eindeutig eine Grenze überschritten. Das Thema „Doping" hat zudem auch eine große Brisanz für Künstler, die ihre Kreativität oder Virtuosität steigern wollen. Während im Sport strenge Regeln gelten, ist in der Musikbranche das „Dopen" durch legale (und illegale) Drogen gang und gäbe. Und es scheint die Musik nicht schlechter zu machen. Ob manche herausragende Komposition entstanden wäre, wenn es Reglementierungen in diesem Bereich gäbe?

Auch unter **Schriftstellern** finden sich viele Beispiele für Drogenkonsumenten: Georg Trakl, Edgar Allan Poe, Klaus Mann, Ernst Jünger. Wäre die Welt nicht ärmer, wenn man deren Werke wegen des „Dopings" der Urheber „verbieten" müsste?

Im Bereich der Kunst werden die Grenzen der erlaubten Manipulation offenbar häufiger als in anderen Bereichen überschritten. Hier ist aber eine Kontrolle undurchführbar. Die Kunst diente schon immer als Sammelbecken für kreative, unangepasste Menschen, die die Vorgaben des in ihren Augen „spießbürgerlichen" Lebens nicht einhalten wollen oder können. Vielleicht braucht die Menschheit diese Nische, in der es keine „Dopingkontrollen" gibt.

Beispiel Schönheitsbehandlungen

Der Wunsch nach Perfektion umfasst auch unser **Aussehen**. Gerade hier sind die Schönheitsideale, die uns durch Medien und Werbung vermittelt werden, übermächtig. Dabei können medizinische Maßnahmen angeraten sein, um offensichtliche Verunstaltungen wie Narben oder Verwachsungen zu beseitigen, die für den Betroffenen meist auch eine große psychische Belastung bedeuten. Kein Kind braucht heute noch mit schiefen Zähnen oder weit abstehenden Ohren herumzulaufen. Aber der gesellschaftliche Druck, den Sohn oder die Tochter auch entsprechend behandeln und das Äußere korrigieren zu lassen, ist inzwischen so groß, dass Kinder mit unregelmäßigem Gebiss oder auffälligen Ohren umso mehr hervorstechen und mindestens genauso gehänselt werden wie früher. Unsere Gesellschaft ist froh, dass viele **Schönheitskorrekturen** heute möglich sind. Doch je einfacher die Maßnahme ist, umso mehr wird sie als selbstverständlich erachtet. Es stellt sich nicht mehr die Frage, ob die Korrektur medizinisch notwendig ist, sondern es ist normal, den Körper in diesem Bereich dem Standard anzupassen. Wie viel Anteil bei diesen Wünschen der **Druck von außen**, die **Beeinflussung durch die Medien** und der **eigene Anspruch** jeweils haben, lässt sich nicht mehr feststellen.

Beispiel Genmanipulation

Der nächste logische Schritt bei der Optimierung des menschlichen Körpers wäre der **Eingriff in die Gene eines Menschen**, womit eine ethische Grenze überschritten würde. Soll man bei einem ungeborenen Kind die

Gene manipulieren, um Behinderungen auszuschließen oder gar bestimmte Begabungen zu fördern? Wer soll entscheiden, wann und inwieweit das Erbgut verändert wird? Besteht nicht die Gefahr, die menschliche Individualität zugunsten eines Ideals zu opfern? Zu Recht hinterfragt Tobias Schall kritisch die Ansichten des Transhumanismus, der medizinische Maßnahmen propagiert, die den Menschen fit machen sollen für die Zukunft. Hier wird das im Menschen angelegte **Streben nach Perfektion pervertiert**.

Fazit

Es ist gut, dass sich der Mensch verbessern will, aber er schießt dabei teilweise übers Ziel hinaus. In manchen Bereichen sollte er seine Ansprüche an sich selbst reduzieren, da er andernfalls seiner eigenen Gesundheit schadet. Zudem sollte anderen gegenüber mehr Toleranz gezeigt werden, beispielsweise was das Aussehen oder die Leistungsfähigkeit im Sport betrifft. So ließe sich der psychische Druck verringern, mit den anderen mithalten zu müssen. Nicht nur in Schule und Studium sind Medikamente keine Lösung für Leistungsdruck. Es gibt andere Wege (beispielsweise mentales Training), um die Konzentration zu schulen.

Schluss

Das Perfektionsstreben hat zwei Seiten. Würde der Mensch immer mit sich und mit allem zufrieden sein, gäbe es keinen Fortschritt. Viele Errungenschaften basieren auf dem Wunsch, etwas besser zu können – entweder im Vergleich mit sich selbst oder im Vergleich mit anderen. Der Wettbewerbsgedanke kann aber in Gier und Neid umschlagen. Letzten Endes muss jeder für sich entscheiden, welche Manipulationen er vor sich verantworten kann. Keine Kontrollinstanz kann dem Einzelnen diese moralische Frage abnehmen.

Thema:
Bertolt Brecht (1898–1956)**: Sonett Nr. 19**
Sarah Kirsch (1935–2013)**: Dreistufige Drohung**

Bertolt Brecht: Sonett Nr. 19 (1939)

Nur eines möcht ich nicht: daß du mich fliehst.
Ich will dich hören, selbst wenn du nur klagst.
Denn wenn du taub wärst, braucht ich, was du sagst
Und wenn du stumm wärst, braucht ich, was du siehst

Und wenn du blind wärst, möcht ich dich doch sehn.
Du bist mir beigesellt, als meine Wacht:
Der lange Weg ist noch nicht halb verbracht
Bedenk das Dunkel, in dem wir noch stehn!

So gilt kein „Laß mich, denn ich bin verwundet!"
So gilt kein „Irgendwo" und nur ein „Hier"
Der Dienst wird nicht gestrichen, nur gestundet.

Du weißt es: wer gebraucht wird, ist nicht frei.
Ich aber brauche dich, wie's immer sei
Ich sage ich und könnt auch sagen wir.

Aus: Bertolt Brecht, Werke, Band 14, Suhrkamp Verlag, Frankfurt/M. 1993, S. 437

Sarah Kirsch: Dreistufige Drohung (1963)

Du willst jetzt gehn?
Das sag ich dem Mond!
Da hat sich der Mond
im Großen Wagen verladen,
der fühlt mit mir, weißzahnig
rollt er hinter dir her!

Die Klinke drückst du?
Ich sag es dem Wind!
Er schminkt dich
mit Ruß und Regen,
peitscht dich mit Hagelkörnern,
glasmurmelgroß.

Du mußt jetzt fort?
Gut, ich sag es keinem.
Ich werde ohne Tränen
und Träume schlafen;
nichts hindert dich.

Aus: Sarah und Rainer Kirsch: Gespräch mit dem Saurier. Verlag Neues Leben, Berlin

Worterklärung
Z. 4: Großer Wagen: ein Sternbild

Arbeitsanweisung

Interpretieren und vergleichen Sie die beiden Gedichte.

Hinweise und Tipps

Es empfiehlt sich, einleitend das **gemeinsame Thema** der beiden Gedichte zu benennen. Darauf sollten zwei **getrennte Interpretationen** folgen. Vergleichende Betrachtungen in diesem Teil würden die Übersicht erschweren und Wiederholungen Vorschub leisten.
Die Interpretationen sollten jeweils zunächst den **formalen Aufbau** des Gedichts beschreiben (wenn möglich und sinnvoll, mit Bezug auf den Gesamtinhalt). Danach sind am Text entlang **formale und inhaltliche Beobachtungen zu verknüpfen**. Wichtig ist jeweils ein aussagekräftiger Schluss.
Im abschließenden **Vergleichsteil** sollten Sie besonders auf eine klare Ordnung der Gedanken achten. Beschränken Sie sich dabei auf die **wesentlichen Unterschiede und Gemeinsamkeiten** der Gedichte. Unterschiede in der Form greifen Sie z. B. nur dann auf, wenn sie im Zusammenhang mit dem jeweiligen Gedichtinhalt eine Rolle spielen.

Lösungsvorschlag in Grundzügen

Einleitung: gemeinsames Thema

Liebesglück und Liebesleid sind die ergiebigsten und verbreitetsten Themen lyrischer Dichtung. Im *Sonett Nr. 19* von Bertolt Brecht und in Sarah Kirschs Gedicht *Dreistufige Drohung* befasst sich ein lyrisches Ich in Gedanken mit dem **Weggang des oder der Geliebten**. Ob möglich oder gewiss, vorübergehend oder endgültig, er scheint von unvorstellbarer Tragweite.

„Sonett Nr. 19“: Form

Bertolt Brecht greift auf eine **traditionsreiche Form** der Lyrik, insbesondere der Liebeslyrik zurück; wie bei Petrarca, Shakespeare und vielen anderen liegt offenbar ein ganzer Kranz von Sonetten vor. Das *Sonett Nr. 19* hat das Reimschema abba – cddc – efe – ggf, die jambischen Verse weisen jeweils zehn Silben auf, nur Vers 9 und 11 haben eine mehr. Durch das strenge Regelmaß und die meistenteils stumpfen Kadenzen klingt das Gedicht eindringlich und bestimmt. Die Quartette exponieren die Problematik, das erste Terzett führt über deren Konsequenzen zum endgültigen Fazit des zweiten.

bedingungsloses Zusammenbleiben

Schon die erste Zeile enthält eine deutliche Willensbekundung: „Nur eines möcht ich nicht: daß du mich fliehst.“ Das Wort „nur“ vermittelt den Eindruck, als würde das lyrische Ich eine schon begonnene Rede fortsetzen. Scheinbar hat es bereits gesagt, dass es alle erdenklichen **Probleme und Defizite in der Beziehung** hinnehmen würde, und führt nun Beispiele an. Die geliebte Person könnte sich ausschließlich negativ äußern, das Ich wollte sie hören; sie könnte taub, stumm oder blind sein, es wollte sich mit ihren Gebrechen abfinden und die verbleibenden Möglichkeiten des Umgangs nutzen. Dabei scheinen äußerliche Kommunikationsschwierigkeiten keine Rolle zu spielen: In welcher Form sich eine taube oder stumme Person mitteilen soll, bleibt offen. Vielleicht soll und kann unter Liebenden Einfühlung die Sinne ersetzen. „Denn wenn du taub wärst, braucht ich, was du sagst / Und wenn du stumm wärst, braucht ich, was du siehst // Und wenn du blind wärst, möcht ich dich doch sehn“ (V. 3–5): Der Parallelismus hebt hervor, dass auch physisch reduzierter Austausch oder gar einseitiges Anschauen der geliebten Person für das lyrische Ich unverzichtbar ist.

christlicher Bestimmungsglaube?

Merkwürdig nehmen sich angesichts von Brechts vielfach erklärtem Atheismus der sechste bis achte Vers aus: „Du bist mir beigesellt, als meine Wacht“: Hier scheint sich der Glaube an Bestimmung zu offenbaren. Die

Metaphern des Lebensweges, des irdischen Dunkels und des Wachehaltens sind eher aus christlichem Kontext geläufig. „Der lange Weg ist noch nicht halb verbracht / Bedenk das Dunkel, in dem wir noch stehn" (V. 7f.) suggeriert ein lichtvolles Ziel. Normalerweise setzt Brecht das Licht mit dem Leben und das Dunkel mit dem Nichtsein gleich, eine jenseitige Offenbarung schließt er aus. In seinem berühmten Gedicht *Gegen Verführung* heißt es: „Der Tag steht in den Türen; / Ihr könnt schon Nachtwind spüren: / Es kommt kein Morgen mehr." Der Mensch steht also nicht „noch" im Dunkel, sondern hat es vor sich.

Vielleicht ist hier mit dem Dunkel die **Unerschlossenheit** des Lebens und vor allem auch des anderen gemeint: Die Liebenden haben noch viel zu erfahren und zu lernen, sei es übereinander oder über die sie umgebende Welt. Dies bleibt dann allerdings unbestimmt wie die Wächterfunktion des lyrischen Du: Worauf soll es achten, wovor soll es das lyrische Ich schützen? Und ganz und gar unbestimmt bleibt die Schicksalsmacht, welche die beiden zusammengeführt hat.

Unausweichlichkeit des Schicksals

Wie auch immer, das lyrische Du kann sich ihr und damit dem lyrischen Ich nicht mehr entziehen; die Metaphern „Dienst" (V. 11) und „nicht frei" (V. 12) klingen hart und beinahe drohend. Anaphorisch („So gilt kein […]", V. 9f.) betont das lyrische Ich, dass es keine Schwäche und keinen gelegentlichen Unwillen zulasse. Das lyrische Du hat woanders (im „Irgendwo", V. 10) nichts zu suchen, sondern im „Hier" (V. 10) zur Verfügung zu stehen, jederzeit oder doch so viel Zeit, wie ihm bestimmt ist. Durch die zusätzliche Silbe in Vers 9 und 11 entsteht eine Verlängerung und damit Verzögerung, die zu den sinntragenden Wörtern „verwundet" und „gestundet" passt. Sofern das lyrische Du sich wehrt, ist ihm kein nachhaltiger Erfolg beschieden: „Der Dienst wird nicht gestrichen, nur gestundet." (V. 11) Die Alliteration hebt die Verbformen besonders hervor. Die völlige oder fast völlige **Vereinnahmung des Du** begründet das Ich mit der schlichten und scheinbar nicht zu hinterfragenden Maxime „Du weißt es: wer gebraucht wird, ist nicht frei" (V. 12) und mit der Feststellung, dass es das Du unter allen Umständen brauche (vgl. V. 13).

wechselseitige Abhängigkeit

Erst die letzte Zeile relativiert den krassen Egoismus. „Ich sage ich und könnt auch sagen wir": Damit stellt das lyrische Ich fest, dass es dem lyrischen Du ebenso aus der Seele spreche wie sich selbst. Die **Bedürfnisse scheinen also wechselseitig zu sein**, das Du scheint so wenig ohne das Ich auszukommen, wie es umgekehrt der Fall ist.

„Dreistufige Drohung": Form

In Sarah Kirschs Gedicht *Dreistufige Drohung* lässt sich kein Metrum und kein Reimschema ausmachen. Eine klare Struktur ist jedoch durch die Einteilung in drei Strophen gegeben, welche dem Titel entspricht. Die ersten beiden Strophen bestehen aus jeweils sechs kurzen Versen, die dritte nur aus fünf. Sie nimmt, wie zu zeigen sein wird, auch inhaltlich eine Sonderstellung ein.

das Ich setzt den Himmel in Bewegung

Jede der drei Strophen beginnt mit einer Frage, die eine Aussage oder Handlung des lyrischen Du aufgreift. Die erste Strophe ist in sehr einfachem, umgangssprachlichem, ja kindlichem Ton gehalten: „Du willst jetzt gehn? / Das sag ich dem Mond!" (V. 1f.) Die parataktische Reihung kurzer Sätze trägt zu diesem Eindruck ebenso bei wie die **märchenhafte Personifizierung der Gestirne** und die Drohung, das lyrische Du beim Mond zu „verpetzen".

Die Ungeheuerlichkeit von dessen Absicht, das Ich zu verlassen, wirkt durch Ausruf und Inversion („Das sag ich dem Mond!") noch eindrücklicher. Zum Märchen-Ton passen auch der Beginn des folgenden Satzes, „Da hat sich der Mond / im Großen Wagen verladen [...]" (V. 3f.), die – als Epipher besonders markante – Wortwiederholung und das Vergangenheitstempus. Der Mond war dem lyrischen Ich in vorauseilendem Gehorsam dienstbar. Auf dem Großen Wagen verfolgt er nun das flüchtende Du. Eine **Wunschwelt** wird erschaffen, die sich um das Ich zentriert; seine **erträumte Allmacht** erstreckt sich über die Gestirne auf die geliebte Person. Ebenso wie der Mond nimmt der Große Wagen lebendigen Anteil an seiner Sehnsucht: „[D]er fühlt mit mir, weißzahnig / rollt er hinter dir her!" (V. 5f.) Die ungewöhnliche Metapher „weißzahnig", durch Inversion hervorgehoben, lässt zum einen an Sternenzacken und zum anderen an ein auffällig sichtbares räuberisches Gebiss denken. Durch die Alliteration „hinter dir her" (V. 6) ebenso wie durch das Ausrufezeichen wird die Drohung intensiviert.

Strafen des Himmels

Zu Beginn der zweiten Strophe scheint das lyrische Du seine Ankündigung in die Tat umzusetzen: „Die Klinke drückst du?" (V. 7) Auch hier macht eine Inversion den Vorgang bewusster. Der folgende Vers, „Ich sag es dem Wind!", verzichtet anders als sein Pendant in der ersten Strophe („Das sag ich dem Mond!") auf dieses Stilmittel. Insgesamt tritt das lyrische Ich jetzt **etwas leiser und bescheidener** auf. Es bemüht nicht mehr die Gestirne, sondern „nur noch" das **Wetter**, welches allerdings das lyrische Du unmittelbarer und empfindlicher treffen soll. Der Wind wird ihm nach dem Willen des Ich ein Zeichen wie ein Kainsmal aufprägen; vielleicht lässt sich so die eigenartige Formulierung „Er schminkt dich / mit Ruß und Regen" (V. 9f.) erklären. Auch dieser Drohung ist mit einer Alliteration Nachdruck verliehen. Wie schon in der ersten Strophe suggeriert der Indikativ die Realisierung der Fantasien. Das Du wird obendrein gepeitscht werden, „mit Hagelkörnern, / glasmurmelgroß" (V. 11f.). Der Vergleich deutet ebenfalls darauf hin, dass das lyrische Ich **in einer kindlichen Vorstellungswelt verharrt**.

Wendung in der dritten Strophe

Stellt man den Beginn der dritten Strophe demjenigen der ersten gegenüber, so wird eine Steigerung erkennbar, umso klarer durch den parallelen Satzbau: Statt „Du willst jetzt gehn?" heißt es nun „Du mußt jetzt fort?" (V. 13). Offenbar hat das lyrische Ich die Notwendigkeit akzeptiert und schickt sich darein: „Gut, ich sag es keinem." (V. 14) Damit nimmt es die Drohungen der ersten beiden Strophen zurück, will sich gegenüber der Mitwelt verschließen und darüber hinaus selbst so passiv wie möglich bleiben: „Ich werde ohne Tränen / und Träume schlafen" (V. 15f.). Dem lyrischen Du hinterherzuweinen verbietet ihm offenbar sein Stolz. Ob sich dieses dadurch getroffen oder eher erleichtert fühlen wird, sei dahingestellt. Die **eigentliche Drohung**, wiederum durch eine Alliteration markiert, **liegt im Verlust der Träume**. Ein so fantasievolles und leidenschaftliches Wesen wie das lyrische Ich stellt in Aussicht, dass es ohne die geliebte Person **innerlich verarmen** werde. Damit weist es dieser eine schwere Schuld zu (ein Akt, den man auch als gezielte Erpressungstaktik auslegen kann). So klingt der Schlussvers mit der vielleicht einprägsamsten Inversion, „nichts hindert dich" (V. 17), wie trotzige Ironie.

Das Gedicht steht in der **Spannung zwischen Antiklimax und Klimax**. Der Titel *Dreistufige Drohung* weist auf letztere, denn Stufen stellt man sich nach oben führend vor, wenn nicht ausdrücklich das Gegenteil postuliert wird. Inhaltlich scheint sich trotz des näherrückenden Abschieds eine Antiklimax abzuzeichnen, indem die Drohungen unspektakulärer werden. Gleichzeitig aber **nimmt ihr Realitätscharakter zu**. Dass das lyrische Du von Unwetter gepeinigt wird, ob mit oder ohne Willen des lyrischen Ich, ist immerhin möglich. Die dritte Drohung ist die schärfste, weil realistischste. Letztlich also **bewahrheitet sich die im Titel angekündigte Klimax**.

Antiklimax oder Klimax?

Der wesentliche Unterschied der Ausgangssituation besteht darin, dass die Trennung in Bertolt **Brechts Gedicht ein Gedankenspiel** ist, in Sarah **Kirschs Gedicht jedoch real** bevorsteht.

Vergleich

In beiden Fällen **will das lyrische Ich das Du nicht loslassen** und bedrängt es massiv, zunächst ausdrücklich, dann auf subtilere Weise. Im *Sonett Nr. 19* spricht es fast nur von seinen Bedürfnissen, gibt aber mit der letzten Zeile zu verstehen, dass das lyrische Du nicht weniger als es selbst auf die Beziehung angewiesen sei. Das lyrische Ich in *Dreistufige Drohung* scheint zuletzt maßvoll und „erwachsen" zu reagieren und sich mit dem Weggang des Du abzufinden. Gleichzeitig jedoch kündigt es an, sich in triste Gefühllosigkeit zurückziehen zu wollen, die es dem Du zur Last legt.

Ein deutlicher Unterschied liegt im **Tonfall:** Brechts lyrisches Ich argumentiert, zum Teil in hypotaktischen Satzgefügen, dasjenige von Kirsch droht und fantasiert. Seine Emotionalität entlädt sich in kurzen Sätzen, Fragen und Ausrufen.

Brechts Gedicht ist in Form und Sprache traditionell, um nicht zu sagen konventionell, Kirschs dagegen innovativ. Die Qualitäten des *Sonetts Nr. 19* haben sich mir nicht erschlossen. Vieles Verschiedene ist angedeutet und nicht ausgeführt. *Dreistufige Drohung* dagegen scheint mir durchkomponiert, in sich einheitlich und dabei in seiner Bildlichkeit originell. Nicht zuletzt überzeugt das Gedicht nach meiner Einschätzung durch psychologische Raffinesse.

abschließendes Urteil

Deutsch (Baden-Württemberg): Abiturprüfung 2013
Aufgabe 5: Analyse und Erörterung nicht fiktionaler Texte (auch mit gestalterischer Teilaufgabe) – Schwerpunkt: Erörterung

Thema:
Burkhard Müller: In Zeichen wie diesen

Dass es noch einmal so weit kommen würde, hätten wir damals nicht geglaubt. Unser Abitur erlebten wir als den endlich fälligen Aufbruch und Ausbruch, wo die bisher geltenden Zwänge von uns abfielen, samt den Formen, die dazugehörten. Wir rollten ironisch die Augen, wenn der für uns zuständige Oberstudiendirektor (sagte der Titel nicht schon alles?) uns eine Abschiedsrede hielt, in der er das Zitat „Die große Fracht des Sommers ist verladen" bedeutungsvoll variierte. Okay, ein letztes Mal wollten wir uns das noch antun. Er und noch ein paar Lehrer waren die Einzigen im Saal, die Anzug trugen. Wir, der scheidende Jahrgang, dachten nicht im Traum daran, uns in Schale zu werfen. Die Mächte der Tradition hatten uns letztmalig beim Abschlussball der Tanzstunde erwischt, als wir unserer Partnerin ein Bouquet mitzubringen hatten, uns in zwickende Lackschuhe zwängten und nichts an der grauenhaften Peinlichkeit vorbeiführte, mit der Mutter der Glücklichen ein Tänzchen zu wagen. Das war zwei Jahre her und sollte uns nicht noch mal passieren. […]

Und nun das! Gibt man „Abi 2011" in die Suchmaschine ein, fallen einem Bilderserien zu, die eine beklemmende Ähnlichkeit mit der überwunden geglaubten Tanzstunde aufweisen. Abi-Ball! Die Absolventen richtig fein mit Anzug und Schlips, und die jungen Damen, wie man sie wohl nennen muss, im schulterfreien Abendkleid. Und sie singen und tanzen auf Podien vor einem Publikum von – Eltern! War denn dies nicht der Augenblick, sich von ihnen zu verabschieden? Fragt man aber eines dieser Abi-Victims aus dem persönlichen Bekanntenkreis, jemanden, den man sonst für vernünftig und einigermaßen cool gehalten hat, erntet man ein Schulterzucken; auch nicht der Ansatz von Kritik oder ironischem Vorbehalt lässt sich da erkennen. Das ist heute so, das machen alle, und, ja bitte, entspricht es nicht auch der Bedeutung des Anlasses? Wo steckt das Problem?

Man muss schon an sich halten, um da nicht das Lamento über die Jugend von heute anzustimmen. Wollt ihr wirklich werden wie eure Großeltern? Ja, das wollen sie, ganz augenscheinlich. Es kehrt etwas wieder, das offenbar lang auf seine Stunde gewartet hat: ein Bedürfnis, die markanten Stellen und Schwellen des Lebens, große wie kleine, einmalige wie zyklisch wiederkehrende, mit einem gewissen Grad von Feierlichkeit zu versehen. Das Ritual, sofern es je fort gewesen sein sollte, ist wieder da, größer, teurer, konservativer denn je. […]

Das hat natürlich zuerst einmal mit dem allgemein gestiegenen Wohlstand zu tun. Dem Krisengerede zum Trotz stehen heute Summen wie noch nie zur Verfügung, und wie könnte man sie besser verwenden als im stolzen, kostspieligen Ritual! Man knüpft oder pflegt Beziehungen; man beweist Stil und Lebensart; man ist in der Vorbereitung angenehm beschäftigt, nämlich mit sich selbst im Mittelpunkt; und man lässt es sich gutgehen, wenn es dann endlich so weit ist. Auch die gewachsene Verfügungsgewalt über die eigene Zeit spielt hinein. Mögen Rituale und ihr aufwendiges Vorspiel zuweilen auch verteufelt nach Arbeit aussehen – rein technisch handelt es sich um Freizeit, die man erst mal haben muss.

Doch Wiederkehr und Ausweitung des Rituals sind nicht nur eine Wohlstandsblüte; sie haben es auch mit einer Not zu tun. Den Sinn seines Lebens muss heute jeder selbst stiften. Was einer sein will oder zu sein glaubt, das hat er schon selbst herauszufinden. Und das kostet Kraft. Die lässige randlose Brille der Ironie taugt nicht mehr, es muss ein schweres Horngestell her, um dem Blick in die Welt Fassung zu geben. Die neue persönliche, soziale, berufliche, weltanschauliche Lage ist aufgeladen mit so viel Ungewissheit, dass die Zuflucht beim Alten – oder was man dafür ansieht – verlockend erscheint. […] So geht es den Erwachsenen, denen die Welt zunehmend verwirrend vorkommt, wieder wie den Kindern, die die Welt gerade erst kennenlernen. Kinder sind, wie jeder weiß, ritualsüchtig. „Nochmal!“ ist in einem bestimmten Alter ihr Lieblingswort. Sie verlangen, dass das Zubettgehen jeden Abend nach demselben bedeutungsvoll inszenierten Muster vonstatten geht. Für Erstklässler bedeutet es Stress, wenn die Lehrerin die Formel, die das Ende der Pause verkündet, auch nur um ein Wörtlein abändert; sie rasten dann nicht, bis es genau „richtig“ wiederholt worden ist. Die überstarke Struktur des Rituals ist ihnen Einübung und Garant der Strukturiertheit der Welt überhaupt. Denn diese versteht sich ihnen noch keineswegs von selbst und wird erlebbar erst, wenn der Teddy zur Schlafenszeit unter den linken (!) Arm geklemmt ist. Das Vorgeformte, das sich exakt Wiederholende schenkt Ruhe. Es stabilisiert den Einzelnen und gibt ihm das Gefühl, dass er, gerade wo er sich kleiner macht, über seine Vereinzelung hinauswächst. Der König ist tot, es lebe der König! Das ist der Kern allen Rituals. […]

Rituale können trösten und quälen. Rituale binden an Autoritäten, von denen sie ihre Gültigkeit empfangen, und haben doch etwas höchst Demokratisches, insofern sie sich jeder heutigentags selbst aussuchen darf. Rituale töten Gefühle im Korsett des Überholten, Rituale aber entspringen immer auch frisch von selbst, wo Gefühle sich eine Fasson suchen. […]

Rituale sollten die Hand ausstrecken, dass jeder sie ergreifen kann. Der Mensch braucht sie; sie sind, auch wo er es nicht wahrhaben will, sein unentbehrlicher Luxus.

In: Süddeutsche Zeitung, 15./16. 10. 2011

Arbeitsanweisungen

- Arbeiten Sie die Kernaussagen des Textes heraus.

Wählen Sie **eine** der beiden folgenden Arbeitsanweisungen:

- Setzen Sie sich mit Burkhard Müllers Verständnis von Ritualen auseinander.

oder

- Gehen Sie von folgender Annahme aus:
  Ihre Schule veranstaltet eine Podiumsdiskussion unter dem Titel „Rituale in unserer Zeit“.
  Sie halten eine Rede zu diesem Thema.
  Verfassen Sie diese Rede.

Maßgeblich für die Beurteilung des Aufsatzes ist das Ganze der erbrachten Leistung. Der Schwerpunkt liegt auf der zweiten Teilaufgabe.

Hinweise und Tipps

Teilaufgabe 1

Die erste Teilaufgabe verlangt eine **geraffte Wiedergabe** des vorliegenden Artikels unter Herausarbeitung seiner wesentlichen Strukturen, Leitgedanken und Strategien. Besonders zu beachten ist, dass hierbei ausschließlich inhaltliche Aspekte von Belang sind, nicht aber sprachlich-rhetorische.

Da diese Teilaufgabe die Grundlage für eine anschließend abzufassende Erörterung oder Rede bildet, sollte ihre Bearbeitung nicht zu oberflächlich ausfallen, können ihre Ergebnisse doch wichtige Hinweise oder Ideen für das weitere Vorgehen liefern.

Strukturieren Sie den Artikel also nach inhaltlichen Zäsuren, dividieren Sie die wesentlichen Argumente auseinander, zeigen Sie Querverbindungen auf – und suchen Sie unbedingt nach Schwachstellen, nach Brüchen bzw. nach Lücken in seinem argumentativen Körper. Diese können Sie später für Ihre eigene Argumentation (zweite Teilaufgabe) fruchtbar machen. Vermeiden Sie aber unbedingt, in der ersten Teilaufgabe Kritik üben zu wollen, auch wenn Sie dazu bereits Vorarbeiten geleistet haben. Beschränken Sie sich auf eine sachliche, nüchterne Wiedergabe.

Da die Aufgabenstellung keine tiefschürfende Analyse des vorliegenden Textes beabsichtigt, müssen Sie keine übermäßige Zitat- oder Verweiskultur pflegen. Zur inhaltlichen Absicherung, insbesondere aber bei der Paraphrase schwieriger Textpassagen ist es dennoch angeraten, auf die entsprechenden Stellen zu verweisen oder zentrale Formulierungen direkt dem Text zu entlehnen.

Der gerafften Wiedergabe sollte ein knapper Basissatz vorausgehen, der über die zugrunde liegende Textart, den Autor, den Entstehungszeitpunkt und die behandelte Thematik Aufschluss gibt.

Teilaufgabe 2

Die zweite Teilaufgabe bietet Ihnen die Möglichkeit, entweder eine auf Burkhard Müllers Artikel bezugnehmende Erörterung oder eine davon losgelöste Rede zum Thema „Rituale in unserer Zeit“ abzufassen.

Sollten Sie sich für den ersteren Weg entscheiden, so wie auch im Lösungsvorschlag geschehen, gilt es, die Anforderungen des Operators **„auseinandersetzen“** genau zu beachten: Dieser fordert Sie dazu auf, sich mit Müllers Verständnis von Ritualen kritisch, differenziert, argumentativ und urteilend zu befassen. Das Adverb „kritisch“ ist in diesem Zusammenhang besonders hervorzuheben, ist der vorliegende Text doch zu einseitig und polemisch gestaltet, zu lückenhaft, als dass man ihm uneingeschränkt zustimmen könnte.

Vergegenwärtigen Sie sich also, bevor Sie Argumente für Ihre Erörterung entwickeln, die im Zuge der Bearbeitung der ersten Teilaufgabe aufgedeckten Schwachstellen in Müllers Argumentation. Klären Sie, inwieweit seine Argumente stärker differenziert, erweitert, womöglich aber auch grundsätzlich infrage gestellt werden können. Es ist in diesem Zusammenhang ebenso legitim, mitunter völlig neue Argumente ins Feld zu führen, deren Fehlen in Müllers Artikel als Makel empfunden wird.

Es empfiehlt sich, diesen Aufsatzteil mit einer allgemeinen Kritik am vorgegebenen Text zu eröffnen. Benennen Sie die ausgemachten Schwachstellen, um Ihre nachfolgende Auseinandersetzung vorzubereiten bzw. zu legitimieren.

Um Ihrer Argumentation ein grobes strukturelles Raster zu geben, können Sie sich direkt an Müllers Artikel orientieren. Setzen Sie sich mit jedem seiner Argumente auseinander, bauen Sie Ihre eigenen im Dreischritt – Behauptung, Begründung und Beleg bzw. Beispiel – aus, erweitern Sie die Breite des thematischen Spektrums. Beachten Sie, falls Sie völlig neue Argumente einbringen, das Steigerungsprinzip eines erörternden Textes.

Ihre Erörterung sollte mit einem knappen Fazit schließen, das die wesentlichen Ergebnisse noch einmal prägnant und zusammenfassend darlegt.

Das Abfassen einer **Rede** gibt Ihnen deutlich mehr Freiheiten an die Hand als die textgebundene Erörterung, in inhaltlicher wie formaler Hinsicht, sollte in seinem Anspruch aber keinesfalls unterschätzt werden.
Strukturell und inhaltlich handelt es sich erneut um eine Erörterung, diesmal aber ohne Müllers Artikel als verbindliches Bezugssystem – was aber nicht bedeutet, dass Sie seine Ideen nicht für Ihre Rede nutzen können. Beschränken Sie sich aber nicht darauf. Ihr thematisches Spektrum wird allein durch den Titel der Podiumsdiskussion, „Rituale in unserer Zeit", eingegrenzt. Ihnen steht somit frei, ob Sie linear oder dialektisch argumentieren möchten oder welchen inhaltlichen Schwerpunkt Sie gerne setzen würden.
Ein Reiz dieser Aufgabenstellung besteht in der rhetorischen und mitunter kommunikativen Komponente, die im Medium der Rede in besonderem Maße hinzukommt. Großen Stellenwert hat der gezielte Einsatz sprachlicher Mittel, auch sollten Sie stets den Adressatenbezug, also Ihre Zuhörerschaft, im Auge behalten und Ihre Rede wirkungsvoll mit einem Appell abschließen. Überzeugen Sie Ihr Publikum nicht nur durch argumentativen Scharfsinn, begeistern Sie es auch, sprechen Sie es an, binden Sie es ein. Reden (bzw. schreiben) Sie spannend.

Lösungsvorschlag in Grundzügen

Erste Teilaufgabe
Basissatz

In seinem im Oktober 2011 in der *Süddeutschen Zeitung* erschienenen Artikel *In Zeichen wie diesen* befasst sich Burkhard Müller mit einer in der Gegenwart beobachteten **Renaissance von Ritualen** und versucht, die dahinterstehenden **Ursachen** zu ergründen.

Fallbeispiel: Abiturfeier
Diagnose: Tradition erschafft Zwänge

Müller eröffnet seinen Artikel mit Erinnerungen an die eigene Abschlussfeier zum bestandenen Abitur, die er als letzte Kapitulation vor den „Mächte[n] der **Tradition**" (Z. 8 f.) verstanden wissen will. Immerhin stehe diese Festlichkeit generell im Gegensatz zur eigentlichen Bedeutung der allgemeinen Hochschulreife als einem Ausbruch aus „bisher geltenden Zwänge[n]" (Z. 2 f.). Ein Ärgernis also, dem sein Jahrgang mit nichtkonformem Kleidungsstil und ironisch rollenden Augen (vgl. Z. 3 f.) während der Abschlussrede des Oberstudiendirektors die „lange Nase zeigen" wollte.

Diagnose: Traditionswille stärker denn je

Dementsprechend irritiert reagiert Müller auf seinen Befund, an diesem von ihm verschmähten Ritual habe sich nichts zum Besseren gewendet: Die Abiturienten der Gegenwart begingen ihre Abschlussbälle vielmehr **feierlicher**, **pompöser und unkritischer** denn je (vgl. Z. 14 ff.).

Ausweitung auf die gesamte Gesellschaft

Müller attestiert der heutigen Gesellschaft – und damit entfernt er sich schließlich vom für ihn nur beispielhaften Einzelfall des Abiturs – das gewachsene „Bedürfnis, die markanten Stellen und Schwellen des Lebens, große wie kleine, einmalige wie zyklisch wiederkehrende, mit einem gewissen Grad von **Feierlichkeit** zu versehen" (Z. 27 f.). Jene Sucht nach formelhaften, ergo unpersönlichen und zwanghaften, weil „an Autoritäten" gebundenen (Z. 60) Ritualen sei zwar **archaisch** (vgl. Z. 25 f.) und „**konservativ**" (Z. 29 f.), erlebe heutzutage aber eine beispiellose Wiedergeburt.

Benennung der Ursachen

Als Ursachen identifiziert Müller zum einen eine neue „**Wohlstandsblüte**" (Z. 40), eine größere „Verfügungsgewalt über die eigene **Zeit**" (Z. 36 f.) und eine **narzisstische**, **egozentrische moderne Gesellschaft** („man ist in der Vorbereitung angenehm beschäftigt, nämlich mit sich selbst im Mittelpunkt", Z. 34 f.). Anders ausgedrückt: Der Mensch könne auf noch nie dagewesene Kapazitäten an Ressourcen zurückgreifen, sei mehr denn je dazu veranlasst, sich selbst zu beschäftigen, und schlichtweg eitel geworden. Kurzum: Er feiere, um sich zu unterhalten und sich selbst zu huldigen.

Zum anderen räumt Müller aber auch ein, dass die „Wiederkehr und Ausweitung des Rituals“ (Z. 40) zu einer **Notwendigkeit** geworden sei: Der moderne Mensch kämpfe mit einer **Sinnkrise** und einer „persönliche[n], soziale[n], berufliche[n] [und] weltanschauliche[n]“ (Z. 44 f.) **Unsicherheit** – er müsse seinem Leben selbst Sinn verleihen, selbst Sicherheit stiften (vgl. Z. 41). Das Ritual gebe ihm ein nur allzu vertrautes, gleichwohl aber trügerisches Mittel an die Hand.

Benennung weiterer Ursachen: Probleme des modernen Menschen

Müller sieht in dieser Entwicklung nämlich einen **Rückfall** der „Erwachsenen“ (Z. 47) in **kindliche Verhaltensweisen**: Kindern würden bekannte Muster ein Gefühl von Struktur (vgl. Z. 53), Sicherheit (vgl. Z. 48 ff.) und „Ruhe“ (Z. 57) vermitteln; sie würden Stress reduzieren und die Welt erst „erlebbar“ machen (Z. 55). Das Ritual sei allerdings eine Illusion, eine feierliche Selbstentmündigung, der sich nun auch Erwachsene gerne hingäben: „Es stabilisiert den Einzelnen und gibt ihm das Gefühl, dass er, gerade wo er sich kleiner macht, über seine Vereinzelung hinauswächst.“ (Z. 57 f.) Dieser Trugschluss ergebe sich aus dem **Spannungsfeld zwischen demokratischer Selbstbestimmung und autoritärem Zwang**, der Ritualen unweigerlich innewohne: Die Entscheidung, Rituale aufzugreifen, sei zwar eine freie, da „sie sich jeder heutigentags selbst aussuchen darf“ (Z. 61 f.), doch zwinge man sich bei ihrer Pflege gleichwohl in ein „Korsett des Überholten“ (Z. 62), da Rituale erst durch **Repetition und Formalismus** „ihre Gültigkeit empfangen“ (Z. 60 f.). Natürlich würden Rituale „immer auch frisch von selbst“ (Z. 63) entspringen, ihr ursprünglicher, emotionaler Zweck gerate bei der Ritualwerdung aber zunehmend in Vergessenheit.

Kritik an der Ritualpflege

Rituale seien, so schließt Müller nicht ohne **ironische Feierlichkeit**, ob für Jung oder Alt, eine menschliche Notwendigkeit, ein „unentbehrlicher Luxus“ (Z. 66).

ironisches Fazit

Burkhard Müller distanziert sich in seinem Artikel, nicht ohne **Ironie**, von Ritualen, indem er sie als zur Sucht gewordene Abhängigkeiten porträtiert. Dies ist nicht zuletzt darauf zurückzuführen, dass er Rituale vorrangig mit selbst ausgerichteten Feierlichkeiten, die die eigene Person ins Zentrum stellen, gleichzusetzen scheint – wichtige und valide Aspekte, wie z. B. das **Zunehmen unsicherer Lebensumstände** für den modernen Menschen oder die **Entwicklung des kindlichen Urvertrauens**, finden zwar Eingang in seine Gedanken, erhalten aber nur **unzureichendes Gewicht**. Eine ausgewogene, umfassende Auseinandersetzung mit Ritualen sollte auch ihre **grausamen**, **menschenverachtenden Formen** ins Visier nehmen, z. B. Witwenverbrennungen oder Steinigungen von Ehebrechern. Tatsächlich trifft die große **formale Strenge** bzw. sogar Seelenlosigkeit, die der Autor der Orientierung an Ritualen vorwirft, weniger auf die heutige westliche Gesellschaft als auf andere Kulturkreise zu. Ritualmorde, wie sie etwa in der Vergangenheit bei Azteken gebräuchlich waren, oder archaische Initiationsriten, bei denen Heranwachsende in die Stammesgesellschaft eingeführt werden, oder Speise- bzw. Trinkrituale wie die japanische Teezeremonie, bei der jede Geste vorgeschrieben ist, sind uns völlig fremd. Müller schenkt solchen Extremen allerdings keine Beachtung und argumentiert **undifferenziert**.

Zweite Teilaufgabe
allgemeine Kritik an der Argumentationsstrategie: Einseitigkeit und Vereinfachung

beispielhafte Benennung der Defizite

Generell wirkt seine Kritik eher **formlos, unbestimmt und verallgemeinernd**. So bleibt auch die entscheidende Frage – seine Polemik gegen Ritualisierungen wirft diese zwangsläufig auf –, wieso das Alte, die Tradition, unbedingt als schlecht, womöglich auch schädlich gelten soll und deshalb zu Grabe getragen werden muss, letztlich unbeantwortet. Etwas überraschend und unmotiviert nach all den Kritikpunkten wirkt das abschließende Bekenntnis zu Ritualen, die ein jeder ergreifen können müsste (vgl. Z. 65 f.).

Widerlegung des Fallbeispiels durch Differenzierung

Müllers eingangs angeführtes Beispiel der pompösen Abschlussfeier zum bestandenen Abitur scheint als Kapitulation vor den „Mächten der Tradition", als pflichtgemäßes Erfüllen der elterlichen Erwartungen zu einseitig erfasst: Ließe sich hinter „Anzug und Schlips", hinter einem „schulterfreien Abendkleid" nicht auch ein **Moment der Selbstwürdigung** erkennen? Wäre es so abwegig, anzunehmen, dass ein bedrucktes Blatt Papier, ein amtliches Dokument, das die allgemeine Hochschulreife bescheinigt, zwar als erfreulicher, emotional aber nicht ausreichender Abschluss eines mehr als ein Jahrzehnt umspannenden Lebensabschnittes wahrgenommen wird? Ist es nicht symptomatisch für die Moderne, die Leistung eines Menschen, eines fühlenden, sozialen Wesens, vorrangig numerisch zu messen und der Einzigartigkeit seiner Persönlichkeit dabei aber nur wenig Aufmerksamkeit zu schenken? Man denke nur an die berüchtigten Arbeitszeugnisse, die hinter ihrer persönlichen, würdigenden Fassade wiederum nur ein zahlenbasiertes Leistungsraster verbergen. Vergisst Burkhard Müller bei aller Häme, die er Schulbällen jeglicher Art entgegenbringt, nicht die gleichfalls ritualisierten „Abistreiche", die wohl kaum für sich in Anspruch nehmen, der „alten Riege" gefallen zu wollen, sondern dieser vielmehr triumphierend auf den Köpfen „herumtanzen"?

erweiterndes Beispiel

Wie auch immer feierliche Rituale im Detail inszeniert sein sollten, ob anlässlich einer Taufe, eines Geburtstages, der Einschulung, der Hochzeit usw. – sie scheinen im Kern darauf angelegt zu sein, das Grau des Alltags zu durchbrechen und einschneidende Momente eines Menschenlebens mit Farbe anzureichern, sie emotional aufzuwerten und dauerhaft zu erhalten – in Form schöner, erfüllender **Erinnerungen**, die genauso wie unsere Taten, Entscheidungen und Leistungen unsere einzigartigen Persönlichkeiten konstituieren, uns zu eben dem machen, was wir sind, und unsere Leben nachhaltig bereichern. Insofern darf man Müllers Annahme einer **menschlichen Notwendigkeit** von Ritualen durchaus zustimmen, allerdings nicht im Sinne eines dem Menschen innewohnenden Narzissmus oder unkontrollierten Verschwendungswahns.

Zustimmung unter Vorbehalt: Rituale als menschliche Notwendigkeit

Befreit man Rituale schließlich von ihrem prunkvollen „Ballast", bleiben die von Müller thematisierten wiederkehrenden und somit strukturierenden **Muster** übrig. Diese sind gerade für die „ritualsüchtig[en]" Kinder so ungemein wichtig – jedoch nicht ausschließlich im Sinne von Ruhe und Stabilisierung, sondern zur **Förderung des kindlichen Urvertrauens**, d. h. der Fähigkeit, sich auf sich selbst und andere zu verlassen, Selbstwertgefühl, Liebesfähigkeit und schlussendlich Vertrauen in die Welt als Ganzes zu entwickeln. Eine Welt ohne jedwede Form von Ritualisierung wäre eine Welt, der nicht zu trauen wäre. Sie würde immerzu enttäuschen.

Bedürfnisse der Kinderpsyche: Ausbildung von Urvertrauen

Ruhe und Stabilisierung sind indes zwei Aspekte von Ritualen, hier ist Müller beizupflichten, die auch für Erwachsene, insbesondere heutzutage, an Relevanz gewonnen haben: Wie Müller selbst beschreibt, ist die Welt diffuser geworden und immer schwieriger zu überblicken. Die klassische Rollenverteilung – der Mann geht zur Arbeit, die Frau kümmert sich um Haushalt und Kinder – ist aufgehoben, Partnerschaften sind unbeständiger, Single-Haushalte nehmen beständig zu, die tagtäglich und oftmals gleichzeitig zu bewältigenden Herausforderungen werden immer vielfältiger, vielschichtiger und zahlreicher. Es bietet sich deshalb an, den Ritual-Begriff weiter zu fassen, als Müller es tut, und nicht nur Handlungen zu besonderen Ereignissen damit zu bezeichnen, sondern auch **Alltagsrituale**, die ebenfalls oft eine **strukturierende Funktion** haben. Scheinbar banale Gewohnheiten wie die täglichen drei Mahlzeiten, das abendliche Fernsehprogramm, freizeitliche Betätigungen am Wochenende usw. bringen Ordnung in die Unordnung, bringen Ruhe in die Unruhe. Sie leisten somit einen wichtigen Beitrag zur **körperlichen und seelischen Gesundheit** eines Menschen, aber auch zu seiner **Leistungsfähigkeit** in einer Welt, die dem Einzelnen immer mehr abverlangt. Es ist unter diesem Blickwinkel nur schwer vorstellbar, dass der ritualkritische Verfasser des vorliegenden Artikels seinen Alltag gänzlich ohne solche bewältigt.

Bedürfnisse des modernen Menschen: entlastende Funktion von Ritualen

Erweiterung des Ritualbegriffs

Ein letzter, aber nicht weniger wichtiger Punkt ist, dass Rituale **Gemeinschaft** stiften. Frühstück, Mittag- und Abendessen, das Feierabendbier, Wochenendausflüge, Kinobesuche, Gottesdienste, aber auch besondere Ereignisse führen Familien, Freunde und einander fremde Personen regelmäßig zusammen und bilden eine unabdingbare Grundlage für Begegnungen und Gespräche, für die Teilnahme am Leben anderer, für ein gemeinsames, soziales, erfülltes Leben.

Rituale als gemeinschaftsstiftendes Moment

Zusammenfassend lässt sich deshalb feststellen, dass Burkhard Müllers Verständnis von Ritualen zu eng und einseitig gefasst ist, als dass es ihrer **Vielfältigkeit** gerecht werden, geschweige denn ihre **Berechtigung** nachvollziehbar infrage stellen könnte. Sollte ein Ritual tatsächlich zu einer leeren Formübung werden, die nur um ihrer selbst willen durchgeführt wird, ist anzunehmen, dass unsere aufgeklärte Gesellschaft dieses dann aufgeben wird. Ansonsten liefern Rituale einen wichtigen Beitrag zu unserer Existenz als fühlende, soziale Wesen. Sie bereiten uns auf die Welt vor, helfen uns, unseren Alltag zu bewältigen, bescheren uns besondere Augenblicke und konstituieren unsere Gemeinschaft. Es ist unstrittig, dass viele Rituale auf eine lange Tradition zurückblicken können, nur überzeugt es nicht, sie allein aufgrund dieser Tatsache als überholt zu deklarieren oder ihnen zu unterstellen, sie würden nur den Traditionswillen älterer Generationen widerspiegeln. Solange sie niemandem schaden, fällt es schwer, sie grundsätzlich abzulehnen oder als menschliche Schwäche aufzufassen.

Fazit

(Bitte blättern Sie um)

Gemeinschaftskunde

Abitur-Wissen Demokratie .... Best.-Nr. 94803
Abitur-Wissen Sozialpolitik .... Best.-Nr. 94804
Abitur-Wissen Die Europäische Einigung .... Best.-Nr. 94805
Abitur-Wissen Politische Theorie .... Best.-Nr. 94806
Abitur-Wissen Internationale Beziehungen .... Best.-Nr. 94807
Kompakt-Wissen Abitur Volkswirtschaft .... Best.-Nr. 948501
Kompakt-Wissen Abitur Grundlagen der nationalen und internationalen Politik .... Best.-Nr. 948001
Kompakt-Wissen Abitur Grundbegriffe Politik ... Best.-Nr. 948002
Klausuren Politik Oberstufe .... Best.-Nr. 108011

Geschichte

Geschichte 1 – Veränderungen in Wirtschaft und Gesellschaft durch die Industrialisierung · Die demokratische und nationale Bewegung in der Auseinandersetzung mit dem Obrigkeitsstaat .... Best.-Nr. 84760
Geschichte 2 – Besatzungszeit und Teilung Deutschlands im Rahmen des Ost-West-Konflikts · Die staatliche Einheit · Die bipolare Welt nach 1945 .... Best.-Nr. 84762
Grundlagen, Arbeitstechniken und Methoden – Geschichte .... Best.-Nr. 94789
Abitur-Wissen Die Antike .... Best.-Nr. 94783
Abitur-Wissen Das Mittelalter .... Best.-Nr. 94788
Abitur-Wissen Französische Revolution .... Best.-Nr. 947812
Abitur-Wissen Die Ära Bismarck .... Best.-Nr. 94784
Abitur-Wissen Imperialismus und Erster Weltkrieg Best.-Nr. 94785
Abitur-Wissen Die Weimarer Republik .... Best.-Nr. 47815
Abitur-Wissen Nationalsozialismus und Zweiter Weltkrieg ...... Best.-Nr. 94786
Abitur Wissen Deutschland von 1945 bis zur Gegenwart .... Best.-Nr. 947811
Abitur Wissen USA .... Best.-Nr. 947813
Abitur Wissen Naher Osten .... Best.-Nr. 947814
Kompakt-Wissen Abitur Geschichte Oberstufe .... Best.-Nr. 947601
Klausuren Geschichte Oberstufe .... Best.-Nr. 107611

Wirtschaft

Wirtschaft – Wirtschaftliches Handeln im Sektor Unternehmen · Wirtschaftliches Handeln im Sektor Ausland ..... Best.-Nr. 84852
Abitur-Wissen Volkswirtschaft .... Best.-Nr. 94881
Kompakt-Wissen Abitur Volkswirtschaft .... Best.-Nr. 948501

Kunst

Abitur-Wissen Malerei, Plastik, Architektur ...... Best.-Nr. 949618
Abitur-Wissen Werkerschließung .... Best.-Nr. 949628
Kompakt-Wissen Abitur Kunst .... Best.-Nr. 949601

Alle so gekennzeichneten Titel sind auch als eBook über **www.stark-verlag.de** erhältlich.

Abitur-Prüfungsaufgaben

Vom Kultusministerium in Baden-Württemberg zentral gestellte Abituraufgaben, einschließlich des **aktuellen Jahrgangs**.
Zusätzlich **Übungsaufgaben** im Stil des Abiturs. Alle Aufgaben mit **schülergerechten** Lösungen.

Abiturprüfung BW Mathematik mit CD-ROM ..... Best.-Nr. 85001
Abiturprüfung BW Physik .... Best.-Nr. 85301
Abiturprüfung BW Deutsch .... Best.-Nr. 85401
Abiturprüfung BW Englisch .... Best.-Nr. 85461
Abiturprüfung BW Französisch .... Best.-Nr. 85501
Abiturprüfung BW Spanisch .... Best.-Nr. 85540
Abiturprüfung BW Latein .... Best.-Nr. 85601
Abiturprüfung BW Geographie .... Best.-Nr. 85901
Abiturprüfung BW Geschichte .... Best.-Nr. 85761
Abiturprüfung BW Gemeinschaftskunde .... Best.-Nr. 85801
Abiturprüfung BW Wirtschaft .... Best.-Nr. 85851
Abiturprüfung BW Biologie .... Best.-Nr. 85701
Abiturprüfung BW Chemie .... Best.-Nr. 85731
Abiturprüfung BW Kunst .... Best.-Nr. 85961
Abiturprüfung BW Sport .... Best.-Nr. 85980

Best.-Nr. E10485 Best.-Nr. E10484 Best.-Nr. E10479

Was kommt nach dem Abitur?

Die STARK Ratgeber helfen weiter!

Weitere STARK Fachbücher zur Studien- und Berufswahl finden Sie unter
www.berufundkarriere.de

23-VD8

Bestellungen bitte direkt an:
STARK Verlagsgesellschaft mbH & Co. KG · Postfach 1852 · 85318 Freising
Tel. 0180 3 179000* · Fax 0180 3 179001* · www.stark-verlag.de · info@stark-verlag.de
*9 Cent pro Min. aus dem deutschen Festnetz, Mobilfunk bis 42 Cent pro Min.
Aus dem Mobilfunknetz wählen Sie die Festnetznummer: 08167 9573-0

Lernen · Wissen · Zukunft
STARK